中国档案学会
2024年度学术论文集

——档案保护篇、影像技术篇

中国档案学会档案保护技术委员会
中国档案学会影像技术委员会 ◎编

中国文史出版社

图书在版编目（CIP）数据

中国档案学会2024年度学术论文集.档案保护篇、影像技术篇 / 中国档案学会档案保护技术委员会，中国档案学会影像技术委员会编.

-- 北京：中国文史出版社，2024.8.

-- ISBN 978-7-5205-4760-4

Ⅰ.G270-53

中国国家版本馆 CIP 数据核字第 2024AX2862 号

出　品　人：彭远国
责任编辑：戴小璇　詹红旗

出版发行：中国文史出版社
社　　　址：北京市海淀区西八里庄路 69 号院　邮编：100142
电　　　话：010-81136606　81136602　81136603（发行部）
传　　　真：010-81136655
印　　　装：北京中科印刷有限公司
经　　　销：全国新华书店
开　　　本：787×1092　1/16
印　　　张：132　字数：2400 千字
版　　　次：2024 年 11 月北京第 1 版
印　　　次：2024 年 11 月第 1 次印刷
定　　　价：398.00 元（全 6 册）

出版说明

　　为鼓励档案工作者广泛参与学术交流，共享学术研究成果，中国档案学会档案保护技术委员会和中国档案学会影像技术委员会分别组织开展了主题征文活动。中国档案学会档案保护技术委员会征文主题为"依托科技创新，实施精品工程，助力档案保护事业高质量发展"，中国档案学会影像技术委员会征文主题为"赓续历史文脉，创新影像技术，服务档案行业奋进新时代"。各地档案工作者积极响应，结合工作实践进行经验总结和理论探讨，踊跃提交论文。经评议遴选，结集汇编为《中国档案学会2024年度学术论文集——档案保护篇、影像技术篇》。本书分为两部分，第一部分"档案保护篇"展现了档案保护领域的最新动态和前沿成果，主要涵盖档案保护科学发展、档案保护技术创新、档案保护工程实施、档案保护体制创新、档案保护人才培养等内容；第二部分"影像技术篇"主要涵盖应用影像技术记录好中国式现代化历程、影像技术服务档案高水平安全、影像技术创新发展、人工智能与影像技术的融合、影像档案数据化等内容。

目　录

档案保护篇

影像技术篇

档案保护篇

近现代地图类档案修复探索

孟烨　任翘楚

上海市档案馆

摘要：近现代地图类档案常因纸张酸化及折叠保存等因素产生严重破损，而寻找相匹配的修补材料，成为修复的一大难点。本文以一幅北洋时期《矿区图》的修复为例，介绍了档案修复的全过程，为近现代地图类档案的修复提供了新的对策。

关键词：近现代地图；档案修复；纸浆补洞

0 引言

近现代地图类档案所用的纸张通常为施胶较重的机制纸，比一般档案纸张更厚、幅面更大。按卷归档时经常被折叠到 A4 或者 16K 大小，与文书档案装订在一起，保管时间久了，容易出现折痕断裂的现象。档案修复人员在修复档案的过程中，经常发现折痕断裂处存在不合适的修复加固材料，如玻璃胶带、美纹纸胶带、医用胶布等，这些材料老化速度快，容易出现变硬、发黄、脱落等一系列的问题。[1] 严重者甚至会造成信息丢失，影响档案的安全。

合适的修复用纸要求其厚度、颜色、物理性能都与档案纸张本身相似，但由于地图类档案所用纸张的特性，目前用于修复档案的手工纸，无论其厚度、颜色、光滑度等都难与施胶的地图类档案纸张相匹配，修复用纸的小众需求也使得档案修复人员难以找到厂家生产类似纸张。上海市档案馆自 2002 年开始引入纸浆补洞机进行档案修复，经过多年实践经验的积累，对纸浆补洞机进行重新设计升级改造，简化了操作步骤，提升了工作效率。纸浆补洞机工作原理类似于手工造纸，除直接对档案进行补洞修复外，也可根据需求选择合适纸浆造出新的纸张用于修复。[2] 本文以 1917 年《北洋农商部发给矿商黄焕廷安徽泾县试探煤矿执照及通知（附矿区图）》中的附件（以下简称

《矿区图》）的修复与保护工作为例，探索近现代地图类档案的工作所面临的问题及对策。

1 基本情况

1.1 简介

北洋政府时期（1912—1928）是中国早期矿业法规形成发展极为重要的时期，也是中国近代矿业法规的独立发展时期，它承接了清末的矿业立法，逐渐形成了我国本土化的矿业法规的基本体系，为南京政府时期，甚至新中国成立以后的矿业立法起到了重要的引导和奠基作用。北洋时期矿业法规的制订，对中国矿业的发展，尤其是对近代煤矿的开采起到了重要推动作用。[3]《矿区图》及相关档案不仅是这段历史的见证，也从侧面展示了当时的经济、法制等社会风貌。

1.2《矿区图》情况

整卷档案由封面、封底、通知、执照及《矿区图》组卷而成，装订线在右侧，三眼档案装订。其中《矿区图》为机械纸，尺寸：57cm×41.8cm，厚度：0.07mm，右下角装订，经过多次折叠以符合归档装订尺寸：29.5cm×21.2cm。《矿区图》上字迹类型多样，包括印刷字迹、毛笔字迹、红色印章字迹、浅黄绿色颜料、深绿色颜料、蓝色颜料等。

2 修复方案的制定

2.1 破损鉴定

根据 GB/T64.1-2017 42468-1《纸质档案抢救与修复规范 第1部分：破损等级的划分》对《矿区图》进行检测鉴定。该档案属于严重破损，存在多处折痕、破裂，中间地图部分纸质脆化，部分残缺，影响档案信息识读。背面由三条加固用的胶带连接着几片小碎片，由于胶带粘贴得有些歪曲，导致《矿区图》无法平整展开。左下角有四处残缺，四块小残片由浆糊粘连在封底上，应为人为撕裂。

2.1.1 pH 值测定

使用科霖 pH30 酸碱度测试计，在《矿区图》纸张边缘、中间共五个点进行测量，取五次测量结果计算平均值，结果为 4.60。其中深绿色颜料字迹部分酸化严重，导致周边纸张颜色变深、发生脆化。

2.1.2 字迹溶解性实验

在修复前进行溶解性实验，以测试《矿区图》的字迹在水的影响下是否会产生晕染褪色现象。用棉签蘸取纯净水，在各种不同字迹上轻轻擦拭，观察棉签上是否有颜色残留。通过多点测试，结果表明：印刷字迹、毛笔字迹和红色印章字迹不会产生晕染褪色现象；浅黄绿色颜料、深绿色颜料、蓝色颜料等颜料字迹有轻微褪色现象，但不会晕染，无须进行颜色的加固，不可长时间浸泡清洗，但可对其进行润湿。

2.1.3 胶带去除实验

使用无水乙醇作为溶剂对胶带局部进行测试，发现该胶带的胶面在浸润酒精后黏性会减弱，较容易揭去。用棉签蘸取无水乙醇对贴胶带处的正面字迹进行溶解性测试，发现不会产生晕染褪色现象。因《矿区图》贴胶带处已经严重酸化发脆，需在其正面用薄雁皮纸保护加固，尽量减少在揭除胶带时可能发生的碎裂和移位（见图 1）。

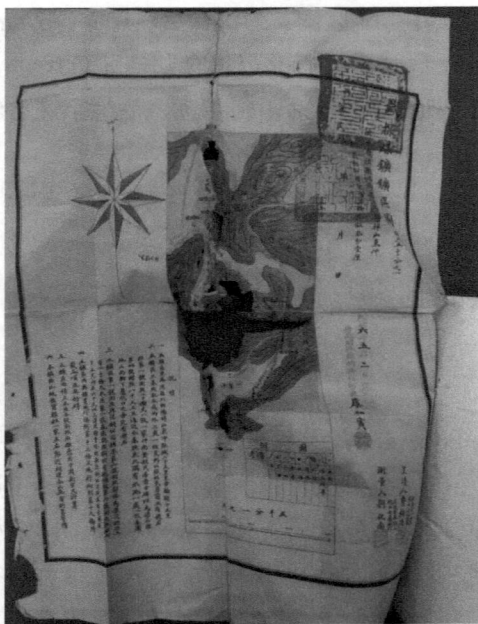

图 1 《矿区图》修复前

2.2 修复方案制定

2.2.1 建立修复档案

拍摄影像资料并建立修复档案,对《矿区图》的修复工作进行全面记录。

2.2.2 选择修复材料

由于《矿区图》残缺部分有三种颜料字迹分布,且主要为深绿色颜料,从纸张质地、颜色等角度分析,馆内现有修复用纸均不匹配。考虑到档案的唯一性和凭证性,不可进行全色补笔等操作,决定通过纸浆补洞机制造一张颜色相近、质地相似的补纸用于残缺部分的修补。

2.2.3 确定纸浆配比

选择浅绿、深蓝两种色宣及桂圆黄色封面纸,通过调整不同面积比例来调配不同的纸浆颜色及纸张纤维成分,选取最为合适的比例来制造补纸。试验数据见表1。

比较试验结果,第七组纸张干燥后颜色及纸质与《矿区图》残缺部分较为匹配,将其确定为制造补纸纸浆的最佳配比。

表 1 纸浆配比试验数据

比例材料\组别	第一组	第二组	第三组	第四组	第五组	第六组	第七组
浅绿色宣	5 份	5 份	10 份	20 份	20 份	20 份	20 份
深蓝色宣	2 份	1 份	1 份	1 份	1 份	1 份	1 份
桂圆黄封面纸					1 份	3 份	5 份
水（ml）	500	500	500	500	500	500	500

2.2.4 模拟机械纸质感

纸浆补洞机可以造出一张没有帘纹的新纸,但其纸质仍较为松软,表面光滑度不如《矿区图》这类地图纸张。使用砑石对造出的纸进行砑光,可以使纸质变得紧实、表面变得光滑。砑光加工后的补纸,其纸质、厚度和光滑度均可与《矿区图》档案原纸的质感相匹配。

3 修复过程

3.1 制造补纸

根据《矿区图》残缺面积，预估所需补纸尺寸，按照试验得出的纸浆配比选取三种纸料，撕成小块，浸泡 12 小时，使其纸张纤维吸水膨胀，放入打浆机打成混合纸浆。

打开纸浆补洞机，向水箱注入规定容量的水，打开进水泵和下水阀，使修复槽底部留有一定量的水。在修复槽底部放上一张高密度聚乙烯合成纸，合成纸中间根据所需补纸大小裁切，形成造纸区。在合成纸上盖上透水滤网，注意排出滤网中的气泡。用一张比造纸区大一圈的非编制棉聚酯材料充当纸帘，放入修复槽，完全盖住造纸区，注意需捏住一边轻轻摆放，不能产生气泡。放下压平用的塑料格板并压上重物，打开进水泵和上水阀，从上方注水至修复槽标准水位。倒入混合纸浆，用一手压住塑料格板，另一手拿走重物。边按住塑料格板，边用手将纸浆搅拌均匀。待纸浆在修复槽中分散完全，打开抽水泵和下水阀，同时快速掀起塑料格板，待水完全抽干，纸浆在造纸区形成一层均匀的纸张。平稳盖上另一张非编制棉聚酯材料充当保护纸，手指同时捏住纸帘和保护纸的两角，取出并平放到羊毛毡上，再盖上一层羊毛毡，用压板压住，送入压力机吸潮压平。待补纸半干以后从纸帘上取下，换上吸潮纸继续压平。

补纸完全干燥平整后，使用砑石均匀砑光。补纸制作完成后，确定厚度、颜色、质感等均与《矿区图》残缺处相匹配。

3.2 拆卷、清洁

将整卷档案旧装订线剪断去除，在装订区右下角用铅笔编写页码。使用软毛刷轻轻除去《矿区图》表面灰尘。

3.3 揭胶带

在《矿区图》正面用羊毫笔蘸纯净水将薄雁皮纸贴在碎片表面进行保护加固。翻身后用灌水笔装无水乙醇对矿区图背面贴胶带处进行涂抹，浸润一部分胶带即使用镊子揭开，直到将胶带完整揭除。

3.4 拼对碎片

将《矿区图》正面向上放在隔糊纸上，用细水雾喷润，抚平折痕，用羊毫笔蘸纯净水把揭胶带时薄雁皮纸保护的小碎片逐一准确拼对回原位。全部拼对准确后，用镊子轻轻揭去小块薄雁皮保护纸，用棕刷将一张薄雁皮纸刷在《矿区图》正面进行定位保护。

3.5 修补破损

在《矿区图》正面盖上另一张隔糊纸，整体刷平后翻身，揭去背面隔糊纸。使用稀浆糊，在《矿区图》背面用制作好的补纸将缺损处补全，裁去多余补纸，搓平搭口，其余断裂处用薄雁皮纸粘贴加固。背面修复完成后，盖上背面隔糊纸，翻身回正面，用稀浆糊将从封底揭下的四个小残片还原到缺损位置，垫一层吸潮纸刷实固定。确定破损处都被修复完成后，揭去隔糊纸和正面保护用薄雁皮纸，将《矿区图》夹入吸潮纸，干燥压平。

3.6 脱酸

使用不锈钢喷壶在《矿区图》背面均匀喷涂有机脱酸液，检测并记录脱酸后的 pH 值。脱酸后平均 pH 值达到 7.5，纸张具有足够的碱储量，这一结果可为后续跟踪检测提供参照。

3.7 裁切装订

用美工刀将《矿区图》四周修复后产生的多余废边裁去。按照原本的折痕折叠整齐，擦去铅笔编写的页码，用档案三眼装订法将整本档案重新装订成卷。

4 修复总结

使用纸浆补洞机制造的补纸，没有修复用手工纸常见的帘纹，经过砑光加工后，均匀光滑，整体质感、颜色和厚度都与《矿区图》比较一致，修补残缺处后，既能和原纸和谐统一，又能看出修复的痕迹，符合"最小干预"和"修旧如旧"的原则（见图2）。

图 2 《矿区图》修复后

　　近现代地图类档案修复中，如何配补纸是一大难题，在条件允许的情况下，使用纸浆补洞机自行制造相匹配的补纸是一个很好的解决方案。在确定纸浆配比时，需注意纸张纤维成分，尽可能使用与原档案纸张纤维类似或接近的纸作为原料。纸浆补洞机造好的补纸仍缺乏机械纸施胶后的光滑质感，本文探索性地使用砑石砑光工艺，使补纸表面光滑，整体质感更加接近原档案纸张，得到了不错的效果。在档案修复中，经常遇到各种困难，只有不断开拓创新，将传统修复与科技结合，才能助力档案保护事业高质量发展。

注释及参考文献

[1] 张美芳 . 地图修复用纸适用性的研究 [J]. 档案学通讯 ,2013(1):79–82.

[2] 张建明 . 纸浆修复档案操作规程研究 [J]. 中国档案 ,2014(3):58–59.

[3] 孟子寻 . 北洋政府时期中国矿业法规评述 [J]. 沧桑 ,2014(4):48–50.

辽宁省档案保护与修复技术人员
现状调研与人才培养对策实践

张羽

辽宁省档案馆

摘要：我国幅员辽阔、历史悠久，全国各级档案馆馆藏卷帙浩繁，面对如此浩瀚的档案存量，档案保护修复人才的缺乏及人才培养断层问题岌岌可危。本文通过实地走访、调查问卷、电讯等方式对辽宁省内24个市、县（区）级档案馆档案保护修复工作及相关专业技术人员情况的调研，对辽宁省内档案保护修复技术人才培养方面存在的问题进行数据分析，提出有针对性的对策措施，以推进辽宁省档案修复专业技术人才培养工作科学发展。

关键词：档案保护；档案修复；人才培养

0 引言

档案是历史的真实记录，是党和国家的宝贵财富[1]，档案修复技术是延长档案寿命、保护档案信息载体的重要技术手段，是保护档案的重要防线，是保障档案长久保存的基石之一，中国档案修复技术源远流长，之所以能传承至今，首先是档案长久保管有需求，再有技术传承有序，传承的关键则在于人。我国幅员辽阔、历史悠久，全国各级档案馆馆藏卷帙浩繁，据国家档案局发布2021年度全国档案馆基本情况统计，全国各级档案馆馆藏档案104671.1万卷、件。在2022年国家档案局组织开展的全国国家级专家、全国档案工匠型人才、全国青年档案业务骨干选拔工作统计中，共计评选出近2000人，其中档案保护领域的国家级专家22人、全国档案工匠人才45人[2]，合计67人，只占总人数的3.35%。面对如此浩瀚的档案存量，档案修复人才是严重缺乏的，人才断层岌岌可危，急需通过师徒传授、培训班等方式，培养更多的档案保护人才，从而缓解档案保护修复人才的缺口。

1 辽宁省各级档案馆档案保护修复工作及专业技术人员调研情况

为贯彻落实习近平总书记对档案工作重要批示指示精神，贯彻落实《"十四五"全国档案事业发展规划》，按照《区域性国家重点档案保护中心建设与管理办法》的要求 [3]，始终秉持"两高两强"的发展方向，"两强"即加强档案保护技术人才培养和储备，加强档案保护技术成果推广和应用，实施东北区域档案保护技术人才培养举措，推动东北地区档案事业高质量发展，区保中心（辽宁）紧密结合辽宁全面振兴新突破三年行动各项目标任务，专门针对辽宁省各级档案馆档案修复工作和档案保护修复专业技术人员情况开展调查研究。调研组采取"四不两直"的方式，对辽宁省内副省级、市级、县（区）级共计 24 家综合档案馆档案修复技术人才情况进行了问卷调查与实地走访调研，集中反映了以下几方面问题。

1.1 人才极为短缺

表 1 辽宁省市级档案修复技术人员情况调查表

序号	单位名称	档案修复技术人员数量（人）	档案修复技术人员从业年限（年）
1	沈阳市档案馆	0	–
2	大连市档案馆	0	–
3	鞍山市档案馆	0	–
4	抚顺市档案馆	1	> 10
5	本溪市档案馆	0	–
6	丹东市档案馆	1	< 5
7	锦州市档案馆	1	< 5
8	营口市档案馆	0	–
9	阜新市档案馆	≥ 3	5~10
10	辽阳市档案馆	0	–

（续表）

序号	单位名称	档案修复技术人员数量（人）	档案修复技术人员从业年限（年）
11	盘锦市档案馆	0	—
12	铁岭市档案馆	0	—
13	朝阳市档案馆	0	—
14	葫芦岛市档案馆	0	—

表 2 辽宁省部分县（区）级档案修复技术人员情况调查表

序号	单位名称	档案修复技术人员数量（人）	档案修复技术人员从业年限（年）
1	沈阳市浑南区档案馆	0	—
2	大连金普新区档案馆	0	—
3	凌海市档案馆	0	—
4	盘山县档案馆	0	—
5	北镇市档案馆	0	—
6	黑山县档案馆	0	—
7	锦州市太和区档案馆	0	—
8	锦州市古塔区档案馆	0	—
9	盘锦市兴隆台区档案馆	1	＜5
10	绥中县档案馆	0	—

通过以上调研了解到，在14家市级档案馆中4家档案馆有档案修复专业技术人员，县（区）级10家档案馆仅有盘锦市兴隆台区档案馆有1名档案修复技术人员。沈阳市、大连市、辽阳市等市级档案馆由于原有的档案修复专业技术人员已经退休，档案修复技术未能实现传承，后续人才乏力导致档案修复工作被迫停滞，这种情况在许多档案馆普遍存在，比例甚至达到此次调查的79%（见表1和表2）。

1.2 技术相对薄弱

在调研的 24 家市、县（区）级档案馆当中，有从事档案修复技术专业人员的档案馆只有 5 家，5 家当中能独立完成档案修复任务的档案馆只有 1 家。此外，各家档案馆在档案保护修复技术研究方面基本处于空白。调查数据明显反映出相对于其他专业，我省各级档案馆的档案修复技术力量相对薄弱，根本无法满足实际工作需求（见表 3 和表 4）。

表 3 辽宁省市级档案修复技术人员情况调查表

序号	单位名称	档案修复技术人员能否独立完成修复任务	档案修复技术人员是否发表过档案保护与修复工作相关文章	档案修复技术人员是否发表过档案保护与修复工作相关课题研究
1	沈阳市档案馆	－	否	否
2	大连市档案馆	－	否	否
3	鞍山市档案馆	－	否	否
4	抚顺市档案馆	能	否	是
5	本溪市档案馆	－	否	否
6	丹东市档案馆	否	否	否
7	锦州市档案馆	能	否	否
8	营口市档案馆	－	否	否
9	阜新市档案馆	否	否	否
10	辽阳市档案馆	－	否	否
11	盘锦市档案馆	－	否	否
12	铁岭市档案馆	－	否	否
13	朝阳市档案馆	－	否	否
14	葫芦岛市档案馆	－	否	否

表 4　辽宁省部分县（区）级档案修复技术人员情况调查表

序号	单位名称	档案修复技术人员能否独立完成修复任务	档案修复技术人员是否发表过档案保护与修复工作相关文章	档案修复技术人员是否发表过档案保护与修复工作相关课题研究
1	沈阳市浑南区档案馆	－		
2	大连金普新区档案馆	－	否	否
3	凌海市档案馆	－	其他	其他
4	盘山县档案馆	－	否	否
5	北镇市档案馆	其他	其他	其他
6	黑山县档案馆	－	否	否
7	锦州市太和区档案馆	－	否	否
8	锦州市古塔区档案馆	－	否	否
9	盘锦市兴隆台区档案馆	否	否	否
10	绥中县档案馆	－	否	否

1.3 需求十分迫切

从 24 家市、县（区）级档案馆调查结果可以看出，五年来参加过国家级培训的 1 家，参加过省级培训的 1 家，其余 22 家各级档案馆均未参加过相关培训。调查反馈，绝大部分档案馆都明确表示希望有机会参加档案修复技术培训班。沈阳、大连、本溪、抚顺、鞍山、阜新等市档案馆都曾向区保中心（辽宁）提出希望能够派人来学习档案修复技术的迫切需求（见表 5 和表 6）。

区保中心（辽宁）高度重视此次的调研结果，为进一步解决辽宁省各级档案馆档案修复技术人才的不足，解决档案保护技术人才匮乏、技术力量薄弱等问题积极开拓思路，研究解决办法。

表 5　辽宁省市级档案修复技术人员培训情况

序号	单位名称	近五年来参加过哪些专业技术培训	档案修复技术人员希望参加培训的数量（人）	档案修复技术人员希望参加哪种形式的技术培训
1	沈阳市档案馆	–	–	–
2	大连市档案馆	国家级培训	≥3	线上培训班、线下培训班
3	鞍山市档案馆	无	≥3	其他
4	抚顺市档案馆	无	≥3	线下培训班
5	本溪市档案馆	无	1~2	线上培训班、线下培训班
6	丹东市档案馆	省级培训	1~2	线下培训班、培训教材自学
7	锦州市档案馆	无	≥3	线下培训班
8	营口市档案馆	无	1~2	线上培训班
9	阜新市档案馆	无	≥3	线下培训班
10	辽阳市档案馆	无	≥3	线下培训班
11	盘锦市档案馆	无	≥3	线下培训班
12	铁岭市档案馆	无	1~2	线下培训班
13	朝阳市档案馆	无	≥3	线下培训班
14	葫芦岛市档案馆	无	1~2	线下培训班

表 6　辽宁省县（区）级档案修复技术人员培训情况

序号	单位名称	近五年来参加过哪些专业技术培训	档案修复技术人员希望参加培训的数量（人）	档案修复技术人员希望参加哪种形式的技术培训
1	沈阳市浑南区档案馆	无	–	–
2	大连金普新区档案馆	无	0	–

序号	单位名称	近五年来参加过哪些专业技术培训	档案修复技术人员希望参加培训的数量（人）	档案修复技术人员希望参加哪种形式的技术培训
3	凌海市档案馆	无	1~2	线下培训班
4	盘山县档案馆	无	0	—
5	北镇市档案馆	其他	0	其他
6	黑山县档案馆	无	0	线上培训班、线下培训班、培训教材自学
7	锦州市太和区档案馆	无	0	线下培训班
8	锦州市古塔区档案馆	无	0	线下培训班
9	盘锦市兴隆区档案馆	其他	1~2	线上培训班
10	绥中县档案馆	无	1~2	线下培训班

2 存在的问题

2.1 档案保护技术专业人才青黄不接问题较突出

通过实地调研和电询等方式了解到，像沈阳市档案馆和辽阳市档案馆这种由于原档案保护修复专业技术人员退休后，年轻人还无法胜任业务工作，导致档案保护技术工作被迫停止的情况普遍存在。

2.2 档案保护技术专业人员业务能力较薄弱

从调研结果看，此次调研的辽宁省24家市、县（区）级档案馆具备独立完成档案修复任务的档案馆很少，全省市、县（区）档案馆档案保护技术专业人员业务能力方面还较薄弱。

2.3 档案保护技术专业人员科研能力较薄弱

从调研结果看，此次调研的辽宁省24家市、县（区）级档案馆从事档案保护修复技术专业人员较少，档案保护修复技术相关文章和参与过档案保护修复技术相关课题研究方面基本处于空白。反映出从事档案保护修复专业技术人员的专业领域研究和科研能力方面均较薄弱。

2.4 档案保护技术专业人员缺乏学习培训渠道

从调研结果看，此次调研的 24 家市、县（区）级档案馆近 5 年来仅有 2 家参加过相关培训。各级档案馆均表示也有开展档案修复业务工作的需求，本馆也有愿意学习档案修复技术的同志，馆领导也想派出对档案保护技术感兴趣的同志去学习，但苦于没有学习渠道。

3 以辽宁省档案馆为例，针对档案修复技术专业人才培养的对策

辽宁省档案馆领导班子高度重视此次的调研结果，为进一步解决辽宁省各级档案馆档案修复技术人才的不足，解决档案保护技术人才匮乏、技术力量薄弱等问题，出台了一系列对策方案。

3.1 赓续传承，举办档案保护修复技术培训班，为基层求学开山劈路

辽宁省档案馆以区域性国家重点档案保护中心（辽宁省档案馆）[以下简称区保中心（辽宁）] 为抓手，按照《区域性国家重点档案保护中心建设与管理办法》要求，紧紧围绕国家重点档案抢救保护、档案保护技术研究、聚集和培养优秀档案保护技术人才三大职能，积极向国家档案局申请专项经费举办《东北地区档案保护技术培训班》《全国工匠青年骨干人才档案修复技术培训班》，为档案修复技术人才培养提供平台和渠道。逐步推动辽宁省内市、县（区）级档案馆档案保护技术专业人员青黄不接，业务能力、科研能力薄弱，缺少学习途径等问题。近 1 年来培训各级档案保护修复人才 40 余人。

3.2 勠力同心，在省馆和省内各级档案馆间架起沟通的桥梁，帮助省内各级档案馆解决档案保护工作中遇到的技术难题

针对省内各级档案馆在开展档案保护工作中出现的难题，区保中心（辽宁）依托区域性国家重点档案保护中心建立的专家委员会，为省内各级档案馆提供技术支持与帮助，帮助省内各级档案馆科学合理、有效开展档案修复

工作。区保中心（辽宁）多次派出档案修复技术专家到沈阳、辽阳、大连等地开展技术指导，帮助地方各级档案馆开展档案修复工作。

3.3 以区保中心（辽宁）为抓手，带动辽宁省市、县（区）级档案馆档案保护工作发展

针对辽宁省内各级档案馆馆藏破损档案储量和抢救经费紧张的突出问题，发挥辽宁省档案馆承上启下的纽带作用，向国家档案局报告辽宁省各级档案馆档案保护抢救工作的真实情况，为辽宁省各级档案馆在档案抢救保护项目规划中争取更多扶持。2023年为全省重点档案抢救保护工作争取国家档案局专项资金50余万元，为辽宁省档案馆、沈阳市档案馆、辽阳市档案馆完成国家重点档案抢救修复5万页。

3.4 真抓实干，久久为功，为打造档案修复百人团队，持续开展培训、实操、实训、晋级实训工作

为进一步加强辽宁省档案馆档案修复技术人才队伍建设，提升基础业务能力素质，解决档案修复技术人才匮乏、技术力量薄弱等问题，经馆领导班子研究决定，在全馆范围建设一支档案修复百人团队，成员为50周岁以下正、副处级实职干部，45周岁以下及有意愿学习档案保护技术的干部职工，报名112人。由区保中心（辽宁）负责档案修复百人团队的培训工作。

3.4.1 积极开展档案修复技术培训

根据全馆业务工作安排，区保中心（辽宁）从2023年9月9日第一次开课到2024年4月13日利用每周周六全天时间举办档案保护技术初级培训班，根据档案修复百人团队报名人数和培训教室空间容纳实际情况，将112人分为四期，每期培训课程6天，其间由馆内档案修复专家为学员们传授档案修复专业理论知识与实操技法，课程结束后通过考试的学员将授予带有学员名字的专属档案修复工具箱。

3.4.2 扎实开展档案修复技术实训

为巩固培训班学习成果，学员们在完成档案修复技术初级培训班课程后，安排结业学员到区保中心（辽宁）档案修复工作室进行为期10个半天的档案修复实训。第一步：学员看着老师做，以看为主。第二步：学员跟着老师做，边干边学。第三步：老师看着学员做，学员独立做，老师在旁指导。用档案修复实操检验学习成果，保证学员切实掌握基础档案修复技术，达到能够独立修复轻度破损档案的水平。

3.4.3 深入开展档案修复技术进阶实训

在实训岗学员完成 10 个半天的档案修复实训后，增加一个难度再上一个台阶，进入每周半天的进阶实训岗。系统学习轻度破损档案的除尘、展平、补缺、补洞、溜口、溜条、加边、压平等工序，从而达到能够独自熟练修复中度破损档案的水平。

3.4.4 加强开展档案修复技术高级实训

根据每名学员技术掌握程度和进阶实训期间的现实表现，以 10 名每班为单位，分批次优选学习能力强、综合素质高的学员进入高级实训岗，学习中度及以上破损档案修复技术，包括编号、除尘、去污、展平、补缺、补洞、湿托、干托（飞托、覆托）、排实、上墙、下墙、裁切等。

3.4.5 撰写培训教案，编制教材

在国家级档案专家（领军人才）、中央档案馆原副研究馆员刘小敏老师指导下，区保中心（辽宁）结合本单位具体工作实践，精心设计档案修复技术初级培训班和高级培训班的培训教案。编制科学系统、内容全面、实操性强的档案修复专业技术指导教材，为百人档案修复团队建设提供理论支撑。

3.4.6 开展档案修复技术专项培训

根据辽宁省档案馆馆藏档案破损中卷皮破损较多情况，区保中心（辽宁）开设卷皮档案修复技术专项培训，在晋级实训岗中选取优秀学员培训卷皮档案修复技术，包括除尘、去污、展平、揭粘（揭四层）、补洞、湿托、干托（飞托、覆托）、排实、上墙、下墙、裁切等。

3.4.7 举办特色书画档案装裱培训班

为弘扬中华优秀传统文化，提高基础业务能力，调动百人修复团队学习热情，区保中心（辽宁）开设四期书画装裱培训班，共有 70 余名干部职工参与，区保中心（辽宁）形式多样、内容丰富的培训活动，不仅提升档案修复技术技能，还普及了档案修复知识面，进一步助力百人修复团队建设。

3.4.8 邀请国家级领军人才专家指导百人修复团队提升技能

在完成培训、实训、进阶实训、高级实训基础上，邀请国家级档案专家（领军人才）、中央档案馆原副研究馆员刘小敏老师为百人修复团队指导授课，使档案修复技术得到进一步夯实与提升，助力百人修复团队建设再上新台阶。

想要开展好档案保护修复工作，关键在人，做好档案保护修复技术专业人才培养工作是档案工作者履行保护档案神圣使命的重要支撑。是全面落实习近平总书记关于档案工作"四个好""两个服务"的目标任务，充分发挥档

案存史资政育人作用，忠诚履行"为党管档、为国守史、为民服务"神圣职责[4]的有效途径。小切口"做好"大文章"、"解难题"展现"新作为"，档案保护修复技术专业人员培养需要长期地、系统地当作常态化的一项工作，并有针对性地不断改进和完善培训方案，不断提升培训效果和质量，才能更好地推动档案事业的发展和进步。努力为推动辽宁省及东北区域档案保护事业高质量发展，为打赢辽宁全面振兴新突破三年行动攻坚之年攻坚之战做出更大贡献。

注释及参考文献

[1][3] 张羽 . 档案修复用纸库的建设与展望 [J]. 兰台世界 ,2024(3):8-9,11.

[2] 程勇 . 传承担当聚力前行——在建馆 65 周年暨职业荣誉感教育会上的讲话 [J]. 北京档案 ,2023(5):5-6.

[4] 张飞 . 深入学习贯彻党的二十大精神　为加快建设新时代文化强省贡献档案编研力量 [J]. 四川档案 ,2023(1):23-24.

无损检测在特殊载体档案保护中的应用研究

董丹华

中国人民大学信息资源管理学院

摘要： 无损检测是在不破坏档案本体的前提下开展保护修复工作的基础和依据。以棕榈叶载体档案为研究对象开展系统、全面的无损检测研究有助于提升非纸质档案保护的研究水平。通过开展棕榈叶载体和写印字迹的物理性能、光学性能等无损检测实验，发现该档案的制作工艺和记录形式与其耐久性息息相关，另外棕榈叶档案整体保存现状并不理想，急需开展抢救性保护工作。

关键词： 档案保护技术；无损检测；棕榈叶载体档案

0 引言

对档案材料进行检测分析是档案保护修复工作的基础和依据。针对档案保护开展的检测分析是指通过观察、接触以及使用物理、化学等专业的设备或仪器进行检测，通过定性和定量分析，获得材料耐久性能、老化情况等信息，从而在今后保存过程中采取相应保护措施。早期档案本体的性能检测大多依靠模拟有损实验预测档案保存情况，使用大量试样测试档案制成材料的理化性能、光学性能，或模拟不同老化情况从而判断档案耐久性，为保护档案本体，测试对象一般选择与原件相同或相近的试样，结果与真实情况存在一定的偏差，只能辅助保护方案的制定。另外，我国档案发展演变的历史悠久，材料形制类型丰富，形成了以纸质档案为主，兼具石器、甲骨、金石、简牍、贝叶等特殊载体档案的现状。对这些不可再生的档案文献遗产开展保护研究，应在不损害本体的前提下进行。随着保护理念的提升和保护技术的发展，利用无损检测技术获取档案本体信息进而开展有效的保护措施，是档案原生性保护的必然趋势。

近年来，无损或微损检测分析技术逐渐进入人们的视野，并在分析材料成分、耐久性、老化程度等研究中实现了有效运用。一些学者总结了较为成熟的纸张无损检测技术，[1][2] 分析了各项技术的检测原理并对比了技术优劣。[3] 国外研究学者对无损检测技术的运用更早。保护专家利用傅立叶变换红外光谱（FTIR）和原子力显微镜的结合分析档案纸张表面的污斑，[4] 利用 FTIR、X 射线衍射仪以及扫描电子显微镜对修复后的档案进行效果评估以便优化修复方案，[5] 使用反射光谱法 [6]、傅立叶变换红外光谱 [7]、能量色散光谱 [8] 等无损检测技术研究档案写印材料的成分和老化问题。可见国内外研究学者都将各种先进的仪器、设备和无损检测技术应用到档案制成材料成分、老化状况的检测以及载体和字迹的修复保护中，增加了保护技术的现代科技含量，满足了复杂多样的需求。目前研究对象多为纸质档案，对无损检测技术的适用性和检测方法进行描述性研究，或开展某一项检测技术在保护环节的实验研究，尚未对特殊载体档案开展系统、全面的无损检测研究，考虑到文献遗产保护工作的紧迫性和我国丰富的档案资源，有必要对特殊载体档案保护中利用无损检测技术进行物质属性认知和病害诊断，以提升我国档案保护的整体水平。

1 棕榈叶载体档案保护引入无损检测的必要性

以棕榈叶载体档案作为研究对象有助于对档案保护的无损检测开展系统、有效的案例研究。在中国造纸术传入古印度之前，棕榈叶（又称贝叶、贝多罗叶）是印度、泰国、缅甸等东南亚、南亚国家和我国云南、西藏等地区重要的记录载体，这种载体类型的文本在我国一般统称为贝叶经，国外则称作"Palm Leaf Manuscripts"（PLMs）。在文献发展历史中，贝叶经曾一度成为一些国家和地区的官方记录形式，并一直是档案文献遗产的重要类型之一，其本体特征使得无损检测成为其保护研究的必要前提和基础。

1.1 本体材料的特殊性和稀缺性

档案载体材料的发展几经变革，纸质载体一直占据着重要地位。国内外研究学者对纸质档案进行了全面而深入地研究并取得了良好的保护效果。棕榈叶档案载体、记录方式有别于纸张，研究方法和保护措施不能完全沿用已有的稳定技术和成果。另外，其制成材料稀缺，目前仅在部分国家或地区的寺庙、非物质文化遗产保护机构中有少量制作，无法像纸质档案使用大量的试样开展破损性实验或模拟实验。

1.2 文化遗产特性

棕榈叶载体档案是珍贵的少数民族文献遗产，我国西藏地区现存文献见证了当时藏族文化精英的知识结构以及以棕榈叶为载体的繁荣开放的藏地文明；云南地区文献作为不可替代的历史佐证记录了傣族社会各方面的历史状况以及每个历史阶段的重大事件。在宗教语境下的贝叶经被称为"佛教熊猫"，具有崇高的地位。早在 1998 年，联合国就将棕榈叶手稿纳入《世界记忆名录》的文献遗产项目。[9]此外，棕榈叶载体档案特殊的制作工艺和梵夹装的装帧样式，使其具有独一无二的艺术鉴赏价值，其中一些文献还具有文物历史价值。可见，作为全世界范围内珍贵的文化遗产，对其保护研究必须在不损害本体的前提下开展，无损检测是必然的选择。

2 无损检测的应用和分析

对棕榈叶档案开展有效的保护研究，不能只针对某一个保护环节或某一个实验项目，而应根据本体特征开展系统、全面的无损检测，在判断破损等级的基础上制定具有针对性的保护策略。

无损检测的实验仪器主要有国产 3nh 分光密度仪、X-MET8000 日立（HITACHI）XRF 桌上型荧光分析仪、HI842 哈纳便携式酸度计、4300 安捷伦（Agilent）傅立叶变换红外光谱仪、Dino-Lite AM4115T 便携式数码显微镜（安鹏科技股份有限公司）、艾格瑞 SH-01 便携式水分仪（哈尔滨宇达电子技术有限公司）、天平等。

实验对象为云南西双版纳州档案馆馆藏的 29 份老傣文棕榈叶载体档案，以及中国民族图书馆馆藏的 6 份梵文和 2 份老傣文棕榈叶档案，共 37 个样本。

2.1 定量

通过天平测量样本重量，以载体的长度和中段宽度为准计算面积，可以粗略获得载体定量。参考纸张定量的计算方法，统计云南西双版纳州档案馆的 29 份样本，发现定量均不相同，可见不同于纸质载体的制作工艺，作为天然材质的棕榈叶加工后仍然保留了个体差异性。大部分载体的定量集中在 $100\sim200\ \text{g/m}^2$ 之间，只有少部分贝叶的定量超过 $200\ \text{g/m}^2$，达到纸板的定量[10]，甚至超过 $250\ \text{g/m}^2$。

2.2 色度和色差

对云南、北京两地的样本均进行测试，选择样本有字部分和无字部分各一个测试点，利用分光密度仪测量色度并计算色差 ΔE。其中第 15 份样本除了刻字还刻有图案做装饰，需要分别计算这两个位置和空白部分的色差值。第 23 份样本表面整体污染严重，肉眼观察无法看到文本信息，不具有可读性，如图 1 所示，因此不再测量其色差。

图 1 第 23 份样本整体污染情况

表 1 是测试后样本量的分布情况，根据色差区间和色差感觉程度之间的关系，可以分析样本字迹的清晰程度和可读性。发现大部分样本的色差值都在 1.5 以上，色差感觉处于明显的程度或者更甚，说明这些样本字迹清晰，具有良好的可读性。只有少量样本色差感觉轻微，对可读性稍有影响。

表 1 色差检测结果

色差区间	色差感觉程度	样本量
0.00 ~ 0.50	（微小色差）感觉极微	0
0.50 ~ 1.50	（小色差）感觉轻微	9
1.50 ~ 3	（较小色差）感觉明显	10
3 ~ 6	（较大色差）感觉很明显	13
6 以上	（大色差）感觉强烈	5

2.3 含水率

棕榈叶载体和纸张都含有植物纤维，其水分含量和物理性能的关系可类比。含水率过低，耐折度降低；含水率过高，纤维素水解，强度下降，同时滋生虫、霉。利用水分仪测量并统计 37 份样本的含水率，如表 2 所示，数值分布在 2.7 到 10.9 之间。参考纸张"安全水分"数值 7% 的规定[11]，将含水率在 6.0%～8.0% 之间的视为安全水分，共 6 个样本；有 8 个样本的水分含量大于 8.0%，23 个样本的水分含量低于 6.0%。可见大部分棕榈叶水分含量不高，易于发脆，调研发现大量样本载体开裂拉丝甚至脆化，考虑和保存过程中含水率过低有关。

表 2　调研样本的含水率（%）

序号	1	2	3	4	5	6	7	8	9	10
含水率	10.9	5.3	7.3	6.8	6.5	9	4.6	5.3	5	6.8
序号	11	12	13	14	15	16	17	18	19	20
含水率	7.6	5.2	6.3	5.3	5.1	4.2	4	3.3	4.2	3.9
序号	21	22	23	24	25	26	27	28	29	30
含水率	3.8	3.9	4.2	4.9	4.2	3.8	5.8	2.7	4.6	9.6
序号	31	32	33	34	35	36	37			
含水率	9.65	9.65	9.7	9.7	9.5	5.7	5.7			

2.4 酸度

对样本边缘无字部分进行无破损测酸实验，统计 37 份样本酸度等级的分布，如表 3 所示，发现样本普遍酸化，少量样本酸化严重，考虑是由于载体制作过程中，煮棕榈叶时添加了酸角等酸性物质，导致了叶片呈现不同程度的酸化，在长期保存过程中酸化逐渐严重。

表 3　不同酸度等级样本量统计

酸度	样本数量
pH ≤ 4.0	2
4.0<pH ≤ 5.0	4
5.0<pH ≤ 5.5	7
5.5<pH ≤ 6.5	21
pH>6.5	3

2.5 XRF 数据分析

X 射线荧光光谱法（XRF）是图书档案界、文博界进行非侵入性实验的重要方法。根据射线强度与元素含量的比例关系，可以获得元素质量百分比。对民族图书馆的 8 份调研样本进行测试，其中无字部分的测试返回棕榈叶片的基本元素质量比，有字部分的测试返回"棕榈叶片＋字迹"的基本元素质量比。

样本中，字体为东部城体和僧伽罗文的叶片来自西藏，由于当地无法种植贝叶棕，因此这些载体材料应是沿着"印度—尼泊尔—吐蕃"这一传播路线进入西藏；老傣文叶片从云南收集，当地种植贝叶棕可以提供载体材料，因此考虑这些叶片来自云南。无字部分的检测结果发现，植物必需的常量营养元素磷（P）、钾（K）、钙（Ca）、镁（Mg）、硫（S）和微量元素铁（Fe）、氯（C1）、锰（Mn）、锌（Zn）、铜（Cu）、钼（Mo）、镍（Ni）等都在返回数据中有所体现，这些元素参与了酶的激活、叶绿素形成和其他重要物质代谢过程。[12]钾能增厚棕榈叶片的厚角组织，对叶片的机械支持作用更强。[13]厚角组织细胞壁由纤维素和果胶组成，不含木素[14]，因此纤维素含量多的植物需要较多的钾。对比两地的样本，云南棕榈叶中钾的质量百分比只有 5%或 7%左右，西藏叶片中钾的质量百分比普遍更高，最高可达到 26.3741%，说明从东南亚国家传播到我国西藏的贝叶叶片厚角组织更厚、纤维素含量更多，叶片的机械强度更大，在同样的自然条件下耐久性更强。锌参与生长素的合成，缺锌使植株矮小，叶片小而扭曲。[15]锌含量最高的贝叶样本来自西藏地区，用"东部成体文"记录，含锌量达到 2%以上，测量后发现其叶片长度均达到 61.5 厘米，高于其他调研样本，也高于缅甸地区发现的贝叶载体的平均长度 48 厘米[16]、尼泊尔加德满都阿萨档案馆内贝叶的平均长度 55.2 厘米。[17]一些元素，例如汞、铅、铝、砷等对植物有一定的毒害，被称为有害元素。其中汞元素存在于所有的样本中，说明不同种植地的土壤都有汞污染；其他有害元素在不同样本中也有发现。

8 个样本的字迹均为黑色，较为常见。在印度[18]和佛罗伦萨[19]的贝叶保护研究中，通过 XRF 测试后发现了混合金、铜、银等贵金属的字迹材料。本测试未发现样本字迹中含有以上金属成分，推断字迹的主要显色成分为烟灰或墨汁中的碳元素。

2.6 红外光谱法检测分析

红外光谱法（FTIR）是分析有机物结构、化合物基团质量、化学键性质的常用无损检测方法。实验使用的傅立叶变换红外光谱仪型号为安捷伦（Agilent）4300，光谱范围为 4500 ~ 650cm-1，仪器响应时间为 2 分钟，光谱采集分辨率为 8cm-1，拉曼光谱未经过平滑处理或基线校正。选择民族图书馆的两份梵文样本，分别在有字部位和无字部位进行测试，共获得四个红外光谱图。图 2 显示了两个样本无字部分的红外光谱图。

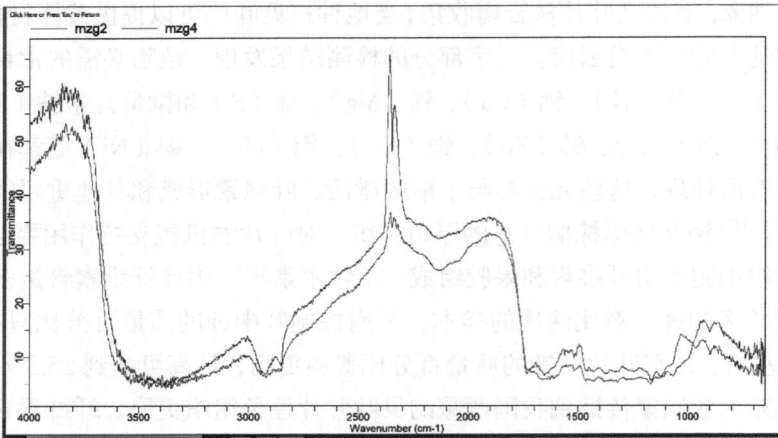

图 2　样本 1–33 和 1–2 无字部分的红外光谱图

注：mzg2 代表样本 1–33 无字部分的红外光谱图，mzg4 代表样本 1–2 无字部分的红外光谱图。

两条红外光谱图波形相似，存在上下漂移，表明测试样品有机物在同一波长下的光密度趋势相同。图中 1710cm-1 的特征峰是官能团——羧基和羰基的特征。考虑是由于叶片在长期保存过程中纤维素降解产生了这两种官能团，都有不同程度的老化。1265cm-1 是木素的特征吸收峰，两个样本在这个位置均没有出现明显特征峰，但是新鲜采摘后未处理的棕榈叶片木素含量为 32.46%。[20] 考虑原因是载体制作过程中，将柠檬、酸角等酸性物质加入水中煮叶片，叶片中的木素、树胶、无机物、淀粉在这一过程中脱离得较为彻底，使得叶片纤维素含量比例更高，在一定程度上增强了载体耐久性。图 3 显示了样本 1–33 有字和无字部分的红外光谱图。

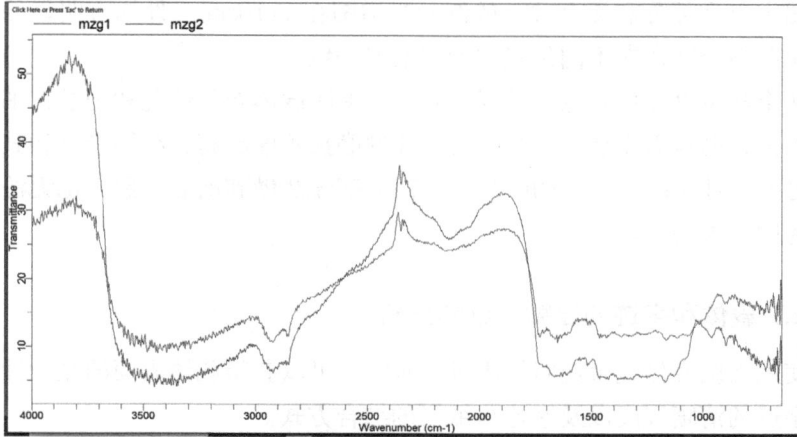

图3 样本 1-33 有字、无字部分的红外光谱图

注：mzg1 代表样本 1-33 有字部分的红外光谱图，mzg2 代表样本 1-33 无字部分的红外光谱图。

图中有字部分的红外光谱图 mzg1 在 1710cm-1 处有特征峰，无字部分在此处没有明显特征峰，说明此处有字位置纤维素降解更严重，叶片进一步老化。该样本来自西藏，笔墨书写记录，推测书写时的力度较大，笔尖对叶片表面有损伤，引起了此处纤维素降解，可见用笔力度影响载体老化。图 4 显示了样本 1-2 有字和无字部分的红外光谱图。该样本和 1-33 样本处于同一匣中。

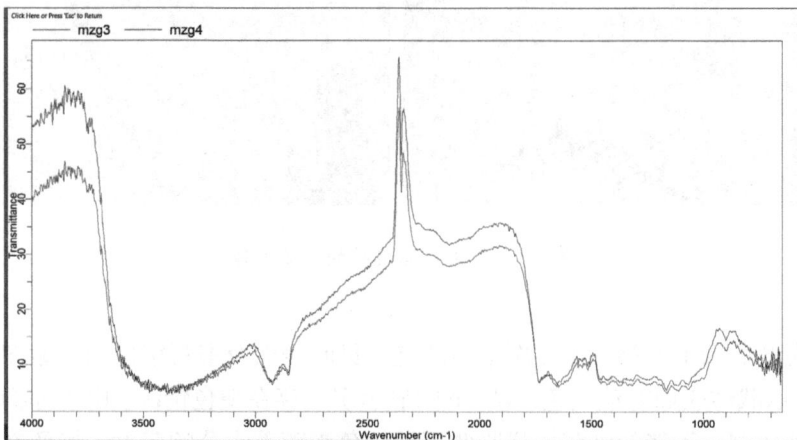

图4 样本 1-2 有字、无字部分的红外光谱图

注：mzg3 代表样本 1-2 有字部分的红外光谱图，mzg4 代表样本 1-2 无字部分的红外光谱图。

图中有字部分和无字部分的红外光谱图在 1710cm-1 处均有明显的特征峰，说明整个叶片在不同位置的老化情况一致。

两个样本书写位置老化情况的对比，说明载体老化情况和记录人书写的习惯相关，书写力度越大，笔尖对叶片的磨损程度越高，载体老化和其正相关。另外，处于同一匣中的叶片，书写力度无法做到前后一致，也无法判断是否为同一人书写。

2.7 载体和字迹的显微观察和分析

使用无级变倍显微镜对样本进行观察，可以获得载体表面的光学性能，了解字迹的清晰程度以及字迹与纸张的结合方式。

图 5 显示了保存在民族图书馆的老傣文贝叶表面及铁笔刻写字迹的显微图像，发现载体表面有白色污渍，字迹线条清晰。在刻写过程中，铁笔划去了棕榈叶片的表面组织从而呈现字迹轮廓，涂抹油墨并擦拭干净后，油墨留在刻痕的凹槽内。油墨中的碳素一部分在自身的重力以及植物油的渗透作用下进入棕榈叶纤维的空隙内，还有一部分留在纤维表面，[21] 色素以"吸收+结膜"的方式和载体结合，字迹耐久性最强。

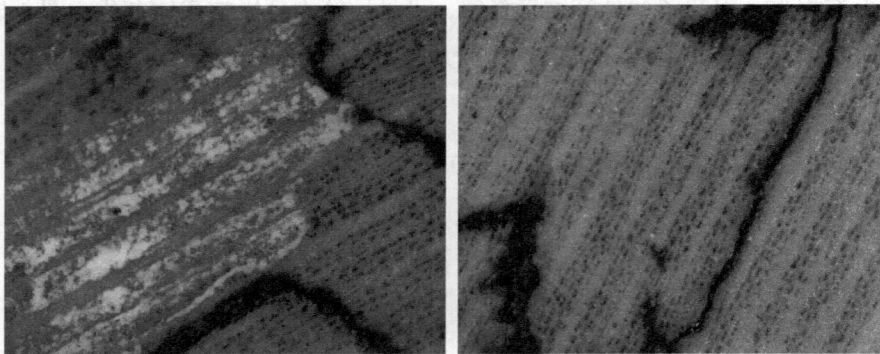

图 5　老傣文刻写贝叶的显微图像

图 6 显示了保存在民族图书馆的梵文贝叶表面及书写字迹的显微图像，a 图显示载体表面有淡黄色污渍，b 图显示字迹存在褪色情况。由于棕榈叶的渗透性较弱，不能像纸张一样吸收墨汁，色素随着水分的蒸发干燥留在叶片表面，由于动物胶或植物油等粘结剂的存在而使得字迹表面结膜，因此字迹和载体的结合方式是结膜。在长期保存过程中，色素老化脱落，因此耐久性

低于铁笔刻写的字迹，易出现褪色。c图显示叶片有虫蛀现象，推测为烟草甲造成的竖直虫洞。

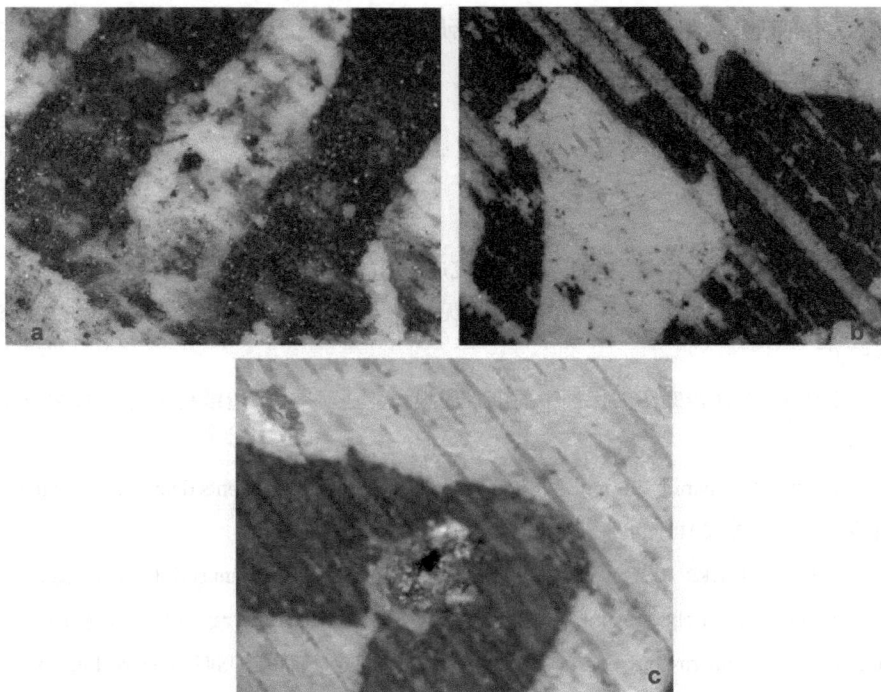

图 6　梵文书写贝叶的显微图像

3　总结和展望

通过系统的无损检测可以在不破坏棕榈叶档案的前提下进行载体和字迹成分、性能的分析。载体的制作过程和独特的记录形式与长期保存性能息息相关。刻写贝叶经字迹的稳定性优于书写方式，利用酸角等蒸煮工艺除去了棕榈叶中的大部分木素、杂质等不利于长期保存的因素。载体产地的区别使得载体元素种类和含量不同，这也影响了不同产地叶片的物理性能和本体耐久性。研究中发现棕榈叶档案整体的保存现状并不理想，载体普遍酸化、干燥脆化严重，有污损虫蛀和字迹褪色现象，急需开展抢救性保护工作。

随着未来技术进步和设备更新，应不断拓展无损检测项目的内容，结合传统的老化模拟和有损实验，完善保护技术研究方法和检测体系。另外，相较于纸质档案成熟的保护技术，在未来研究中应加强特殊载体档案的保护研究，从而延长档案保护理论和实验研究的链条，促进档案保护学科的可持续发展。

注释及参考文献

[1] 龙堃 . 纸质文献无损检测方法的研究进展 [J]. 中国造纸 ,2019(3):78-81.

[2] 史蓉 . 基于档案图书保护的纸张无损检测研究 [J]. 造纸科学与技术 ,2021(6): 59-61,67.

[3] 马瑞 . 实体档案图书保护中的纸张无损检测法研究 [J]. 造纸科学与技术 ,2020(6): 42-44.

[4] Buzio R, Calvini P, Ferroni A. Surface analysis of paper documents damaged by foxing [J]. Applied Physics A,2004(2):383-387.

[5] Hajji L, Boukir A, Assouik Jetal. Conservation of Moroccan manuscript papers aged 150, 200 and 800 years. Analysis by infrared spectroscopy(ATR- FTIR), X- ray diffraction (XRD), and scanning electron microscopy energy dispersive spectrometry(SEM-EDS)[J].Spectrochimica Acta Part A Molecular & Biomolecular Spectroscopy,2015(136):1038-1046.

[6] Sistach MC, Gibert J M, Areal R. Ageing of laboratory iron gall inks studied by reflectance spectrometry[J].Restaurator,1999(3-4):151-166.

[7] Ferrer N, Sistach MC. Analysis of sediments on iron gall inks in manuscripts[J]. Restaurator, 2013(3):175-193.

[8] Mousavi S M, Ahmadi H, Abed Esfahani A, et al. Identification and analytical examination of copper alloy pigments applied as golden illuminations on three persian manu-scripts [J]. Restaurator,2015(2):81-100.

[9] 何新华 . 清代朝贡文书研究 [M]. 厦门 : 中山大学出版社 ,2016:31.

[10] 上海辞书出版社于 2014 年出版的由巢峰主编的《小辞海》中在 "纸" 的定义中写道 : 国际标准化组织 (ISO) 规定 , 定量小于或等于 225 g/m^2 的称为 "纸张", 大于此数的称为 "纸板"。目前学术界一般认为定量超过 200 g/m^2 即为纸板。

[11] 北京图书馆图书保护研究组 . 图书档案保护技术资料汇编 [M]. 北京 : 书目文献出版社 ,1987:103.

[12][13] [15] 陈康,李敏.中药材种植技术 [M].北京:中国医药科技出版社,2006:61,64,67.

[14] 李学文.中国袖珍百科全书 生命科学卷 [M].北京:长城出版社,2001:6711.

[16] Kay Thi Htwe. Preservation and conservation of palm leaf mmanuscripts collected from mingin district, sagaing region[R].Symposium Program for Digitization and Conservation of Myanmar Old Manuscripts ,13–14 December 2016, University of Yangon, Myanmar:111.

[17] 亚洲纸张保护协会成员 NaoKO Takagi, Yoriko Chudo, Reiko Maeda 于 2005 年 10 月 14 日的研究报告《Conservation and Digitisation of Rolled Palm Leaf Manuscrips in Nepal》中提供了以上数据,亚洲纸张保护有限公司负责数据的真实性。

[18] Almogi O, Kindzorra E, Hahn O,et al. Inks,pigments,paper:in quest of unveiling the history of the production of a Tibetan Buddhist manuscript collection from the Tibetan–Nepalese borderlands[J].Journal of the International Association of Buddhist Studies,2015(36):93–118.

[19] Salvemini, F, Barzagli, E, Grazzi, F,Picollo, M,Agostino, A,Roselli, MG, Zoppi, M. An insitu non–invasive study of two Tibetan manuscripts from the Asian Collection of the Museum of Natural History in Florence[J].ARCHAEOLOGICAL AND ANTHROPOLOGICAL SCIENCES,2018(10):1881–1901.

[20] 刘道恒,朱先军,伍红,等.棕榈叶纤维特性和制浆造纸性能的试验研究 [J].造纸科学与技术 ,2007(3):5–7.

[21] 雷昌玲,黄贵秋.染料字迹扩散的成因及修复办法 [J].兰台世界 ,2019(2):60–62.

浅谈民国报纸抢救性修复的广东实践

——以《大公报》的修复为例

钱婉君　罗天琦

区域性国家重点档案保护中心（广东省档案馆）

摘要：民国报纸作为研究中国近现代史的重要资料，由于自身材料、气候情况及保管条件等因素，普遍出现不同程度的老化、酸化、焦脆、霉烂、断裂等破损情况，这些破损情况不仅影响了报纸的阅读和研究，也加大了保存和修复的难度。本文以 1925 年 2 月 26 日《大公报》为例，通过对其破损状况的深入分析，探讨民国报纸修复的关键技术，旨在为同类报纸的修复研究提供参考。

关键词：民国报纸；双面字迹；霉变；老化；修复

0 引言

民国报纸作为研究民国时期我国政治、经济、军事、科学、文化、生活等方面的重要文献，对于研究民国时期的历史和文化具有不可替代的价值。然而，由于印刷水平不高、使用的纸张酸度较高等因素，使其在长期保存中易出现酸化、受潮、霉变等问题。

民国报纸普遍存在不同程度的酸化，根据中国第二历史档案馆邵金耀等的研究，民国时期报纸 pH 值下降速度为 0.02/ 年，其中使用进口机制纸印制的报纸 pH 值在 3.8 ~ 4.8 范围。[1] 根据陈立对南京图书馆馆藏民国时期报纸酸化的研究表明，其样品平均 pH 值已降至 3.89。[2]

广东地区档案馆收藏的许多民国报纸除酸化外，还不同程度地出现纸张霉变、老化等现象。这些现象的产生原因部分与广东地区的气候环境有关。广东气候湿热，高温多雨，年平均气温 22.1℃，年平均相对湿度 77%。这种气候环境一方面有利于霉菌的生长，另一方面也对报纸纸张的物理强度造成持续性的破坏。根据中国人民大学张美芳的研究，25℃以上、相对湿度70%以上的环境适于档案霉菌的孳生。[3]根据北京印刷学院刘江浩等的研究表明，环境湿度由30%提升到70%时，纸张含水量最多高出41%，纸张耐折度在环境湿度60%以上时明显下降，抗张强度随环境湿度的上升而显著下降。[4]此外20世纪保护力量不足、保存条件有限也对其保存情况的恶化有着一定的影响。

民国报纸的破损现状不但造成实体翻阅的障碍，也对其文字、图片等内容的识读产生困难，严重影响了利用效果，亟待对其进行抢救性修复。目前对于民国报纸的抢救性修复的探讨仍缺乏深入的研究，为此笔者以1925年2月26日《大公报》的抢救性修复实践为基础，试图探索民国报纸抢救性修复的可行性方法。

1 现状分析

1.1 保存现状

1.1.1 宏观观察

待修复报纸为油墨双面印刷，大部分字迹大小为3×3mm，部分字迹因印刷质量不高存在飞白情况。报纸中央折缝位置大部缺损，并已完全断裂。中部缺损处周围存在多种方向断裂，其他折痕位置普遍存在垂直于折痕方向的断裂。大部分断裂处伴有纸张卷曲。纸张整体泛黄并附着大量灰尘，大面积浅蓝色污染占全幅约60%。中部缺损处左右各有18mm×7mm大小淡紫色污染两处。以中缝为中心沿原折缝位置对称分布深浅不一的褐色污染，对字迹存在一定程度的遮挡，部分位置可以明显观察到霉菌菌丝。折痕向外部分存在泥斑。褐色污染处伴有明显水渍且纸张絮化严重，对字迹造成一定程度的遮挡。纸张边缘处存在多处裂口并伴有粉碎掉渣及纸张卷曲，具体情况如图1和图2所示。

图 1   1925 年 2 月 26 日《大公报》修复前情况

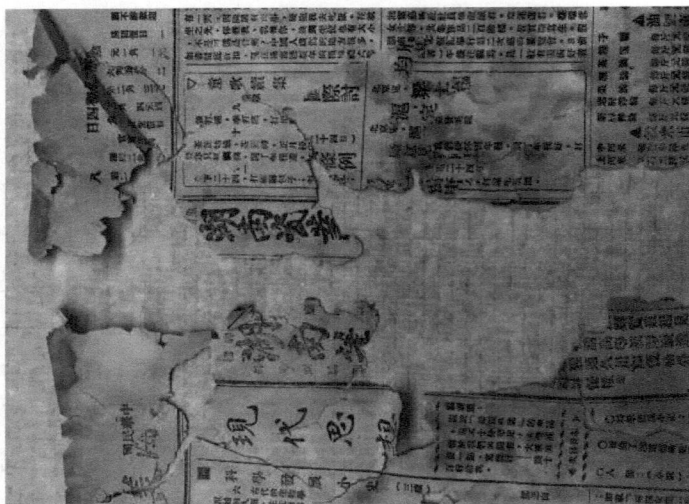

图 2   破损局部

1.1.2 性能检测

为了更有针对性地开展对此报纸的修复工作，在宏观观察的基础上进一步对其酸碱值、厚度及字迹情况进行了检测，检测使用仪器见表 1，检测结果见表 2。

表 1　性能检测项目及仪器型号

序号	项目	仪器型号
1	酸碱值检测	HANNA 酸碱度计 HI99171
2	厚度检测	研特纸与纸板测厚仪 YTH-4C
3	字迹材料检测	显微镜 Dino-Lite AM4113
4	无损显微检测	基恩士超景深三维数码显微系统 VHX-7000

表 2　《大公报》酸碱值、厚度及字迹材料测试结果

序号	测试位置	酸碱值	厚度（mm）	字迹材料
1	报纸左上方	3.96	0.075	黑色油墨
2	报纸右上方	4.03	0.073	黑色油墨
3	报纸左下方	4.22	0.076	黑色油墨
4	报纸右下方	3.65	0.069	黑色油墨
5	报纸中部	3.39	0.068	黑色油墨
6	霉烂处	3.78	0.069	黑色油墨

　　由此可见此报纸纸张平均 pH 值为 3.84，酸化极为严重。纸张平均厚度为 0.072mm，离差为 0.003，纸张纤维分布情况较为均匀。字迹呈色材料为黑色油墨，字迹耐久性较好、洇化风险较低，具体情况如图 3 所示。

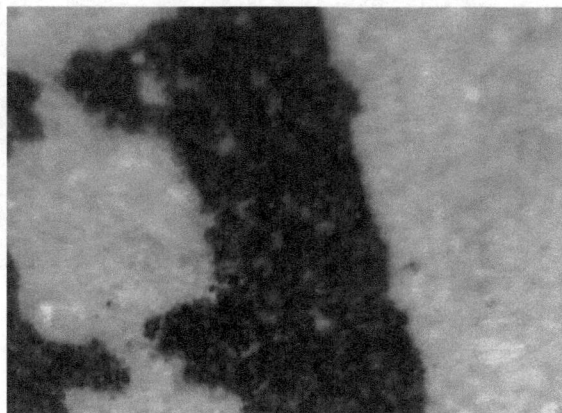

图 3　字迹放大图像

1.1.3 无损超景深显微检测

为进一步了解破损情况及报纸纸张纤维情况，使用超景深三维数码显微系统对其进行无损显微观察，结果如图 4 和图 5 所示：

图 4　超景深显微图像——有文字处（LM×500）

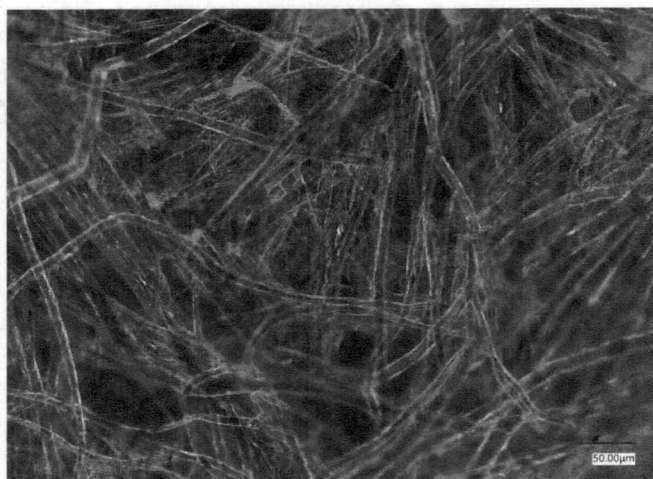

图 5　超景深显微图像——空白处（LM×500）

超景深显微图像显示，此报纸纸张主要成分为阔叶木浆，纸张填料部分丧失。

1.2 破损情况分析

从酸碱度检测结果可以发现，此件报纸酸化情况严重。

纸张性能下降导致报纸边缘处存在多处裂口，裂口处纸张存在卷曲及粉碎掉渣等情况。报纸中部大部缺损并已完全断裂，通过对缺损处边缘情况的观察，应为啮齿类动物啃噬造成的动物损害。在此基础上多次翻阅造成尚未损失的中缝位置因应力性撕裂导致裂口。垂直于原折痕裂口与纸张老化导致纸张纤维韧性下降在长期翻阅的外力作用下的应力性纤维断裂有关。上述情况对后期修复中的拼对提出了严峻的考验。

报纸上褐色污染处沿折痕分布，折叠状态下外层颜色较内层深。最外层污染处部分位置可见霉菌菌丝存在，纸张性能大幅下降并已出现絮化。淡蓝色及淡紫色污染处纸张平整度下降，无霉菌存在痕迹，纸张强度有一定下降，推测为被霉菌分泌物污染所致。背面折痕交叠处存在泥斑，但范围不广，污染程度也不高。根据以上情况，笔者判断此件报纸曾在折叠状态下被泥水浸泡，并因此出现霉变现象。具体情况如图 6、图 7 和图 8 所示：

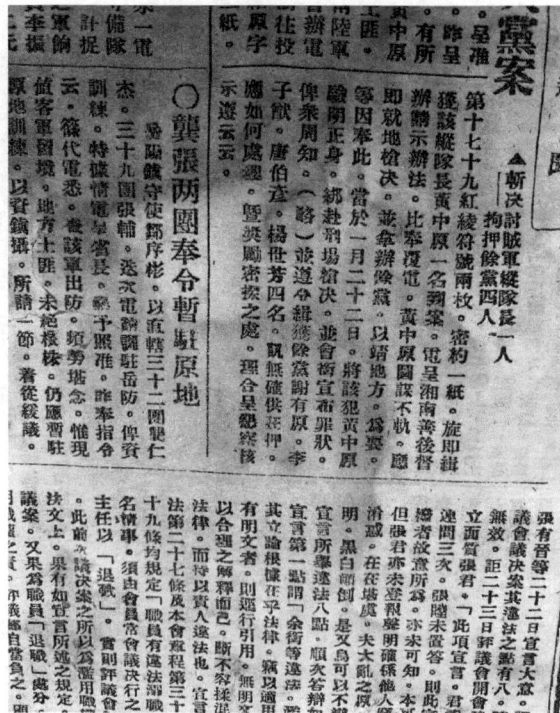

图 6　淡蓝色污染处

图 7 淡紫色污染处

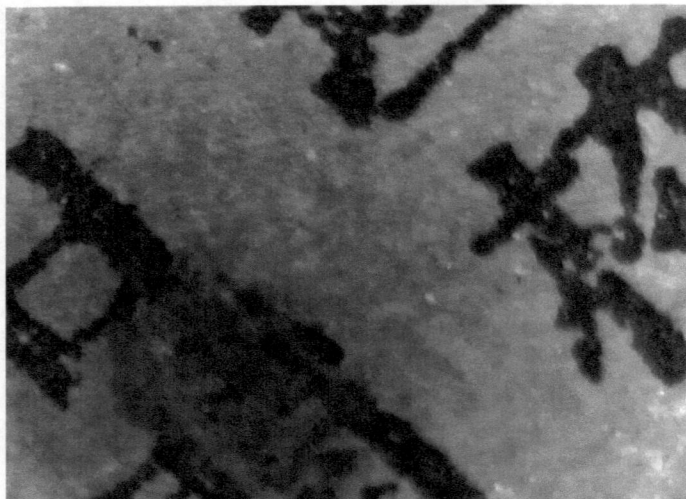

图 8 褐色霉斑污染处

总体而言此件报纸污染、霉变情况严重，纸张物理强度较低，已基本丧失继续提供翻阅的能力。根据《纸质档案抢救与修复规范 第 1 部分：破损等级的划分》（GB/T 42468.1-2023）4.1 特残破损，判断其为特残破损，修复难度极大。

2 霉烂报纸《大公报》修复要点

2.1 修复用纸选择

2.1.1 托纸的选用

此报纸字迹及纸张强度情况对于修复用纸的选择也提出了一定的要求。整体加固用纸需要在保证一定强度的情况下，追求尽量高的透明度，补缺用纸则需要在厚度和颜色上尽量接近原件。

对于双面字迹修复的整体加固，常见使用日本皮纸、三桠皮纸、桑皮纸和丹寨迎春纸等材料，其基本情况见表3：

表3 整体加固用纸情况表

整体加固用纸种类	分析	效果图示
日本皮纸	机制构皮纤维纸。拉力好、透明度高、定量低，但价格昂贵。建议仅用于修复特别珍贵档案。	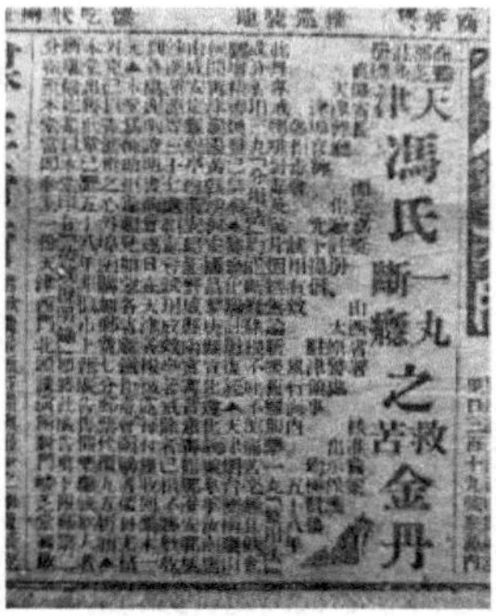
三桠皮纸	机制三桠树皮纤维纸。拉力稍弱，透明度高，定量低。泛用性强。	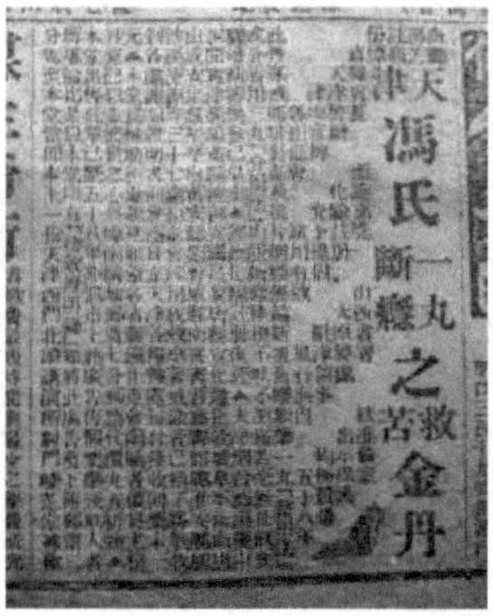

（续表）

整体加固用纸种类	分析	效果图示
桑皮纸	手工桑皮纤维纸。 拉力好，透明度略差，适用于载体强度低，字迹清晰度高档案。	
迎春纸	手工构皮纤维纸。 拉力好，柔韧性好，透明度稍逊，适用于软薄档案。	

根据此件报纸纸张强度不高、字迹牢固程度较好但印刷效果稍差且字体较小的情况，在整体加固用纸的选择上要求其具有高透明度、较好拉力、定量与厚度较低的特点。综合以上考虑，最终选择以定量 3 ~ 4 g/ ㎡的三桠皮纸作为整体加固用纸。

2.1.2 补纸的选用

补纸根据报纸厚度及颜色综合考虑后选用了我馆库存厚度约为 0.06mm 的灰白色棠岙纸。一方面考虑到颜色、厚度均较接近原报纸，另一方面，棠岙纸中的三桠皮成分使得破损处修补后既能保持一定强度，又能保证较好的柔韧性便于翻阅。

2.2 去污

报纸折痕处存在零散泥斑及泥块，且泥斑附近霉烂极为严重，纸张物理性能极差。在去污时，要格外小心并遵循正确的清洁步骤，避免因操作不当导致已絮化部分纸张载体损失使得信息丢失。在清洁时首先使用镊子轻轻地把附着在报纸表面的小泥块夹走，再使用羊毛刷小心刷走污物，少量粘结过紧的残留物在清洗时借助清水去除。在此过程中需注意避免因动作过大造成对报纸本体的伤害。

针对褐色的霉斑附近已絮化部分，使用毛笔蘸 75% 浓度的消毒酒精，以笔尖轻轻点拭清洁，清洁完成后在旁边纸张强度较大处以干棉团将污染后的酒精吸干。对于尚保持一定纸张强度的污染处，使用酒精棉球轻蘸进行去霉处理。因报纸正反面污染都极为严重，在两面都需要进行去污操作。处理后，原存在菌丝处的菌丝基本去除，褐色污染明显减轻，但浅蓝色和浅紫色污染未发生明显变化，为保持其原貌，未对其做进一步处理。

针对报纸普遍存在的灰尘等污染情况，使用超细雾状喷壶均匀对其喷上去离子水，待报纸充分润湿后逐步增加水量，借助水把顽固泥污、灰尘等污染物与纸张分离，进行整体清洗。清洗后及时用毛巾吸干污水，然后再次喷水，经过三遍重复清洗后，随着清洗的进行，污水逐渐变清，报纸整体泛黄情况有一定缓解，同时折缝位置处褐色污染也逐渐变浅，本次清洁达到较为理想的效果。因报纸正反面污染都极为严重，在两面都进行了去污操作。

2.3 展平拼对

2.3.1 确定尺寸

鉴于该报纸送修时已完全断裂，且中部大部缺损，这给修复工作带来了很大的困难。为此，笔者测量了与其日期接近的多件完整大公报，取其尺寸的平均值，确定原尺寸为 525mm×765mm。为了保证在修复过程中拼对的准确性，按照确定后的尺寸在案子上画出相同尺寸的边框，把厚度为 0.05mm 的 PE 材质透明塑料薄膜铺在案子上，透过薄膜沿画好的边框放置待修复报纸。

2.3.2 展平

待修复报纸霉斑处絮化严重、部分位置纤维已完全丧失强度，且裂口附近的絮化部分普遍存在卷曲，在修复前需要先将其展平。具体操作如下：一手执毛笔蘸少量去离子水轻轻地展开絮化部分后，另一手同时用镊子按压，避免水浮力带离絮化部分。展平后及时用尺寸为 2×10cm 的吸水纸条吸干多余水分，避免刚展平拼对好的位置再次移动。

2.3.3 拼对

报纸正面右上角及中部存在较多的零散缺损需要拼对，在碎片袋中取出逐片拼对，拼对时要有耐心，字体要摆正，裂缝要拼对紧密。找不到确定位置的宁可放回碎片袋也不能乱拼，保证报纸信息的真实性。

2.4 托裱及补缺

本次待修复报纸出现极为严重的霉烂、絮化情况，这种状况使得常用的先补缺、后托裱的方式具有较高风险。在此次修复中笔者选择先上托纸，再在沿缺损位置沿边补缺的修复方式。

此次修复用 3.5% 浓度的小麦淀粉浆糊作为粘合剂。在报纸已整体展平湿润的基础上，将浆糊装入喷壶内进行均匀喷洒，未喷到的部分则用毛笔把浆糊轻轻地"点"在上面。在确保浆糊喷洒均匀后，两人配合进行修复操作，一人负责提托纸，另一人则用板刷将准备好的托纸刷合在报纸上。在上托纸的过程中，需要注意用力要轻而均匀，确保刷刷重叠，不能有遗漏，不能使托纸产生折皱。托纸完成刷合后要及时排实。

排实后使用厚度为 0.06mm 的棠岙纸对缺损位置进行补缺，因报纸的字体较多且小，补缺时不宜搭边，沿边填洞即可。整体修复完成后，及时垫上吸湿纸进行吸水排实。

2.5 修复后保护性薄膜的揭取

揭膜前为降低揭取难度，修复后的报纸垫上吸潮纸翻转至正面朝上，用棕刷隔着薄膜再排实一次。在揭膜的过程中，必须谨慎处理，不可心急，应手拿毛笔，从较为完整的角先揭起。此前工作中上千次的操作实验证明以45°角方向揭起薄膜的方式，可以有效减少在揭膜过程中产生的意外拉扯，有助于保持修复后的报纸的完整性。揭膜时要时刻注意揭膜的速度及力度的控制，过快或用力过猛都可能导致薄膜误带起破损的纸片，造成拼对位置的错位移位的风险。

3 结语

经过抢救性修复后的报纸厚度为 0.113mm，酸碱值提高到了 6.75，酸化情况得到极大缓解。纸张性能得到有效提高且未造成厚度大幅度变化，基本恢复供翻阅的能力。原霉变处微生物损害得到有效遏制。基本上达到了延长其保存寿命的目的。修复后的情况如图 9 所示。

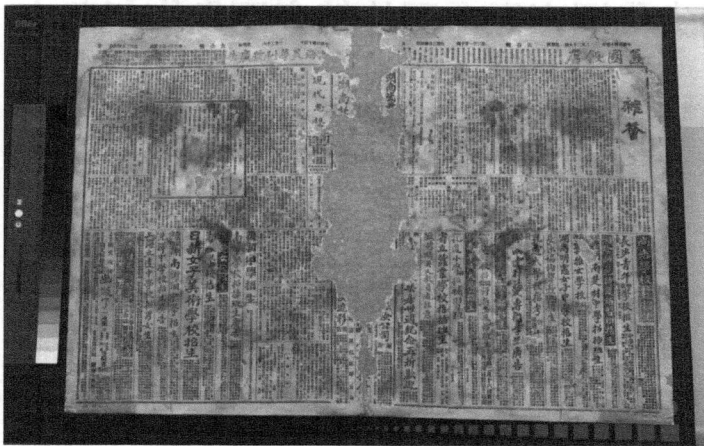

图9 修复后的 1925 年 2 月 26 日《大公报》

通过本次的修复实践，我们初步探索了对民国报纸进行抢救性修复的方法及需关注的技术要点，采用了较为科学的方法和技术，选择合适的修复材料，如三桠皮纸和棠呑纸，以及 3.5% 的小麦淀粉浆糊，以确保修复效果的持久性和稳定性；还发现了一些修复过程中有可能导致报纸受到损害的风险点，如去污、展平、拼对、补缺及揭膜；并试探性地提出了规避风险的方法。本次修复希望能为民国报纸的修复提供实践经验并为日后的修复研究提供有益的参考借鉴。

注释及参考文献

[1] 邵金耀，冯庆 . 民国报纸酸度调查与分析 [J]. 民国档案 ,2009(1):140-143.

[2] 陈立 . 近现代纸质文献可持续性保护研究 [J]. 图书馆界 ,2018(3):21-24,30.

[3] 张美芳 . 档案保护技术 [M]. 北京 : 中国文史出版社 ,2017:98-99.

[4] 刘江浩，高少红，王岩，等 . 环境湿度对纸张含水量及纸张力学性能的影响 [J]. 北京印刷学院学报 ,2013(4):5-8.

劣化褪变黑白照片档案图像恢复研究

程锦源　罗灵　陈佳伟　杨管　祁赟鹏　周亚军　李玉虎

陕西师范大学感光与纸质等多种材质档案保护国家档案局重点实验室

摘要： 黑白银盐照片作为摄影技术的重要产物，记录了我国和全球100多年的众多重大历史事件和文化艺术精品，在教育、军事、司法等方方面面应用广泛，珍存于社会各界，数量庞大。感光影像将事物真相定格于乳剂层中，为不可更改的法律凭证档案与宝贵文化遗产。然而，由于感光材料的特性和赋存环境因素的影响，许多黑白照片档案均出现影像劣化褪变现象，表现为影像清晰度降低，严重者影像模糊不清，无法辨识。本文研究设计了非挥发性液态稳定剂与加固材料配比的显现加固剂涂布于劣化褪变照片表面，填充其粗糙界面，消除其对可见光的漫反射和散射，恢复其记载影像的清晰度。

关键词： 黑白照片；模糊淡化；图像恢复

0 引言

感光摄影技术的发明为人类重大历史事件记录、艺术创作、社会生活场景留念等发挥了重大作用，在教育、军事、司法等方方面面应用广泛，保存在档案馆的照片档案记载了丰富的历史文化信息，是一类重要的历史文化遗产。与纸质类档案、书籍、文献相比较，其独特的怀旧感、强烈的视觉冲击力，以及深刻的情感表达使照片在记录历史、艺术创作和情感交流中占据重要地位，是文字类档案不可替代的一类档案。档案馆收藏的早期照片档案主要为黑白照片，是采用感光银盐相纸经过冲洗加工而成。

黑白感光银盐相纸分为钡底相纸和涂塑相纸[1]。其中钡底相纸由保护层、感光乳剂层、钡底层和纸基组成[2]。保护层主要由明胶组成，厚度为 $1\sim2\mu m$，涂布于乳剂层表面，起保护乳剂层的作用，防止乳剂层在冲洗加工和保存过程中被划伤、磨损等。感光乳剂层主要由明胶和卤化银组成，厚度一般在 $5\sim25\mu m$，乳剂层是感光相纸的核心部分，是形成影像的功能层；钡底层主要由硫酸钡和明胶组成，厚度为 $1 \sim 2 \mu m$，涂布于纸基和乳剂层中间，增加相纸表面平滑度和白度，同时增加乳剂层和原纸的黏附力；纸基一般采用具有一定厚度和强度的机制纸，起到支撑乳剂层的作用，厚度范围在 0.28 ~ 0.6mm 之间。早期主要使用的是钡底相纸，由于纸基具有很强的吸水性，在照相冲洗过程中会吸收大量的显影液和定影液，增加照片洗印的成本，后来发明了在纸基上下两面都涂布聚乙烯膜而防止在洗印过程中加工液和水分的渗透，降低照相的洗印成本，故涂塑相纸和钡底相纸的最大区别在于涂塑相纸中无钡底层（见图1和图2），且在纸基的两面涂布有聚乙烯层。

图 1　钡底相纸结构示意图

图 2　涂塑相纸结构示意图

由于早期对于黑白照片的保存缺乏科学的技术指导和规范，文博机构苦于技术和资源的限制[3]，照片保存条件往往不够理想，许多黑白照片出现影像劣化褪变现象，表现为影像清晰度降低，严重者影像模糊不清，无法辨识，严重影响其价值。前期课题组研究发现，黑白照片档案影像劣化褪变的主要原因有黑白照片在长期保存过程中，照片表面的明胶老化降解出现疏松酥粉现象；照片在保存过程中受保存环境温湿度[4]及环境中微生物[5]的影响，其表面滋生霉菌等微生物，引起其表面明胶被侵蚀；照片表面粘结纸张、灰尘等异物，遮盖影像，且由于异物存在时间较长，直接清除会伤及照片记载影像；照片受自然灾害影响，长时间在水中浸泡，且抢救过程中采用消毒剂消毒，造成保护层及其乳剂层被腐蚀等。

黑白照片中的影像依赖于照片乳剂层中的银颗粒形成的黑白反差体现，被拍摄的景物颜色深，在照片中对应的乳剂层中的银含量就越高，影像的黑度则越高，反之则白度越高。

本文对影像出现劣化褪变的黑白照片档案的表面进行了分析表征，发现造成黑白照片档案的影像劣化褪变的共同现象是照片原本光滑的表面变得凹凸不平，粗糙度增加。照片表面粗糙度增加，导致可见光在其表面的漫反射程度增加，引起其对可见光的反射率增加。对劣化褪变的黑白照片表面可见光的发射率测试发现，褪变照片表面黑色区域（乳剂层中银粒子含量较高区域）反射增强，白色区域（乳剂层中银粒子含量较低区域）反射减弱，使得两者区分度变小，导致了照片的模糊淡化。

基于上述研究，项目组提出了只要消除劣化褪变黑白照片表面形成的粗糙界面，消除其对可见光的漫反射和散射，就可以恢复其记载影像的清晰度。因此，课题组开发了以亚磷酸苯二异辛酯、双（1,2,2,6,6- 五甲基 -4- 哌啶基）- 癸二酸酯、乙基纤维素等为主要成分，正丁醇为溶剂的褪变黑白照片显现加固剂，涂布于模糊淡化黑白照片表面，填充其粗糙界面，消除其对可见光的漫反射和散射，恢复其记载影像的清晰度。

1 劣化褪变黑白照片表面形貌及其可见光反射率变化

采用基恩士 VK–X250 形状分析激光显微镜获取未病害照片与劣化褪变照片表面黑色区域和白色区域的表面形貌。图 3 为未病害照片和劣化褪变照片表面黑色区域的 2D、3D 形貌。图 3a 与图 3b 为测试未病害照片表面同一位置的 2D 与 3D 形貌图，从图中可以看出，未病害照片表面光滑平整，起伏高度分布均匀，介于 $-1 \sim 1.6 \mu m$ 之间；图 3c 与图 3d 为测试劣化褪变照片表面同一位置的 2D 与 3D 形貌图，发生劣化褪变的照片表面覆盖大量的霉菌的菌丝，其表面凹凸不平，高低起伏介于 $-13 \sim 24 \mu m$ 之间，且菌丝相对应的位置部分处于主平面以下，说明霉菌在生长过程中已侵蚀了表层中的明胶，形成了高低起伏的粗糙界面。

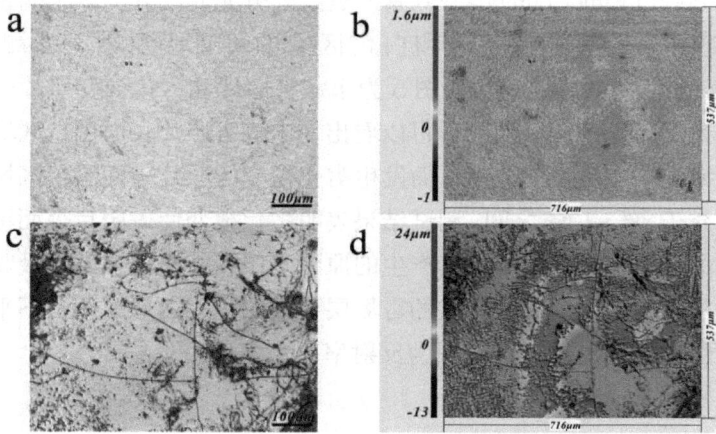

图 3　未病害照片与劣化褪变照片表面黑色区域表面形貌

图 4 为未病害照片和劣化褪变照片表面白色区域的表面形貌。图 4a 与图 4b 为测试未病害照片表面同一位置的 2D 与 3D 形貌图，从图中可以看出，未病害照片表面光滑平整，起伏高度分布均匀，介于 $-1\sim1.1\,\mu m$ 之间；图 4c 与图 4d 为测试劣化褪变照片表面同一位置的 2D 与 3D 形貌图，发生劣化褪变的照片表面已被大量的霉菌菌丝遮盖，其表面凹凸不平，高低起伏介于 $-21\sim34\,\mu m$ 之间，且菌丝相对应的位置大部分处于主平面以下，说明霉菌在生长过程中消耗了照片表层中的明胶，形成了凹凸不平的粗糙表面。

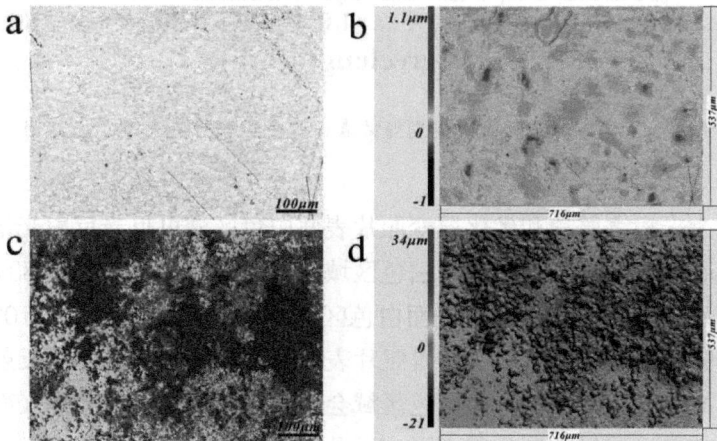

图 4　未病害照片与劣化褪变照片表面白色区域表面形貌

采用 Perkin Elmer Lambda 950 紫外近红外分光光度计测试未病害照片与劣化褪变照片表面黑色区域和白色区域的可见光反射率，测试范围 400 ~ 800nm，共测试了三组。图 5 为未病害照片和劣化褪变照片表面黑色区域可见光反射光谱图。从图中可以看出，未病害照片表面黑色区域对可见光的反射率介于 4% ~ 6% 之间，而发生劣化褪变的照片表面黑色区域对可见光反射率介于 8% ~13% 之间。测试结果表明劣化褪变使得照片表面黑色区域对可见光的反射率显著增加。其产生的原因是照片中黑色区域会吸收全部可见光，照片表面滋生的霉菌形成的霉垢层导致照片表面形成凹凸不平的粗糙界面，会引发光的漫反射，表现为反射率显著增加。

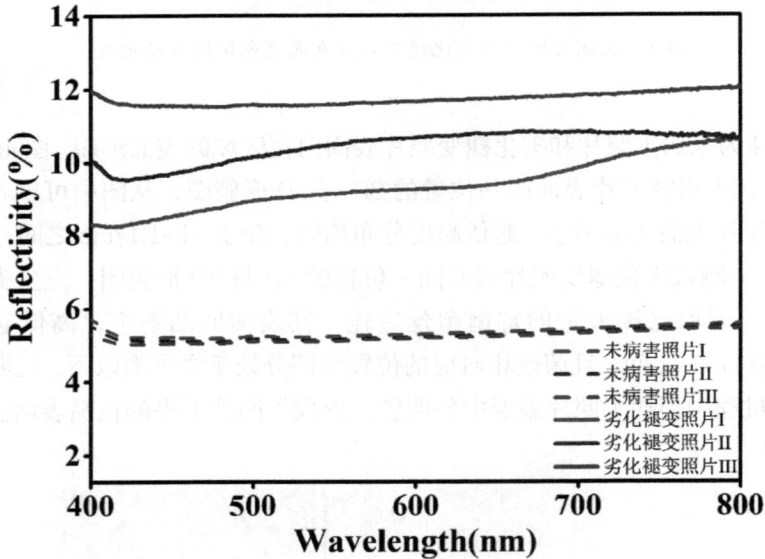

图 5　未病害照片和劣化褪变照片表面黑色区域可见光反射光谱图

图 6 为未病害照片和劣化褪变照片表面白色区域可见光反射光谱图。从图中可以看出，未病害照片表面白色区域对可见光的反射率介于 83% ~ 93% 之间，而发生劣化褪变的照片表面白色区域对可见光反射率介于 10% ~78% 之间。测试结果表明劣化褪变使得照片表面白色区域对可见光的反射率显著降低。其产生的原因是照片中白色区域会反射全部可见光，照片表面滋生的霉菌形成的霉垢层导致照片表面形成凹凸不平的粗糙界面，会引发光的漫反射，表现为反射率显著降低。

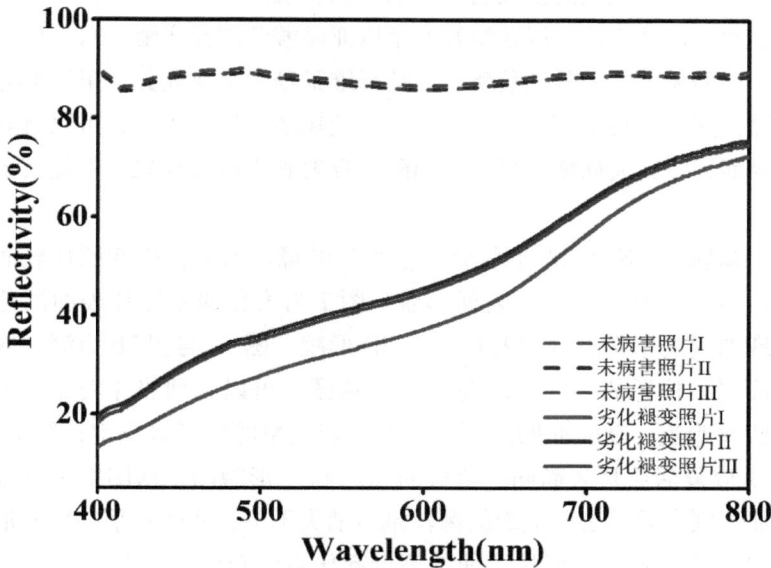

图 6 未病害照片和劣化褪变照片表面白色区域可见光反射光谱图

上述研究结果说明照片发生劣化褪变之后，照片表面滋生的霉菌形成的霉垢层导致照片表面形成凹凸不平的粗糙界面。对劣化褪变的黑白照片表面可见光的发射率测试发现，褪变照片中黑色区域的可见光反射率增大，因此导致观察到的影像黑度降低，影像黑度变化趋于灰白色，影像颜色变浅；白色区域的可见光反射率降低，影像白度降低，影像变化同样趋向于灰白色，影像颜色变深。上述变化趋势导致黑白照片影像中原本对比明显的黑色区域和白色区域趋于一致，影像清晰度显著降低。

2 劣化褪变黑白照片图像恢复原理

霉菌形成的菌落会在照片表面形成凹凸不平的粗糙界面，当可见光照射到照片表面，会发生漫反射现象[6]。且霉菌菌丝交错形成的孔隙结构会引发光散射现象[7]，使得入射光的光程被缩短，"可见光不能深入界面以下"，进而肉眼观察到的图像原貌就会模糊不清。

基于上述研究，本项目认为只要消除劣化褪变黑白照片表面形成的粗糙界面，消除其对可见光的漫反射和散射现象，就可以使模糊淡化的黑白照片清晰恢复原貌。基于此，课题组开发了以亚磷酸苯二异辛酯、双（1,2,2,6,6-五甲基-4-哌啶基）-癸二酸酯、乙基纤维素等为主要成分，正丁醇为溶剂的褪变黑白照片显现加固剂，将其涂布于模糊淡化照片表面，可以有效填充其粗糙界面，使其表面恢复平整，消除漫反射和光散射现象，恢复其记载影像的原貌。

采用基恩士 VK-X250 形状分析激光显微镜获取劣化褪变照片表面黑色区域和白色区域修复前后的表面形貌。图 7 为劣化褪变照片表面黑色区域涂布显现加固剂修复前后的表面 2D、3D 形貌。图 7a 与图 7b 为测试修复前照片表面同一位置的 2D 与 3D 形貌图，从图中可以看到照片表面被大面积交织的菌丝遮盖，其表面凹凸不平且存在着大量的微米级空隙；图 7c 与图 7d 为测试修复后照片表面同一位置的 2D 与 3D 形貌图，从图中可以看到涂布显现加固剂之后其表面交织的菌丝基本消失不见，凹凸不平的界面消失，变为相对光滑的平面，照片表面的高低起伏由涂布前的 -13 ～ 24μm 恢复到 -3 ～ 4.6μm。实验结果表明，涂布显现加固剂后，可以填充其凹凸不平的粗糙界面，使其表面变得平整光滑。

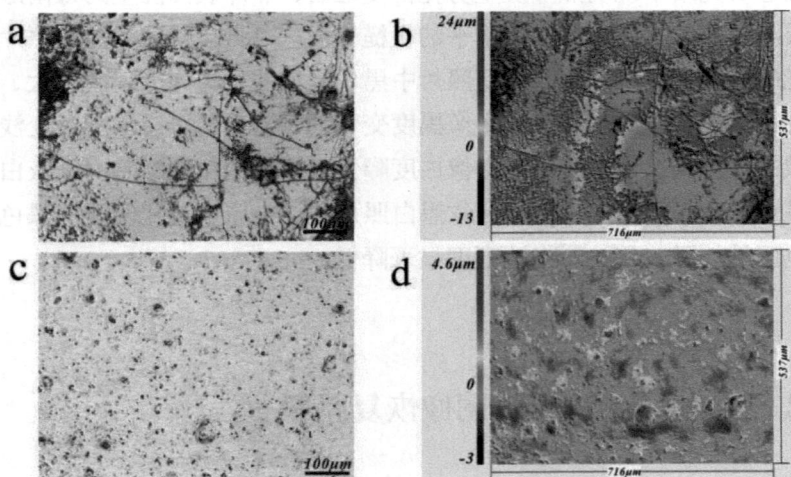

图 7　劣化褪变照片表面黑色区域涂布显现加固剂修复前后表面形貌变化

图 8 为劣化褪变照片表面白色区域涂布显现加固剂修复前后的表面 2D、3D 形貌。图 8a 与图 8b 为测试修复前照片表面同一位置的 2D 与 3D 形貌图，

从图中可以看到照片表面几乎全被菌落和交织的菌丝覆盖，其表面凹凸不平且存在着大量的微米级空隙；图8c与图8d为测试修复后照片表面同一位置的2D与3D形貌图，从图中可以看到涂布显现加固剂之后其表面交织的菌丝基本消失不见，凹凸不平的界面消失，变为相对光滑的平面，照片表面的高低起伏由涂布前的 −21 ~ 34μm 恢复到 −2 ~ 3.5μm。实验结果表明，涂布显现加固剂后，可以填充其凹凸不平的粗糙界面，恢复其表面平整光滑。

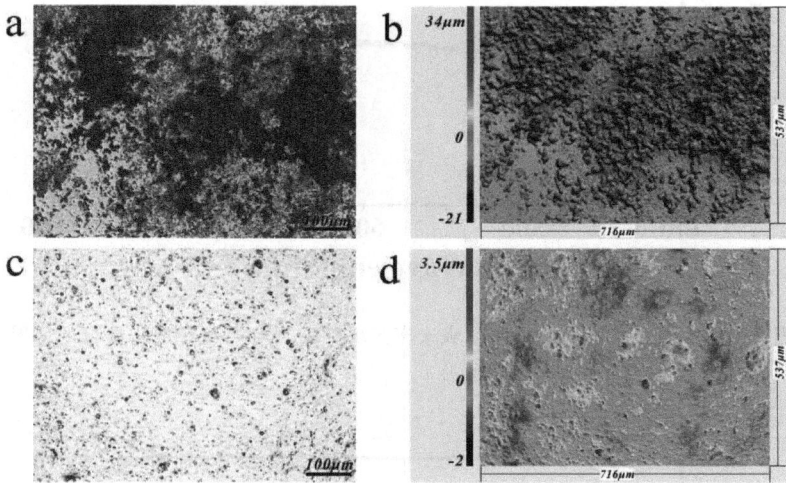

图 8　劣化褪变照片表面白色区域涂布显现加固剂修复前后表面形貌变化

图9为劣化褪变照片表面黑色区域涂布显现加固剂后表面可见光反射光谱图。从图中可以看出，劣化褪变照片表面可见光的反射率介于 8% ~ 13% 之间，而涂布显现加固剂后，其表面可见光的反射率恢复到 5% ~ 7% 之间。结果表明劣化褪变照片表面涂布显现加固剂后，可以有效降低其对可见光的漫反射和散射。

图10为劣化褪变照片表面白色区域涂布显现加固剂后表面可见光反射光谱图。从图中可以看出，劣化褪变照片表面可见光的反射率介于 10% ~ 78% 之间，涂布显现加固剂后，其表面可见光的反射率恢复到 52% ~ 82% 之间。结果表明在劣化褪变照片表面涂布显现加固剂后，可以有效降低其对可见光的漫反射和散射。

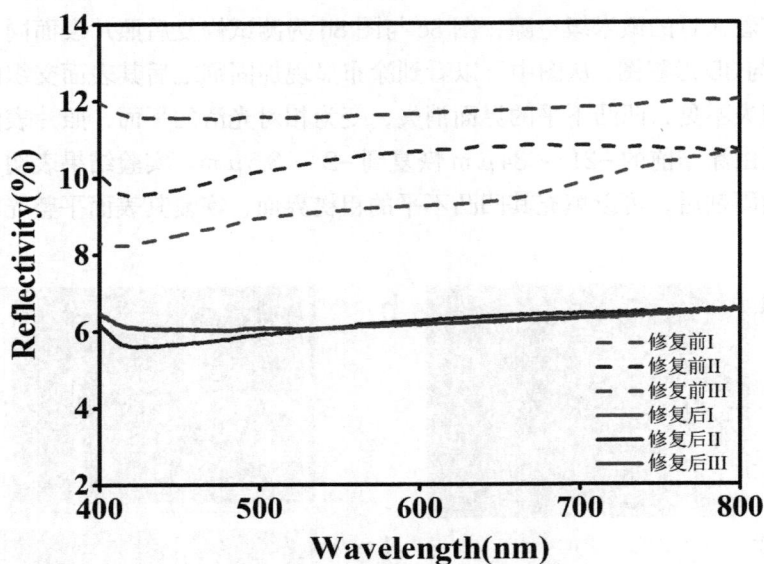

图 9 劣化褪变照片表面黑色区域涂布显现加固剂后表面可见光反射光谱图

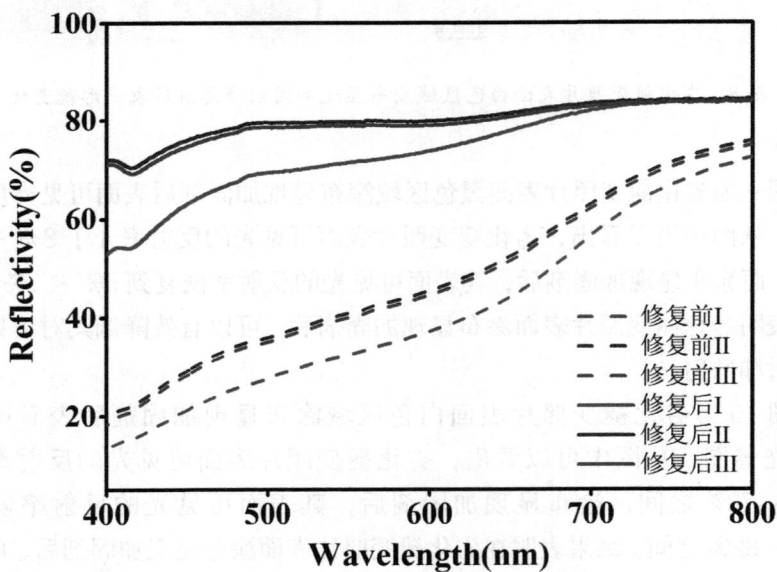

图 10 劣化褪变照片表面白色区域涂布显现加固剂后表面可见光反射光谱图

上述实验结果说明，在劣化褪变照片表面涂布显现加固剂后可以填充菌丝交织而成的孔隙，消除粗糙界面使之变得较为光滑平整。对修复前后的黑白照片表面可见光的反射率测试发现，褪变照片修复后黑色区域的可见光反射率降低，因此导致观察到的影像黑度增加，影像颜色变深；白色区域的可见光反射率增大，影像白度增加，影像颜色变浅。上述变化趋势导致劣化褪变黑白照片影像中原本趋于一致的黑色区域和白色区域区分度增大，反差明显，继而影像清晰度显著提升。

3 劣化褪变黑白照片图像恢复

图 11 展示的是 2008 年"5·12"大地震后从北川县档案馆坍塌废墟中抢救出的照片，其乳剂层因遭受水浸污染，影像劣变消失。采用课题组开发的褪变黑白照片显现加固剂后，可以清晰恢复影像原貌。

显现加固前 　　　　　　　　 显现加固后

图 11　劣化褪变黑白照片显现加固效果图

图 12 展示的是河南省档案馆馆藏的民国时期平汉铁路职员档案照片，其乳剂层中的明胶发生降解后发黏，在打开册页过程中，导致照片乳剂层粘结在与其接触的纸张表面，影像层被遮盖，无法辨识。采用课题组开发的褪变黑白照片显现加固剂后，可以清晰恢复影像原貌。

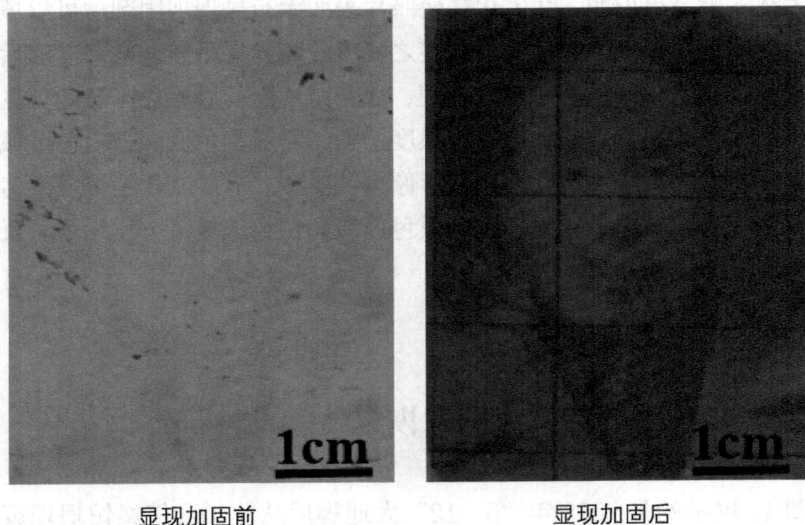

显现加固前　　　　　　　　　显现加固后

图 12　劣化褪变黑白照片显现加固效果图

4　结语

　　褪色、模糊淡化是黑白照片常见病害现象之一，严重影响了照片的质量和信息的可读性。由于早期缺乏对黑白照片保存的技术指导以及早期文博机构照片保存条件的限制，部分黑白照片因劣化褪变使影像模糊不清。近年来，随着社会的进步和科技的发展，越来越多的先进保护设备和技术被应用于影像档案的保存中，有效地遏制了黑白照片病害的发生。对于发生劣化褪变的黑白照片，在其乳剂层没有遭受损毁之前，采用本文研究设计的褪变黑白照片显现加固剂，可以有效恢复照片档案的原貌。对于照片本体，通过控制保存环境的温湿度条件，可以有效地预防黑白照片病害的发生，延长其保存寿命。

注释及参考文献

[1] 辛维夫 . 认识照相纸 [J]. 影像材料 ,2001(2):42-46.

[2] 吴若薇 . 制版感光材料 [M]. 北京 : 化学工业出版社 , 1996: 7-16, 292-303.

[3] 郭文乾 . 浅析博物馆馆藏照片和底片的保存 [J]. 大众文艺 ,2015(13):52.

[4] 刘劲松 . 不适宜温湿度对新型档案载体的影响 [J]. 兰台世界 ,2016(S1):39.

[5] 周亚军 , 李玉虎 , 马灯翠 , 等 . 霉菌对黑白底片的危害研究 [J]. 影像技术 ,2009(5): 26-30.

[6] 张虎岗 . 光滑粗糙两反射明亮暗淡说缘由 [J]. 中学生数理化 (八年级物理)(配合人教社教材),2021(10):6.

[7] Jones A R .Light scattering for particle characterization[J].Progress in Energy & Combustion Science, 1999(1):1-53.

西安市档案馆藏革命历史档案修复工程

周静[1]　祁赟鹏[2,3]　周亚军[2,3]　许晶[2,3]　李玉虎[2,3]
1 西安市档案馆
2 陕西师范大学感光与纸质等多种材质档案保护重点实验室
3 陕西师范大学历史文化遗产保护教育部工程研究中心

摘要：本文以西安市档案馆藏革命历史档案保护修复工程为例，分析了革命历史档案的特点及价值，从革命历史档案保存现状调查、病害调研、保护修复方案制定、预防性保护等多方面描述了保护修复工程的重点及难点。并将档案中褪色蓝墨水字迹显现加固、扩散圆珠笔复写纸字迹恢复与保护、圆珠笔复写纸字迹固色、超细纯棉网加固、水溶性字迹预加固、气相无损脱酸与加固等多项科技创新成果在修复保护工程中进行了应用，完整再现档案原貌。项目的实施取得了良好的效果，达到了预期目标。通过对档案的科学保护和修复，提高了档案的保护水平和观赏价值，保护了档案的完整性和可持续性。

关键词：革命历史档案；修裱；规模化脱酸；字迹加固

0 引言

革命历史档案，是指 1949 年 10 月 1 日中华人民共和国成立之前，由中国共产党及其所领导的军队、政权、企事业单位、社团等社会组织及个人所形成的归国家所有的档案[1]。革命历史档案中蕴含有艰苦朴素、百折不挠、坚定的革命信念等一些崇高的革命精神，还培育出了延续至今的优良革命传统[2]。革命历史档案多以纸张为载体，纸张自身理化性质脆弱，不像石质文物、金属质地文物等质地坚固[3]。因此，革命历史档案的收藏和保护具有特殊性[4]。纸张不仅因自身的因素，还有外部环境的条件和历史的局限性，以及人们在纸质档案保护方面意识薄弱、保护技术落后等原因，对档案保护缺少有效的措施，使得革命历史档案遭到了不同程度的污染和损坏[5]，急需修复保护。

近年来，随着科学技术的迅速发展，档案修复保护技术趋于成熟，其应用范围不断扩大，革命历史档案具有较高保密性、唯一性，对于修复工作的安全性和专业性要求较高，更需要档案保护科技创新成果为其赋能[6]。

西安市档案馆藏一批包括《重庆谈判会议记录》《固临调查》《六大以前》《准备接收西安初步计划》等珍贵档案在内的革命历史档案，具有极高的价值。但因早期保存条件较差、档案纸张质量较差等多方面的原因，该批档案发生了严重酸化、积尘、书脊开裂、断线、破损、皱褶、残缺、糟朽等病害，急需修复保护。

本文以西安市档案馆藏革命历史档案修复保护工程为例，研究了革命历史档案修复保护过程中的重点和难点。介绍了最新科研成果在档案修复保护工程中的应用及注意事项。

1 革命历史档案的价值及特点

1.1 革命历史档案的价值

革命历史档案的价值可以概括为四类：一是具有明显的历史价值，革命历史档案真实记录了革命先烈英勇奋斗的不凡壮举，能够真实展现当时斗争的艰苦卓绝，是再现当年革命历史场景的可靠历史依据；二是具有重要的科学研究价值，是研究革命党史、军史、革命战争史的科学依据和必要条件，是革命史研究人员极宝贵的、最原始的实物资料，同时也为研究人员考证革命史上某些有待查证的疑难问题提供了最为可靠的史料依据；三是具有珍贵的艺术价值，革命领袖、革命先烈、革命活动家中不乏作家、画家等各类艺术大师，他们留存下来的诗文、书画等颇多，有气势恢宏的大作，也有精美绝伦的艺术珍品；四是具有积极的社会价值，利用革命历史档案对群众进行热爱祖国、热爱党、热爱社会主义的教育，具有"直观、形象、真实、可信"等优点，易于被人们接受和理解。[7]

1.2 革命历史档案的特点

革命历史档案在艰苦环境中形成，具有典型的时代特征。首先，革命历史档案纸张组成非常复杂，同一本书或同一卷档案中国统区机制或进口的酸性纸与解放区自制的草纸、麻纸等碱性纸混合装订（见图1）。其次，革命历史档案中字迹成分也极其多样，同一卷档案中既有以蓝墨水、红墨水为代表的水溶性字迹，也有以圆珠笔字迹、复写纸字迹为代表的油溶性字迹，还有铅笔字迹、毛笔字迹等等。最后，革命历史档案的保存条件非常有限，病害极为严重，部分档案纸张严重酸化、脆化、糟朽，亟待脱酸、抢救和加固。

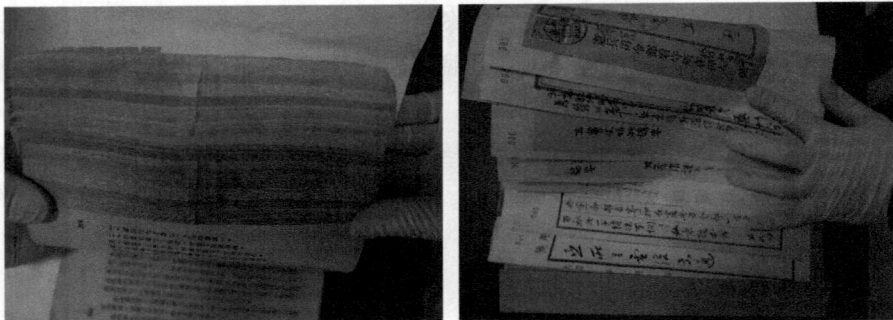

图 1 多种纸张混合装订的革命历史档案（西安市档案馆藏）

2 革命历史档案修复保护流程

2.1 保存现状调查及病害调研

保存现状调查需对档案的保存现状和病害进行详细调研，全景拍照、局部病害拍照，尺寸测量，观察现状并记录档案的外观、残损程度、纸张种类、病害分布情况，如残损情况、水渍、污渍、微生物病害、折痕、残缺、写印染料晕色等（见图 2），根据需要绘制病害图。对拟修复档案做出整体评估，按基本完好、微损、中度、重度、濒危五级划分。

虫蛀

皱褶

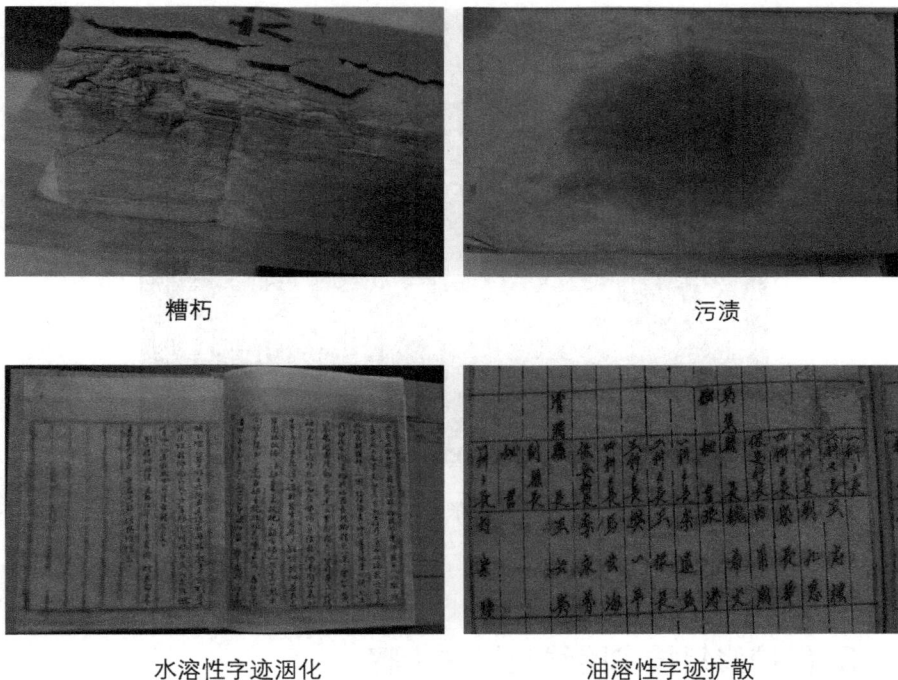

糟朽

污渍

水溶性字迹洇化

油溶性字迹扩散

图 2 档案中部分典型的病害照片（西安市档案馆藏）

2.2 检测分析

调研中需对档案进行一些必要的检测分析，如纸张酸度、色度、含水量、字迹溶解性以及保存环境的温湿度等等，为修复方案的制定及档案展出、利用提供参考。

2.2.1 纸张酸度检测

纸张酸度是档案酸化程度的主要考量参数，在修复保护之前，采用配备平头电极的酸度计（WTW pH3310 或 Seven Compact™S210–K pH 计）对档案纸张逐一进行酸度测试（见图 3）。统计 pH 值在各范围内数量，研究档案纸张酸化程度，当 pH<6 时，建议进行脱酸处理。

2.2.2 纸张成分分析检测

档案修裱应尽量选用同种或相近纸张进行修补，以确保档案纸张与修复材料性质的最大兼容。调研过程中应对具有代表性的档案纸张掉落残渣采样，在实验室进行纤维染色分析、SEM 观察微观形貌、红外光谱，确定其纸张成分，为脱酸保护方案制定中修复材料的选择提供数据支撑。

图 3　档案纸张酸度无损检测

3　保护修复技术路线及操作步骤

3.1 技术路线

根据档案保护修复原则和国内外常见纸质档案保护修复方法，结合以往档案保护修复的经验，设计了修复技术路线（见图 4）。

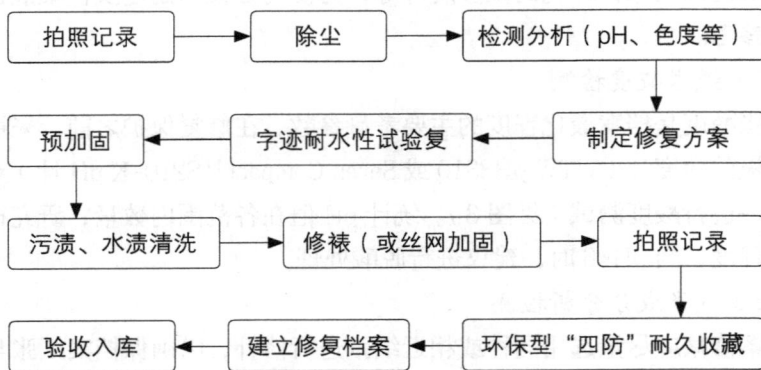

图 4　保护修复技术路线

3.2 操作步骤

3.2.1 预加固

革命历史档案字迹种类多样，包含蓝墨水、蓝黑墨水、红墨水、圆珠笔、墨汁等字迹，同一卷、同一张档案中水溶性、油溶性字迹混合，在修复过程应特别小心，修复前必须进行写印染料耐溶剂试验。检验方法：将滤纸或宣纸用溶剂（蒸馏水、酒精等）浸湿，在颜色处按压粘附，如果颜色被粘附在纸上，即证明颜色遇到修复过程中的水或去污溶剂可能脱落或扩散。要在修复之前进行预加固，反之，则证明颜色遇到该溶剂原貌不变，可进行正常修复或去污。

对于字迹遇水洇化、扩散，糟朽纸张遇水浆化的档案，在修复前要进行预加固。对此，陕西师范大学历史文化遗产保护教育部工程研究中心研究出水溶性染料字迹静电吸附、凝聚，糟朽纸张降解纤维素氢键交联、聚拢，三氟氯乙烯－乙烯基醚－乙烯基酯－烯酸耐久粘附三项新技术；研发出壳聚糖、微量沉淀、水性氟三种加固剂与操作工艺，形成亲水加固体系；破解了修复中防止水溶性字迹洇化、颜料墨迹脱落、糟朽纸张浆化损毁等关键难题。

3.2.2 污渍、水渍清洗

该批待保护修复的档案纸张多为边区生产的粗制麻纸、草纸，油墨为铅印油墨。相当部分档案、文件局部严重污染。对纸质档案污渍进行清洗时，需考虑到两个原则。第一原则是维持原貌，只针对纸质文物污染部分进行清洗，而对未污染的部分尽可能地保持原样。第二原则指在清洗过程中需要遵循最小干预原则，保证纸质档案的本体材料受到的影响最小化[8]。常见的纸质文物清洗方法大致有以下几类，分别是干法清洗、湿法清洗、有机溶剂清洗、凝胶清洗和原位电化学清洗。经试验研究，项目组筛选了对纸张纤维与字迹基本无害的异构十三醇聚氧乙烯醚非离子表面活性剂作为清洗剂对污染物进行缓慢洗涤，能有效去除档案、文件上的烟熏污渍。清洗后档案纸张整平，其上烟熏污渍去除殆尽，档案不会局部变白。

革命历史档案的纸张纤维比较蓬松，在长期的保存过程中，部分铅印字迹的墨迹渗入纸张纤维及其填料之中，纤维及其填料组成的粒子、纤维与空隙界面，该界面导致了对光的散射，使字迹模糊不清。对此，我们研究设计了消除光散射，进而恢复模糊字迹的显现加固机理，研制了由癸二酸酯类、亚磷酸酯类非挥发性稳定剂及乙基纤维素，三氟氯乙烯与偏二氟乙烯共聚物组成的显现加固剂，前者起着显现作用，前者与后者的协同作用起着加固作用。该显现加固剂能使模糊字迹清晰显现。原本污染严重、模糊不清的档案、文件，通过上述两种技术处理后，字迹清晰、古朴自然、整体协调。

3.2.3 棉网加固

该批档案中大部分纸张破损严重，其中双面书写、印刷的档案较多。对于该类型档案不能利用传统裱糊的工艺进行修复。项目组采用超细纯棉网加固技术进行修复，该技术以耐久性能优异、富有丰富毛羽与纸张植物纤维兼容的超细天然棉线为透光骨架，以遇碱不聚合的可逆型聚乙二醇为粘结剂，制备出加固棉网，运用磁条吸附弓形无损展平修复台（见图5），对糟朽、脆化双面字档案同步加固与脱酸，清晰保持双面字档案原貌。

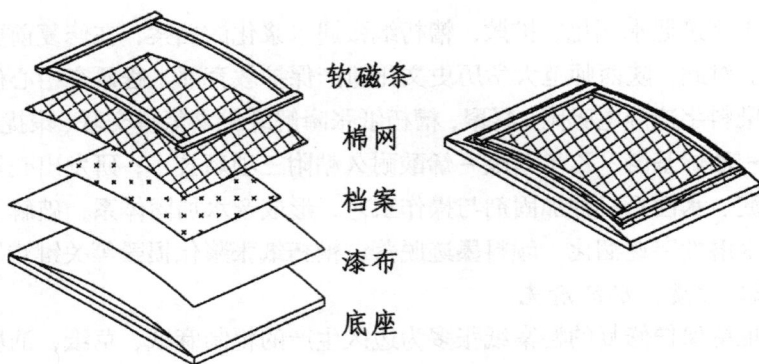

图 5　拱形展平台棉网修复示意图

3.2.4 整体气相无损脱酸

对该批档案资料抽样检测，发现大部分档案及资料的酸度在 3.4 ～ 5.0 范围内，表现为中度、重度酸化，急需进行脱酸保护。但因该批档案资料纸张种类复杂，既含有重度酸化的印刷纸，也含有弱酸性的毛边纸，还有部分中性偏碱性的电报纸。运用传统氢氧化镁水溶液及碱性氧化物有机溶剂悬浮液喷涂脱酸，单张处理效率低，会对档案中水溶性、油溶性字迹造成破坏；现有的批量浸泡脱酸方法采用全氟庚烷分散纳米氧化镁，会对 pH 在 7.0 以上的纸张造成碱性降解，无法对酸碱性纸张混合档案整体处理，该方法在较厚的档案、书籍中也不能有效渗透，脱酸不均匀，且价格极为昂贵。

基于该批档案及资料的特殊性，经过专家评估，决定采用整体气相无损脱酸与加固技术对档案资料进行处理，无须打开卷盒，无须拆除档案原有装订，整体放入箱体中，采用高蒸气压气体对酸化严重的档案进行气相脱酸加固。

整卷气相无损脱酸技术能在同一容器中同时对整卷档案、整本图书中的书写纸、有光纸、新闻纸等酸性纸起到脱酸与加固作用；对毛边纸等弱酸性纸起到脱酸与加固作用；对宣纸等偏碱性纸起到加固作用；对书籍封面彩印铜版纸起到脱酸加固作用。脱酸后的纸张 pH 中性平和（见图 6），加固效果显著。

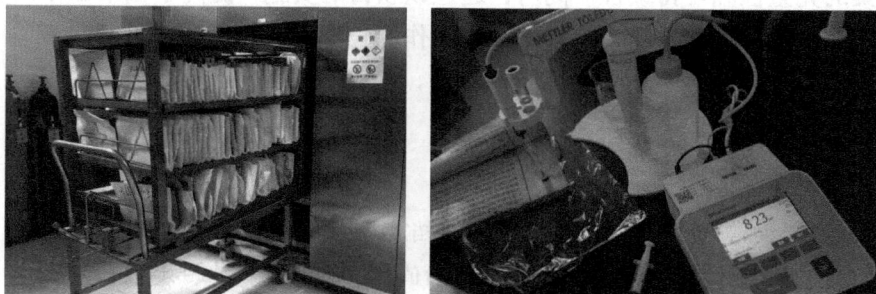

图 6　环氧乙烷气相脱酸设备及脱酸车

3.2.5 预防性保护

该批珍贵档案存放在温湿调节系统不够健全的库房内，长期受到温湿度的剧烈波动、有害气体、光、霉菌孢子等的损害，因此保存环境差是造成档案严重自毁的另一主要原因。

在该批历史档案及资料修复保护后，项目组为每卷档案定制了环保型防灾耐久档案盒，每个档案盒都具有优异的防火、防虫、防霉、防酸功能。该批历史档案及资料都使用这种档案盒，将产生群体效应，形成密集的自防护网络体系与强大的防火、防虫、防霉、防酸安全屏障，整体大幅度提高馆库的抗灾与容灾能力。该批档案盒以平稳的无机功能材料形成强大的物理安全屏障与耐久氛围，管库无须开空调及除湿机，达到绿色防火、防虫、防霉，增强档案耐久性的目的，运行经费大幅降低，环保低碳，一举多得。

4　结论

本文以西安市档案馆藏革命历史档案保护修复工程为例，分析了革命历史档案的特点及价值，从革命历史档案保存现状调查、病害调研、保护修复方案制定、预防性保护等多方面描述了保护修复工程。依托历史文化遗产保护教育部工程研究中心褪色蓝墨水字迹档案显现加固、扩散圆珠笔复写纸字迹恢复与保护、圆珠笔复写纸字迹固色、超细纯棉网加固、水溶性字迹预加固、气相无损脱酸与加固等多项科技创新成果对档案进行了专业的修复和保护，完整再现档案原貌。项目的实施取得了良好的效果，达到了预期目标。通过对档案的科学保护和修复，提高了档案的保护水平和观赏价值，保护了档案的完整性和可持续性。同时，通过该项目的实施，提高了档案工作人员的档案保护意识和技能，为档案保护工作的长期发展奠定了基础。

注释及参考文献

[1] 余厚洪 .20 世纪 80 年代以来革命历史档案研究综述 [J]. 档案 ,2011(1):12–15.

[2][7] 张智 . 浅析革命历史档案的特点和价值 [J]. 浙江档案 ,1995(9):16–17.

[3] 赵晓龙 . 试论纸质文物的病害因素及防护方法 [C]// 中国文物保护技术协会 . 中国文物保护技术协会第九次学术年会论文集 . 北京 : 科学出版社 ,2016:157–162.

[4] 安恕 . 纸质文物的日常保管与维护探讨 [J]. 收藏与投资 ,2020(10):64–66.

[5] 仲雨微 . 生物学方法去除纸质文物霉斑的研究 [D]. 沈阳 : 辽宁大学 ,2016.

[6] 曹颖莹 . 基于现代科学技术的档案修复技术探讨 [J]. 兰台内外 ,2023(30):25–27.

[8] 张美芳 , 陈玲 , 江付泽 . 纸质档案修复中的清洁技术 [J]. 档案学研究 ,2017(6):110–116.

黑白银盐照相底片表面银镜去除研究

罗灵　程锦源　杨管　陈佳伟　祁赟鹏　周亚军　李玉虎

陕西师范大学感光与纸质等多种材质档案保护国家档案局重点实验室

摘要：银镜是感光影像档案中黑白银盐照相底片常见的病害现象之一，该现象使底片表面反射蓝色金属光泽。使用有银镜现象的底片洗印得到的照片图像会模糊不清，清晰度降低。基于银镜现象对黑白照相底片记载影像的影响，本文研究设计了低浓度弱酸性溶液添加非离子表面活性剂的配比体系去除底片的银镜界面。通过测试银镜去除前后对可见光的反射率、不同点位透射光密度及扫描照片图像灰度直方图像素灰度级的变化，结果表明，该溶液体系可有效快速去除底片的银镜界面，银镜去除后底片对可见光的反射率降低，光透过率增大，从而使底片在洗印照片时能够正常曝光相纸，使照片充分感光解析卤化银为黑色银微粒，使底片记载影像清晰可见，恢复图像清晰度。

关键词：银镜现象；感光影像档案；黑白底片；清晰度；反射率；透过率

0 引言

黑白银盐照相底片作为感光影像档案，承载着我国乃至世界100多年的众多历史事件与近代的社会变迁。底片集原始性与记录性于一体，在信息记录中具有重要的凭证和参考价值，是珍贵的影像档案遗产。然而随着黑白照相底片在长时间的保存中受到环境和自身材质等因素的影响，产生了各种病害现象。银镜是黑白银盐照相底片常见的病害现象之一。银镜主要出现于底片高浓度黑色银微粒分布的乳剂层表面，多反射蓝色金属光泽（见图1a）。在透射光下底片呈现负像，明暗程度与被摄主体相反，有银镜现象的区域在透射光观察下表面堆叠一层黄褐色的物质（见图1b）。底片洗印照片时，是将底片上的影像信息印放到相纸上，光线通过底片使相纸曝光，之后相纸的成像原理与底片类似，也要经过显影、定影、水洗等过程，才能得到影像稳定的黑白照片。照片影像与底片明暗相反，与被摄主体相同，为底片的负像。目前常对成像后的底片利用底片扫描仪进行扫描后电子保存，得到的影像信息与洗印后的黑白照片明暗程度一致均为正像，本文洗印照片过程均以Epson Perfection V850 pro 扫描仪获得的影像（扫描设置为黑白负片，16 位灰度，1200dpi）代替，如图 1c 可以看出底片产生银镜的区域经扫描后得到的照片影像信息清晰度和完整度降低。

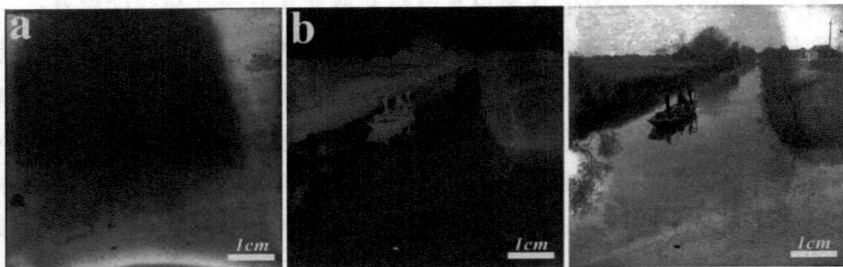

图 1　银镜照相底片拍摄与扫描图

目前关于底片银镜现象的修复去除在国内外研究中报道不多。Douglas Nishimura 等人提出利用碘及乙醇配制碘醇溶液处理有银镜的负片[1]，中国学者曾芝皓等[2]进一步利用这一配方研究化学修复方法来处理有银镜的照片影像，实验结果表明使用碘醇溶液来处理有银镜的银盐影像有利有弊，对于液体浸泡对乳剂层脱落的影响等问题，还有待做更深入的研究。2022 年 M. Romani 等使用氯化钙去除银盐照片上的银镜像[3]，该方法存在残留氯化钙的问题，且未提出可以应用于去除银盐底片银镜的研究。随着感光照相材料的发展，感光影像档案的修复也逐渐得到重视，但是相较于其他文物全面的修复理论与方法，影像档案在国内外的修复可供参考的文献仍比较少。关于黑白银盐底片的去除修复亟须研究，提出银镜快速去除修复且不影响与危害底片乳剂层的科学方法，克服传统去除银镜操作耗时费力且容易损伤乳剂层的问题，对底片的保存具有重要的意义。

基于银镜现象对黑白照相底片记载影像的影响，本文针对这一现象研究设计了低浓度酸性溶液添加非离子表面活性剂的配比体系快速去除底片的银镜界面，消除银镜现象对底片记载影像的影响。结果表明，该溶液体系可有效快速去除底片的银镜界面，降低底片对可见光的反射率，增大光透过率，从而使底片在洗印照片时能够正常曝光相纸，使照片充分感光解析卤化银为黑色银微粒，使底片记载影像清晰可见，恢复图像清晰度。

1 银镜照相底片测试分析

1.1 银镜照相底片形貌特征分析

如图 2a 和图 2b 分别为产生银镜现象的底片表面在 2000X 下的 SU3500 钨灯丝扫描电子显微镜（SEM）平面与截面形貌特征图，从平面图中可以看出，底片表面分布密集的点状突起，根据银盐底片银镜现象形成机理"氧化—迁移—聚集"的化学模型[4]认为乳剂内部分散的银微粒被氧化后一价银向明胶层顶部扩散迁移[5]，并与环境中的硫化物发生反应产生形成银镜的 Ag2S 团簇微粒。形成的 Ag2S 微粒被明胶乳剂包裹团簇在底片表面镶嵌聚集为一层银镜界面。从截面图可以看出，底片乳剂层的厚度约为 5μm，并与片基层之间有一明确的界线，而银镜界面与乳剂层无明确界线，这是因为氧化后的 Ag(I) 在明胶乳剂层内迁移至表面，形成的硫化银微粒部分在乳剂层表面被镶嵌包裹，所以该界面并无明确界线。由图 c 和图 d 中表面 Mapping 元素分布可以看出，银镜区域底片表面的 Ag 与 S 元素分布均匀致密。

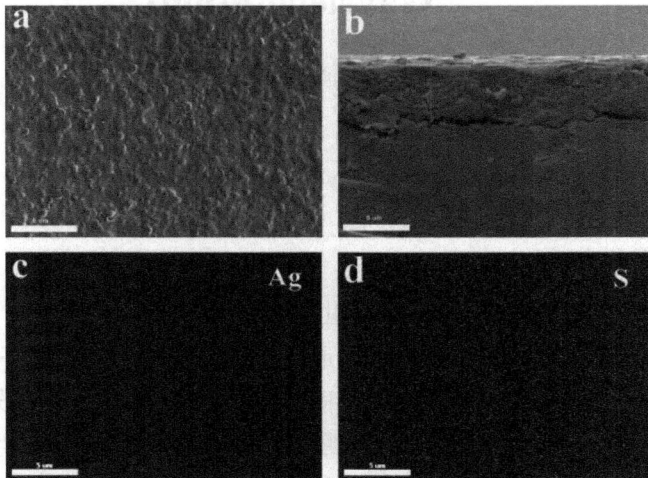

图 2　银镜照相底片形貌与 Mapping 元素分布图

1.2 银镜照相底片对可见光反射率的变化分析

图 3 为采用 Perkin Elmer Lambda 950 紫外近红外分光光度计分别对黑白银盐底片表面有银镜与无银镜的不同区域在 400 ～ 800 nm 可见光波长范围进行反射率 (R) 的测试，得到反射光谱图。可以看出银镜表面对入射光的反射率介于 15% ～ 21% 之间，无银镜表面反射率介于 8% ～ 10% 之间，这说明薄的银镜界面增大了底片对入射光的反射能力。

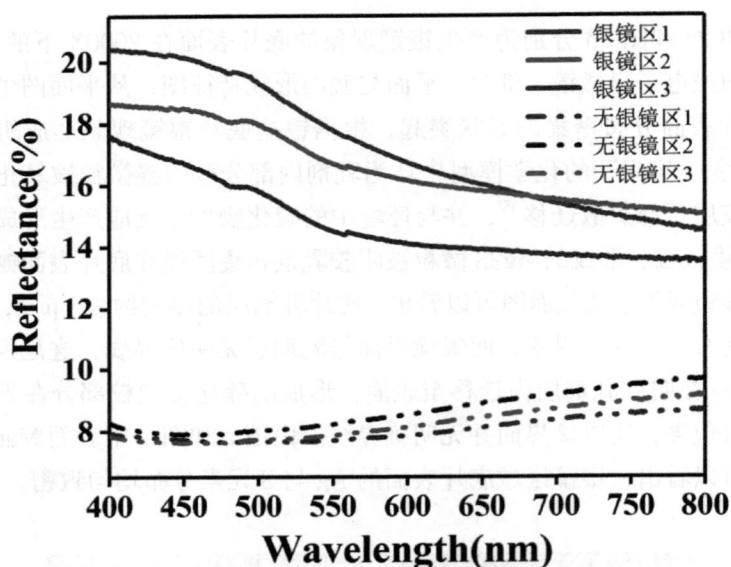

图 3 银镜照相底片表面可见光反射率变化图

2 照相底片银镜去除效果

关于银镜形成机理的研究在 20 世纪 60 年代有了很大进展。20 世纪下半叶，Henn 和 Wiest 提出银镜病害的形成机理即"氧化—迁移—再聚集"（OMR）的化学模型，成为几乎所有银镜病害形成研究的基本框架。通过查阅文献发现，目前学者们已通过对银明胶玻璃底片和照片表面产生的银镜病害利用多项分析测试确定银镜像区成分为 Ag_2S[6][7][8][9]。Giovanna Di Pietro 基于 OMR 机理进一步确定银盐照相底片银镜层的组成为 Ag_2S[10]。银盐底片的照相乳剂层对档案馆或博物馆的环境条件非常敏感，当乳剂层中的照相明胶为凝胶状态时，会促进银微粒的氧化迁移过程，被氧化的银离子可以更容易地从原来的银位点扩散出去与硫化物[11][12]发生反应，导致银镜现象的产生。

由于照相底片表面的银镜主要成分为Ag_2S微粒，本文设计低浓度弱酸性溶液与非离子表面活性剂的配比体系去除底片的银镜界面。设计原理为利用低浓度酸性溶液体系水解后的酸性离子与银镜界面的Ag_2S反应去除银镜。

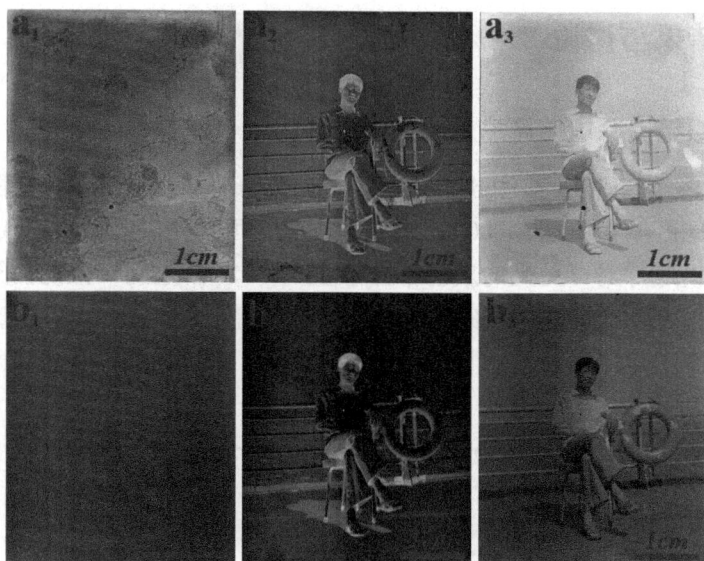

图 4　银盐照相底片银镜去除前后拍摄与扫描图

图 4a1 是采用反射光拍摄的一张发生银镜现象的黑白银盐照相底片表面，可以看到该底片表面产生均匀的面状银镜现象，反射蓝色金属光泽。图 4a2 为采用透射光拍摄的图 4a1 底片表面，底片在透射光下呈现负像，明暗程度与被摄主体相反，可以看到由于表面的银镜层使底片在透射光下表面叠加了一层黄褐色的物质。图 4a3 为采用 Epson Perfection V850 pro 扫描仪扫描获得的底片图 4a1 的照片影像（扫描设置为黑白负片，16 位灰度，1200dpi），影像信息呈现正像，明暗程度与被摄主体相同（眼部使用马赛克遮挡）。可以看出该底片表面产生的银镜病害使扫描后的图像信息模糊不清，导致清晰度和辨析力均降低。图 4b 为去除银镜后的对应底片拍摄扫描图。如图 4b1 是采用反射光拍摄的图 4a1 底片银镜去除后的底片表面，可以看出银镜去除后

底片表面恢复原貌，未见其反射蓝色金属光泽。图 4b2 为采用透射光拍摄的图 4b1 底片表面（负像），与图 4a2 对比看出表面银镜去除后在透射光下表面叠加的黄褐色物质被除去。图 4b3 为扫描仪扫描获得的底片图 4b1 的图像，为底片的负像，图像信息的明暗程度与被摄主体相反，对比图 4a3 可以看出底片银镜去除后扫描记载影像恢复清晰。

3 结果与讨论

3.1 银镜去除前后可见光反射率变化测试

采用 Perkin Elmer Lambda 950 紫外近红外分光光度计对银镜去除前后银盐底片不同区域在 400 ~ 800 nm 波长范围进行可见光反射率的测试，如图 5 所示，银镜底片对可见光的反射率介于 20% ~ 32% 之间，银镜去除后对可见光的反射率介于 6% ~ 8% 之间。结果表明底片表面银镜去除后，对可见光的反射率明显降低。

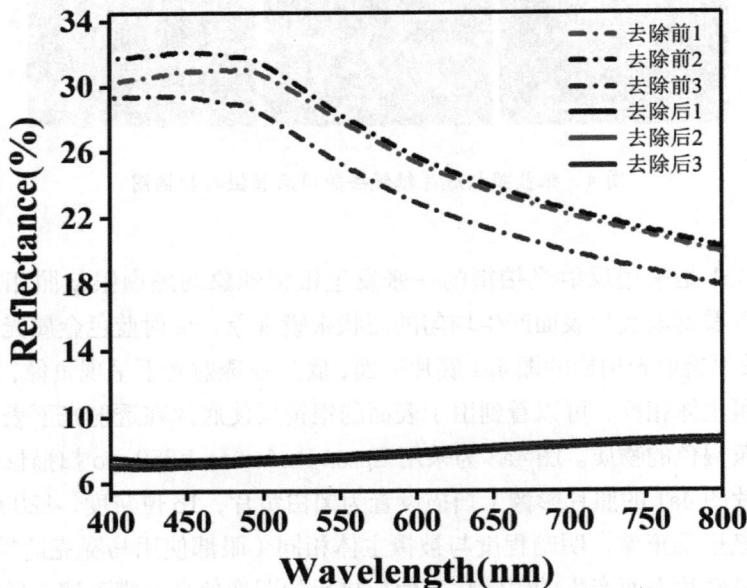

图 5　银盐照相底片银镜去除前后反射率图

3.2 银镜去除前后透射光密度变化测试

光密度计可以测量透射过底片的光量，是衡量物体光学透过率（T）的度量，透射光密度通常用字母 OD 来表示，可用透光率倒数的对数表示，即 OD=lg1/T[13]，由此可以通过 OD 值计算其点位的光透过率。使用 x-rite 光密度计选择五个不同的点位测量透射光密度，计算其平均值为最终数据，按照公式 OD=lg1/T 计算得到对应 T 值。表 1 为同一张底片银镜去除前后在 5 个不同点位所测 OD 值，编号分别记为 I-V。可以看出银镜去除后的光密度值均明显降低，通过计算得到银镜底片的 T 值为 2.7%，银镜去除后 T 值增大为 15.1%。根据其 OD 平均值计算得到的 T 值说明银镜去除后底片对可见光的透过率增大，ΔT 约为 12.4%。由此可以得到银镜去除后底片对可见光的反射率降低，透射率增大，从而使底片在洗印照片时能够使相纸正常曝光，使经过洗印得到的照片影像能够充分感光解析卤化银为黑色银微粒，使记载影像清晰可见。

表 1 银镜层去除前后 OD 变化值

OD	I	II	III	IV	V	平均值	T	ΔT
去除前	1.55	1.87	1.32	1.43	1.63	1.56	2.7%	12.4%
去除后	0.81	1.09	0.54	0.73	0.91	0.82	15.1%	

3.3 银镜去除前后灰度直方图像素灰度对比图

灰度直方图[14]是统计黑白图像中各个像素点在 0 ~ 255 灰度等级中的出现频率，表示图像中像素点在每个灰度级上的像素个数。灰度指黑白图像中像素点的明暗程度，由最亮到最暗之间的亮度等级范围为 0 ~ 255，黑色为 0，白色为 255[15]。灰度直方图中，横坐标表示灰度级 [0, 255]，纵坐标表示图像中该灰度级出现的像素个数或概率，反映图像中每种灰度出现的频率。灰度直方图是对黑白图像影像信息的整体描述，对黑白图像灰度直方图加以处理分析，可以很好地对比评价图像质量。如图 6a2 和图 6b2 为底片银镜层去除前后的扫描照片图像使用 Matlab 软件获取的灰度直方图。可以看出银镜底片记载影像泛白高亮，对应直方图中灰度级像素个数集中在白色区域，200 ~ 250 灰度值的像素点较多。银镜去除后影像像素点在中间调的分布更多，整体分布均匀，使细节更加真实。

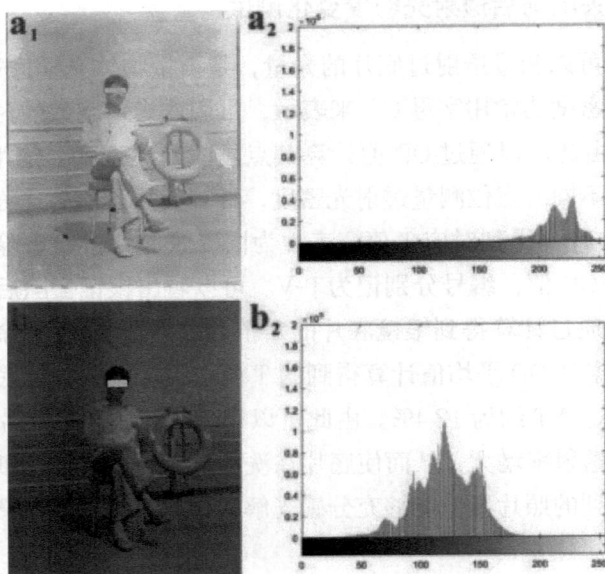

图 6 银盐照相底片银镜去除前后灰度直方图对比

4 结语

本文研究设计了低浓度弱酸性溶液添加非离子表面活性剂的配比体系去除底片表面的 Ag2S 银镜界面，该溶液体系可有效快速去除底片的银镜界面。银镜去除后底片对可见光的反射率明显降低，透射率增大，从而使底片在洗印照片时能够正常曝光相纸，使经过洗印得到的照片充分感光解析卤化银为黑色银微粒，使记载影像清晰可见，恢复图像清晰度。

注释及参考文献

[1] Nishimura D. Report on the chemical treatment of photographic materials workshop: a chemist's perspective [J]. Topics in Photographic Preservation,2001(9):1–43.

[2] 曾芝皓,余振辉.银盐鱼胶照片的化学修复处理 [C]// 中国化学会应用化学会学科委员会.文物保护与修复纪实——第八届全国考古与文物保护（化学）学术会议论文集.广州:岭南美术出版社,2004: 419–427.

[3] Romani M,Pronti L,Ruberto C,et al.Toward an assessment of cleaning treatments onto nineteenth – twentieth–century photographs by using a multi–analytic approach [J].The European Physical Journal Plus,2022(6):757.

[4] Henn R W,Wiest D G. Microscopic spots in processed microfilm: their nature and prevention [J]. Photographic Science & Engineering,1963(5):253–261.

[5][6] Bennett H E,Peck R L. Formation and growth of tarnish on evaporated silver films [J]. Journal of Applied Physics, 1969(8): 3351–3360.

[7] Cattaneo B,Chelazzi D,Giorgi R. Physico–chemical characterization and conservation issues of photographs dated between 1890 and 1910 [J]. Journal of Cultural Heritage,2008(3): 277–284.

[8] Anna Vila,A Silvia,Centeno. FTIR, Raman and XRF identification of the image materials in turn of the 20th century pigment–based photographs [J]. Microchemical Journal,2013,106: 255–262.

[9] Marucci G,Monno A,Werf Inez Doroth é van der.Non invasive micro–Raman spectroscopy for investigation of historical silver salt gelatin photographs [J]. Microchemical Journal,2014, 117: 220–224.

[10] Giovanna Di Pietro.A local microscopic model for the formation of silver mirroring on black and white photographs [J]. Proceedings of the International Conference on Metals Conservation, 2004: 126–136.

[11] Weaver G.A guide to fiber–base gelatin silver print condition and deterioration [D].Topics in Photographic Preservation,2008.

[12] Mark H.The allowable temperature and relative humidity range for the safe use and storage of photographic materials [J]. Journal of the Society of Archivists,2009(1): 7–21.

[13] 薛妤 . 基于光频转换器的黑白密度计设计 [D]. 郑州 : 郑州大学 ,2009.

[14] 张鑫 . 一种基于图像内容的粗略分类方法研究 [D]. 江西 : 南昌航空大学 ,2016.

[15] 刘益新 , 郭依正 . 灰度直方图特征提取的 Matlab 实现 [J]. 电脑知识与技术 ,2009(32): 9032–9034.

修裱浆糊对纸张性能的影响

侯紫涣　马涛　何贝　邢惠萍

陕西师范大学感光与纸质等多种材质档案保护国家档案局重点实验室

摘要： 浆糊是档案及书画装裱修复时常用的材料，其对纸张主要起到粘结作用，但其作用到纸张上，可能会对纸张的性能产生影响。为此，本工作以修裱浆糊为原料作用到宣纸上，对其进行不同时间的湿热老化后，对比分析涂刷浆糊与不涂刷浆糊两种纸张性能的差异。结果表明浆糊会显著提升纸张的机械强度，但同时会加速纸张发黄变硬。其次，浆糊涂在纸张表面后并不会形成完整的浆糊膜，而是在纸张纤维的间隙处形成大小不一的孔，在老化过程中浆糊膜会先沿这些孔断裂，并不断加剧。最后提出在装裱过程中对于浆糊的运用应该"少量多刷"。

关键词： 浆糊；纸张性能；字画装裱；湿热老化

0 引言

在中国悠久的历史长河中，装裱艺术对古代书画起到了非常关键的保护作用。浆糊是档案及传统书画装裱修复常用的材料，用于粘贴纸张、绫绢等材料[1]。而且浆糊自身的化学属性与物理属性使得装裱后的字画经过较长时间后还可以揭裱和再次装裱，这是书画作品寿命得以延长的重要因素。唐代的张彦远在《历代名画记》中强调"凡煮糊必去筋"[2]。明代周嘉胄在《装裱志》中提出"裱之于糊，犹墨之于胶。墨以胶成，裱以糊就"[3]。可见当时的人们就已经意识到了浆糊对装裱后的书画有着非常大的影响。如今，随着对装裱工艺技术的不断改进，文物保护工作者对浆糊的制作更加重视。

本文中的实验采用去面筋浆糊湿托宣纸，通过测定宣纸在高温高湿老化过程中不同阶段微观结构与宏观状态的变化，探究浆糊在放置过程中力学性能等宏观状态变化的机理以及浆糊对纸张性能的影响。

1 实验部分

1.1 实验材料与仪器

制作浆糊的面粉选西安爱菊粮油工业集团 2024 年 2 月 6 日生产的爱菊小麦粉中筋型。

选用安徽泾县古檀阁纸厂制造的四尺生宣。

实验所用的测试仪器如表 1 所示：

表 1　实验仪器

仪器名称	型号	生产厂家
电子天平	FA2004	上海市安亭电子仪器厂
湿热老化箱	HCP	美墨尔特（上海）贸易有限公司
离子溅射仪	SCD005	Baltek
纸张耐折度仪	LB-MIT135	蓝博仪器
钨灯丝扫描电子显微镜	SU3500	日立高新技术公司
视频光学接触角测试仪	KRUSS-DSA100	德国 KRUSS
柔软度仪	DCP-RRY1000	四川长江造纸仪器有限责任公司
智能电热恒温鼓风干燥箱	DHG-9140B(101-2B)	上海琅玕实验设备有限公司
万能材料试验机	QT-1136PC	东莞市高泰检测仪器有限公司

1.2 实验过程

1.2.1 小麦淀粉的提取及浆糊制备

取 500 g 面粉加适量去离子水揉成面团；用保鲜膜包裹静置 40 min 后将面团放入去离子水中反复揉捏，面团中的淀粉不断析出，形成淀粉浆；淀粉浆用 100 目筛网过滤后静置 24 h；静置后的淀粉沉淀于容器底部，上层变成黄色，撇清上层黄水；再次加入去离子水并搅匀淀粉浆；静置 24 h 撇清上层液体后将淀粉沉淀进行冷冻干燥[4]。

称取干燥后的淀粉 30 g 放入烧杯加入 250 ml 去离子水，用磁力搅拌器以 950 r/min 的速率在常温下搅拌 30 min 使淀粉均匀分散在水中；将淀粉浆放入

100℃水域持续加热 12min 并用玻璃棒顺时针搅拌直至加热结束[5]。待淀粉糊化呈现透亮的凝胶状自然冷却 1h 后倒入去离子水没浆糊，使浆糊陈化 24h。将陈化后的浆糊过两遍 100 目筛，制成六级浆糊；称取 125g 浆糊，放入烧杯中，分次缓慢加入 500ml 去离子水，不断搅拌直至均匀[6]。至此浆糊制备完成。

1.2.2 样品制备

将宣纸裁成 15 cm×15 cm 大小，沿垂直于竹纹方向标记正面，标记符号为"正"。纸张反面朝上，用毛笔蘸取浆糊按"米"字形刷在宣纸上，使宣纸充分均匀地沾满浆糊，上浆完成后放置在毛毡上自然晾干[7]。

1.2.3 样品老化

晾干后的纸张采用 HCP 型湿热老化箱加速纸张老化，老化条件：环境温度 80℃，相对湿度 65%，老化时间分别为 3 天、6 天、9 天、12 天、15 天。

1.2.4 样品性能测试

（1）柔软度测试

纸张样品的大小为 15 cm×15 cm，用 DCP-RRY1000 柔软度仪沿竹纹方向进行测试，每组测试 5 次取平均值。

（2）耐折度测试

将样品纸张沿竹纹方向裁剪成 1.5 cm×15 cm 的长条状，用 LB-MIT35 纸张耐折度仪测量样品纸张的耐折性能。每组 10 次取平均值。

（3）抗拉强度测试

将样品纸张沿竹纹方向裁剪成 1.5 cm×15 cm 的长条状，使用 QT-1136PC 万能材料实验机进行拉伸性能测试，设置参数为 20 mm/min，得到拉伸应力—应变曲线，得出样品纸张的拉伸强度。每组测五次取平均值.

（4）接触角测试

将样品纸张裁剪成 5 mm×5mm 大小，涂刷浆糊的一面朝上，用双面胶粘贴在载玻片上，用 KRUSS-DSA100 视频光学接触角测试仪进行测试，设置滴水量为 2 μmL，测试随时间变化水滴在纸张上接触角的变化，分析其亲疏水性的变化。

（5）色差测试

采用 X-Rite VS450 非接触式分光光度仪测试样品纸张的色差。使用 CIE L*、a*、*b 色差坐标体系测量纸张样品的颜色变化，分析色差值 ΔE* 的大小，ΔE* 数值越大纸张颜色变化越大。每组测三次取平均值。

（6）纸张样品微观形貌表征

将纸张样品用导电胶粘贴在样品台上，用离子溅射仪喷金 90s 以增加纸张样品的电导率。用 SU3500 型钨灯丝扫描电子显微镜对纸张样品进行表面形貌观察。

2 结果与讨论

2.1 浆糊对纸张强度的影响

柔软度、耐折度、抗拉强度等可以表征纸张力学性能及强度，图 1～图 3 分别为不同老化天数纸张柔软度、耐折度及抗拉强度的变化情况[8]。

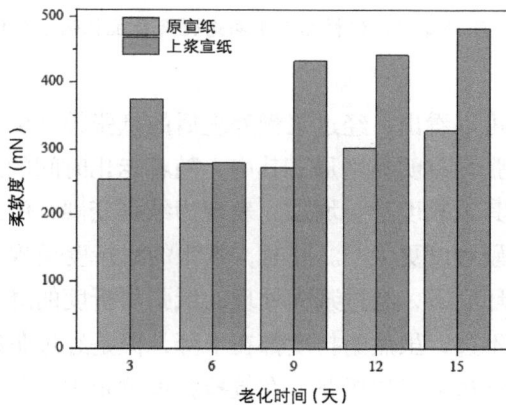

图 1　浆糊处理纸张样品后不同老化天数柔软度变化

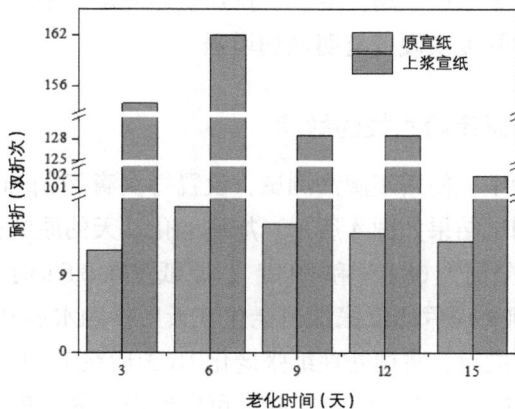

图 2　浆糊处理纸张样品后不同老化天数耐折度变化

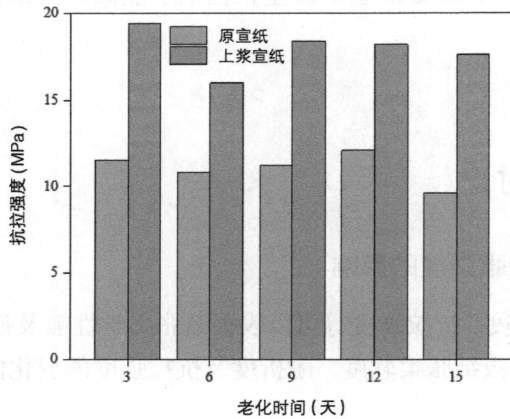

图 3　浆糊处理纸张样品后不同老化天数抗拉强度变化

从图 1～图 3 可以看出，经过浆糊处理后的纸张柔软度、耐折度及抗拉强度的数值较原纸张均有明显增加。其中，随着老化时间的延长，纸张不论是否经过浆糊处理其柔软度都会增加，表现为纸张变硬，但是经过浆糊处理的纸张较原纸张变硬程度更大 [9]。同时，纸张的耐折度呈现先升高后降低的趋势。在加速老化环境下，经过浆糊处理的纸张耐折度的降低速率相比于原纸张要明显得多。不过，虽然耐折度都在下降，但是经过浆糊处理的纸张耐折度在任何时候都远远大于原纸张。在抗拉强度测定中，其抗拉强度与耐折度相对应，经过加速老化纸张样品的抗拉强度虽均有所下降，但经过浆糊处理的纸张抗拉强度要明显优于原纸张。

从对纸张进行柔软度、耐折度、抗拉强度等测定结果，可看出纸张在浆糊的作用下其力学强度及硬度有明显的增强。

2.2 浆糊对纸张亲疏水性的影响

在接触角实验中，使用座滴法测试，设置每次滴落 2 μmL 水，观察样品的亲疏水性。其测试结果如图 4 所示。加速老化 9 天的原纸张与浆糊处理纸张在 0 s 时接触角分别为 68.0° 和 79.2°；原纸张在 0.5 s 时水滴被宣纸完全吸收，而经过浆糊处理后的纸张加速老化 9 天后接触水滴 0.5 s 时水滴仍未被宣纸完全吸收。同时，浆糊处理纸张老化 15 天后在 1 s 时水滴的接触角为 54.7°，表明水滴仍未被宣纸完全吸收。可以看出浆糊处理后纸张具有更好的疏水性。

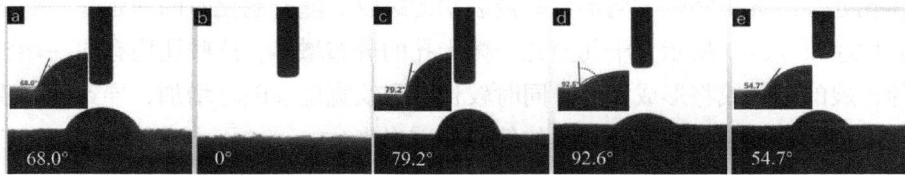

图 4 纸张的接触角
（a：原纸张老化 9 天 0s；b：原纸张老化 9 天 0.5s；c：浆糊处理纸张老化 9 天 0s；
d：浆糊处理纸张老化 9 天 0.5s；e：浆糊处理纸张老化 15 天 1s）

2.3 浆糊对纸张色差的影响

表 2 是以未经过任何处理的宣纸为标准样，对比老化后原纸张和浆糊处理纸张的色差结果。

表 2　纸张样品的色差

老化时间	原纸张	浆糊处理纸张
3 天	2.22	4.67
6 天	3.45	6.58
9 天	3.69	6.69
12 天	4.32	7.07
15 天	4.25	7.92

从表 2 中可以看出，原纸张与浆糊处理纸张的色差都随时间的延长而增加，这说明这些样品的颜色变化逐渐加剧，但浆糊处理纸张的色差整体变化较原纸张大，其颜色变化更为明显。在老化 3 天时浆糊处理纸张的色差值为 4.67，明显高于原纸张 2.22；在整个老化过程中，浆糊处理纸张的色差值增长得更快，表明浆糊显著加剧了纸张在湿热老化条件下颜色的变化，表现为纸张表面颜色整体发黄。

2.4 浆糊对纸张微观形貌的影响

图 5 中的（a）（b）是浆糊处理纸张老化 3 天时的扫描电镜图。在宣纸上涂抹浆糊后，浆糊在纸张表面形成一层薄膜，包裹住大部分的纸张纤维[10]，但是在纸张纤维的间隙处浆糊膜会形成 70 ~ 360 μm 大小不一的孔，在个别

间孔处会沿纤维间隙方向形成呈撕裂状的裂纹。随着老化时间的延长，如图5 中的（a）（b）所示，十几至几十微米孔的分布增多，这些孔均有向一端延伸扩展的趋势或将形成裂纹，同时较长的裂纹宽度会随之增加，导致浆糊膜更大程度的撕裂，使纸张内部的纤维暴露出来。

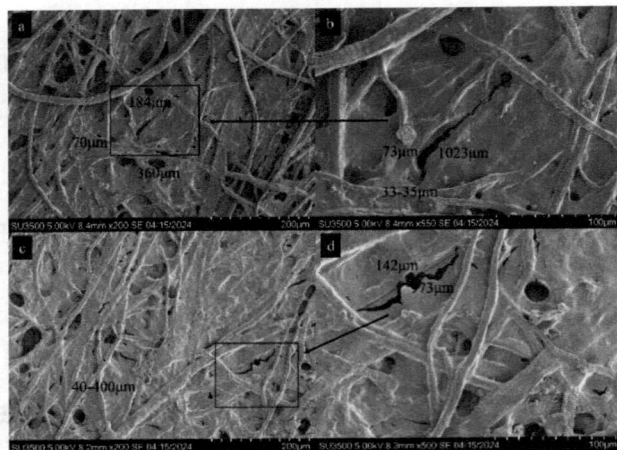

图 5　浆糊处理纸张扫描电镜图
（a：老化 3 天；b：老化 3 天局部放大图；c：老化 12 天；d：老化 12 天局部放大图）

由此看来，在老化初期由于纸张表面的浆糊膜对纸张纤维整体的包覆性较好，所以纸张的机械性能较原纸张要好得多，但随着老化时间的加长，浆糊膜破裂，随之纸张机械性能下降；同时，老化初期在高温高湿的老化环境中浆糊与纸张中的化学成分反应活性增加，生成更多的变色物质，其中浆糊中的水分和酸性物质会渗透到纸张中，促进纸张纤维的降解，导致纸张发黄；老化中期与后期，随着浆糊膜裂纹数量增多，纸张的机械性能也随之降低，被浆糊包覆着的纸张纤维也裸露出来，导致纸张的降解加速进行，纸张表现出色差与机械等性能在老化后期出现明显的变化[11]。

3　结论

一是浆糊能显著提升宣纸的强度，综合柔软度、耐折度、抗拉强度等测定结果，虽然老化过程中纸张在变硬，但经过浆糊处理的纸张相比较于原纸张依旧可以维持相对较高的耐折度和抗拉强度。而使用浆糊的负面影响是纸张会加速变黄、变硬。

二是浆糊涂在纸张表面后会形成浆糊膜，但同时也会在纸张纤维的空隙处形成孔结构，在老化过程中裂纹会率先出现在这些孔结构的周围，进而裂纹逐渐增大。

三是在今后的装裱过程中，在使用浆糊时应该少量蘸取浆糊而采用多刷的方式，用尽可能少的浆糊经过多次涂刷使浆糊能够充分填充纸张纤维的间隙从而在纸张表面形成完整的浆糊膜，同时控制浆糊的用量以延缓字画及档案在长期的存放过程中的发黄、变硬问题。

同时，从上述结论中可以证明《装潢志》中提到的观点："良工用糊如用止在多刷，刷多则浆水透纸，凝结纸张，犹如纸张用水抄成，自然结合，不全恃糊力，亦如和墨之用轻胶，只资锤捣之功"[12]。装裱过程中浆糊的运用起着至关重要的作用。

注释及参考文献

[1] 潘吉星. 中古科学技术史・造纸与印刷卷 [M]. 北京：科学出版社，1998.

[2][12] 明周嘉胄. 装潢志图说 [M]. 济南：山东画报出版社，2003.

[3] 张彦远. 历代名画记 [M]. 北京：人民美术出版社，2016.

[4][6] 范胜利. "裱以糊就"——浅谈书画装裱中的浆糊 [J]. 中国文物科学研究，2010(2):85–88.

[5] 武望婷，刘树林，楼朋竹，等. 书画装裱粘接剂糊化及剥离强度研究 [J]. 文物保护与考古科学，2014(1):81–87.

[7]Catcher S,Chang G,Zhu Q.The problem of Chinese paper reinforcement strip repairs on a set of four hanging calligraphic scrolls[J].Journal of the Institute of Conservation, 2017(1):49–63.

[8] 龚德才，樊婧. 小麦淀粉浆糊中 A 型、B 型淀粉及蛋白质对书画装裱的影响研究 [J]. 西北大学学报（自然科学版），2022(3):476–484.

[9][10] 龚德才，魏岳，周昱君，等. 托裱浆糊浓度对纸张拉伸性能的影响 [J]. 敦煌学辑刊，2020(4):147–154.

[11] 杨利广. 纸质文物损坏原因及保护与修复措施 [J]. 收藏，2023(12):110–112.

北海银行档案修复案例纪实

明继国　王茂伟

山东省档案馆

摘要：档案手工修复技术是中华民族的瑰宝，更是档案修复人员日常工作中最常用的修复技法。从一件破损的北海银行档案的修复过程入手，严格遵循《纸质档案抢救与修复规范第4部分：修复操作指南》（GB/Z 42468.4—2023）的步骤进行操作，让行业标准规范在实践活动中得以贯彻和落实，以期为相同类型的档案修复工作提供借鉴。

关键词：北海银行档案；档案修复；修复过程；《纸质档案抢救与修复规范》

北海银行是中国人民银行的三大奠基行之一，是抗战初期我党领导的革命根据地中建立最早的金融机构之一。北海银行档案真实、系统、完整地记录了北海银行从无到有、从小到大、从弱到强的艰辛创业历程，全方位展示了北海银行的建立背景、经营活动、普惠金融、货币斗争等，见证了北海银行调剂根据地金融、繁荣根据地经济的历史印记，凸显了山东革命根据地在全面抗战和全国解放战争中的重要地位，对于阐发弘扬沂蒙精神，准确把握我国经济金融发展规律，研究中国近代史、新中国经济史、中共党史等方面具有重要史料价值。山东省档案馆馆藏北海银行档案共计14496件，主要是1940—1950年间，北海银行总行及胶东分行等各分支机构产生的档案，在2023年入选第五批中国档案文献遗产名录。

为了深入贯彻落实习近平总书记关于做好新时代档案工作重要指示批示精神，进一步加强档案文献遗产的保护传承工作，山东省档案馆对北海银行档案进行系统性调查研究，对破损档案进行及时修复，积极开展治理性保护工作。本件待修档案载体为薄机制纸，字迹是蓝色复写纸字迹，档案受损情况主要是纸张严重酸化、老化，局部粘连、糟朽，有撕裂、褶皱、残缺，存在霉变、污染，字迹和栏线轻微溶解、扩散，边缘磨损等病害。此件破损档案的修复纪实，严格遵循《纸质档案抢救与修复规范第4部分：修复操作指南》(GB/Z 42468.4—2023)的要求，分为修复前准备工作、实施修复的过程、修复后的善后工作三步骤实施，对档案修复过程如实记录，为档案修复同人提供案例素材，具体修复情况如图1~图3所示。

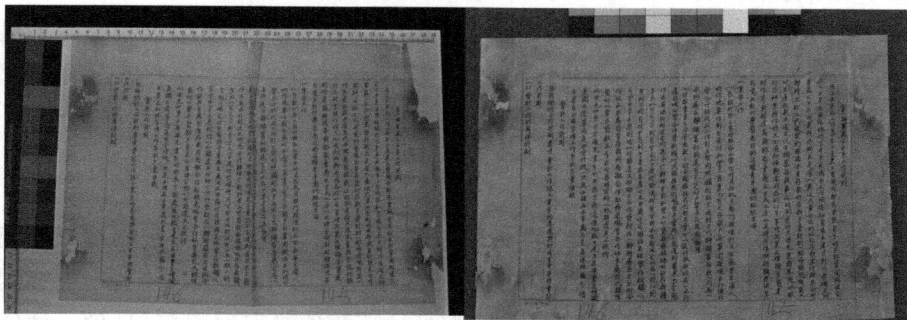

图1　修复前后整体对比照片

图2　修复前后局部对比照片　　　　图3　修复后细节图片

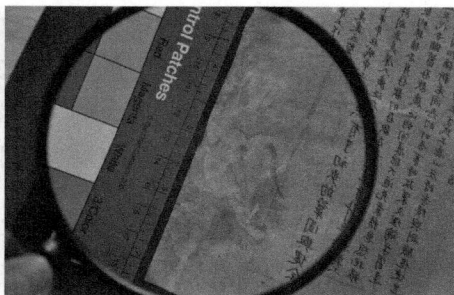

1 修复前的准备工作

档案修复前的准备工作主要包括档案保存状况调查和破损评估、档案修复前的拍照、纸张和字迹分析测试、制定修复方案。[1]修复前的准备工作以发现问题为基础、以解决问题为导向，科学地使用测量数据，合理地编排修复流程，便于修复人员厘清工作思路。

1.1 档案保存状况和破损评估、拍照

将档案保存状况和破损评估的内容制成表格如实填写（见附表1），该表格以《纸质档案抢救与修复规范第2部分：档案保存状况的调查方法》(GB/Z 42468.2—2023)中，卷内纸张保存情况调查表为主体，增加了《纸质档案抢救与修复规范第1部分：破损等级的划分》(GB/Z 42468.1—2023)中破损等级划分的内容，主要目的是方便档案修复人员勾选、记录，减少实际工作中使用表格的数量，提高工作效率。档案的拍照以高拍仪为主、手机为辅，并摆放标尺和色卡，照片内容主要反映档案的整体保存状况和局部破损等情况。

1.2 档案纸张 pH 值测定和字迹溶解性测试

pH 值测定，用平头电极 pH 计无损测量。档案下面垫薄聚酯片或玻璃板，在档案纸张的上下边缘和中间无字处取测量点，用小型医用注射器在测量处滴一滴蒸馏水，将平头电极放在湿处，待数值稳定后读取 pH 值，读值完后用撤潮纸及时吸去水分，以防纸张因潮湿变形。其余两点的测量重复以上操作，最后将3点测试值相加后取平均值，测得该纸张的 pH 值为 4.8。字迹溶解性测试，采用医用棉签蘸蒸馏水轻擦观察法，先把棉签头放入盛有蒸馏水的烧杯中，再把棉签上的水分在烧杯壁边缘挤干，轻擦字迹表面并观察色料是否有残留，对不同颜色的字迹要更换棉签，以防残留色料对档案造成二次污染，观察结果为蓝色复写字迹和红色边框有轻微溶解。

1.3 档案尺寸、纸张厚度的测量和修复方案制定

档案尺寸的测量，用直尺测量为 36.1 cm×25.8 cm。纸张厚度测量，用纸张测厚仪测得 0.03 mm。修复方案的制定（见附表2），主要是将档案修复前的状况评估，分析测试的数据，主要病害、修复方法、修复选材，可能出现的问题和对策，修复时间、人员安排、预期修复目标等内容，制成统一的表格，表格增加了修复质量评估部分，方便在实际工作中快速地填写和勾选，提高工作效率。

2 实施修复的过程

实施修复的技术路线遵照保持档案原貌，最小干预，可逆性和适宜性原则[2]。坚持能修补的不托裱，能干处理的不湿处理，不过度修复。

2.1 档案的编号、除霉、字迹加固、揭粘和脱酸

因此件档案上已有铅笔编号，故只进行了核对工作，未再重新编号。对档案上的轻微霉斑，先用羊毛刷轻轻刷除纸张表面菌丝，再用医用脱脂棉签，蘸取浓度为 75% 的医用酒精擦拭除霉，对霉斑变色部位不做漂白处理，不追求过度清洁。对破损处的蓝色字迹和红色边框，用固色笔轻涂加固，先涂 A 笔，干后再涂 B 笔，为防涂胶后纸张可能出现的板结，其他部位的字迹和边框未做固色处理。对档案粘连部位，用薄竹启子和羊角启子插入纸层空隙进行干揭分离。对档案上的灰尘、铁锈等污渍，用羊毛刷轻刷后，再用面团粘黏的方法机械去除。因待修复档案纸张的 pH 值为 4.8，在规范规定的 6.2 以下，宜进行脱酸，考虑到字迹和边框有轻微溶解，为保证档案字迹的清晰度，采用我馆研制的无水纳米氧化镁脱酸液，对纸张表面进行均匀喷洒脱酸，脱酸后的纸张 pH 值为 7.4，符合规范规定的脱酸后纸张的 pH 应在 7 ~ 8.5 之间，为保证修复后整张档案的 pH 均衡，将脱酸步骤放在档案修复完成后进行。

2.2 档案的局部修补和加固

对档案出现的缺损、撕裂、断裂、糟朽等病害，我们进行了修补和局部加固。具体做法为：根据前期测量的数据，档案纸张厚度为 0.03mm，按照修复配纸选择宁浅勿深、宁薄勿厚的原则，选取补纸的厚度 0.03mm，原料和质地与档案颜色相似的手工纸进行补缺，用超薄三桠皮纸对断裂部位连接并局部干托加固糟朽部位。补纸采用单层搭接法与档案纸张相连，首先，将档案反扣在塑料垫膜上，背面向上并展平；再将补纸放在缺损处，用细水笔沿缺损外边缘 2mm 处划水线，沿水痕手撕毛边（因水湿后，纸张极易撕裂且毛边自然，而且形状易控）备用；最后，用毛笔在档案缺损边缘涂 2mm 宽的小麦淀粉稀浆糊，用平口镊子将撕好的补纸，对正缺损部位放好，再放上撤潮纸，然后用棕刷排实。撕裂处的连接，先把薄三桠皮纸撕成宽 3mm 左右的长条，再对齐撕裂处的茬口和字迹笔画后，用毛笔沿撕裂处涂抹宽约 3mm 的小麦淀粉稀浆糊，最后，将薄皮纸条按撕裂处的长度和形状，自然地放到裂缝中央并用手掌根部压实。对档案糟朽部位的加固亦用薄三桠皮纸，按照加固纸略大过糟朽部位，对脆弱处进行局部干托加固，不做过度加固，不做整体托裱。

2.3 档案的平整和装订

上述修复步骤完成后，对纸张出现的曲翘不平处的平整处理。因档案字

迹和边框有轻微溶解，此件档案未采用先喷潮再整体压平处理的常规方法，而是用可调温电熨斗垫无纺布后，局部熨烫整平档案纸张。档案原装订为缝纫机轧边装订，因孔洞部位纸张强度较好，如恢复原装订形式，会对档案造成更大的二次损伤，所以修复后档案保留了原缝纫机扎孔孔洞痕迹，改为常用的三孔一线装订形式，同时也能让档案利用者通过保留的缝纫机孔洞痕迹，判定出档案的原装订形式。[3] 最后如实填写修复日志。

3 修复后的缮后工作

修复后的善后工作主要对修复后的档案组织验收和质量评估、对修复后的档案拍照、完善修复档案等。[4]

3.1 组织验收和质量评估

按照修复质量要求的内容，由相关专家或修复负责人进行验收和质量评估，分优秀、良好、合格和不合格 4 个级别，填写修复质量评价内容。[5]

3.2 修复后档案的拍照

对修复完成的档案，按照反映档案修复后的整体和局修情况，再次拍摄修复后照片，收集齐全修复前中后的照片，依据数码照片归档与管理规范的要求，对照片进行命名和管理。

3.3 完善修复档案并归档

收齐《档案纸张保存情况调查和破损评估表》《修复方案表》修复日志等，分别整理成纸质修复档案和电子修复档案，按照修复档案的相关要求进行归档。最后，将修复验收合格的档案入库存放。

4 结语

传统档案手工修复是档案修复人员最常用的修复技术，随着现代修复理念的发展和传统技艺与科技手段的融合，档案手工修复工作已从经验修复向科学修复、规范修复转变。除注重具体修复技法之外，也重视对修复工作过程的管理。将修复前的调查评估、影像记录、分析测试、方案制定，修复过程中的工作记录和修复后的验收、评估、修复档案整理等纳入修复工作流程，使档案修复工作更加科学化、规范化。

附表 1

《北海银行》档案纸张保存情况调查[6]和破损评估[7]表

填表时间：2023 年 6 月 12 日

档号		G013-74-20	名称		第一办事处 下半年工作计划
纸张情况			字迹情况		
纸张种类	手工纸		字迹种类		蓝色复写纸字迹
	机械纸	√			
酸化		√	字迹洇化 或扩散	洇化	√
老化	发黄	√		扩散	√
	发脆	√			
霉变		√	字迹褪色	褪色	√
虫蛀				酸蚀	√
撕裂		√	字迹磨损	普遍	
污染（水渍、油斑、墨斑、金属锈斑、蜡斑）		√		边缘	√
残缺		√	记录形式		复印
粘连		√			
糟朽		√			
褶皱		√			
絮化					
不规范折叠			其他		
不规范修复		√			
破损等级		□特残破损　☑严重破损　□中度破损　□轻度破损			

注：各项调查内容如有发生或存在，请打"√"，没有则不填。
　　"字迹种类"指墨汁、墨水、圆珠笔等；"记录形式"指手工书写、打印、复印、油印等。

调查人：明继国　　　　　审核人：孙允明

附表 2

《第一办事处下半年工作计划》修复方案

制定时间：2023 年 6 月 12 日

出库时间	20230612	修复时间	20230616 —20230616	修复人	明继国
档案编号	G013-74-20	档案名称	第一办事处下半年工作计划（145-146 页）		
作者	北海银行第一办事处	年代	民国三十八年六月（194906）		
档案尺寸	长：36.1 厘米宽：25.8 厘米	档案质地（厚度/帘纹）	机制纸（0.03mm/无）	修复前档案pH 值：4.8	修复后档案pH 值：7.4
综合评估	□基本完好　　□微损　　□中度　　☑重度　　□濒危				

	主要病症	处理办法	修复选材
主要病害、修复办法、修复选材	粘连	揭粘	竹启子
	水渍、污渍	清洗	酒精、面团、棉棒
	纸张酸化	脱酸	纳米无水脱酸液
	不规范修复		
	不规范折叠		
	撕裂、残缺	连接、补缺	薄三桠皮纸、手工混料纸
	褶皱	电熨斗熨平	电熨斗、无纺布
	发黄、发脆	清洗、局部加固	蒸馏水、酒精、薄皮纸
	字迹边缘磨损		
	字迹洇化、扩散	字迹固色	固色笔
	字迹褪色、酸蚀	字迹固色	固色笔、脱酸

修复质量评估	1. 碎片拼接位置准确，严丝合缝。 2. 裂口搭接宽度合适，符合技术要求。 3. 档案去污、字迹固色、纸张脱酸等方法选择合理，效果明显。 4. 修复技法比较科学，修复后纸张无明显增加。

负责人：明继国　　　　验收人：孙允明

注释及参考文献

[1] [4] 中国国家标准化管理委员会 . 纸质档案抢救与修复规范 第 4 部分 : 修复操作指南 :GB/Z 42468.4—2023[S]. 北京 : 中国标准出版社 ,2023.

[2] 国家档案局 . 档案修裱技术规范 :DA/T 25—2022[S].

[3] 国家档案局 . 纸质归档文件装订规范 :DA/T 69–2018[S].

[5] 中国国家标准化管理委员会 . 纸质档案抢救与修复规范 第 3 部分 : 修复质量要求 : GB/T 42468.3—2023[S]. 北京 : 中国标准出版社 ,2023.

[6] 中国国家标准化管理委员会 . 纸质档案抢救与修复规范 第 2 部分 : 档案保存状况的调查方法 :GB/T 42468.2—2023[S]. 北京 : 中国标准出版社 ,2023.

[7] 中国国家标准化管理委员会 . 纸质档案抢救与修复规范 第 1 部分 : 破损等级的划分 : GB/T 42468.1—2023[S]. 北京 : 中国标准出版社 ,2023.

浅谈档案保护视域下的环境监测系统搭建

齐银卿

中国第一历史档案馆

摘要: 有效监测和控制档案保存环境,可抑制不利因素对档案的影响,有利于延长档案保存期限。文章从档案保护角度分析了环境监测系统的作用、建立环境监测系统的技术条件、主要功能需求,并介绍了环境监测系统在中国第一历史档案馆的实际应用情况、存在问题和应对措施。

关键词: 档案保护;档案保存环境;环境监测系统

0 引言

"预防为主,防治结合"是档案保护的基本原则,科学开展预防性保护是保障档案安全的有效途径。《"十四五"全国档案事业发展规划》明确提出"档案安全防线得到新加强"的发展目标,落实到预防性保护工作中,就是要进一步加强对档案保存环境的监测和控制,提供"稳定、洁净"的安全环境,抑制不利因素对档案的影响,延长档案保存期限。

随着预防性保护意识不断提升,保护工作者对于影响纸张老化的因素及作用机理有了更加深入的研究。例如,湿度对纸张的影响,较低温度下(24℃),相对湿度超过60%之后再增大相对湿度,纸张耐折度下降幅度逐渐增加[1]。醛类物质(尤其甲醛)能够引起纤维素自氧化反应,形成有机酸和光降解产生的过氧化氢对纸张危害更大[2]。霉菌会使宣纸的a-纤维素含量和聚合度下降,实验的7种霉菌中草酸青霉影响最大[3]。不仅紫外线会引起纤维素降解,红外线也会引起热效应而加速光化学反应[4]。同时,通过算法和建模,可预判环境因素的发展趋势[5]。这些研究明确了环境监测的对象及其影响,为科学开展环境调控奠定了理论基础。

与此同时,档案馆库设施持续改善,为有序高效开展预防性保护工作提供了硬件保障。通常依照《档案馆建筑设计规范》及相关标准构建档案防护体系。安防和消防系统已经形成了完善的标准和技术规范体系，不再赘述。很多档案馆配备了完善的空调系统、应急排风、净化设备等。而这些设备的运行结果监测、问题排查等必要性工作，没有统一的技术规范，存在监管效率低下、应急响应不及时等现象。建立环境监测系统，可提升监管设备运行、控制馆库环境、排查治理隐患的工作效率，进一步强化档案安全防线。

1 环境监测系统的作用

　　档案馆是保管保护档案的基地，也是为公众服务、提供利用、举办展览的文化活动场所，不同功能分区执行不同环境标准，配备相应设备调控环境，如库房配置恒温恒湿净化空调、消毒室配置独立排风等。通常建筑设备都可实现自控，但环境会被多种因素影响，仅靠自控不做监测，无法确认实际环境是否偏离调控目标。以库房空调为例，同样的设备运行状态，与建筑围护结构、天气情况、人员进入等因素融合，会产生不同的库内环境结果，一旦设备传感器出现误差或掉线还可能导致库房环境持续超标。因此，有必要搭建环境监测系统，持续实时监测库房内各项环境指标，以控制实际环境保持在安全状态，同时还可积累数据、综合分析，优化调控措施，降低设备能耗。规模较大的档案馆，库房、展厅、业务用房等各功能区配置齐全，相应的控制机房和设备数量多且位置分散，功能区环境监测和机房设备巡检工作量很大，更应配备环境监测系统。掌握档案保存环境实际情况，有助于针对不利因素实施治理，对于预防性保护工作意义深远，对保护修复也具有指导作用。

2 建立环境监测系统的技术条件

2.1 环境监测系统架构与功能要求

　　通常搭建环境监测系统以物联网技术为基础设计，采用标准的三层体系架构，包括感知层、传输层和应用层。感知层即现场监控层，是系统的最前端，通过布设各类传感器采集和传输监测数据。传输层即传输网络，连接前端传感器至系统，实现远距离数据传输和通信。应用层即管理平台，是系统应用的核心，通过不同区域间的数据互联、应用集成及云计算等模式，实现对整个系统的管理，根据需要完成数据收集、校准、入库、保存和查询，并输出可视化数据处理结果，直接服务用户 [6]。

环境监测相关技术与设备都已广泛应用，齐心等介绍了物联网技术在文保环境监测中的应用 [7]，彭仕霖等梳理了我国预防性保护装备情况，鉴于费用、精度、稳定性等，传感器主要用于监测温度、湿度、二氧化碳、TVOC、光照强度和紫外线 6 项指标 [8]。市场供给方面，传感器、传输网络及管理平台，都有多种设备、技术和成熟的软硬件配置可供选择。

环境监测系统应集中监管被控设备，协调机房工作，维持与前端设备的通信，出现异常报警提醒，可根据需求设置报警阈值、报警方式，记录存储运行信息、报警事件等，支持自动巡检、电子导航地图、图像集成、报警快速定位等功能，各类报表可实现查询、确认、排序、打印等操作。提供开放软件接口供第三方软件集成或集成第三方软件。其他授权用户可通过内部网络浏览查询管理数据。

2.2 搭建环境监测系统必须适应档案馆库建安条件

通常根据馆藏情况确定各功能区环境要求，之后结合设备配置和预算情况提出环境监测功能需求，明确传感器种类、规格、数量、安装要求等。环境监测系统应有的放矢、尽早设计，合理布设传感器，并在建筑施工和设备采购时统一筹划综合布线等实施细节，或预留对接条件。

新建档案馆通常在建筑设计时就已建立智能楼宇控制中心，将安防、水电、设备等集中管理，各类设备主要依靠自控运行。环境监测系统可纳入智能楼宇控制中心，监测结果反馈中心协调机房工作，管理平台需提供开放软件接口，并注意预留系统二次开发及功能扩充的可能性。

3 档案保护视域下环境监测系统主要功能需求

依据档案馆建筑设计、空气质量检测等相关标准，梳理档案库房、公共区域、技术用房等特殊区域环境监测功能需求。

3.1 档案库房环境监测功能需求

库房空调通常配备有除霾过滤、污染物吸附等功能，环境监测目标为温湿度、空气质量、漏水及光照。

温湿度监测，每个库设 1 ~ 3 个点，面积超过 100 平方米适当增加监测点，如果库房内有隔挡，需结合建筑结构选择布设位置并适当增加监测点[9]。温湿度传感器布设应避开出风口和库房边角位置。

空气质量监测可参照《档案库房空气质量检测技术规范》规定的库房污染物的浓度限值[10]，检测目标主要有二氧化硫、二氧化氮、臭氧、甲醛、乙酸、TVOC、氡、颗粒物及菌落总数等。比对所在地区的空气质量报告和污染物来源分析，合理配置传感器的种类和精度。如北京地区空气质量报告显示，二氧化硫浓度常年达标，则北京地区档案库房无内源性污染时，该项不需监测，遇突发情况可人工检测；如果没有采用臭氧消杀，也无其他臭氧来源，且设备的过滤效果不明，则臭氧监测数据也没有实际意义；氡浓度和菌落总数难以监测，需人工检测。传感器精度，需参考市场现有设备，依照标准要求数量级选配。例如 TVOC 限值 $0.06mg/m^3$，则 TVOC 传感器精度至少应达到 $0.01mg/m^3$，如果传感器无法满足精度要求，则该参数需人工检测。如果库房采用气体灭火装置，需进行气体监测并设置泄漏报警，保证人员安全。外源性污染物传感器宜设在新风净化功能段出风口，内源性污染物传感器参考温湿度传感器布设或置于回风口，风速监测设在出风口。

如库房周边有空调机房、排水管、集水坑等"水源"，需布设水浸报警线缆。

如档案直接存于开放柜架，还应监测光照强度和紫外线强度。普通档案照度标准值 200lx；永久保存档案照度限值 50lx，年曝光量限值 50000lx·h/a[11]。

3.2 公共区域环境监测功能需求

公共区域空调通常配备除霾过滤、污染物吸附等功能，公共区域涉及档案保护主要是展厅，环境监测目标为温湿度、空气质量及漏水监测传感器布设位置可参考库房设置，温湿度监测点数量可适当缩减。

公共区域空气质量监测可参照《室内空气质量标准》规定的污染物浓度限值，监测目标主要有臭氧、二氧化氮、二氧化硫、二氧化碳、氨、氡、甲醛、TVOC、颗粒物等。

一般展厅照度标准值 200lx，可根据展览情况适当调整[12]。

展出档案原件时，温湿度、空气质量、光照强度和紫外线强度等，应按库房标准控制。如展厅大环境无法满足档案保护需求，也可调控展柜"微环境"，各类传感器布设在展柜内。

3.3 业务和技术用房环境监测功能需求

业务和技术用房空调设备通常与办公用房相同，新风空调机配备除霾过滤功能。

温湿度监测应覆盖各类档案暂存库和使用原件的业务用房，如数字化、利用、展览等业务部门的暂存库，以及档案著录室、复制室、修复室等。

空气质量监测应覆盖可能产生废气、废液的业务及功能用房，包括实验室、消杀室、胶片冲印间、车库等，需在室内根据污染源布设相应传感器，并在排放前做好处理。如化学实验室和胶片冲印室应配置 TVOC 传感器，档案消杀室应根据消杀手段配备传感器（如充氮消杀需监测氧含量、环氧乙烷消杀需监测泄漏等），地下车库应配置一氧化碳监测。

业务和技术用房涉及用水情况较多，水浸报警线缆还需布设在水源处。

档案整理、数字化及修复室、实验室等，针对档案原件开展业务工作时还应监测光照强度和紫外线强度。

空调机房、泵房、冷冻机房、热力站等重要机房，需监测供配电、照明、UPS、设备运行、温湿度和漏水等情况。

4 环境监测系统在档案保护工作中的应用

环境监测系统应用广泛，国家博物馆、国家图书馆、莫高窟、秦始皇兵马俑博物馆等，都根据自身需求配置了环境监测设备，实现相应管理功能。如故宫端门部署有无线环境监测系统，使用 NB-IoT 技术将采集数据通过运营商网络传输至管理平台，可在网页及移动 APP 实时查看数据[13]。

一史馆随新馆信息化建设搭建了环境监测系统（见图 1）。库区和展厅环境监测针对库房温湿度、空气质量、漏水及展厅温湿度和空气质量进行分析，实时采集运行参数，根据系统设定阈值进行报警处理，系统在紧急情况发生前可进行预警提示，报警可通过电子地图反映。系统硬件包括中心管理服务器、串口服务器、监测传感器模块及计算机网络。软件系统包括综合管理平台软件、远程客户端软件、报警软件、开放式软件接口、电子地图显示软件和报表管理软件。温湿度监测，库房每 30～50 平方米设一个监测点，展厅每 50～100 平方米设一个监测点；空气质量监测（PM2.5、PM10、TVOC、CO_2），库房和展厅每 60～100 平方米设一个监测点；漏水监测每个库房配置 1 套，设备夹层配置 2 套。库房和展厅共计布设温湿度传感器 677 个，空气质量传感器 338 个，漏水报警单元 53 个。馆库环境调控由各相关专业工作人员协作开展，设备管理人员负责空调等设备运行，技术保护人员负责环境监测与检测，保管和展览人员负责库房和展厅的安全巡查。

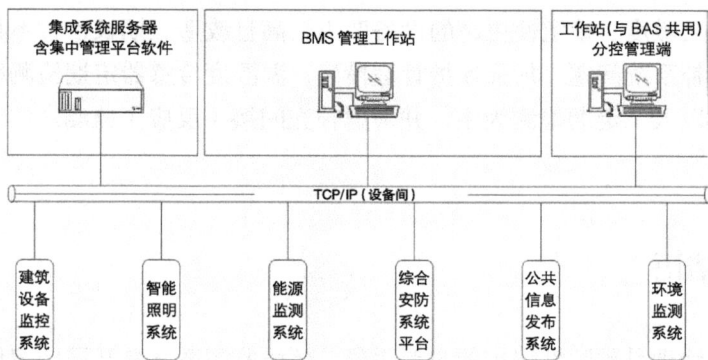

图 1　信息化集成系统图

机房环境监测对机房供配电、照明、UPS、新风、空调、漏水、温湿度、消防等进行分析，实现预警、报警、故障处理等功能，配套监控管理增设自动巡检功能模块、图像集成模块等。能源监测系统主要针对机电智能表具，开展自动化能源数据获取、反馈和动态分析，实现能源集中监测管理。

至今，环境监测系统投入使用已近 3 年，是馆库环境数据的主要来源，辅以传感器校准、现场检测和采样仪器分析，能够掌握库房环境真实状态，为设备调控和科学保护提供依据。经过两年的空调设备改造和调控，库房温湿度已经稳定在适宜区间（见图 2）。通过对库房环境长期监测，发现存在内源性污染物问题（见图 3），持续开展通风、放置吸附剂等治理措施，保持环境洁净、稳定。

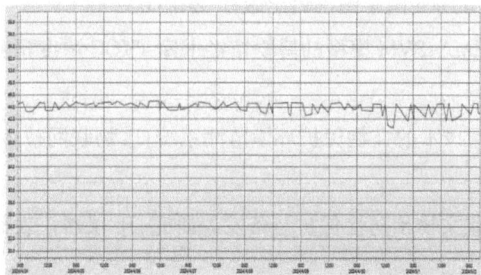

图 2　某库房温湿度平均值

图 3　某库房 TVOC 浓度

使用中发现环境监测系统存在传感器掉线、库内温湿度传感器各点位平均值数据无法留存、漏水误报、温湿度传感器数据偏差、空气质量传感器数据异常等问题。通过线路摸排、软件升级等措施，基本解决了前三个问题。温湿度传感器数据偏离程度不一，空气质量传感器读数不变或与实测相差很大，更换灵敏度、稳定性更高的设备费用较高且改造工期长，暂不具备可行性。为弥补系统问题，加强保护管理措施，温湿度传感器定期检测校准，空气质量则以人工定期检测为主，并考虑补充间接（反应）监测。

5 结语

环境治理是预防性保护的主要手段，环境监测系统是开展档案保护工作的基础工具和数据宝库。加强对档案保存环境的治理和研究，有利于提升预防性保护能力。还需强化档案保护意识，形成长期有效的运行管理机制，才能促进档案保护工作水平提升。

注释及参考文献

[1] 翟耀良，刘仁庆，王建库. 空气湿度对纸张耐久性的影响 [J]. 中国档案,1995(4):37-38.

[2] 闫智培，易晓辉，田周玲，等. 影响纸张老化的因素及缓解措施初探 [J]. 文物保护与考古科学,2018(2):110-120.

[3] 张慧，张金萍，朱庆贵. 霉菌对纸张化学性能影响的研究 [J]. 中国造纸,2015(3):31-34.

[4] 刘家真. 古籍保护原理与方法 [M]. 北京：国家图书馆出版社,2015:65-98.

[5] 张舸，白姣，周志鹏，等. 基于 ARIMA-SVM 模型的博物馆经书库 TVOC 浓度预测 [J]. 暖通空调,2022(11):100-103.

[6][7][13] 齐心，王鑫，赵泽. 基于物联网技术的文物保护环境监测系统 [J]. 物联网技术,2020(7):34-37.

[8] 彭仕霖，赵婉琳，方毅芳. 我国馆藏文物预防性保护装备发展研究 [J]. 仪器仪表标准化与计量,2011(6):19-25.

[9] 国家市场监督管理总局国家标准化管理委员会. 室内空气质量标准:GB/T 18883-2022[S]. 北京:国家市场监督管理总局国家标准化管理委员会,2022.

[10][12] 国家档案局. 档案库房空气质量检测技术规范:DA/T81-2019[S]. 北京:国家档案局,2019.

[11] 建筑照明设计标准:GB 50034-2013[S]. 北京:中国建筑工业出版社,2013.

人工智能在档案修复保护中的应用

周子文[1]　刘林松[2]

1 新疆维吾尔自治区档案馆

2 西安电子科技大学人工智能学院

摘要：随着数字化时代的到来，档案修复与保护面临新挑战与机遇。传统手工方法效率低下，而人工智能（AI）技术的发展为此领域带来革命性变革。本文探讨了 AI 如何通过图像识别等技术提高档案修复的效率、精确度与科学性，并概述了 AI 的基本概念、核心技术和最新进展。文章强调了 AI 在档案修复中的应用潜力，并综述了国内外 AI 在档案修复中的应用现状，分析了主要技术手段、成功案例及存在的问题。本文研究了 AI 在档案评估、决策支持、自动化修复工具和数字化修复等方面的应用，探讨了其对工作模式的影响，指出了面临的挑战及可能的解决对策。这些研究不仅展示了 AI 在档案修复中的当前应用和成效，也为档案保护的未来智能化提供了指导。

关键词：人工智能；档案修复；数字化保护；图像识别；技术革新

1 引言

1.1 背景阐述

档案，作为中华民族 5000 年文明历史、文化和科技进展的珍贵记录，随时间流逝面临自然老化、物理损害、生物侵蚀等多重威胁[1]，迫切需要有效的保护与修复。然而，传统档案修复方法面临效率低下和精确度有限的问题，特别是在处理大量复杂档案时，其局限性变得尤为明显。

随着技术的不断发展，尤其是人工智能技术的进步，引入这些先进技术到档案修复领域是对传统方法的有效补充，可以显著提高档案修复的效率和精确度，为珍贵的历史资料提供更加长久和科学的保护。

1.2 人工智能技术概述

1.2.1 人工智能简介

人工智能[2]（Artificial Intelligence, AI）是计算机科学的一个分支，它旨在创建能够执行通常需要人类智能的任务的机器或软件。AI系统通过模仿人类的认知功能，基本概念涵盖了从简单的自动化脚本到复杂的机器学习和深度学习模型。

人工智能核心技术及其简介如表1所示：

表1　人工智能核心技术

技术名称	简介
机器学习	设计算法使计算机通过数据自学习改进，无须显式编程。
深度学习	多层神经网络模拟大脑处理复杂数据，适用于图像和语音。
自然语言处理	设计算法让计算机理解和生成人类语言。
计算机视觉	计算机能分析和理解图像与视频。

1.2.2 人工智能与档案修复保护

人工智能（AI）在档案修复保护领域展现出广泛的应用潜力，且正逐步转化为实际的保护能力。AI技术的介入，为档案的保护和修复带来了前所未有的机遇，具体体现如表2所示：

表2　人工智能技术应用于档案修复保护的优势

功能	描述	优势
自动化损伤检测	AI自动识别档案损伤	提高效率和准确性
智能修复建议	AI提供基于数据的修复建议	提高修复成功率
高精度图像恢复	深度学习模型恢复档案细节	提升修复质量
预测性维护	预测未来损伤趋势	延长档案寿命
综合管理与决策支持	优化档案保护策略	提高管理效率

人工智能在档案修复中的应用，不仅提升了保护工作的效率和精度，还为档案的长期保存提供了科学方法和前瞻性视角，确保历史资料得以更好地传承和研究。

1.3 研究目的与意义

本论文旨在深入探讨人工智能（AI）在档案修复保护工作中的应用潜力及其对提升工作效率、精确度和科学性的影响。通过分析 AI 技术在档案损伤识别、修复建议提供、图像恢复、预测性维护以及综合管理决策支持等方面的具体应用，揭示 AI 如何赋能传统的档案保护工作。这些创新应用不仅为档案保护提供了新技术视角和方法，也对推动档案保护技术的革新和专业发展具有深远影响。

2 人工智能在档案修复保护中的应用现状

2.1 国内外研究与实践综述

国内在档案修复领域取得了显著进展，如多模态多任务恢复模型[3]（MMRM）的提出，能有效恢复古文本特别是象形文字，利用深度学习算法能实现照片的快速大批量处理[4]，降低成本并满足长期保存需求。同时，数字化技术如 VR 在博物馆文物展示中取得成功[5]，提升了公众参与度。此外，还有研究指出了文物保护修复记录方式的转变，强调数字化处理档案的重要性[6]，并探讨了照片档案修复的关键要素，突出数字修复的优势和挑战。这些研究为档案修复保护工作的现代化和科学化提供了新的技术路径和研究思路。

国外在档案数字化和图像修复领域也取得了重要进展。针对 OCR[7] 准确性问题，研究者开发了一个框架，通过构建文档合成管道生成退化数据，以减少 OCR 错误对自然语言处理任务的影响。此外，为了解决数字文本恢复效果评估的难题，研究者创建了 SALAMI 数据集[8]，提供了一个定量的评估基准。在图像修复技术方面，研究者提出了利用生成对抗网络的 RGB-D 图像修复技术[9]，能够同时恢复纹理和几何信息，以及一种名为 TransFill 的新型图像修复方法[10]，通过参考源图像来填充目标图像中的孔洞，这些方法在实验中均显示出高效性和准确性。这些研究为档案数字化和图像修复技术的发展提供了新的方向和工具。

在档案修复和数字化领域的国内外研究中，尽管技术进展显著，但这些进展同样面临挑战。包括但不限于保持文本与图像的历史真实性、处理复杂文档的 OCR 准确性、评估标准的主观性和局限性以及图像修复技术在极端损坏情况下的适用性等问题。这些问题需要进一步的技术创新与优化，以实现更广泛和深入的应用。

2.2 技术应用类型与功能解析

AI 技术在档案修复保护中的应用主要涉及以下几个方面，如表 3 所示：

表 3 AI 技术在档案修复保护中的应用

应用	技术
图像识别与处理	机器学习和深度学习
预测模型	大数据分析和机器学习
自动化处理	开发机器人手臂进行修复
预防性维护	AI 技术监测和预测环境风险
数字化修复	AI 辅助的档案数字化和虚拟修复

人工智能在档案修复保护中的应用主要涉及机器学习、深度学习、计算机视觉和大数据分析。如图 1 所示，机器学习通过训练模型自动分类和识别档案材料，预测保存状况，为修复提供决策支持。深度学习则专注于图像处理，自动去除噪声、填补缺失内容和恢复退化图像。计算机视觉技术用于自动检测和识别档案中的文字、图案和结构，实现自动化数字化。大数据分析通过处理大规模数据集，揭示保存历史和环境影响，预测未来保存需求，指导策略制定。

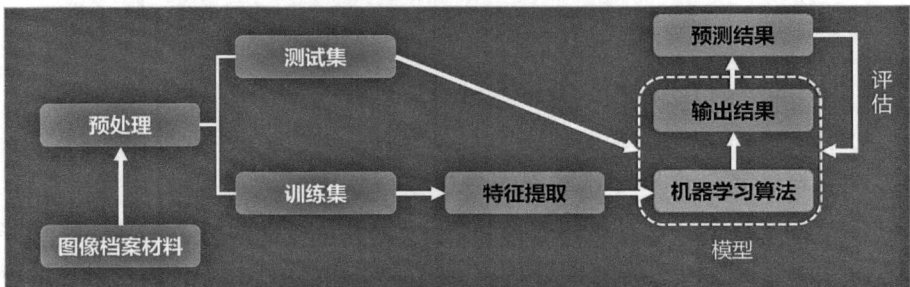

图 1 档案修复保护中应用机器学习的流程

3 人工智能技术在档案修复保护中的具体应用

3.1 档案损毁状况智能评估与预测

人工智能的档案病害识别系统和损毁风险预测模型是档案保护领域的先进应用。这些系统采用图像识别和机器学习技术，比如卷积神经网络，通过分析档案图像和环境数据，可以迅速检测出档案的病害并预测潜在损毁风险。例如，通过分析环境因素，AI 模型可预测档案的损毁风险，促进早期警告和预防保护，帮助管理者优先维护高风险档案，降低损毁率。

3.2 智能化修复决策支持与方案制定

在档案修复领域，AI 提高了修复策略的准确性，并提供了量身定制的解决方案。AI 通过分析大量数据并识别修复模式，建议适宜的材料和工艺，优化修复策略。结合专家知识，AI 助力于复杂决策，提升修复效率和质量。如图 2 所示，对上述内容进行详细梳理，绘制流程图，以便于理解。

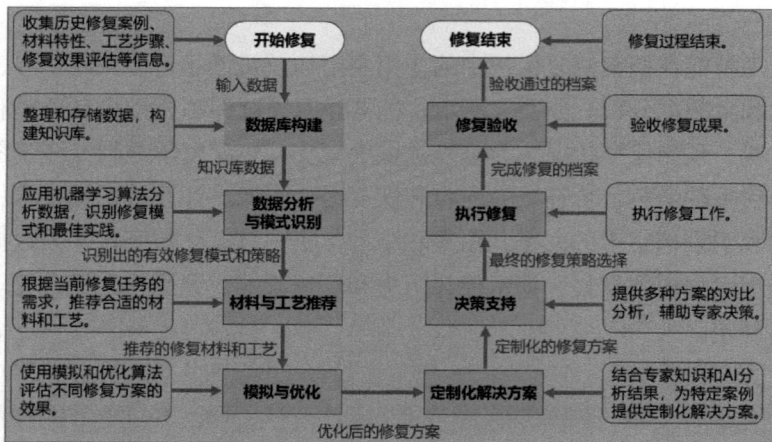

图 2　智能化修复决策支持与方案

3.3 自动化与半自动化修复工具与流程

基于机器人技术的精密修复设备，如自动化纸张清洗[11]机器人、脱酸[12]机器人和修复机器人，在档案修复领域中发挥着重要作用。这些机器人可以执行高精度的修复任务，从温和洗净纸张、均匀施加脱酸溶液到复杂纸张的拼接，大大提升了修复工作的效率和准确性。通过精确控制操作过程，这些机器人最大限度地减少对档案材料的损伤，延长档案的保存寿命。

人工智能（AI）在辅助档案修复过程中，不仅能为修复专家提供方案建议和精确执行指导，还能实时监控修复环境和操作，确保遵循最佳实践，并通过详细记录修复数据为未来的修复工作提供参考。这些进步不仅提升了修复效率和成果质量，还减轻了专家的工作负担，使他们能够更加专注于需求分析和创新性任务。

3.4 数字化档案的虚拟修复

人工智能在数字档案修复中的应用主要体现在图像处理和视频档案修复上，能显著提升修复效率和质量。图像处理技术利用深度学习算法，如卷积神经网络，自动复原破损文档[13]，填补缺失部分并增强图像质量[14]。视频档案修复则通过 AI 技术去除噪点、修复划痕、提高分辨率和帧率，增强视觉效果。

新疆维吾尔自治区档案馆正在开展的历史档案缩微图片处理项目，依托于深度学习算法，构建了一个高度自动化的图像处理系统，针对历史档案缩微图片进行精细的修复与优化。该系统的核心在于一个经过大量历史档案样本训练的卷积神经网络 (CNN)，通过学习并识别图片中的图案以及各种形式的噪声与污渍，进而采取针对性的处理策略。详细的处理流程如图 3 所示。

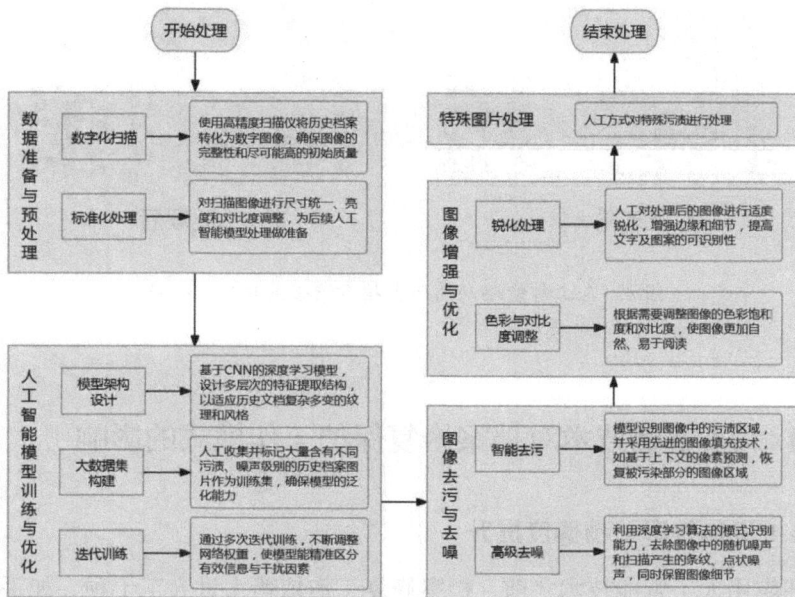

图 3　人工智能驱动的历史档案缩微图片处理流程

　　面对时间侵蚀留下的痕迹，如褪色、污损和物理损伤，传统的缩微摄影技术虽然为档案保存提供了一种解决方案，但其所生成的图片往往伴随着分辨率低、噪声多和视觉干扰等问题。为克服这些挑战，人工智能(AI)技术，尤其是深度学习模型的引入，为历史档案缩微图片的去污、去噪声处理开辟了新径，极大地促进了档案信息的精准复原与有效利用。应用人工智能技术处理完成的图片效果如图 4 所示。

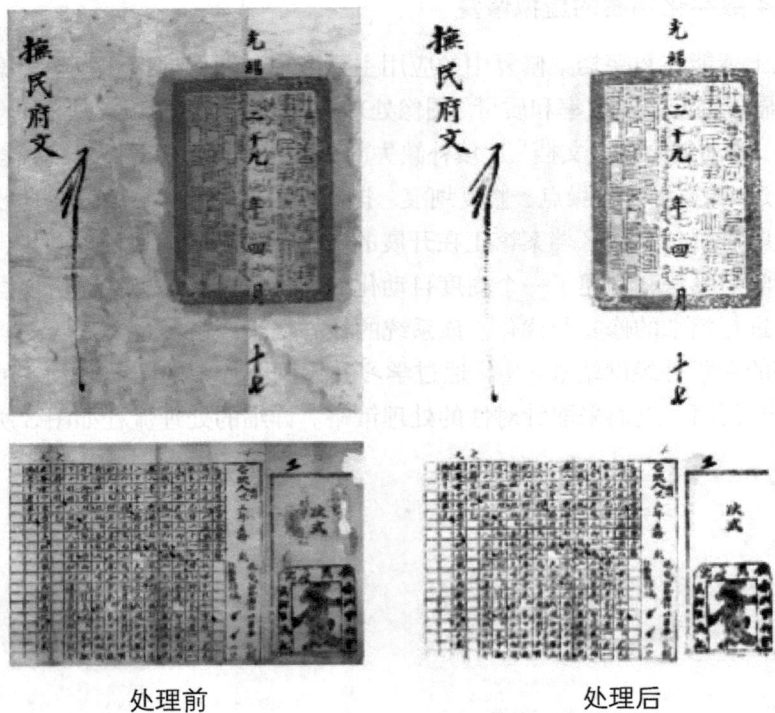

处理前　　　　　　　　　　　　处理后

图 4　人工智能驱动的历史档案缩微图片处理效果

4 人工智能技术对档案修复保护工作模式的影响

4.1 工作效率与精确度提升

　　在应用人工智能技术之前，档案修复工作依赖大量人工干预，如手动调整图像参数和反复试验，这些过程耗时且效率低下。引入 AI 技术后，实现了自动化处理，快速识别和修复图像缺陷，显著减少了修复时间。同时，传统修复方法依赖于专业人员的手工操作，人工成本较高。AI技术的应用可以显著减少对人力的依赖，降低修复工作的直接成本。

人工智能技术在档案修复中的运用大大减少了人为误差，并提高了修复的精确度。自动化的AI算法可以避免手抖和视觉疲劳等人类误差，同时消除技能差异带来的质量不一致问题。AI系统能够进行24小时连续工作，不受生理限制，保障了修复过程的稳定性。

凭借深度学习算法的强大能力，AI不仅能精准识别各种图像缺陷，还能在细节处理上达到人类难以匹敌的精细程度，尤其在还原图像原始状态和处理复杂微小缺陷时表现出的高度精确性和一致性，显著提升了修复作业的质量。

4.2 保护理念与工作流程变革

人工智能技术在档案修复保护中的应用标志着从被动响应到主动预防的转变。AI可以早期检测损坏迹象，监控存储环境，预测损坏趋势，并通过模拟训练提高保护人员的能力。这些技术不仅减少了急迫修复的需求，而且通过预测性维护，提前介入减轻了档案材料的损害。

同时，AI技术推动了档案修复流程的标准化和自动化，减少人为错误，提高效率，并保持高质量的修复结果。它还支持个性化服务，为不同类型的档案损坏提供定制化修复建议，并通过机器学习不断完善修复策略。这不仅提升了工作效率和质量，也有助于更有效地保护珍贵档案资料。

5 挑战与对策

AI在档案修复中虽具潜力，却面临数据隐私、传统技艺结合和高成本的挑战。为确保数据安全，需加强信息保护措施；同时探索AI与手工技艺的协同，以及寻求性价比高的技术方案来降低财务压力。

对策包括实施强化数据安全管理、推进技术与手工艺的整合，寻求经济的AI方案，并培养跨学科人才以缓解资源限制及人才短缺问题等。

6 结论与展望

本研究表明，人工智能技术已经显著提高了档案修复保护的效率和准确性，实现了工作模式从被动到主动的转变，并实现了流程标准化和个性化服务。尽管面临技术融合、经济成本和伦理法律的挑战，但通过加强 AI 与传统技艺的结合、开发成本效益高的解决方案，以及提升 AI 的易用性和可访问性，有望克服这些障碍。推动跨学科合作和知识整合将进一步促进档案修复技术的创新，为保护和传承文化遗产贡献力量，使档案保护工作更加智能和高效。

注释及参考文献

[1] 董丹华 , 李冰 , 刘璐 . 民国机制纸档案的修复方法及启示——以伪华北政务委员会文书为例 [J]. 山西档案 ,2023(4):132-141.

[2]Sandhu A K, Batth R S. Integration of artificial intelligence into software reuse: An overview of software intelligence[C]//2021 2nd International Conference on Computation, Automation and Knowledge Management (ICCAKM).2021:357-362.

[3]Duan S, Wang J, Su Q. Restoring ancient ideograph: A multimodal multitask neural network approach[J]. arXiv preprint arXiv:2403.06682, 2024.

[4] 杨巍 . 基于人工智能的超分辨率 SR 技术在照片档案修复中的应用探究 [J]. 中国档案 ,2023(9):60-62.

[5] 白鹭 . 增强现实技术在文化遗产数字化保护中的应用 [J]. 中国文房四宝 ,2024(1):96-98.

[6] 蔡雨龙 . 数字化文物保护修复档案的可行性研究——以蒋懋德画《山水图》贴落为例 [J]. 中国文物科学研究 ,2023(1): 37-43.

[7]GUPTE, Amit, et al. Lights, camera, action! a framework to improve nlp accuracy over ocr documents. arXiv preprint arXiv:2108.02899, 2021.

[8]Brenner S , Sablatnig R .Subjective assessments of legibility in ancient manuscript images — The SALAMI Dataset[C]//International Conference on Pattern Recognition. Cham: Springer International Publishing, 2021:68-82.

[9]Fujii R , Hachiuma R , Saito H .RGB-D image inpainting using generative adversarial network with a late fusion approach[C]//International Conference on Augmented Reality, Virtual Reality and Computer Graphics. Cham: Springer International Publishing, 2020:440-451.

[10]Zhou Y , Barnes C , Shechtman E ,et al.Transfill: Reference-guided image inpainting by merging multiple color and spatial transformations[C]//Proceedings of the IEEE/CVF conference on computer vision and pattern recognition. 2021:2266-2276.

[11] 方志华 . 超声乳化纸张霉斑污渍清除技术研究 [J]. 中国档案 , 2022(8):64-65.

[12] 李红梅 , 卫新宏 , 陈水湖 . 珍贵历史硫酸纸底图档案保护修复的研究——以中国船舶集团馆藏珍贵历史硫酸纸底图档案修复为例 [J]. 档案管理 , 2021(4):3.

[13] 黄小津 . 基于破损字符修复识别的文档拼接工作研究 [D]. 厦门 : 厦门大学 ,2019.

[14] 潘永杰 . 基于智能算法的视频修复及超高清重制技术应用研究 [J]. 广播与电视技术 ,2023(6):28-32.

档案活化保护体系建设：
时代意蕴、目标所在与实现路径

杨煜[1]　周耀林[1, 2]　赵嘉乐[1]
1 武汉大学信息管理学院
2 武汉大学政务管理研究中心

摘要：为服务国家发展战略、平衡档案保护与利用之间的矛盾、实现可持续性保护，本文将"活化"理念引入档案保护之中，提出"档案活化保护"的新理念，并从主体、客体、技术、环境四个维度提出档案活化保护体系建设实现路径，即推动多元主体协同保护、创新档案资源服务形式、数智技术赋能档案保护、搭建活化保护交流平台。

关键词：活化保护；档案保护；体系建设；实现路径

0 引言

　　档案既是国家记忆的载体，也是历史变迁与社会发展最真实的见证者，兼备文献、文物、文化三大价值，对国家治理和社会发展起着至关重要的作用。党的十八大以来，习近平总书记高度重视文物和文化遗产工作，强调让收藏在博物馆里的文物、陈列在广阔大地上的遗产、书写在古籍里的文字都活起来[1]，为我国档案保护工作指明了新方向。

　　"档案活化保护"将"活化"理念引入传统的档案保护方式之中，不只是关注档案载体的传统保护方式，更强调通过激活、重构和释放档案中的信息内容[2]，全面盘活档案资源、深度挖掘档案价值，旨在吸引更广泛的力量参与档案保护工作，推动档案保护的可持续发展。从文化遗产保护的整体视角来看，学者们围绕非物质文化遗产[3]、古籍[4]、文物[5]、传统村落[6]等文化遗产进行活化研究，然而现有研究大多侧重于"活化利用"，关于"活化保护"的研究较少，具体到档案这一珍贵的可移动文化遗产，其档案活化保护体系尚不明确。因此，本文在分析当前我国档案活化保护体系建设的时代意蕴与建设目标的基础上，探讨档案活化保护体系的建设路径，旨在推动档案保护从传统的预防性、治理性保护转向整体性、动态性、可持续性的保护方式，实现档案保护与开发的双向赋能，在保护传承档案遗产中延续历史文脉。

1 档案活化保护体系建设的时代意蕴

1.1 服务国家发展战略的重要支撑

建设档案活化保护体系将档案保护的内涵从实体保护、信息保护拓展到文化保护，通过对档案内容的深入解读、理解和语义化再编排，进一步发掘档案资源的潜在文化价值，形成高质量、高容量的档案文化数据库，推进国家文化大数据体系建设以及文化产业的发展，服务于国家文化数字化战略与数字中国建设。此外，建设档案活化保护体系，增强档案文献遗产的可见性和可及性，激发公众参与档案事业的热情，吸引更多人才投身于档案事业中，为深入推进中国档案文献遗产工程以及实现《"十四五"全国档案事业发展规划》所提出的档案治理效能、资源建设、利用服务等发展目标提供有力支持。

1.2 处理保护与利用关系的必然选择

档案活化保护是保护与开发一体化的创新理念，通过数字化、信息化手段提高了档案资源的利用效率，降低了物理档案的损耗和频繁使用带来的风险，同时也有利于挖掘和展现档案的多元价值。此外，档案活化保护在保障档案信息的真实性和完整性的基础上，促进档案资源的共享和合作，增强了公众对档案保护的意识，有利于平衡档案保护与利用之间的矛盾。

1.3 实现可持续性保护的现实需求

档案活化保护是档案物质实体保护基础上的档案信息内容的价值激活、重构与释放，是促进档案遗产以动态、鲜活的面貌融入现代社会的可持续性的保护过程 [7]，既是对传统档案保护模式的继承与扬弃，也是以活化的思维和手段推动档案文化创造性转化、创新性发展，充分发挥其所具有的历史、文化、教育、科研、经济等多方面的价值与功能，这一过程不仅融入了文化发展的脉络，更彰显了深厚的人文精神，为实现档案保护的可持续发展奠定了坚实基础。

2 档案活化保护体系建设的目标所在

2.1 兼收并蓄，树立档案保护新理念

国内文化遗产领域的"活化"是援引自然科学概念，即使分子或原子的能量增强[8]。"遗产活化"这一概念最早由台湾学界提出，于 20 世纪 90 年代末开始针对传统街屋提出"古迹活化"，指古迹经重生和再生。随着遗产活化的研究范围逐步扩展，"活化"一词从文化遗产逐步引入旅游[9]、文物[10]、非物质文化遗产[11]、传统村落[12]、名人故居[13]等研究领域。随着数字化技术的进步，档案以数字形式存储、呈现和传播，将"活化"引入档案保护之中，相较于传统的档案保护工作对档案载体的"静态"保管，档案活化保护更广泛地与动态社会联系在一起，将档案保护与学术研究、文化传承、社会服务等多元目标相结合，坚持保护和开发并重，以开发促保护，形成符合时代发展需求的档案保护新理念。

2.2 双向赋能，明晰档案保护新方向

保护和活化的联系在通过利用来保护，而不是"福尔马林"式保护[14]。档案活化保护体系建设需要从实体保护出发，通过挖掘档案中蕴含的隐性信息与深厚的文化基因，唤醒并激活档案中固有的价值，将静态的档案转化为流通的档案数据以及有价值的信息和知识，提升全社会档案意识，从而促进多主体共同参与档案保护，形成"实体保护—内容保护—文化保护—实体保护"的逻辑闭环，实现保护与利用的良性互动、双向赋能。

2.3 横纵联动，打造档案保护新环境

档案活化保护的实现需要秉持人文理念，打破横向壁垒和纵向阻隔，构建以国家档案馆为中心，以各级国家档案馆、档案机构为节点，辐射文化机构、研究机构、教育机构、企事业单位以及公众的档案活化保护体系，共同打造一个横纵联动、协调发展的档案保护新环境，满足历史研究、政策制定、

科研教育和社会管理等多方面需求，为档案保护水平的提升和社会的持续发展提供知识源泉。

3 档案活化保护体系建设的实现路径

档案活化保护体系建设是一个复杂且系统的工程，需要从主体、客体、技术、环境四个维度探索实现路径，如图1所示。

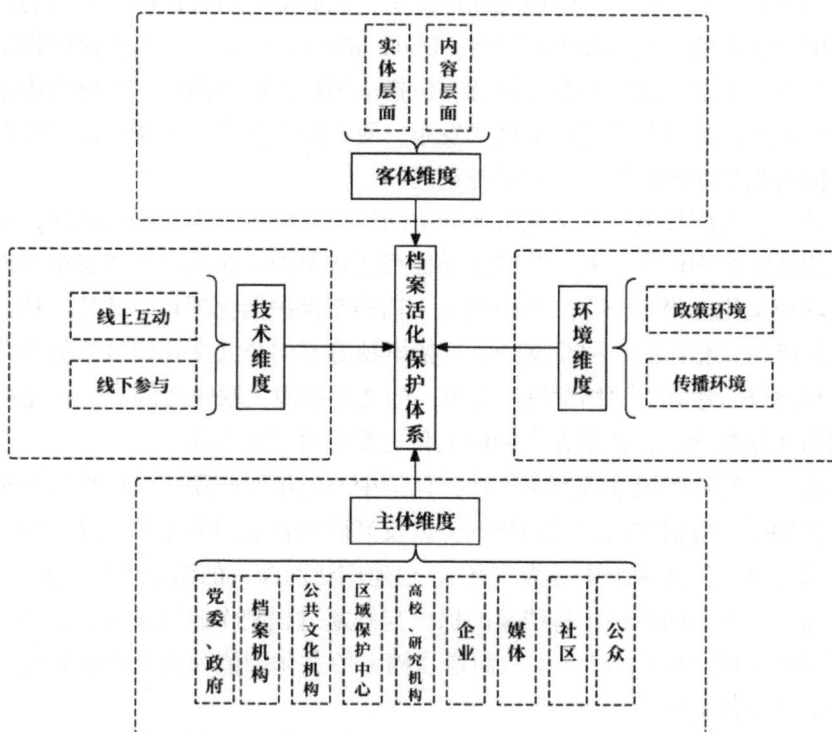

图1　档案活化保护体系建设实现路径图

3.1 主体维度：推动多元主体协同保护

档案机构应通过横纵联动突破保护壁垒，协同多元主体，形成开放包容、合作共赢、共建共享的服务生态[15]，共同推进档案活化保护。

3.1.1 横向合作，形成活化保护协作网络

各级各类档案馆应以自身保护职能为核心，接受党委、政府的领导，整合多方优势，注重发挥其他公共文化机构的协同作用、区域性国家重点档案保护中心的枢纽作用、高校与研究机构的智囊作用、企业的支持作用、媒体的传播作用、社区的渗透作用、公众的参与作用，形成协作网络，共同推动档案活化保护工作的深入开展。

第一，接受党委、政府的领导作用。于党委而言，需要特别注重将红色档案置于党的精神谱系中，为其阐释提供系统思想，凸显时代价值。于政府而言，需要着重打破文化机构间的资源壁垒，打造文化资源共享平台，以充分发挥档案资源的价值、加强档案保护意识，从而推动档案保护技术的创新。如法国文化部的文化开放数据平台（Data. culture.gouv.fr）[16] 中提供博物馆、档案馆等多个文化机构的数字资源，包括法国档案服务活动、欧洲博物馆之夜等数据集，并以开放的标准格式发布，便于用户获取文化遗产数字资源，进而促进文化遗产的保护、传承与利用。

第二，发挥其他公共文化机构的协同作用。档案机构需要与其他公共文化机构建立合作伙伴关系，共同推动档案活化保护，如南京市档案馆和南京江南丝绸文化博物馆合作开展中兴源云锦档案保护活化项目。此外，档案机构应积极与文化旅游、研学基地、广播电视等不同公共文化领域的数字化资源进行融合，建立以"档案馆"为中心的文化资源关联辐射网[17]，丰富档案资源的文化蕴含，让档案在广阔的文化资源舞台上焕发活力。

第三，发挥区域性国家重点档案保护中心的枢纽作用。区域性国家重点档案保护中心应促进局馆间的协同，以及区域内各级档案馆的联动。以各区域性国家重点档案保护中心为"点"，构建广泛而深入的活化保护"面"，坚持"内容为王"的原则，将档案的保护与修复过程制作成纪录片，让公众深入了解档案的"前世今生"，从而增强档案的文化价值和公众的认知度，从而促进档案活化保护。

第四，发挥高校与研究机构的智囊作用。档案机构需借助高校与研究机构的智慧，以实现档案内容的智能提取、深度挖掘与语义组织等。此外，高校与研究机构在人才培养、项目研究等方面也具有显著优势，为产学研深度融合带来新动力，如中国人民大学信息资源管理学院通过举办"世界记忆·中国文献遗产创意竞赛"，不仅推动了档案文化的创新步伐，同时也激发了广大学生对档案保护工作的热情与兴趣，为档案文化的传承与发展注入了新的活力。

第五，发挥企业的支持作用。企业以其特有的技术手段、品牌影响力为支撑，推动档案的活化与保护。例如，故宫博物院与中国文物保护基金会、字节跳动合作启动"古籍保护与活化公益项目"；剑南春与中国国家博物馆、三星堆博物馆携手打造"古蜀饮食文化展""古蜀三星堆文创元宇宙"等，将档案资源转化为具有生命力的文化资产，促进档案的保存和传承。

第六，发挥媒体的传播作用。各大主流媒体与自媒体可通过新闻报道、专题节目、纪录片、短视频等形式，创新档案文化传播方式，使档案更加生动、直观地呈现在公众面前，向公众传递"档案不仅是历史的记录，更是文化的传承"的理念，激发公众对档案保护的关注度和参与热情。

第七，发挥社区的渗透作用。社区可分为行业协会、学术组织等线下社区，以及微博、微信、知乎等线上社区。针对档案活化保护，线下社区可举办座谈、研讨会、展览等活动，线上社区可创建档案活化保护话题，鼓励公众在社交圈中积极发表观点与见解，营造关注档案活化保护的社会氛围。

第八，发挥公众的参与作用。公众亲身参与有利于深刻感知档案文化，增强其档案保护意识。典型活动有中国古籍保护协会发起组织、各省古籍保护中心具体实施、社会力量参与支持的中华古籍保护文化志愿服务行动，不仅能够进一步推动档案文化的传播与传承，而且能够汇聚众力，共同守护档案这一宝贵的文化遗产。

3.1.2 纵向理顺，发挥档案馆的核心作用

从国家到地方各级档案保护机构之间的协作和配合，形成分工明确、协作有序的工作格局，确保各级档案机构在目标和措施上的一致性，发挥各级各类档案馆的核心作用，共同推动档案活化保护。例如，四川115个档案馆成立"档案文创联盟"，实现省、市、县三级档案馆共同参与，档案、文博、企业及高等院校的跨界合作；江苏省的省、市、区档案馆联合赴社区开展"档案文化进社区"系列活动，进一步拉近了档案与公众的距离。

3.2 客体维度：创新档案资源服务形式

传统的档案资源形式已经无法满足现代社会的需求，需要通过创新档案资源服务形式达到盘活资源、用户互动、情感共鸣、身份塑造和认同的目的，从而促进档案保护水平的提高。

3.2.1 实体层面，升级档案资源载体形式

档案机构应在整合档案资源的基础上，建设特色档案数字资源库并创新档案资源载体，将服务范围拓展至非物质形态的文化符号。

第一，建设特色档案数字资源库，为后续的文化基因的阐释奠定资源基础。档案机构可围绕本地区特有档案资源，在档案数字化扫描的基础上进行 OCR 识别，实现以青岛市档案馆"数据化资源库"为代表的档案全文检索模式。

第二，创新档案资源载体，将服务范围拓展至非物质形态的文化符号。例如，推出数字文创产品，借助数字原生、数字孪生和虚实共生等先进理念，实现价值链的深度融合与效益的持续增长，形成一条体系化的服务产业链[18]。在借助数字孪生对珍贵档案进行备份时，可通过数字化虚拟实体的构建，实现数字档案相关数据的动态采集、实时传输，使保管单位能及时感知实体的动态变化[19]，客观上起到了保护档案实体的作用。此外，档案机构还可以运用 ChatGPT 等大模型技术，推动档案文创向 UGC（用户生成内容）与 AIGC（人工智能生成内容）相结合的创作模式，借助智能分析、深度学习、图像识别等技术，巧妙地将档案文化元素融入创意设计中。公众通过档案文创这一新窗口"入圈"，带动档案这一文献遗产"出圈"，实现文化传承与经济效益的双重增长。

3.2.2 内容层面，提高档案文化的可及性

档案机构应致力于提升档案文化成果的普及程度和获取便利性，不断强化档案文化内容的供应能力，确保档案蕴含的文化价值得以广泛传播。

第一，促进档案游戏化开发，打造创设情感化、场景化的表达空间阐释档案内涵、传递档案内容，守护并传承丰富的档案文化。例如，苏州中国丝绸档案馆推出的档案教育文化创意项目"第七档案室"IP，深度挖掘"中央文库"这一真实历史背景，巧妙融合红色历史、档案知识、解谜游戏与文艺创作，精心打造明代、民国、赛博朋克等多元时空场景，为玩家呈现出沉浸式的剧场体验。该项目通过展示老一代档案人在风雨飘摇的岁月里，坚守信念、誓死捍卫档案的决心，强调了保护档案的重要性和历史价值。此外，在"第七档案室"中，玩家将亲身参与历史，体验修复档案的过程，深刻领悟档案的神圣与不可篡改。

第二，促进档案文化资本转化，变"文化资源"为"文化资本"。档案机构应积极参与全国文化大数据交易中心等平台的建设和运营，推动档案资源在全国范围内的流通和交易，提高档案文化资本向经济资本、社会资本以及符号资本转化的效率[20]。同时，注重对档案内容的知识产权保护，确保档案在转化过程中的合法权益。例如，"中国古籍图典资源库"项目团队在对传统纹样元素进行矢量化加工的基础上，将加工完成的纹样素材上传至底层

关联系统，申领国际标准关联标识符（ISLI）编码，并将资源上传至深圳文化产权交易所和江苏文化产权交易所交易平台"数据超市"，展示了文化资本转化为新质生产力的巨大潜力。

值得注意的是，档案机构应注重向信息弱势群体提供包容性服务，以确保更多公众能够平等地接触到并感受到档案文化的魅力。档案机构可以依托数字技术实现线上游览和交互沉浸，提升数字时代下档案文化的便捷性与普及性，降低体验门槛，缩小数字鸿沟。例如，三峡博物馆的"博@"项目与无障碍测评打卡活动、湖南博物院"长沙马王堆汉墓陈列"在线手语导览服务。

3.3 技术维度：数智技术赋能档案保护

数智技术是档案活化保护体系建设的重要支撑，通过运用人工智能、大数据、云计算等先进技术，使档案内容的展示更加具有深度、广度、精度、温度，有利于实现"活化保护"的目标。

3.3.1 线上互动，多元式获取档案知识

当前，文本编码、关联数据、数据挖掘与可视化等数字人文技术使档案数据中的知识单元得以被挖掘和串联，通过对细粒度档案数据进行上下文识别、元数据标注、要素提取、静态关联、动态聚合、深度计算、语义重组、叙事化表现等，充分释放档案数据所蕴含的人文价值[21]。例如，在上海市档案馆的"跟着档案观上海"数字人文平台为公众提供了一个全新的数字化空间，使公众得以跨越时空界限，轻松浏览到各历史节点的详细介绍、珍贵的档案图片，同时，通过先进的知识图谱技术，深入感知人、事、物之间的内在关联，使上海的城市历史面貌以更加鲜活、生动的姿态展现在公众眼前，丰富了公众的文化体验，更有助于留存城市文脉与历史记忆。

此外，档案机构应积极搭建参与式档案内容生产平台，使用户兼具服务贡献者和知识利用者双重身份。例如，上海图书馆盛宣怀档案众包平台、法国国家档案馆的 GIROPHARES 转录项目等均鼓励更多的志愿者参与到馆藏档案资源的建设之中，吸引更多用户持续关注档案文化，有利于汇集公众力量促进档案活化保护。

3.3.2 线下参与，沉浸式品读档案文化

档案机构应以档案文化基因作为数字技术的文化内核，赋予数字技术以"温度"，提升档案文化的感染力。例如，中国国家博物馆舞台剧《盛世欢歌》《俑立千年》，以馆内珍藏的陶俑为灵感源泉，融合"科技+影像"技术

手段，带领观众领略多个朝代的璀璨文化，并且以一物一展的形式推出首个"数说犀尊"智慧展厅，运用高清三维扫描、超高清显示、人工智能等技术生动演绎文物背后的故事，使观众在互动体验中与文物产生情感共鸣。国家典籍博物馆沉浸式互动解谜游戏"故纸修复师·碎丹青"，使玩家以"古籍修复工作者"的身份，沉浸式互动体验古籍文化。

此外，档案机构可借助 AR、VR、全息投影等技术为观众提供更具体的感官体验，通过沉浸式展陈、交互式叙事等创新档案文化的表现形式。例如，国家图书馆打造举办《古籍寻游记》VR 展览"，依托 6DoF 交互技术、三维重建及视频扫描技术，再现档案文献中记载的历史，传递档案文化价值。

3.4 环境维度：搭建活化保护交流平台

搭建活化保护交流平台是档案活化保护体系建设的重要保障，促进各方之间的交流与合作，形成良好的社会氛围和支持体系，可分为政策环境与传播环境。

3.4.1 完善档案活化保护的政策环境

完善政策环境有利于活化与保护"双向赋能"生态系统的构建，具体应从国家、机构两个层面入手。

从国家层面看，国家机构需完善多主体合作机制，加强统筹协调，形成工作合力，并将档案活化保护纳入国家文化发展战略规划之中，如法国文化部为响应法国大数据建设发布《文化数据与内容路线图》，提升文化传播与获取能力。此外，我国档案活化保护政策标准也应与国际接轨，应鼓励更多档案工作者加入国际档案理事会、国际标准化组织文化遗产保护技术委员会等国际化组织，推动建立相互认同的档案保护理论、治理方法和技术体系。

从机构层面看，针对公共参与档案活化保护，各级档案主管部门应结合地方实际制定《社会公众参与档案工作制度》《社会力量参与档案公共文化服务办法》等，促进价值共创效益产生[22]，可借鉴全国首个公众参与文化遗产保护机制——《公众参与北京中轴线文化遗产保护与传承支持引导机制（试行）》，明确档案遗产保护的公众参与机制。此外，档案机构可借鉴文物、古籍等领域的分级标准，面向特色档案资源建立档案分级保护制度，明确优先活化保护的档案类型，也便于公众参与低级别的档案保护，推动形成"政府主导、社会参与、成果共享"的档案活化利用格局。例如，苏州中国丝绸档案馆筹建过程中制定实施《征集档案价值评估标准》是档案分级保护的有益探索。

3.4.2 营造档案活化保护的传播环境

营造档案活化保护的传播环境对于提升公众档案保护意识、增强社会参与度、推动档案保护的可持续发展以及增强文化自信等方面具有重要意义。

首先，借助新媒体以当代受众喜闻乐见的形式传承和传播档案文化。《国家宝藏》《如果国宝会说话》《我在故宫修文物》《上新了·故宫》等文博类节目、《典籍里的中国》《中国诗词大会》《古书复活记》《穿越时空的古籍》等古籍类专题节目，《非遗里的中国》《指尖上的传承》等非物质文化遗产类节目，把传统的精神内核、价值与现实的情感、主题建立链接，档案领域应借鉴其他文化遗产的媒介推广经验，用影像激活档案，引导公众感受档案保护的魅力，激发其参与档案保护的意愿，使传统档案"年轻态"。

其次，开展档案文化宣传教育活动以提高公众对档案保护的参与度。档案展览、讲座、研讨会、研学旅游等活动，将档案中蕴含的知识与文化寓教于乐，吸引更多的年轻人关注和参与档案保护。例如，扬州中国大运河博物馆通过"馆·校合作""馆·社区"等方式推出了众多教育活动，包括针对儿童的专题展"运河湿地寻趣"、面向青少年的密室逃脱"大明都水监之运河迷踪"。

最后，加强与其他国家文化遗产的国际交流与合作，为档案活化保护提供更广阔的国际视野。例如，我国国家图书馆与法国国家图书馆共享数字文献遗产，在"France-Chine"双语数字图书馆中向公众提供了 7000 多份档案、手稿、地图、照片、实物、录音等文化遗产，涉及 16 世纪至 1945 年间中法两国在文化、宗教和科学等方面的交流[23]，并签署中法《2023—2025 年文化遗产领域合作路线图》。通过共享数字文献遗产和达成合作协议，不仅在国际上展现了我国保护文化遗产的决心和能力，也为档案活化保护提供了更为广阔的平台和机遇。

本文系国家社会科学基金重点项目"面向'实体—文化'协调发展的档案文献遗产活化保护体系建设研究"（24ATQ004）的阶段性研究成果。

注释及参考文献

[1] 习近平. 在联合国教科文组织总部的演讲 [N]. 人民日报,2014-03-28(3).

[2][7] 姬荣伟,周耀林. 数字人文赋能档案遗产"活化"保护：逻辑、特征与进路 [J]. 档案学通讯,2021(3): 46-54.

[3] 林琰,李惠芬.非物质文化遗产的保护机制与活化路径 [J].南京社会科学,2023(3):151-160.

[4] 薛霁,韩松涛,黄晨."文化活化"视域下高校图书馆古籍活化实践路径探索——以浙江大学图书馆馆藏拓片活化为例 [J].大学图书馆学报,2024(1):100-106.

[5] 庞雅妮,李博雅.博物馆文创与文物活化——《陕博日历·彩陶中华》研发的思考与实践 [J].文博,2020(1):92-96.

[6] 刘子成,郭卫东.基于传统村落活化的声音档案馆建设研究 [J].编辑之友,2023(5):66-70.

[8] 中国社会科学院语言研究所词典编辑室.现代汉语词典 [M].北京:商务印书馆,1996:571.

[9] 薛芮,余吉.基于地方品牌建构的乡村文化旅游活化路径 [J].经济地理,2022(6):198-205.

[10] 薄乐飏,常启云.从共享到共情:中华文物活化传播探究——以抖音文物类短视频为例 [J].新闻爱好者,2024(3):69-71.

[11] 闫毅.非物质文化遗产活化传承:"华阴老腔"的现代演绎 [J].图书馆论坛,2022(9):22-27.

[12] 杜品品,陈继超.浙江深澳村文化景观遗产数字活化路径探析 [J].浙江档案,2023(9):11-14.

[13] 张亚宣,陈双辰.名人故居类文物建筑的价值分析方法研究——以青岛部分名人故居为例 [J].中国文化遗产,2020(3):83-93.

[14] 李伯华,易韵,窦银娣,等.城乡融合、价值重拾与文化适应:传统村落文化遗产保护与活化——以江永县兰溪村为例 [J].人文地理,2023(6):115-124.

[15][22] 宋帆帆,苏君华.数智驱动下档案公共服务价值共创:价值、模式与路径 [J].档案学研究,2024(2):30-37.

[16] Ministère de la Culture.Data.culture.gouv.fr[EB/OL].[2024-05-20].https://data.culturecommunication.gouv.fr/pages/home/.

[17] 周林兴,张笑玮.国家文化数字化战略背景下档案馆的建设导向与发展进路[J].档案学研究,2024(1):20-27.

[18] 周耀林,杨文睿.新文创语境下我国档案文化创意服务的现状调查与发展思路——基于我国 31 个省级档案馆的调查 [J].档案学研究,2024(1):85-92.

[19] 周耀林,赵君航.基于数字孪生技术的数字档案备份逻辑关联及实现进路[J].浙江档案,2023(12):27-31.

[20] 李宗富，黄婷婷 . 我国国家综合档案馆治理场域 : 理论阐释、模型建构及实践进路 [J]. 档案学研究 ,2023(5):13-21.

[21] 金波，杨鹏，邢慧 . 大数据时代档案数据共享利用探析 [J]. 情报科学 ,2023,41(6):9-16.

[23] Biblioth è que nationale de France.France-Chine[EB/OL].[2024-05-20].https://heritage.bnf.fr/france-chine/fr.

档案活化保护的学术思想体系探析

周耀林 [1, 2]　王倩 [1]　田大为 [3]
1 武汉大学信息管理学院
2 武汉大学政务管理研究中心
3 青海金诃藏医药集团有限公司

摘要：档案活化保护旨在通过创新的技术方法和策略，将静态的档案资源转化为动态、有价值的信息和知识，以促进档案文化的保护、传承与发展。本文以习近平总书记关于文化遗产保护的重要论述为指导、以档案原真性保护原则为核心、以文化创意理论为动力、以活态保护理论为源泉，梳理档案活化保护的学术思想体系，为新时代档案保护工作提供理论指导。

关键词：档案遗产；活化保护；思想体系

0 引言

　　档案是社会组织或个人在社会实践活动中直接形成的具有原始记录作用的固化信息 [1]，是历史与现实的见证与写照。作为人类历史与文明的珍贵记忆，档案承载了无数时代的智慧与经验，是传承历史文明、培养民族自豪感和弘扬民族文化的重要载体。然而，随着岁月的流逝，这些承载着历史与文化的珍贵档案，面临着日渐老化、损坏乃至遗失的严峻挑战。因此，档案保护成为维护历史记忆、保存历史原貌不可替代的方面。

　　在我国，档案保护自 20 世纪 50 年代末 60 年代初形成以来，其研究和实践主要侧重于内部因素与机制，包括载体、环境和技术性保护等方面 [2]，是一种内生型的保护模式。这种模式以技术为中心，在一定程度上保证了档案保护的效果。然而，随着公众的需求日益多样化，档案保护也逐渐向开放型、外向型、互动型模式转变。2014 年，习近平在联合国教科文组织总部发表演讲，提出让收藏在博物馆里的文物、陈列在广阔大地上的遗产、书写在古籍里的文字都活起来 [3]，这一论述为新时代档案活化保护工作明确了发展方向。2021 年，姬荣伟、周耀林 [4] 将"活化"理念引入档案保护之中，针对档案活化保护的研究从此展开。然而，截至目前，学界关于档案活化保护的研究还处于起步阶段，对活化保护的内涵、特征尚未达成统一看法，其学术思想有待探讨，其理论体系尚待建立。为此，笔者以档案活化保护的学术思想为主题，探讨档案保护的新发展，以期指导档案活化保护实践的开展。

1 指导：习近平总书记关于文化遗产保护的重要论述

1.1 习近平总书记文化遗产保护精神内涵

党的十八大以来，习近平总书记高度重视文化遗产保护工作，并针对此问题做出系列论述。首先，习近平总书记一再肯定文化遗产保护的必要性，并强调了文化遗产保护在文明传承中的重要意义。他指出，文物承载灿烂文明，传承历史文化，维系民族精神，是老祖宗留给我们的宝贵遗产，是加强社会主义精神文明建设的深厚滋养。保护文物功在当代、利在千秋。[5] 其次，在文化遗产保护和利用的关系上，习近平总书记表示，要在坚持保护的前提下进行适度合理开发和建设 [6]，实现"修旧如旧，保留原貌，防止建设性破坏" [7]。这些思想进一步阐明了文化遗产保护工作在推进文化自信自强中的地位和作用，为推进文化遗产活化保护工作提供了思想武器和行动指南。

1.2 习近平总书记重要论述对于档案活化保护的指导作用

2013 年 12 月 30 日，习近平总书记在十八届中央政治局第十二次集体学习上首次提出"让文物活起来" [8]。2018 年，习近平总书记在全国宣传思想工作会议上对这一思想进行了详细阐述，指出要把优秀传统文化的精神标识提炼出来、展示出来，把优秀传统文化中具有当代价值、世界意义的文化精髓提炼出来、展示出来，[9] 让文化遗产在现代社会中重新焕发生机，发挥其应有的价值。2023 年，习近平总书记在考察山西运城博物馆时再次为文化遗产活化保护指明了方向，强调要认真贯彻落实党中央关于坚持保护第一、加强管理、挖掘价值、有效利用、让文物活起来的工作要求 [10]。

总书记的论述强调了活化保护的必要性，并为档案活化保护提供了理论指导。第一，习近平总书记指出对于文化遗产的保护应当置于首要地位。在档案活化保护的过程中，不能破坏档案的原貌，确保档案的真实、完整与安全。第二，习近平总书记强调要在坚持保护的基础上实现有效利用。档案活化保护深入研究和分析档案的历史价值、文化价值、科学价值等，揭示档案背后的文化故事和精神内核，并通过展览、教育、研究等多种形式，让公众在潜移默化中了解并接受从档案中所传递出的文化，从而最大化地实现档案资源的价值。第三，习近平总书记强调文化遗产保护的根本追求在于传承和发扬我国悠久的优秀传统文化。档案活化保护工作让尘封的档案在现代社会中焕发新的生机和活力，为中华民族的伟大复兴提供精神支撑。经过活化的档案，如同历史的见证者和讲述者，展现着中华民族悠久的历史和灿烂的文化。它们记录了古代先民的智慧创造，见证了历代王朝的兴衰更替，承载着民族的精神追求和价值观念。档案活化保护有助于帮助全社会更好地理解中华民族的传统文化底蕴，进一步激发对中华优秀传统文化的热爱和尊重，增强民族自豪感和文化自信心。

2 核心：档案原真性保护原则

2.1 档案原真性保护原则概述

文化遗产保护的原真性原则是《威尼斯宪章》首先提出的。[11] 这一原则在古籍保护领域被称为"原生性保护"。2003 年，李致忠首次提出了"原生性保护"的概念，将其定义为"改善藏书环境、原本脱酸、照原样修复"[12]。此后，不同学者深入探讨了原生性保护的概念与精髓，并将保护的范围从古籍拓展至图书、文献、档案等多个领域。其中，柴昊[13] 将档案原生性保护界定为：以不改变档案的原始特征和载体形态为前提，以档案的原样修复和存藏环境维护为主要内容的保护方法。档案的原生性保护聚焦于档案实体及其原始形态的完整保留，它强调对档案原件的尊重，旨在确保档案在保存过程中不改变其固有的原始特征，无论是存储载体还是记录载体都保持原样。这种保护方式的核心在于维持档案的原貌，通过适当的措施和技术手段，避免对档案造成任何形式的改变或损害，从而确保档案的内容信息和文化价值得以长久传承。其次，档案的原样修复和存藏环境的维护是其保护工作的两大重点内容[14]，档案的原样修复涵盖了档案的脱酸、修复以及装具的制作，这些步骤旨在确保档案的原貌得以完好保留；存藏环境的维护包括对温湿度、光照、空气质量、生物污染等因素的控制等。通过内外兼修，全方位地保障档案的安全与完整，显著降低档案的损毁风险。再次，档案原真性保护原则深刻彰显了档案作为不可替代的原始记录在文化传承和历史演进中的基石作用，进一步强化了档案保护的紧迫性与必要性，以确保档案能够完整地保存下来，为后世留下真实可信的历史见证。这一原则不仅提高了公众对档案保护工作的认识和重视程度，也激发了全社会对档案文化价值的珍视与守护。

2.2 档案原真性保护原则对于档案活化保护的指导作用

档案原真性保护原则强调在保护过程中必须尊重并维持档案中所蕴含的历史、艺术和科学价值，同时保持其原始状态的真实性。在档案活化保护中，必须尊重档案的原始面貌，确保信息不被篡改或歪曲，保障档案的真实性和可信度。档案原真性保护不仅仅是对文化传承的崇高致敬，更是对历史责任的坚定担当，它为档案活化保护不同阶段的工作提供了明确的指导方向和方法论支持，确保档案保护工作既符合历史真实性，又能够有效地传承这些珍贵的档案遗产。

在档案活化保护的修复阶段，借助人工智能技术构建档案修复推理模型，可以让计算机学习并模仿人类修复思维，实现修复方案的智能化生成[15]。2020年5月，一位网友发布了两段用AI修复的影像档案[16]，生动还原了百年前北京人的生活状态，此举迅速在网络上引发了大众的广泛关注。

在档案活化保护的数字化扫描阶段，在不破坏档案原件的基础上通过高分辨率扫描技术与媒体融合技术[17]创建数字化扫描副本，从而精准地还原和再现档案的原始风貌，最大限度地保护珍贵的档案内容信息，方便用户进行搜索、复制和编辑。例如"威尼斯时光机"[18]项目为了维护古老档案的安全与完整性，团队借鉴了医学领域的CT扫描技术，对扫描技术进行了优化。这种技术能够在无须翻动档案的情况下完成扫描，显著降低了数字化过程中对档案原件的潜在损害。

在档案活化保护的文本识别阶段，采用先进的OCR技术，并结合人工校对和审核，提升内容识别的准确性。"威尼斯时光机"[19]项目利用机器学习技术进行文字识别，并结合生物技术中蛋白质结构分析与功能预测的方法，将分散的文字片段组合成连贯的语句，从而在确保内容完整性的同时，也极大提升了信息的准确性和可靠性。

3 动力：文化创意理论

3.1 文化创意理论概述

文化创意理论最早可以追溯到"创意产业"一词。"创意产业"首次出现于布莱尔在 1998 年提出的《创意产业图录报告》[20]。在我国，对于"文化创意产业"的最早定义是：源自于创意或文化积累，透过智慧财产的形式与运用，具有创造财富与就业机会潜力，并促进整体生活提升之行业[21]。当前，较多学者认同文化创意是一种以文化为基本元素，融合多元文化、整合相关学科、利用不同载体进行再造与创新的文化现象[22]。文化创意理论并非仅局限于对传统文化的简单复制或模仿，而是在深刻理解和保留文化精髓的基础上巧妙地融入现代科技，始终坚持以人为主的原则，通过丰富多元的展示形式和喜闻乐见的创新内容，提升公众对于文化的接受度和满意度。这一过程不仅使传统文化得到了更为广泛和深入地传播，而且催生了种种新颖的理念和行动方式，有力地推动了中华优秀传统文化的发展[23]。

3.2 文化创意理论对于档案活化保护的指导作用

文化创意理论在档案活化保护中发挥着重要作用，它借助先进技术将尘封已久的档案以公众喜闻乐见、富有吸引力的创新方式呈现出来，极大地提升了档案的传播率与利用率，并显著增强了公众对档案工作的接受度和满意度。首先，文化创意理论积极拥抱新技术以实现文化的创新发展。在档案活化保护的过程中，要在保护档案原始形态基础上通过数字化、网络化等现代技术手段以及文化创意产品的开发，使档案资源以更加生动、形象的方式呈现给公众。档案活化保护的技术应用不等于技术的"简单移植"和无差别套用，必须坚持与档案活化保护的价值目标相结合，不能背离激活、重构与释放档案价值内涵这一初衷[24]。可以结合 GIS 技术建立数字人文模型，实现档案中地理空间数据的有效整合，为用户提供更加全面、有效的数据[25]；可以采用数字孪生技术，通过数字场景建模、海量数据镜像、虚拟网络映射[26]等方式对档案进行全方位展示，使用户可以随时查看背景信息和补充内容；也可以利用 VR 和 AR 技术，创建沉浸式的档案浏览体验，让用户穿越时空，亲身体验历史事件，从而更直观地了解档案背后的故事。

其次，文化创意理念强调要大胆创新文化展示形式，通过丰富多元的展示形式提升公众对于文化的接受度，深化公众对于文化的理解与认识。身处互联网信息时代，新媒体巨大的影响力改变了人们原有的生活方式和行为习惯，也拓宽了档案活化保护的发展路径。档案活化保护要深刻认识到新媒体优势，把握时代风向，融合自身特点积极与新闻媒体、社交网站、视频平台合作，拓宽档案的传播渠道，扩大其社会影响力，并提升公众对档案的喜爱度和关注度。为此，我们需要摒弃过去单一的"文字＋图片"展示模式，转而采用更加多元化、互动性强的方式，将文字、图片、音频和视频等多种媒体元素有机地结合在一起[27]，为公众呈现出更为丰富、生动、真实的档案信息，从而提升公众对档案的认知和兴趣。

再次，文化创意理念始终秉持以人为本的核心原则。档案活化保护从人民群众的实际需求出发，致力于通过人民喜闻乐见的创新内容提升公众的满意度，确保档案文化的传播能够覆盖到更广泛的人群。随着人们信息共享意识、公共服务意识的提升，公众对于档案服务的需求逐渐向个性化、交互性[28]演变。为此，档案活化保护可以针对用户的不同使用需求提供具有个性化的服务方式和信息模式，如量身定制的档案查询和专题研究服务，使用户能根据个人兴趣深度发掘档案资源；还可以增加互动元素，如设置档案解谜游戏、档案知识竞赛等，让用户在轻松愉快的互动中更深入地了解档案文化，提高用户的参与度和满意度。

4 源泉：活态保护理论

4.1 活态保护理论概述

遗产领域的"活态"概念最早出现于 1977 年的《实施世界遗产公约操作指南》，将"活态"定义为"在当代社会生活中仍有积极作用并保持演变状态"[29]。而由此延伸出的"活态保护"是对标"静态保护"的遗产保护概念，更加全面地反映遗产保护的复杂性和动态性，以应对传统保护方法可能存在的局限性。龙叶先认为"文化的'活态保护'就是要保护文化的生态环境与生物链。"[30] 李先逵认为"活态保护是在正常功能使用的动态环境中，对文化遗产进行原真性的实质性保护，并可适度地加以改造以与新的需求相协调。"[31] 总体而言，"活态保护"是在当前对遗产内容、价值及其多元维度的深入理解中逐渐发展并成形的，具有价值保护整体性、原有功能延续性和关联群体参与性的重要特征[32]。活态保护的核心原则在于"通过保护来推动传承，同时在传承中深化保护"[33]，致力于让文化遗产得以永续流传并焕发新的活力，从而实现其可持续发展的目标。

4.2 活态保护理论对于档案活化保护的指导作用

首先，活态保护理论强调遗产价值的整体性保护。在重视文化遗产物质层面价值的同时，该理论更加关注其所蕴含的非物质层面价值，致力于确保这些价值在形成、变化的过程中得以积极维护和传承，从而使遗产自身价值始终保持一种积极、发展的状态。在档案活化保护的过程中，不仅要保护档案实体的物理完好性，更需珍视档案所蕴含的历史信息、文化价值及知识价值等非物质层面的宝贵财富。这些非物质层面的财富，是档案真正的灵魂所在。要充分研究分析档案中蕴含的历史文化信息，加强档案遗产的展示性和可识别性，尤其是要突出其民族文化特色和地域特色，重在讲好档案故事，让更多人了解和欣赏档案背后所蕴含的丰富内涵和价值。

其次，活态保护理论强调在保护文化遗产时，需要确保文化遗产的原始功能得以延续，并推动其多重价值的深入发展，实现文化遗产的与时俱进，持续在当代社会发挥其独特的文化和社会价值。在档案活化保护中，要尊重档案的历史价值和原始意图，确保档案的核心价值和原有功能不被削弱或改变，并深入挖掘档案的非物质价值，积极探寻档案与当代社会需求的契合点，充分发挥档案在现代社会的作用和价值。同时坚持文化价值优先，警惕过度商业化和功能泛化对档案原始价值的冲击，避免将档案作为商业工具进行过度开发或滥用。

再次，活态保护理论深刻认识到文化遗产保护工作的广泛性和复杂性，它强调这一责任不应仅由政府和专家承担，而是需要汇聚社会各界的力量，实现广泛参与和共同奋斗。在档案活化保护的过程中，主体结构正经历着前所未有的复杂化和多元化演变。传统的单一档案机构主体模式已不再适应当前的需求，而是逐步向一个多元主体共同参与的新模式转变。这一新兴模式集结了政府相关部门、公共文化事业机构、科研机构、企业以及广大社会公众等多方力量，共同为档案活化保护贡献智慧和动能[34]。

5 结语

在数字信息时代，档案活化保护必然成为档案保护工作的重要发展方向。本文构建了以习近平总书记关于文化遗产保护重要论述为指导、以档案原真性保护原则为核心、以文化创意理论为动力、以活态保护理论为源泉的档案活化保护学术体系，为档案活化保护工作的创新发展提供了坚实的理论支撑。总体而言，笔者认为档案活化保护的真正内涵是从档案的原真性出发，通过创新的技术手段和展示方式，将尘封的档案以更加生动、直观且贴近人民群众的形式呈现出来，最终实现保护并留存本国家档案遗产的目标。档案活化保护不仅旨在让人们更直观地感受到档案的历史价值，更在潜移默化中传递档案中所蕴含的文化精神与思想观念，从而增强人们对于档案的认同感和保护意识。

档案活化保护是一项持久且充满挑战的任务。学界需要不断加强理论研究和实践探索，不断完善档案活化保护的理论体系和技术手段，以应对未来可能出现的挑战和机遇。同时，笔者也希望通过对档案活化保护学术思想体系的探讨，启发更多的学者和档案工作者关注档案活化保护的研究和实践，携手促进档案保护事业的蓬勃发展。

本文系国家社会科学基金重点项目"面向'实体—文化'协调发展的档案文献遗产活化保护体系建设研究"（24ATQ004）的阶段性研究成果。

注释及参考文献

[1] 冯惠玲 , 张辑哲 . 档案学概论 [M]. 北京 : 中国人民大学出版社 ,2006:1.

[2] 周耀林 , 柴昊 , 戴旸 . 我国档案文献遗产保护研究框架述论 [J]. 郑州大学学报 (哲学社会科学版),2020(3):54.

[3] 习近平 . 在联合国教科文组织总部的演讲 [N]. 人民日报 ,2014-03-28(3).

[4][24][34] 姬荣伟 , 周耀林 . 数字人文赋能档案遗产 "活化" 保护 : 逻辑、特征与进路 [J]. 档案学通讯 ,2021(3):46-54.

[5] 习近平 . "平语" 近人——习近平谈文物工作 [N]. 中国文物报 ,2016-04-13(1).

[6] 习近平 . 像爱惜自己的生命一样保护好历史文化遗产——习近平总书记文化遗产保护大事纪略 [N]. 中国文物报 ,2015-06-12(9).

[7] 隋笑飞, 吴晶晶, 周玮. 留住历史根脉 传承中华文明——习近平总书记关心历史文物保护工作纪实 [N]. 光明日报, 2015-01-10(4).

[8] 王玥芳, 谢磊. 习近平: 让全世界都能听到并听清中国声音 [EB/OL]. [2019-01-10]. http://cpc.people.com.cn/xuexi/n1/2019/0110/c385474-30514168.html.

[9] 郑重. 习近平出席全国宣传思想工作会议并发表重要讲话 [EB/OL]. [2018-08-23]. https://m.cnr.cn/jdt/20180823/t20180823_524339461.shtml.

[10] 邱丽芳. 习近平: 着眼全国大局发挥自身优势明确主攻方向 奋力谱写中国式现代化建设的陕西篇章 [EB/OL]. [2023-05-18]. http://www.news.cn/politics/leaders/2023-05/17/c_1129622565.htm.

[11][31] 李先逵. 建筑文化遗产活态保护理论与实践新探 (上)[EB/OL]. [2021-05-19]. https://baijiahao.baidu.com/s?id=1700152991249555470.

[12] 李致忠. 关于《中华再造善本》的说明 [J]. 国家图书馆学刊, 2003(2):7.

[13][14] 柴昊. 民国档案保护可持续发展策略研究 [D]. 武汉: 武汉大学, 2023:105-106.

[15] 国敏, 梁磊, 吴晓红, 等. 人工智能视域下隐性知识挖掘技术在档案修复工作中的应用路径研究 [J]. 北京档案, 2024(3):47.

[16] 周子晴. 人工智能视域下影音档案修复与传播路径探讨——以百年前北京影像修复为例 [J]. 北京档案, 2021(6):28.

[17] 龙家庆, 王玉珏, 李子林, 等. 数字人文对我国档案领域的影响: 挑战、机遇与对策 [J]. 档案学研究, 2020(1):109.

[18][19] 翟姗姗, 张纯, 许鑫. 文化遗产数字化长期保存策略研究——以"威尼斯时光机"项目为例 [J]. 图书情报工作, 2019(11):142-143.

[20] 厉无畏, 王慧敏. 创意产业新论 [M]. 上海: 东方出版中心, 2009:2-3.

[21] 叶明云, 梁静. 我国文化创意产业标准化发展现状浅析 [J]. 中国标准导报, 2014(12):31.

[22] 陆径菠, 唐乘花. 基于文化创意理念的"非遗"旅游体验提升策略研究 [J]. 湖南大众传媒职业技术学院学报, 2019(4):72.

[23] 朱华. 文化创意理念融入高职艺术设计教学浅析 [EB/OL]. [2013-12-13].https://reader.gmw.cn/2023-12/13/content_37025661.htm.

[25] 张倩. 数字人文视域下文书档案的开发与利用研究 [J]. 办公室业务, 2024(5):10.

[26] 陈茳. 基于数字孪生 (DT) 的少数民族档案文化创新实践与启示 [J]. 图书馆, 2024(4):95.

[27] 盛馨葳. 新媒体环境下档案宣传工作成效研究 [D]. 南宁: 广西民族大学, 2024:42.

[28] 吕元智,邹婧雅.交互环境下数字视频档案资源用户需求调查分析 [J]. 山西档案,2023(6):158-160.

[29] 联合国教科文组织,保护世界文化和自然遗产政府间委员会,世界遗产中心,等.实施《世界遗产公约》操作指南 2019 年版 [EB/OL]. [2020-05-14]. http://www.icomoschina.org.cn/uploads/download/20200514100333_download.pdf.

[30] 龙叶先.论苗族服饰文化的活态保护 [J].黔南民族师范学院学报,2007(1):21.

[32] 王国庆.城市滨水工业遗产活态保护策略研究 [D].南京:东南大学,2022:25.

[33] 吴依璠.昆明市城边传统村落活态保护发展策略研究 [D].昆明:昆明理工大学,2023:29.

红色档案修复保护研究
——以高校校史博物馆藏红色档案为例

李祎

武汉科技大学档案馆校史馆

摘要： 高校校史博物馆馆藏红色档案具有极其珍贵的时代价值、展陈教育功能和社会意义。随着社会的发展及人们档案保护意识的不断提升，档案的抢救修复技术也在不断革新与进步，修复方法和存放保护技术均有所突破，高校校史博物馆馆藏红色档案的保存和修复技术正受到越来越多的关注。以武汉科技大学校史博物馆馆藏红色革命时期校友学籍档案为研究对象，在病害诊断分析的基础上，重点介绍了档案修复技术采用的环保、便捷、无污染、易操作等新方法，并进行了总结，以期为今后高校校史博物馆馆藏珍贵红色档案修复保护的防治工作以及展陈功能提供借鉴与参考。

关键词： 红色档案；校史博物馆藏；档案保护技术；修复方法

0 引言

高校的红色档案资源对于弘扬校园红色革命文化和营造全环境立德树人的理想教育具有重要意义。2023年，教育部与国家文物局发文，明确支持高校博物馆、档案馆等依托自身革命文物资源，进行立德树人教育。

校史博物馆馆藏红色档案是高校特殊的档案类别，具有珍贵的展陈教育功能和社会价值。但在目前的工作中，我们发现馆藏红色档案，特别是纸质档案，存在着不同程度的字迹褪色、纸张变脆、虫蛀或霉斑等，严重影响档案的寿命和利用。如何修复处理这些珍贵的红色档案，最大限度地保证档案的安全和完整，以便能安全展陈和收藏，从而最大限度地保证其凭证作用不受影响，更好地实现发挥其在高校的思政教育功能，成为各高校档案保护面临的最为迫切需要解决的问题。武汉科技大学校史博物馆馆藏的教材《平面测量学》、学生成绩单、学生登记证、学生授课证、课堂记录等[1]，内容丰富全面，研究展示价值高。这些珍贵的档案是当时红色革命时期校友使用的教材与学籍材料，见证了校友在特殊战争年代的求学经历，在校史博物馆为当代大学生和校友展出，具有极其重要的时代价值、教育功能和社会意义。因战乱动荡、保存条件、保管技术等，这些民国学籍档案出现有霉变酥解、褪色、糟朽、纸张变脆、粘连、字迹扩散不清等损毁现象，严重影响档案的寿命和利用，急须开展修复。

结合目前我国国内高校的博物馆、校史馆馆藏展品的保护工作情况来看，文物保护工作存在着一些现实的困境，例如库房场地小、专用资金缺乏、专业保护技术人员不足等情况，都使得展品的保护修复技术难以起到应有的效果。从整体上来说，高校博物馆的文物保护工作应当采用便于操作，成本较为低廉的方式进行。

近些年，我们在修复工作实践中，根据校史博物馆藏校史纸质学籍档案损毁程度，在病害分析的基础上，依据红色纸质档案材料的特性，从修复原则，主要探索采取环保易操作，成本相对较低的修复保护技术方法，对馆藏档案进行除虫、杀菌、消毒等系统性技术保护，为保管利用好校史档案开辟跨学科、跨领域的新视角，不仅丰富和发展了馆藏档案保护的理论，为高校特色档案的保护发展探求了新的生长点，而且有助于高校整合文物、档案与图书资料的保护实践，对于高校馆藏校史档案保护理论与实践的研究都是一个全新的挑战[2]。鉴于此，本文以馆藏校史红色时期纸质学籍档案为研究对象，根据高校馆藏档案的特点与适用条件，选定合适的修复保护方法，最大限度地保护档案，为开展高校馆藏红色档案的修复工作提供科学依据和实践参考。

1 研究样本介绍及病害分析

本文选取 1938 年（民国 27 年）湖北省联合中学（武汉科技大学前身）使用的教材《平面测量学》、学生成绩单、学生登记证、授课证作为研究样本，根据《纸质档案抢救与修复规范第 1 部分：破损等级的划分》（GB/T42468.1—2023）中的规定[3]，按照纸张粘连、残缺、霉变等部分所占的比例来确定纸质档案的破损等级，开展全面的修复保护技术分析。4 份档案的基本信息及病害分析如下。

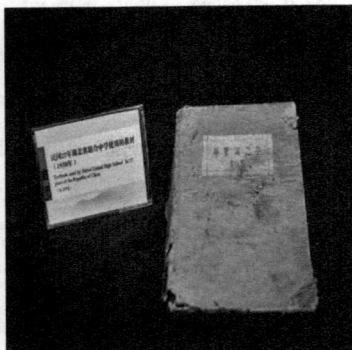

（修复前）　　　　　　　　　（修复后）

图 1　1938 年（民国 27 年）湖北省联合中学使用的教材《平面测量学》（1 号档案）
——字迹模糊、老化褪色、霉变酥脆

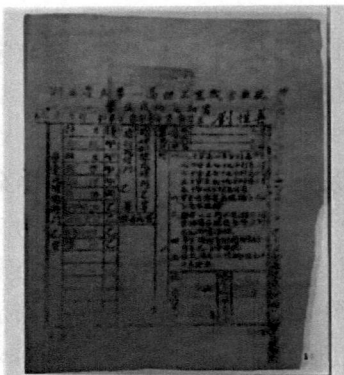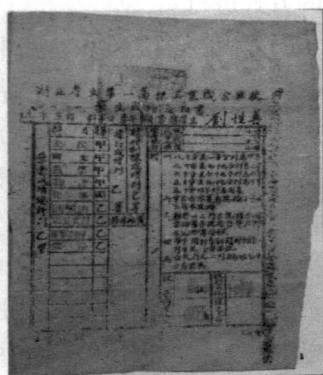

（修复前）　　　　　　　　　（修复后）

图 2　1938 年（民国 27 年）湖北省联合中学的成绩单（2 号档案）
——残缺、发黄

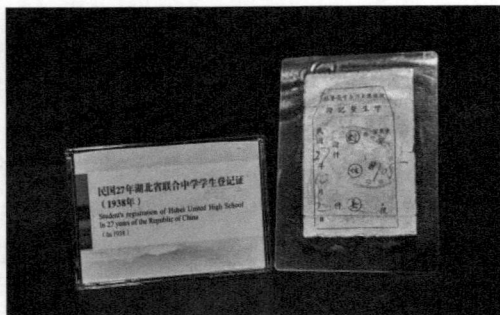

（修复前）　　　　　　　　　（修复后）

图 3　1938 年（民国 27 年）湖北省联合中学学生登记证（3 号档案）
——霉变、发黄、字迹洇化

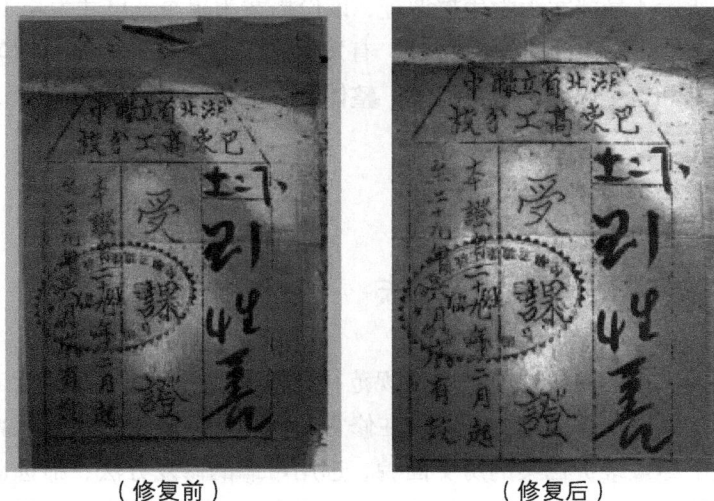

（修复前）　　　　　　　　（修复后）

图4　1938年（民国27年）湖北省联合中学学生授课证（4号档案）
——破损、褶皱

图1所示1号档案为课本《平面测量学》，该档案为整本装订，尺寸为长19cm，宽14cm，边角破损，页面粘连，封面标识勉强识读为"平面测量学，编著者，张树森，南京中山书局发行。"打开首页黄斑严重，隐约识读校友用黑色钢笔所记"一九三八之春，购于江陵中学，流离至巴东时记。"[4]这件档案在4件档案中破损最为严重，纸张表面有大面积的泥污、油斑、霉斑，同时存在少量的虫蛀现象。纸张四周，尤其是下部分边缘处出现炭化和絮化，档案纸张老化严重，纸张机械强度严重降低，翻动时出现掉渣、裂口、破碎的现象，呈现出明显的糟朽状态。经测定该份档案纸张pH值为4.4，纸张粘连、糟朽部分的面积30%，属于严重破损。

图2所示2号档案为学生成绩单，该份档案为单页，单面有字，尺寸为长28cm，宽17cm，右侧边角缺损，纸张发黄严重，表面颜色不均匀，有霉斑和氧化斑，部分蓝色钢笔字迹褪色，纸张pH值为5.7，整体状态较好，属于轻度破损。

图3所示3号档案为学生登记证，该份档案为单页，尺寸为长14cm，宽8cm，纸张发黄酥脆、字迹损害主要是字迹洇化扩散和污染，纸张正面左下和右上部分污染较重，部分字迹因人为磨损、灰尘和污斑而勉强识读，纸张边缘出现破损、折痕，纸张pH值为5.2，机械强度有一定程度降低，有少量的氧化斑，属于中度破损。

图 4 所示 4 号档案为学生授课证，该份档案为单页，尺寸为长 14cm，宽 8cm，边角缺损，上半部分有折痕，有发黄和发白区域，分布不均匀，字迹为黑色钢笔和毛笔书写，字迹可辨，整体状态较好，纸张 pH 值为 5.6，属于轻度破损。

2 样本采用修复保护方法

参照国家档案局纸质档案修复规范行业标准[5]，为避免在修复工作中因计划不周等原因使档案遭到损坏，在修复工作中我们遵循修复前认真检查档案、修复中尽量维护档案的历史面貌、选用可靠的修复方法、筛选适宜的修复材料、采用可逆的方法、尽量用最低的成本达到修复的最佳效果，同时严格遵循最小干预和修旧如旧原则[6]。

3 修复方法

3.1 去污

为更好地保护档案，延长其使用寿命，必要时需要除去污斑，一般都会运用溶剂去污法和氧化去污法[7]。为保证档案的原始记录性及遵循最小干预原则，对 1 号（见图 5）、3 号档案上污斑的严重部分和造成阅读障碍部分，我们采取的是环保型植物提取液绿色去污技术，添加活性成分，属于缓和的氧化剂，既能去污又对纸张纤维和字迹的损害降到最低。在去污的过程中，溶液的温度需要控制在 20 ~ 30℃，去污时间需 15 ~ 30 分钟，然后取出档案，在清水中漂洗，再放在吸水纸或干燥板中压干，如果是小面积的污斑，我们采用将有污斑的档案夹在滴有氧化剂的湿滤纸上，给压力约 60 分钟，也可将污斑去除，简单快捷，同时对污染字迹用干毛刷进行清扫。2 号和 4 号档案由于污斑不严重，根据修复方案，我们采取不过多干预，只进行干毛刷清扫，暂不做化学去污处理。

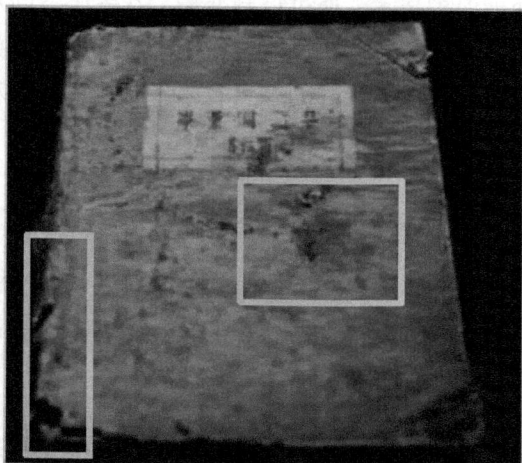

图 5　1 号档案污斑示意图

3.2 去酸

纸张含酸是档案发生变质的重要原因之一，依据《修复质量要求》[8] 规定，档案纸张 pH 值在 6.2 以下的可以考虑实施去酸技术。我们通过甲基碳酸镁合成去酸剂，利用喷涂法和浸润法这两种去酸工艺，对样本进行去酸处理，4 件样本去酸后 pH 值上升到碱性范围（7.5 ～ 10.0），并沉积约 2% 的 $MgCO_3$，可延长纸质档案寿命 3 ～ 5 倍，实现对纸质档案的有效保护，样本的去酸及缓冲效果均令人满意。老化试验证明，去酸处理明显地改善了纸张的耐折度（40%）、撕裂度（50% 以上）、白度（30%）等理化性能。色差测试结果为：字迹材料的色差变化值均在 1.5NBS 单位以下，变化不明显。采用操作方法简便，成本较低，不需要大型设备，适合高校馆藏档案修复。

3.3 防虫霉

红色档案中的纸质档案库房时常发生虫害和长霉，档案历经岁月侵蚀，损毁严重，其中，虫霉是威胁档案安全保护与利用的重要因素。尤其是梅雨季节，虫、霉对纸质档案的危害通常是渐进、隐蔽的，在初始阶段肉眼不易发现，而一旦发现，问题就比较严重，损失也是不可逆的。纸质档案的防虫霉方法很多，技术也比较成熟，一般有环氧乙烷熏蒸法、真空充氮法、等离子臭氧法等 [9][10]，从图 6 可以看到，1 号档案纸质纤维上出现多处霉斑，表明纸质档案霉斑侵蚀比较严重。针对这种霉斑侵蚀严重的情况，我们采用的是低氧充氮杀虫处理保护技术，通过控制变量，在气密空间利用常压低氧环境对 4 件样本及其他纸质档案就虫、霉进行防治，环保、高效，符合"预防性保护"理念。此方法取得了良好的杀虫效果，对档案本身和修复操作都很安全。

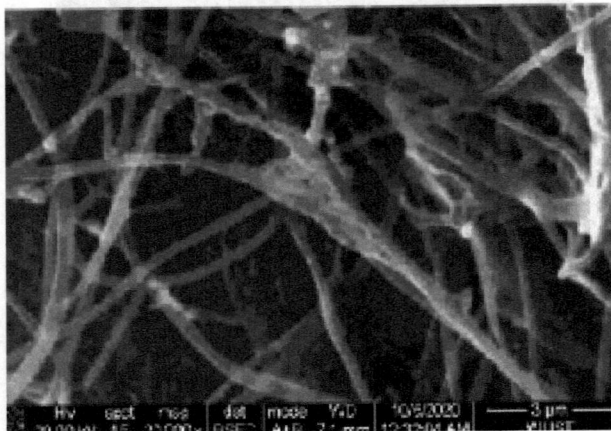

图 6　1 号档案纸张纤维霉变 SEM 示意图

3.4 加固

以往纸质档案多采用丝网加固、溶液加膜[11][12]等方法，但丝网加固的强度较低，溶液加膜采用的丙酮有毒、易燃，我们采用的是细菌纤维素涂覆原位加固法。细菌纤维素是由木醋杆菌等细菌发酵产生的，与纸张中原有成分具有相同的分子结构，具有良好的相容性。在破损档案纸张表面涂覆加固处理后检测发现，原位合成的细菌纤维素对纸张的厚度等外观指标无影响，大大提高了纸张的耐老化性能，而且避免了传统加固方法浸泡或者喷淋等常见操作可能造成纸张损毁的问题。涂覆加固处理完毕后，干燥数秒钟，压平档案，再把加膜的档案文件放在压力机上压平。经实验证明，这样加固的档案纸张强度可增加一倍。对酥脆的 3 号档案（见图 7）进行加膜处理，档案被透明网膜夹在中间，既不影响阅读，又可提高档案纸张的强度。同时，我们在以往专家经验[13]基础上，根据馆藏档案特点，对水溶性字迹进行了预加固处理。经检测，4 件档案材料所用墨水不耐水，字迹耐久性较差，我们采用的是粘胶剂喷涂法，既不影响阅读，又可提高档案纸张的强度，为脆化严重的纸质档案修复处理提供了很好的实践经验。

图 7　3 号档案黑色墨水水溶性字迹洇化示意图

3.5 修裱

　　档案修补技术是对残破档案进行局部修整的技术，一般适用于载体整体强度适中，但存在局部残缺、有孔洞或装订边狭窄的档案，主要包括托裱和修补。[14] 对档案进行修补时，我们用的浆糊浓度控制在 5% 左右，由于 3 号档案字迹洇化严重，为防止字迹遇水扩散，我们工作中采用干托法。2 号档案右下角有残缺，但未影响档案信息的获取，根据最小干预原则，暂不采用垫纸修裱。根据《档案修裱技术规范》要求 [15]，修补时将档案有字面向下放在吸潮性较好的纸板上，用毛笔在档案背面破损边缘 10 毫米左右处抹上稀浆糊，将一块与档案纸张厚薄、颜色大致相同的补纸贴上去，然后将周围多余的补纸撕去再用手掌压实，在整个操作过程中，要避免崩裂等现象的发生。最后进行整修，使之整齐美观，便于保管和利用。

4　结论

　　武汉科技大学校史博物馆馆藏红色档案经保护修复后，完整恢复原貌，达到了预期目标。经检测纸张酸碱环境平衡，增加了纸张韧性和耐久性，水溶性字迹得到加固，修复后纸张颜色色调与修复前相匹配，质感未受影响，档案可用于展陈与信息利用。

通过对这部分档案进行修复保护研究与实践，使珍贵的历史记录得以世代相传，贻鉴将来，为开展高校校史博物馆馆藏红色档案修复保护工作提供理论依据和实践参考。随着社会的发展及人们对于档案保护意识的不断提升，红色档案的抢救修复技术也在不断革新与进步，修复方法和存放保护技术均有所突破。在修复过程中首先要注意加强学科的横向联系，开拓档案保护技术研究的广度和深度，为高校红色档案保护建设带来活力。其次要正确对待传统经验，利用现代科学手段和方法，寻找出历史经验中合理的成分，并在实践中再接受检验，以使这些理论能进一步完善。

通过对高校红色档案的保护修复研究的探索与实践，为高校更好地用好红色资源，赓续红色血脉，进一步推动新时代革命文物工作与学校立德树人工作创新融合发展，提升育人效果。

本文系湖北省教育厅哲学社科项目"红色档案修复保护研究"（22Y025）、武汉科技大学教改项目"专业认证视角下高校教学档案信息化管理研究"（2021X058）的阶段性研究成果。

注释及参考文献

[1] 武汉科技大学校史馆馆藏可移动文物登记表。

[2] 高校档案展览类型及其价值探析——以浙江大学档案馆展览实践为例 [J]. 浙江档案 ,2008(12):46-47.

[3] 国家档案局 . 纸质档案抢救与修复规范 第 1 部分 : 破损等级的划分 :GB/T42468.1-2023[S/OL].[2023-10-01].http://c.gb688.cn/bzgk/gb/showGb?type=online&hcno=FC647B2083533BE23E761AB35F12B5AC.

[4] 武汉科技大学校史馆馆藏文物档案录文信息。

[5] 中国国家标准化管理委员会 . 纸质档案抢救与修复规范 第 3 部分 : 修复质量要求 : GB/T 42468.3—2023[S]. 北京 : 中国标准出版社 ,2023.

[6] 刘伟民 . 档案修复工作的几点实践及思考 [J]. 中国档案 ,2023(1):66-68.

[7] 张美芳 . 档案保护技术 [M]. 北京 : 中国文史出版社 ,2017.

[8] 中国国家标准化管理委员会 . 纸质档案抢救与修复规范 第 4 部分 : 修复操作指南 : GB/Z 42468.4—2023[S]. 北京 : 中国标准出版社 ,2023.

[9] 陈菲 . 档案有害微生物的化学防治——环氧乙烷熏蒸法 [J]. 中国档案 ,2021(7):75.

[10] 黄晓红 , 栾宁丽 , 徐向东 , 等 . 真空充氮法与等离子臭氧法对纸质档案霉菌灭活的效果比较研究 [J]. 浙江档案 ,2021(12):63-65.

[11] 张清志 . 档案丝网加固法的优长与缺憾 [J]. 档案学研究 ,1997(1):2.

[12] 韩莹 . 近十年来化学方法在纸质文物脱酸与加固方面的应用 [J]. 中国国家博物馆馆刊 ,2022(6):143-160.

[13] 李玉虎 . 档案与古文献修复过程中易损原貌预加固技术 [J]. 中国档案 ,2015(8):56-57.

[14] 刘小敏 . 档案保存形式及修复技法 [J]. 档案学研究 ,2016(3):100-101.

[15] 国家档案局 . 档案修裱技术规范 :DA/T25-2022[S/OL].[2022-07-01].https://www.saac.gov.cn/daj/hybz/202206/902001c1fe154c03991e3290392c16af.shtml.

北京市档案馆馆藏纸质档案保存状况调查工作实践与思考

王凌云

北京市档案馆

摘要：北京市档案馆纸质档案馆藏丰富，为全面了解馆藏纸质档案实体保存现状，逐步建立档案保存信息数据库，持续对档案的保存条件、形成年代、纸张与字迹种类、破损情况等问题进行系统调查，用于指导档案修复、脱酸等抢救保护工作。本文较为详细地介绍了北京市档案馆纸质档案保存状况与破损情况系统性调查工作的开展情况、调查内容、工作经验与难点并提出思考。

关键词：纸质档案；档案保护；破损情况调查

0 引言

档案作为一种原始记录，应该永久保存。然而由于利用与保存过程中环境因素、时间因素的作用，体现档案价值长久性的档案载体和记录材料会逐渐老化而损毁，因此档案的寿命是有限的，这构成了档案价值长久性与寿命有限性的基本矛盾[1]，所以需要对档案进行保护。

纸质档案是我国各级各类档案馆馆藏组成中较为常见、数量较多的一类档案，纸质档案的制成材料是纸张和字迹，由于自身制成材料、保存环境等多重因素影响，纸张和字迹材料会发生物理变化和化学变化，面临不同程度且不可逆的损毁，比如纸张老化、糟朽、污染、酸化以及字迹泅化扩散、磨损脱落等，最终造成纸张机械性能下降，档案耐久性大打折扣，严重影响档案的长期利用与保存。因此，需要及时并确切地掌握馆藏纸质档案保存现状。

北京市档案馆纸质档案馆藏量大，为进一步了解我馆馆藏纸质档案实体保存现状，逐步建立档案保存信息数据库，我馆持续对档案的形成时间、装订形式、纸张与字迹种类、破损情况等相关问题进行全面调查，从而能够针对性地开展馆藏档案尤其是国家重点档案的保护与抢救工作，最大限度延长档案寿命，提高档案保护管理水平。

1 北京市档案馆馆藏档案组成与保存条件说明

北京市档案馆的馆藏量大，国家重点档案尤其是民国时期档案存量丰富（见表 1）。档案形成后，其耐久性受保存的环境条件影响，因此需要调查档案的保存条件，对库房温度、湿度、光照、消防措施等情况有所了解，北京市档案馆的库房保存条件符合标准，库房采用密集架放置档案，无窗户，温湿度达标，放置药物防虫防霉，利用新风系统进行空气净化，监控、报警、门禁系统兼具，消防设施备有高压细水雾以及七氟丙烷灭火器，制定相应保管制度并遵照执行。

表 1　北京市档案馆相关档案馆藏数量统计表（截至 2020 年底）

档案总量	清代档案	民国时期档案	革命历史档案	建国后
270 万余卷册	4000 余	98 万余	4000 余	170 万余

2 馆藏档案破损情况系统性调查工作开展情况

我馆技术保护处负责档案保护工作，每年在计划修复任务、选定修复目标前会进入库房进行档案情况摸底与调查，自 2022 年以来，开始开展档案破损情况系统性调查工作，以 DA/T 64—2017《纸质档案抢救与修复规范》为指导标准，2024 年调查工作改用 GB/T 42468—2023《纸质档案抢救与修复规范》为指导标准。

2.1 前期准备

以前期调查工作为基础，在对我馆馆藏纸质档案情况大致了解后，制定调查方案，确定调查目标、调查内容、调查方法以及具体要求等。结合我馆馆藏实际以及依据相关标准[2]规定，采取抽样调查与重点调查相结合的方式，在所属全宗分类基础上进一步开展等距抽样，按档案排架长度，等距离均分，每相同距离抽取一卷，同时注意兼顾所有全宗档案，避免部分全宗档案因数量较少造成遗漏，另可优先选择部分重点档案进行调查。每卷档案抽取约 3 页档案进行详细调查，具体页数根据卷厚度、纸张和字迹种类等灵活调整，纸张 pH 测试采用表面无损 pH 测定法，所用水为超纯水（电阻率≥18.25MΩ*cm@25℃），每页档案测试 3 处无字迹点位，最后用高丽纸或者吸水纸吸干水滴，充分晾干后将档案合页收好。

正式开始调查工作前，要对全部参与调查人员进行培训，充分学习掌握 GB/T 42468—2023《纸质档案抢救与修复规范》全部 4 个部分标准，尤其是此规范中关于破损等级的划分部分，熟悉《档案破损情况调查表（卷、页）》（附件 1）与酸度表（附件 2），汇总多种破损类型具体实例或者图片进行培训，使调查人员能够高效准确填写调查表并划分破损等级。

2.2 具体调查工作

纸张档案的制成材料主要是纸张和字迹，因此针对纸张档案调查的主要内容包括三个方面。第一个方面调查档案的整体及外观状况，主要包括档案形成年代、装帧形式、装订线位置、装订断裂情况、卷皮破损或变形情况、卷皮污染情况；第二个方面针对纸质档案记录材料即字迹的相关情况，主要包括字迹种类、字迹破损情况（洇化扩散、褪色或酸蚀、磨损或脱落）；第三个方面针对纸质档案载体材料即纸张的相关情况，主要包括当页纸张种类、纸张破损情况（裂口、老化、絮化糟朽、变形褶皱）、不规范折叠（导致信息处纸张裂口或因磨损无法识读、导致折叠处有磨损开裂）、不规范修复（装订压字、托裱不当、补纸不匹配等）、霉变、虫害、污染、残缺、粘连、酸化情况。其中测试档案纸张 pH 值我们所用设备为哈纳 H99171，定期清洁探头并用缓冲溶液校准，按照调查要求测试 3 个点位后取平均值作为当页纸张的 pH 值。破损严重亟须修复的档案要求在备注需修复处说明详情，另有其他需要交代情况（比如粘连严重成为档案砖、锈蚀、炭化等）同时记录在备注其他说明处。综合档案破损情况，为当页档案划分破损等级（分为特残破损、严重破损、中度破损、轻度破损、未破损）。

在整个调查过程中要注意办理好档案交接手续，并且要明确档案具体由谁调查，做好登记，便于后期调查质量自检和抽检。

2.3 调查结果反馈

在完成档案破损情况调查后，要对调查数据进行汇总分析，将数据录入汇总表中（见图1），借用 Excel 办公软件的数据处理功能，能够快速准确得知不同破损等级档案占比、各种破损类型分布、不同年代档案字迹分布、档案酸化情况等结论。鉴于存在大量档案表观情况良好但酸化严重所以破损等级划分为较严重情况，对于含破损程度较重、破损类型较多档案数量较多的全宗，建议档案修复部门针对该全宗加大抽查比例入库实地查看，看是否列入修复任务。

档号	年代	页码	破损等级	卷（册）件外观状况				当页字迹情况	
				装帧形式	装订线位置	装订断裂	卷皮破损污染情况	当页字迹种类	字迹破损情况
					左				
					左 右 上 其它				

纸张状况										备注
纸张种类	纸张破损情况	不规范折叠	不规范修复	霉变	虫蛀	污染	残缺	粘连	酸化	
			装订压字							
			装订压字 托裱不当 接口、破洞补纸不匹配 其它							

图 1 档案破损情况调查数据汇总表截图

众所周知，构成档案纸张的天然植物纤维的酸化水解等内部因素的影响对纸质档案的保存寿命具有决定性作用。因此在调查时重点关注了档案酸化情况。近几年系统调查工作数据显示，pH 值在 5 以下的档案数量超过调查总量一半（见表2和表3）。针对含酸化程度较高档案数量较多的全宗，将普查每卷档案，每卷档案加大测试纸张数量比例，看是否需要脱酸，脱酸档案做好 pH 值的追踪，并对比脱酸前后白度及色差。

表 2 2022 年档案酸度情况统计

	$pH \leq 4.0$	$4.0 < pH \leq 5.0$	$5.0 < pH \leq 5.5$	$5.5 < pH \leq 6.5$	$pH > 6.5$	总量
数量	381	1589	564	517	77	3128 页
占比	12.18%	50.80%	18.03%	16.53%	2.46%	

表 3 2023 年档案酸度情况统计

	pH ≤ 4.0	4.0 < pH ≤ 5.0	5.0 < pH ≤ 5.5	5.5 < pH ≤ 6.5	pH > 6.5	总量
数量	694	4541	1969	1970	980	10154页
占比	6.83%	44.72%	19.4%	19.4%	9.65%	

在进行调查时，如遇破损情况较为严重档案，会及时送往修复部门。此类情况主要包括卷皮破损酸化严重、装订断裂、霉变、老化糟朽现象严重、不规范折叠与修复情况严重、有粘连现象、污染严重等。比如针对霉变情况要及时处理，并且注意进行追踪，防止处理不到位霉菌重新滋生。针对粘连情况，若不及时处理可能会造成更多的纸张粘连，要防止档案砖的形成。

2.4 调查工作难点与应对措施

2.4.1 部分破损类型程度判定主观性太强，影响破损等级划分

标准中关于破损等级划分存在"严重降低""明显降低""一定程度""轻微""十分严重"等含有程度副词的表述[3]，在实际开展调查工作时，不同人之间甚至同一个人难以统一主观，影响破损等级划分准确性，其实根本原因在于部分破损类型无法量化。因此我们在开展调查工作时，调查表（附件1）未设置同一破损类型不同程度选项，仅区分是否存在某种类型，以及可以计算面积的客观选项，定级优先看 pH 值，然后结合档案破损其他情况综合划分破损等级。

2.4.2 部分破损类型定义无具体标准参考

标准中关于破损等级划分出现"不规范折叠"这一破损类型，在调查项目中包含"不规范修复"，标准前文给出众多破损类型定义，但未给出"不规范修复"和"不规范折叠"的定义[4]。结合标准划分部分关于"不规范折叠"后的表述，我们在前期培训时总结"不规范折叠"定义，包含导致信息处纸张裂口或因磨损无法识读、导致折叠处有磨损开裂。关于"不规范修复"主要是未按照修复原则、修复材料变质等造成的破损类型，结合本馆档案实际情况，咨询负责修复工作的老师后，我们总结调查"不规范修复"的主要类型包括装订压字、托裱不当、搭口破洞补纸不匹配等，各档案馆在开展调查工作时可根据本馆实际灵活设置此调查项目。

2.4.3 档案纸张和字迹类型复杂，部分破损无法确定

由于档案用纸较为复杂，区分手工纸和机制纸具体属于哪种类型时较为困难，因此在设置调查项目时未给出手工纸具体类型选项，仅将属于机制纸的蓝图纸和新闻纸加以额外区分。档案字迹的复杂性也给调查工作带来挑战，除了在调查时有些字迹种类确实不易区分，还存在预料不到的问题以及需要统一规定的细节问题，比如统一制式的纸张，统一印刷的与档案内容无关的文字是否算作档案字迹；字迹到底是磨损褪色还是当时印刷时不均匀导致颜色较浅；部分钢笔字迹由于笔尖停留纸张时间较长造成的情况是否归于污染等。调查过程中会持续出现不同的问题，需要调查人员及时反馈，负责人掌握情况结合实际后给出统一规定，及时周知全部参与调查人员并做好相关问题登记。

3 馆藏档案破损情况系统性调查工作思考

3.1 注意细节，提高调查工作效率与准确性

关于破损状况调查表设计，要结合馆藏档案实际情况和档案保护工作需求，设计调查项目，每个调查项目要尽量给出选择项，另不设置"无"和"否"等否定性描述，如档案存在或发生某项调查项目，调查人员填表时直接勾画"√"即可，另外汇总表（见图1）要结合调查表设置选择项目，尽量减少文字输入，同样汇总表不设置"无"和"否"等否定性描述，有助于提升调查效率。定损优先看 pH 值这一客观量化指标，然后结合档案破损其他情况综合划分破损等级。pH 值测试时可以借用移液枪定量（可以是 30 μL 或者 40 μL）滴水，有助于减少测试误差，另 pH 值测试时需要等待，等待期间恰好填写调查表，合理安排时间提高效率。

3.2 扩大调查工作范围，融入档案保护信息综合管理系统

建议进一步扩大调查范围，将调查工作与档案清点、整理、数字化、利用服务等所有接触实体档案的业务工作有机结合，逐步转变成档案馆整体具有联动性的系统化日常性的常态化基础业务工作，能够及时发现破损档案并采取保护措施，防止对实体档案造成进一步损毁。我馆承担华北地区国家重点档案保护中心建设任务，保护中心正在建设档案保护信息综合管理系统，

将调查工作作为系统内一个模块，调查时省去纸质材料，直接填入系统，系统自动收集并分析数据，逐步建立档案保存信息数据库，有助于提升工作效率，节约人力物力，便于数据在档案保护部门间共享，能够更便捷地指导修复脱酸等保护工作，推动档案保护与信息化融合发展。

3.3 为档案建立专属"保护档案"

注重对每一卷册的档案尤其是珍贵档案建立"保护档案"。结合标准中推荐的"档案抢救保护大事记"和"档案抢救保护记事"[5]，对档案的破损情况调查（比如 pH 值测试等）、修复的各项措施及所用材料（比如修补、托裱、脱酸等）、数字化（比如拍照、扫描等）以及原件被利用服务等所有档案经历的流通过程进行全程追踪记录，建议将"保护档案"同实体档案放于一起，及时登记档案实体的经历，便于及时发现问题，做到预防性保护，同时便于寻找档案损毁规律，逐步实现对档案的科学保护。

4 结语

档案调查是档案抢救保护的基础性工作和前端环节。近几年，北京市档案馆在修复前调查常态化工作基础上，开展了纸质档案保存状况和破损情况系统化调查工作，便于充分了解馆藏档案的基本信息及破损状况，为档案抢救保护提供参考。文中未详细给出具体调查结果，仅提供了少量 pH 值测试数据，本文旨在与开展相同工作的同行交流工作经验、寻求难点应对措施，并为将要开展此类调查工作的同行提供些许参考。

注释及参考文献

[1] 张美芳，唐跃进 . 档案保护概论 [M]. 北京 : 中国人民大学出版社 ,2013:3.

[2][3][4][5] 中国国家标准化管理委员会 . 纸质档案抢救与修复规范 :GB/T 42468—2023[S]. 北京 : 中国标准出版社 ,2023.

附件 1：

档案破损情况调查表（卷、页）

调查时间：

档号：		年代：		页码：	
卷（册）件外观状况					
装帧形式：	线装 □；其他：_____		装订线位置：	左 □；右 □；上 □；其他 □	
装订断裂 有 □	卷皮破损污染情况 破损或变形 □；污染 □				
当页字迹情况					
字迹种类	墨汁 □；油墨印刷 □；印泥和印台油 □；黑墨水 □；蓝黑墨水 □； 纯蓝墨水 □；红墨水 □；圆珠笔 □；复写纸字迹 □；铅笔 □； 其他印刷字体（打印、复印等）□；其他：_____				
字迹破损情况	洇化扩散 □；　　褪色或酸蚀 □；　　磨损或脱落 □				
当页纸张状况					
纸张种类：	手工纸 □；机制纸 □；新闻纸 □；蓝图纸 □；其他 □				
纸张破损情况	裂口 □；老化（发黄、发脆）□；糟朽、絮化 □；变形、皱褶 □				
不规范折叠	导致信息处纸张裂或因磨损无法识读 □；导致折叠处有磨损开裂 □				
不规范修复	装订压字 □；托裱不当 □；搭口、破洞补纸不匹配 □； 其他：_____				
霉变面积	30%以上 □；20%～30% □；5%～20% □；0%～5% □				
虫害面积	30%以上 □；20%～30% □；5%～20% □；0%～5% □				
污染面积	60%以上 □；20%～60% □；5%～20% □；0%～5% □				
残缺面积	40%以上 □；20%～40% □；5%～20% □；0%～5% □				
粘连面积	50%以上 □；20%～50% □；5%～20% □；0%～5% □				
酸化情况	pH ≤ 4.0 □；4.0 < pH ≤ 5.0 □；5.0 < pH ≤ 6.0 □； 6.0 < pH ≤ 6.5 □；pH > 6.5 □				
备注	需修复：_____；其他说明：_____				
当页破损等级	特残破损 □；严重破损 □；中度破损 □；轻度破损 □；未破损 □				

调查人：　　　　　　　　审核人：

附件 2：

酸度表

档号 （全宗－目录－卷号）	页码	pH					
		左上	左下	中间	右上	右下	页 平均值

革命历史档案字迹材料复杂性研究

李冰[1]　张志惠[2]

1 中国人民大学信息资源管理学院

2 长安大学图书馆

摘要： 由于革命历史档案字迹材料种类多样，因而造成写印色料发生病害的类型和情况不一，且原因各异，尤为复杂。本文对革命历史纸质文物字迹材料的类型、保存状况进行调研，分析革命历史档案字迹材料在多样性、老化程度的差异等复杂性特点，并进一步从应用现代科学技术方面探讨革命历史档案字迹材料的保护路径，以期为字迹材料的保护修复提供指导。

关键词： 革命历史档案；字迹材料；科技检测

0 引言

革命历史纸质文物由于纸张载体、写印色料和保存环境等因素影响出现掉色、洇化等现象。由于革命历史档案字迹材料种类多样，涵盖颜料、染料、感光材料等书写印绘材料等[1]，因而造成字迹发生病害的类型和情况不一，且原因各异，字迹的老化也就意味着档案价值的流失，因此，必须开展对革命历史档案字迹材料的保护和研究。本文重在分析革命历史档案字迹材料的复杂性特点，探讨革命历史档案字迹材料的复杂性保护与研究方法，以期为字迹材料的保护提供指导。

1 革命历史档案字迹材料保存状况

调查中国人民大学藏革命历史档案（即 1840 年以后），调查字迹材料的主要类型、保存状况，探究革命历史档案字迹材料的复杂性特点。

1.1 调查方法

根据《纸质档案抢救与修复规范第 2 部分：档案保存状况的调查方法》规定的样本量抽取比例，按照形成时间开展随机抽样，抽取 240 件革命历史档案作为调查样本（见表 1）。

表 1　档案调查样本量抽取比例表

馆藏量 / 卷或件	<100	100 ~ 1000	1001 ~ 5000	5001 ~ 9999	1 万 ~ 10 万	10 万以上
抽取样本量	50 %	20% ~ 50%	10% ~ 30%	5% ~ 10%	1% ~ 5%	1% 以下

1.2 调查结果分析

1.2.1 革命历史档案字迹的病害类型

字迹老化主要表现为洇化、扩散、褪色、酸蚀四种情况。根据表 2 可以看出书信字迹材料中普遍存在着洇化、扩散、褪色等字迹问题。有问题的字迹材料占总数的 84.167%。其中洇化的字迹占 21.667%；扩散的字迹占 13.333%；字迹褪色问题最为突出，占 48.75%；字迹酸蚀较少，仅占 0.417%。

在 8 种字迹材料中，有字迹问题的蓝黑墨水字迹数量最多。蓝黑墨水字迹和纯蓝墨水字迹都是褪色问题明显，字迹洇化和扩散问题次之。圆珠笔字迹问题主要集中在洇化和扩散上，褪色情况要优于蓝黑墨水和纯蓝墨水（见表 2）。

表 2　字迹材料老化情况

	字迹种类 年代	①	②	③	④	⑤	⑥	⑦	⑧	未知	总计
洇化	民国	1	2	1				1			5
	50 年代			3							4
	六七十年代			12	4	1	1	3		1	22
	改革开放 以后			7	2	1		1			11
	未知		1	4				4		1	10
	总计	1	3	27	7	2	1	9	1	1	52
	百分比	0.417 %	1.250 %	11.250 %	2.917 %	0.833 %	0.417 %	3.750 %	0.417 %	0.417 %	21.667 %

（续表）

字迹种类 年代		①	②	③	④	⑤	⑥	⑦	⑧	未知	总计
扩散	民国	1									1
	50年代			1							1
	六七十年代			7	3		1	5		1	17
	改革开放以后			3	2						5
	未知			4				4			8
	总计	1		15	5		1	9		1	32
	百分比	0.42%	0.00%	6.25%	2.08%	0.00%	0.42%	3.75%	0.00%	0.42%	13.333%
褪色	民国	1	1	1			1				4
	50年代			8		1					9
	六七十年代			37	8		1	2			48
	改革开放以后		1	26	5	2					34
	未知	1		16	3				2		22
	总计	2	2	88	16	3	2	2	2		117
	百分比	0.83%	0.83%	36.67%	6.67%	1.25%	0.83%	0.83%	0.83%	0.00%	48.750%
酸蚀	民国			1							1
	50年代										
	六七十年代										
	改革开放以后										
	未知										
	总计			1							1
	百分比			0.417%							0.417%
总计		4	5	131	28	5	4	20	3	2	202
百分比		1.667%	2.083%	54.583%	11.667%	2.083%	1.667%	8.333%	1.250%	0.833%	84.167%

注：①墨和墨汁；②碳素墨水；③蓝黑墨水；④纯蓝墨水；⑤红墨水；⑥油墨；⑦圆珠笔；⑧铅笔

1.2.2 革命历史档案字迹材料的老化情况分布

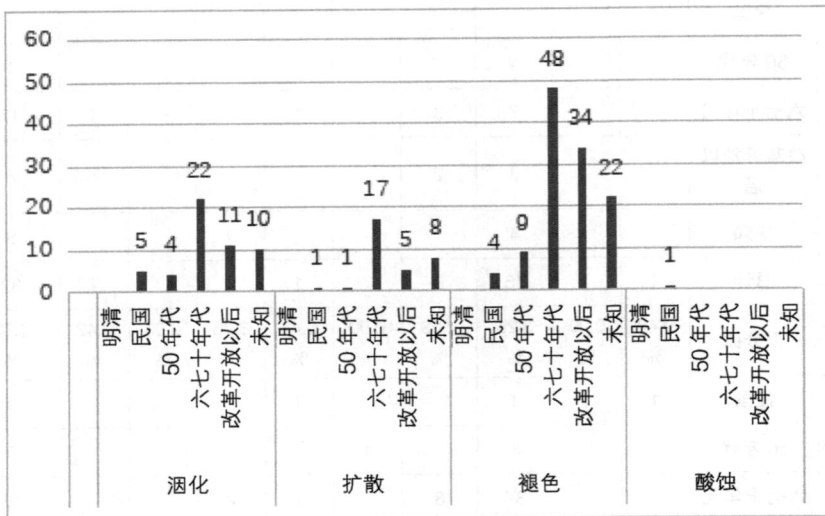

图 1　各时期字迹老化情况分布图

2 革命历史档案字迹材料的复杂性特点

革命历史档案的字迹材料呈现出复杂性特点，这一特点涵盖了多个方面，包括字迹材料的多样性、质量不一、老化程度的差异以及修复技术的挑战等。

2.1 材料种类的多样

革命历史档案的字迹材料种类非常多样，每种材料都具有独特的物理和化学属性。

2.1.1 字迹材料

革命历史档案的字迹材料种类丰富，每一种都具有其独特的属性。其多样性不仅在字迹的颜色上，还涉及理化学性质。以色素的稳定性和耐久性为例，字迹材料分为三个主要类别：最耐久字迹，这些字迹材料具有出色的稳定性，包括墨、墨汁以及黑色油墨，不容易褪色，因此能够在档案上保持清晰度和可读性。比较耐久字迹，包括印泥、蓝图等，颜色可能会在一段时间内发生一些变化，但仍然能够相对长时间保持清晰[2]。不耐久字迹，易受到光线、湿度和化学因素的影响，可能会导致颜色褪色、字迹模糊或损坏，从而对档案的长期保存构成挑战。

2.1.2 纸张载体材料

革命历史档案的纸张载体材料也呈现出多样性。各种类型的纸张，如宣纸、书画纸、草纸、机械纸和相纸，具有不同的纹理、质地和化学成分，纸张与字迹的结合方式也因此呈现多样性。

2.1.3 特殊字迹材料

除了常见的字迹材料外，某些革命历史档案可能包含特殊的字迹材料，如作者自行调配的墨水。这些材料可能具有独特的物理和化学性质，对档案的保存和修复提出了额外的要求。

2.2 字迹材料质量不一

革命历史档案的字迹材料质量呈现出显著的多样性和不一致性，特别是在革命历史时期，许多档案是在战乱、政治动荡或非常困苦的条件下产生的，重在传达信息、记录事件[3]，大量的档案使用了不耐久字迹材料。使档案的质量和耐久性出现较大差异。与此同时，档案的保存环境也受到不可控因素影响，使档案字迹更易发生老化褪色等。

2.3 字迹材料老化程度不同

字迹材料可能经历了不同程度的老化，增加了档案保护和修复工作的复杂性。一方面，某些档案可能具有悠久的历史，字迹材料经过数十年甚至更长时间的保存，已经出现了明显的老化问题，导致档案的可读性受损。此类档案的修复需要谨慎处理，以最大程度地保留原始信息和历史价值[4]。

3 革命历史档案字迹材料复杂性研究的技术手段

科技检测是指借助现代科技手段，利用科学设备或仪器进行无损或微损检测分析，从材料的来源、成分、制作工艺和保存状态等方面展示字迹材料的多样性和复杂性，为后续开展保护工作奠定基础。

3.1 字迹材料检测分析常用技术

3.1.1 X 射线荧光光谱分析 (XRF)

XRF 技术在革命历史档案的保护和研究中具有广泛的应用前景。通过检测档案中的金属元素，可以揭示出可能存在的墨水类型和主要色素成分。

3.1.2 傅立叶红外光谱检测分析技术（FTIR）

傅立叶红外光谱检测技术（FTIR）广泛应用于材料的化学结构分析、定性及定量分析，通过测量分子基团对特定频率红外光的吸收来识别材料的化学组成。在字迹材料检测领域，FTIR 技术可以用于分析纸张、墨水、颜料等材料的化学成分。

3.1.3 手持式数码显微镜 / 超景深显微观察

手持式数码显微镜的使用可以进一步改善对档案字迹的微观观察，以便更好地了解字迹材料与载体材料之间的结合方式。通过高清晰度图像的采集，可以捕捉到微小的细节[5]。

3.2 字迹材料检测技术分析路径

采用表面显微观察、XRF、FTIR、纤维显微分析等无损或微损的科技检测方法，构建字迹材料检测技术的分析路径（见图 2）。

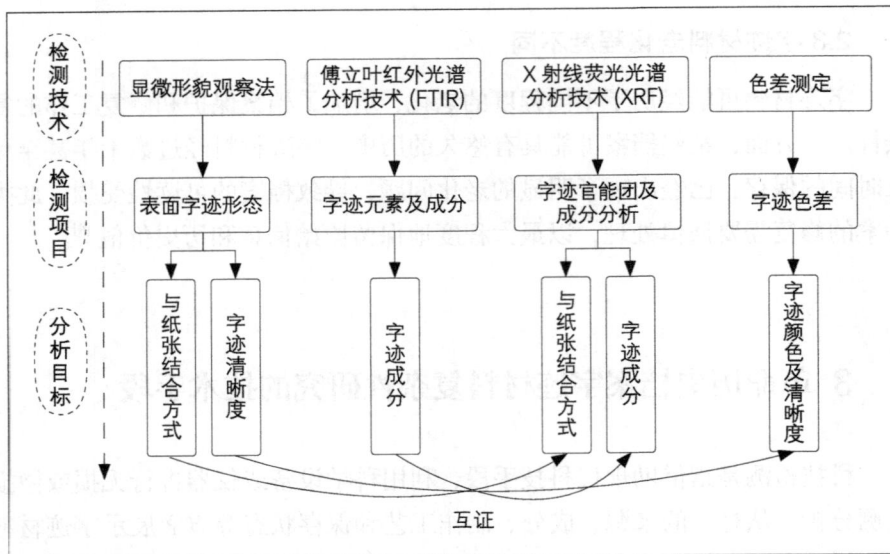

图 2　字迹材料检测技术分析路径图

4 复杂性研究的技术应用实践案例

通过对选定的革命历史档案字迹材料进行检测分析，揭示材料的物理和化学特性，深入理解其复杂性。

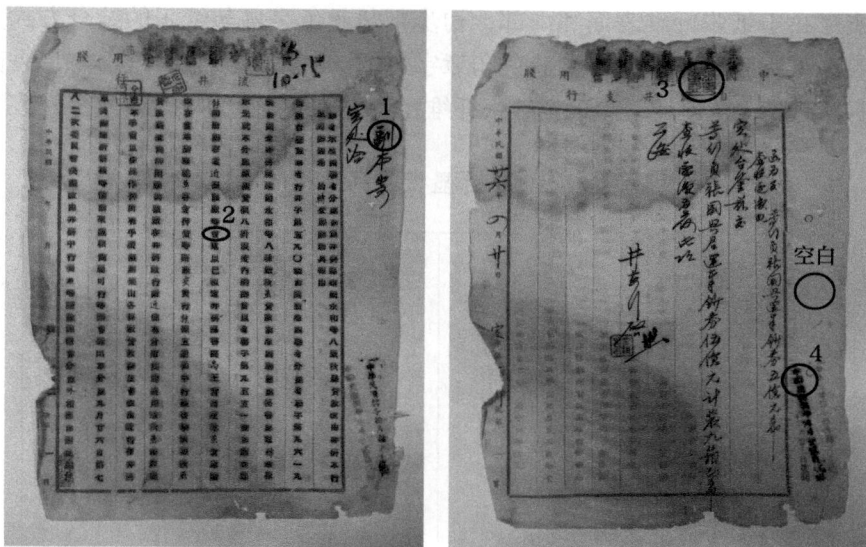

图3　"中国银行号信用笺"文书

4.1 研究对象

本文的研究对象是"中国银行号信用笺"文书档案，其形成时间为中华民国三十六年四月二十日。两页文书并未标注页码，两页字迹中发生了洇化扩散和渗透转印现象，从转印的痕迹上看，这两文书为相邻纸页，但从记载的文字以及渗透转印的清晰度来看，两页纸的叠放位置为页面 a 为上页，b 为下页。字迹材料共有 4 种，包括 1 号黑色字迹、2 号蓝色字迹、3 号红色印章字迹、4 号紫色印章字迹（见图3）。

4.2 测定结果分析

4.2.1 显微观察结果

使用汉能便携式偏光显微镜对标注的四类字迹材料进行显微观察，放大倍数在 120~160 倍之间，初步判断字迹与纸张的结合方式。

1号黑色墨迹表面纸张纤维平整，可明显观察到一层结膜；墨迹边缘轮廓清晰，无跑墨现象；墨迹的吸收和覆盖效果较好。根据显微观察结果，可初步判断黑色文书字迹与纸张的结合方式为"渗透＋结膜"，但是否存在"结膜"，还需检测墨中是否含有胶，因为有胶才具有"结膜"功能。[6] 2号蓝色字迹处，能清楚展现纸张纤维形态，表面未形成结膜，且有蓝色颗粒状物质存在于纸张纤维表面和内部，初步判断蓝色字迹与纸张的结合方式为"渗透＋黏附"。3号、4号蓝色印章字迹能清楚展现纸张纤维形态，表面未明显结膜，色素均匀渗透到纸张纤维孔隙中（见表3）。

表 3　字迹显微观察结果

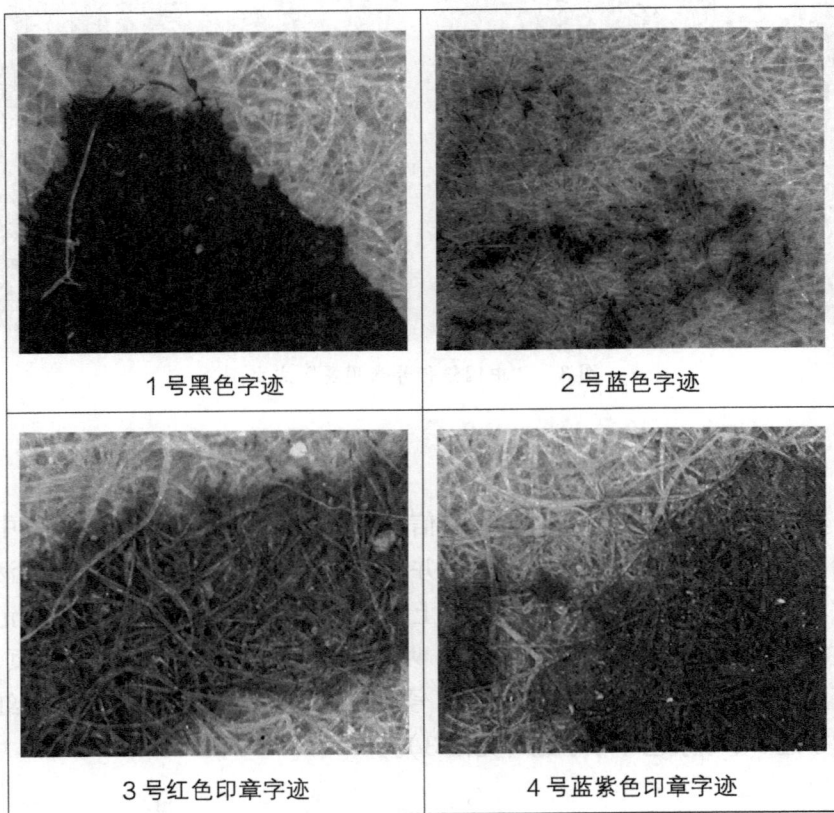

| 1号黑色字迹 | 2号蓝色字迹 |
| 3号红色印章字迹 | 4号蓝紫色印章字迹 |

从4种字迹呈现的老化情况看，1号黑色字迹保存情况良好，未发现明显褪色和磨损情况，也无洇化扩散等问题，墨迹形成时表面形成的胶黏合密度较为均匀，对字迹进行耐水、耐有机溶剂（95％无水乙醇）测试，并未发

现字迹溶解掉色现象，由此可以初步推测：字迹的色牢度较高，或属于耐久性字迹。这些结果展示了字迹材料的多样性和制作工艺的复杂性。

4.2.2 字迹元素含量分析

使用手持式 XRF 对字迹进行检测，表 4 为两种字迹及空白纸张处的微量元素分析结果。测定结果显示字迹和纸张均测定出 S（硫）、Si（硅）两种元素，但不同种类字迹和印章的各元素含量有所差异，其中 3 号红色印章的硫和硅含量明显高出数倍，且测定出含量最多的 Ca、Hg 元素和特有的 P、Pb 元素、推测该印章的色素成分可能为硫化汞、氧化铁、铅丹中的一种或混合物等。蓝色字迹测定出一些特有的金属元素，包括 Fe、Sn、Sb、Ni；紫色印章还有金属 Al、Ni。由于本文测定的是纸张上的字迹元素而非字迹材料本身，因此检测结果会受到纸张元素含量的干扰，同时由于 XRF 只能检测出镁到铀的元素，无法检测 C、H、O 等轻质元素，因此无法最终确定成分，还需要借助红外检测分析的结果。

表 4　黑色字迹微量元素种类及含量（wt%）

编号	S (硫)	Si (硅)	Ag (银)	Mn (锰)	Al (铝)	Ni (镍)	Ca (钙)	Hg (汞)	Ti (钛)	Fe (铁)	Sn (锡)	Sb (锑)	P (磷)	Pb (铅)
1 号黑色字迹	0.32	0.055	0.034	0.016	–	–	–	–	–	–	–	–	–	–
2 号蓝色字迹	0.23	0.057	–	–	–	0.01	–	–	–	0.069	0.037	0.032	–	–
3 号红色印章	1.882	0.284	0.028	0.016	0.163	–	2.364	0.208	0.155	–	–	–	0.032	0.023
4 号紫色印章	0.248	0.089	–	0.02	0.032	0.006	–	–	–	–	–	–	–	–
空白纸张	0.281	0.064	0.02	–	–	–	–	–	–	–	–	–	–	–

4.2.3 字迹物质成分分析

为深入分析字迹材料的物质组成，笔者选择以 1 号黑色字迹和 2 号蓝色字迹为例，进行进一步检测分析。使用便携式 FTIR 采集 2 页档案多种字迹类型的红外数据，并绘制红外光谱图，分析不同颜色字迹的主要成分。从图 4-1 可以看出，黑色字迹的主要成分是炭黑，在 3486cm-1 处的强吸收峰与 O-H 键的伸缩振动有关，说明溶剂或载体含羟基或者水 [7]。在 2901cm-1 和 1434cm-1 两处的强吸收峰，为亚甲基和甲基中 C-H 的伸缩振动吸收峰。1647cm-1、1003cm-1 附近的吸收峰，说明字迹中含有甘油、蓖麻油等脂类物质。[8] 在 899 cm-1、721cm-1 附近的吸收峰显示了芳香骨架的 C-H 键弯曲振动。图4-2表明蓝色字迹中的特征峰值主要种2089 cm-1峰值可能与金属-氢键（M-H）的振动有关[9]；1647cm-1、1319cm-1 附近的吸收峰，也说明字迹中含有甘油、蓖麻油等脂类物质，1095cm-1 峰值可能与 C-N 键的伸缩振动有关，可能表明存在胺类化合物[10]。

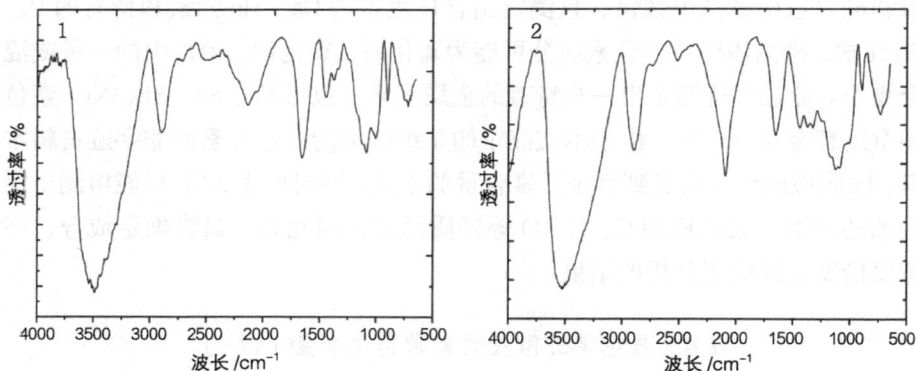

图 4　黑色、蓝色字迹 FTIR 光谱图

5　结论

通过研究我们认识到：一是字迹材料具有复杂性，这些材料的物理和化学属性差异导致了保存和修复时面临不同的挑战，不同年代和不同类型的字迹材料在老化程度上存在明显差异，这要求在保护和修复工作中采取针对性的措施。二是科技检测在字迹材料研究中应用的重要性：通过 XRF、FTIR、显微观察等技术的应用，可以深入理解字迹材料的组成、制作工艺和保存状态，为制定有效的保护和修复策略提供了科学依据。特别是通过实际案例分析，展示了如何利用这些技术手段来评估和处理字迹材料的具体问题。

然而，本研究尚存在一些不足之处，在科技检测中，由于字迹材料本身的复杂性，单一技术往往难以提供足够的信息进行准确的成分鉴定和结构分析。因此，未来研究需要综合运用多种科技检测手段，通过相互印证来提高分析的准确性和可靠性。这对于深入理解字迹材料的特性、优化保护和修复策略，以及传承和利用这些珍贵的历史档案具有重要意义。

注释及参考文献

[1] 高旭日,吴春芳,刘鹏,等.古籍墨迹的老化检测及其模拟实验研究 [J]. 文物保护与考古科学,2023(4):52–61.

[2] 张蜓.陕西历史博物馆馆藏纸质文物写印色料掉色原因浅析 [J]. 文博,2018(2):96–99,90.

[3] 何伟俊.关于考古出土纸质文物保护利用的若干思考 [J]. 东南文化,2021(6):6–13,190–191.

[4] 曾小雨.第三届传统写印材料国际研讨会召开 [J]. 造纸信息,2021(12):63.

[5] 宋欣,于晨.基于科技检测的德格土司官府与民间文书制成材料对比分析 [J]. 档案学通讯,2023(2):82–90.

[6] 张美芳,唐跃进.档案保护概论 [M]. 北京:中国人民大学出版社,2013:60–65.

[7] 王龙,杜龙,崔勐,等.显微红外光谱分析热敏可擦签字笔字迹 [J]. 刑事技术,2022(3):280–284.

[8] 姚娜,陈子繁,赵雄,等.湖北江陵九店战国墓出土墨的科学分析 [J]. 光谱学与光谱分析,2021(11):3418–3423.

[9] 徐文娟,裔传臻,褚昊,等.珂罗版印刷与传统书写墨迹的比较研究 [J]. 文物保护与考古科学,2018(4):80–84.

[10] 孙伟忠.基于图像光谱特征的纸币新旧识别关键技术研究 [D]. 沈阳:中国科学院大学(中国科学院沈阳计算技术研究所),2021.

基于 DNA 条形码的档案有害生物分子鉴定

丁双玖

国家档案局档案科学技术研究所

摘要：档案有害生物是危害档案安全的重要因素之一，有害生物严重爆发时，档案纸张被大面积毁损且无法修复，所以档案有害生物的监测和预防极为重要。由于档案有害生物种类较多、发生规律各异、专业研究人员紧缺等原因，有害生物的快速准确鉴定成为一个难点，为了更好地解决这个问题，本文讨论了利用 DNA 条形码技术进行档案有害生物分子鉴定的可能。通过对前期实验数据的分析解释了该技术进行物种鉴定的优势，即高效准确地鉴定出微小样本、虫体残片和不同虫态样本。同时，文章也讨论了 DNA 条形码技术在档案有害微生物鉴定中应用的难点。最后，总结了 DNA 条形码技术应用于档案有害生物鉴定的主要问题和可能的解决方法，可以通过补充多种分子标记，统一条形码标记选择，以及建立专门的档案有害生物 DNA 条形码数据库，来实现高效的档案有害生物分子鉴定。

关键词：DNA 条形码；档案有害生物；分子鉴定

0 引言

　　档案有害生物包括了有害微生物和有害动物，而二者中以霉菌为代表的有害微生物和以昆虫为代表的有害动物，是档案有害生物防治的主要对象。目前记录发现的档案有害生物种类近 200 种，产生的危害形式不一，档案害虫以纸张为食物，使纸页形成孔洞或结构缺损；害虫携带的污物和排泄物还会沾污纸张；霉菌在纸张上生长繁殖，分泌纤维素酶降解纤维素，其代谢产物包括多种有机酸，降低纸张的 pH 值，霉斑会污损纸张。受害严重的档案纸张被大面积损毁，无法补救，也会给国家档案保护和文化遗产保护工作造成严重的影响，因此对档案有害生物的防治工作非常重要。

　　种类准确识别鉴定是有害生物防治的基础，但是真菌和昆虫的鉴定工作目前仍然以经典形态学分类为主，鉴定依赖独立的微生物纯化培养株系和完整的成虫样本采集，对于有害生物其他生命阶段的鉴定十分困难。而且形态分类研究对鉴定人员的分类知识和经验要求较高，档案行业的实际工作中对有害生物种类的鉴定困难较大。

近年来，快速发展的分子生物学技术为物种分类鉴定种类提供了高效的新方法，其中 DNA 条形码分子鉴定技术是最成功的方法之一 [1][2]，成熟的 DNA 条形码鉴定体系可以实现不同发育形态、生物体碎片、生物制品的快速准确鉴定 [3]。然而，档案有害生物分子生物学研究仍处于初级阶段，且目前的研究多集中于仓储物害虫和储粮菌类，并没有针对档案有害生物的 DNA 条形码鉴定研究。

因此，本文讨论 DNA 条形码技术在档案有害生物鉴定工作中的应用，首先是为了填补档案保护工作中生物分子鉴定技术的空白，有效地弥补传统形态分类鉴定方法的短板，提高鉴定的准确度和效率。同时，研究成果可以为其他行业生物分子鉴定研究提供理论和技术参考。

1 DNA 条形码的发展史及意义

DNA 序列由 A、T、G、C 四种碱基以不同的顺序排列连接组成，如果有 n 个碱基，就会有 4n 种编码方式。按照这个公式计算，15 个碱基位点就能出现近 10 亿种的编码序列，如果考虑到在蛋白编码基因中密码子的简并性，那么也只需要有 45 个碱基位点，就可以获得近 10 亿个 DNA 序列。由此看来，如果给每个物种一个"身份证号"，那么 DNA 序列形式的身份证号可以建立在一段长度为几百个碱基的基因序列信息的基础之上，从理论上来讲完全可以包括所有物种。这是 DNA 条形码分类工作可实现的前提条件，即在生命体中找到一段 DNA 条形码，能够代表该物种的、标准的识别信息，可以特异地将不同物种区别开。

DNA 条形码技术的发展过程可以分为以下几个阶段，从其发展历程中我们也可以认识到生物多样性研究方法的变革 [4]。

20 世纪 60 年代至 80 年代：分子系统学的早期探索期，也是 DNA 条形码的起源时期。在此期间，科学家开始探索使用分子标记，如蛋白质和 DNA，来破译物种之间的进化关系。此间 DNA 杂交和蛋白质电泳等技术的发展，为 DNA 条形码技术奠定了理论基础。

20 世纪 80 年代至 90 年代：DNA 测序技术飞速发展期，特别是 Sanger 测序的引入，彻底改变了分子生物学[5]。研究人员能够高效准确地解码生物的遗传信息。成熟的特定区域测序技术为 DNA 条形码的概念奠定了技术基础。

2003 年：DNA 条形码技术概念正式出现，Hebert 正式提出了 DNA 条形码概念[6]，并提出开发一种标准化和通用的物种识别方法，即利用细胞色素 C 氧化酶亚基 I (COI) 基因作为通用条形码标记识别昆虫，这一开创性工作获得了广泛的认可和接受。

2003 年至今：DNA 条形码的扩展应用和标准化阶段，科学家们探索了各种条形码标记和改进技术[7]。对植物（rbcL 基因，matK 基因）、真菌（ITS 基因间隔区）和动物（COI 基因）等不同的分类类群进行了标准化条形码区域鉴定。国际生命条形码（iBOL）和生命条形码联盟（CBOL）的成立更是促进了研究人员之间的合作和数据共享。

DNA 条形码技术彻底改变了生物分类学领域的发展，该技术提供了一种高效的基于基因碱基排列分析的物种识别分类方法[8]。在对地球上庞杂的生物多样性进行分类和理解的过程中，DNA 条形码已经成为一种不可或缺的工具，从根本上改变了我们对地球上生命的探索方式。DNA 条形码技术的爆发式发展得益于其超越了传统形态学物种鉴定方法，在分子水平上探索生命间存在的联系，其核心在于每个物种在其基因组的特定区域编码有独特的遗传特征[9]，就如同每个人都拥有不同的指纹，每片叶子都拥有不同的叶脉。这种身份象征性的基因特征可被快速和精确地识别，即使面对隐存物种或生命体不同阶段的形态差异等挑战，DNA 条形码仍然可以实现不依靠视觉基础的物种分类。

2 DNA 条形码在害虫和病菌鉴定中的作用

基于 DNA 条形码技术高效便捷的优势，其在生物多样性保护、物种进化研究、环境污染源识别、食品安全鉴定、法医鉴定等多个领域均有应用，本文中主要讨论其在物种鉴定中的使用。DNA 条形码技术的核心是快速准确地鉴定物种，特别是在处理形态相似的物种时，DNA 条形码可以揭示遗传差异，以区分隐存种或形态难以区分的物种；此外，DNA 条形码可以帮助识别在整个发育过程中表现出剧烈形态变化的物种，如害虫的卵期和蛹期，真菌的孢子和子实体；而且 DNA 条形码也可以对不完整或损坏的样本进行识别，如有害生物的残肢。

2.1 DNA 条形码在害虫鉴定中的应用

Hebert 等人通过比较 11 个动物门 2238 种动物的 COI 基因部分序列，发现 98% 的种间差异在 2% 以上，能够基于序列差异鉴定绝大多数的种类，从而提出了利用 COI 基因的 650 bp 片段可作为动物物种生物学鉴定的通用标记或 "DNA 条形码"。COI 基因是一个高度保守的线粒体基因 [10]，编码呼吸电子传递链蛋白，将分子氧还原到水中，存在于所有需氧生物中。迄今为止，COI 基因已被试用于蛾类、蝴蝶、蝇类、蚊类、甲虫、蜂类、蚁类、蜘蛛、蝙蝠、鱼类、爬行动物、鸟类、甲壳类等多种动物的条形码基因 [11][12]，是应用最为广泛的 DNA 条形码标记基因。

在害虫鉴定中，由于体形微小导致鉴定困难的蓟马可以利用 DNA 条形码进行准确识别 [13]，形态相似的毒蛾科（共计 2700 余种）和夜蛾科（超过 30000 种）的害虫，成虫和幼虫都可以利用 DNA 条形码技术有效区分 [14]。此外，在检疫性害虫的鉴定中，DNA 条形码技术因不受虫态限制且有较高的时效性而备受青睐，已成为海关及检疫部门鉴定入侵生物的主要手段。

2.2 DNA 条形码在真菌鉴定中的作用

真菌是自然界中庞大而广泛的类群，已确认的物种数量超过了 12 万，而真菌分类研究工作长期以来面临挑战，传统的形态分类主要以微观形态特征、生长特性及生理生化指标为依据，对病原真菌进行形态学、生理及生化特征等分析，并对照已有的研究资料判断它所处的分类地位以及不同菌株之间的亲缘关系。采用传统分类方法进行病原真菌鉴定费时、耗力、复杂且繁乱。而利用 ITS 基因间隔区域的 DNA 条形码技术，在了解真菌多样性研究中发挥了重要作用。ITS 核糖体转录间隔区是位于 18S rDNA 和 5.8S rDNA 之间及 5.8SrDNA 和 28S rDNA 之间的区域片段 [15]，是目前真菌物种分辨率最高的 DNA 片段。其在种内的不同菌株之间高度保守，但在种间变化极大，近缘的种属也能够通过 ITS 序列上的不同而加以鉴别。Landeweert 等学者认为，真菌通过 ITS 区域比对，序列相似性小于 95%，鉴别为同科；序列相似性大于 95% 且小于 99%，鉴别为同属；序列相似性大于 99%，鉴别为同种 [16]。

真菌的 DNA 条形码鉴定研究相较于动物而言较为零散，但是很多近期的研究都证明了该技术在真菌鉴定中的广阔前景，例如利用 DNA 条形码鉴定地衣时，研究者发现了多个隐存种，证明了该技术在揭示隐真菌多样性方面强于传统形态分类的明显优势[17]。

3 DNA 条形码在档案有害生物分子鉴定中的应用情况

档案有害生物 DNA 条形码研究仍处于初级阶段，且目前的仓储物害虫分子研究多集中于储粮害虫和烟草制品害虫[18]，如危害储粮安全的拟步甲科[19]、皮蠹科[20][21]害虫等。笔者通过实验采集了档案馆中发现的长尾衣鱼、德国小蠊、嗜卷书虱、档案窃蠹、烟草甲、黑毛皮蠹、花斑皮蠹、拟裸蛛甲、薪甲（未鉴定到种）、光肩星天牛、锯谷盗、赤拟谷盗、袋衣蛾的 COI 基因条形码数据。在经过遗传距离比较和系统发育分析后发现，除了光肩星天牛之外的物种均可以利用 COI 基因条形码片段有效鉴定，其中花斑皮蠹和赤拟谷盗除了利用遗传距离比较，还需要辅助以系统发育建树分析，而其余物种仅需利用遗传距离分析即可与近缘种有效区分。

通过对档案害虫 DNA 条形码的研究，我们发现该技术在档案害虫鉴定中的明显优势，首先就是不需要特定的专业背景，只要拿到生物样本，可以提取 DNA，就可以得到鉴定所需的数据，这个实验过程与病毒核酸检测相似，同样具有很高的时效性；其次，衣鱼、袋衣蛾、德国小蠊等中到大型的害虫，仅使用残体材料就可以有效鉴定；最后，黑毛皮蠹、花斑皮蠹以及档案窃蠹的成虫和幼虫均可以利用 DNA 条形码技术快速准确鉴定。因此利用 DNA 条形码技术的主要优势在档案害虫的鉴定中可以得到完全地发挥。

在档案有害微生物的 DNA 条形码鉴定研究中，我们探索了使用 18S 基因全序列和 ITS 基因全序列分析来进行物种鉴定，但是在遗传距离比较中，我们发现了这两个基因标记的条形码片段虽然能够有效地区分物种或株系，但是在数据库比对中，多数样品鉴定结果只能在属阶元水平，而无法到达种阶元水平。基于以上的结果，我们认为目前仅利用以上两个基因片段对档案有害真菌进行物种级别的鉴定并不能实现。

4 DNA 条形码在档案有害生物鉴定中存在的问题及解决方法

4.1 标记基因缺乏

虽然标准化的条形码标记（如 COI、rbcL、ITS 等）被广泛使用，但一些分类类群可能由于序列高度保守或扩增和测序困难而缺乏合适的标记。例如档案害虫光肩星天牛，COI 基因无法有效鉴定该物种，必须辅助以 28S 基因和 18S 基因的条形码片段，才能够准确鉴定，而微生物中条形码标记基因的选择更加的繁杂。因此，对于害虫的个别种类和一部分真菌种类，需要筛选并补充更多的有效标记基因，如皮蠹类使用 COI+12S 基因标记，天牛类使用 COI+28S+18S 基因标记，青霉菌使用 ITS+18S 基因标记等。

此外，标记基因需要进行统一，标准化的基因片段数据库才能够保证序列比对的有效性，就如同不能用身份证号和学生证号进行比较一样，档案有害生物需要考虑与公用标记基因的统一性和自身的特异性，权衡数据获取的难易程度，制定统一的标记基因参照，避免出现同一物种在不同技术体例里使用不同基因片段作为标记的情况，例如对于某地花斑皮蠹，一些体系中使用 COI 基因作为标记，而别的体系使用 28S 基因作为标记，这种情况下该物种的数据在不同体系之间就无法比较。

4.2 参考数据库不完整

DNA 条形码的主要挑战之一是参考数据库的不完整性。全面而准确的物种鉴定依赖于一个强大的已知物种条形码序列参考库。然而，许多地区和分类类群在这些数据库中缺乏足够的代表性。我们在公用数据库中比对档案有害微生物条形码数据时即面临了这个问题，如果公用数据库中不存在某个物种的"身份信息档案"，就无法在这个数据库中找到该物种。需要建立专门的档案有害生物类群 DNA 条形码参考数据库，才能保证该技术在档案领域应用的有效性。

注释及参考文献

[1][4][6][8] Paul D N Hebert, T Ryan Gregory. The promise of DNA barcoding for taxonomy[J]. Systematic Biology, 2005(5):852 – 859.

[2]Rob D , Paul G. Review and interpretation of trends in DNA barcoding[J]. Frontiers in Ecology and Evolution, 2019(7):302.

[3] 伍祎，李福君，李志红，等 . 储粮昆虫 DNA 条形码分子鉴定技术研究 [C]// 中国植物保护学会 . 植保科技创新与农业精准扶贫——中国植物保护学会 2016 年学术年会论文集 . 北京 : 中国农业科学技术出版社 ,2016:1.

[5] Woese C R, Fox G E. Phylogenetic structure of the prokaryotic domain: the primary kingdoms[J]. Proceedings of the National Academy of Sciences, 1977(11):5088–5090.

[7] Hebert P D N, Stoeckle M Y, Zemlak T S, Francis C M. Identification of birds through DNA barcodes[J]. PLoS Biology, 2004(10): e312.

[9] Hollingsworth P M, Forrest L L, Spouge J L, et al. A DNA barcode for land plants[J]. Proceedings of the National Academy of Sciences, 2009(31):12794–12797.

[10] Mueller R L. Evolutionary rates, divergence dates, and the performance of mitochondrial genes in Bayesian phylogenetic analysis[J]. Systematic Biology, 2006(5):289 – 300.

[11] Chantangsi C, Lynn D H, Brandl M T, et al. Barcoding ciliates: a comprehensive study of 75 isolates of the genus Tetrahymena[J]. International Journal of Systematic and Evolutionary Microbiology, 2007(57):2412 – 2423.

[12] Hussain K, Rashid K, Hafeez F, et al. Molecular identifcation of sugarcane black bug (Cavelarius excavates) from Pakistan using cytochrome C oxidase I (COI) gene as DNA barcode[J]. International Journal of Tropichal Insect Science, 2020(40):1119 – 1124.

[13] 乔玮娜，万方浩，张爱兵，等 . DNA 条形码技术在田间常见蓟马种类识别中的应用 [J]. 昆虫学报 ,2012(3):344–356.

[14] Ball S L, Armstrong K F. DNA barcodes for insectpest identification:A test case with tussock moths (Lepidoptera:Lymantriidae)[J]. Canadian Journal of Forest Research, 2006(2):337–350.

[15] Hebert P D N, Ratnasingham S, de Waard J R. Barcoding animal life: cytochrome c oxidase subunit 1 divergences among closely related species[J]. Proceedings of the Royal Society of London. Series B: Biological Sciences, 2003(Suppl 1): 96–99.

[16] Landeweert R, Leeflang P, Tuyper T W, et al. Molecular identification of ectomycorrhizal mycelium in soilhorizons[J].Applied and Environmental Microbiology,2003(1):327–333.

[17] Th û s H, Muggia L, P é rez–Ortega S, et al. Reevaluating the systematics of the lichen–forming genus Melanohalea (Parmeliaceae, Ascomycota)[J]. Lichenologist,2011(5): 461–471.

[18] 李锋，罗朝鹏，郑凯，等 .DNA 条形码技术在烟草制品害虫检测中的应用 [J]. 浙江农业科学 ,2016(7):1021–1024.

[19] 赵亚茹 . 利用 DNA 条形码技术对拟步甲科主要储粮害虫鉴定的研究 [D]. 郑州 : 河南工业大学 ,2017.

[20] 魏鹏 , 庞有婷 , 粟耘 , 等 . 基于 DNA 条形码技术的仓储皮蠹分子鉴定初步研究 [J]. 中国植保导刊 ,2020(1):25-28.

[21] 李栅霖 . 皮蠹科 DNA 条码分类技术研究 [D]. 苏州 : 苏州大学 ,2015.

我国档案文献遗产活化保护的理论探索与实践应用

周耀林[1, 2]　韦彩艳[1]　谢宁[1]

1 武汉大学信息管理学院

2 武汉大学政务管理研究中心

摘要： 为回应我国档案文献遗产保护方面的发展规划，本文从主体、客体、场景三个层面总结了我国档案文献遗产活化保护的需求，进而引入"价值链"理论，将活化保护实践的成果转化过程简化为由创作者、用户、产品构成关键节点的系统，并用心流理论、协同治理理论和叙事理论指导节点间的互动。最后，以理论为指导，本文提出了演绎式活化保护、竞赛式活化保护、游戏式活化保护和文创式活化保护四种实践前沿。

关键词： 档案文献遗产；活化保护；理论探索；实践应用

0 引言

2015 年，国家档案局颁布《"十三五"期间国家重点档案保护与开放工作总体规划》，标志着我国档案文献遗产保护工作进入常规化、主动式的保护阶段[1]。当前，档案文献遗产保护不仅仅强调保护，而是朝向以保护为基础、以深度开发为重点的转移。这个转移过程中，学者常借用"活化"这一自然科学术语作为对包括档案文献遗产在内的文化遗产的物质及精神价值进行解码、诠释、继承和重构的方式[2]，"活化保护"由此开始出现。陈闽芳认为，"活化保护"模式的核心内涵是在文献遗产抢救修复基础上，运用现代信息技术对文献遗产信息内容进行历史价值解读与现实意义挖掘[3]。更多的研究[4][5]将"活化"的概念放在现实案例的框架下，也有研究融合了文化战略视角[6]、民族叙事视角[7]、创意视角和数字人文视角[8]，希望从不同角度发掘档案文献遗产活化保护的思路。

总体来看，"档案文献遗产活化保护"这一主题的研究大多聚焦于某一具体案例，且侧重于活化，与保护的关联不足。为此，笔者在分析档案文献遗产活化保护实践需求的基础上，以价值链理论为指导，从档案文献遗产活化保护产品价值实现的角度出发，将用户、创作者、产品作为价值实现体系的三个关键节点，探讨档案文献遗产活化保护理论及其实践应用。

1 我国档案文献遗产活化保护的需求

1.1 主体层面：从单一走向多元

目前，档案文献遗产活化保护实践需要从单一主体向多元主体转变，后者在保护过程中发挥着不同的作用。档案保护人员仍然以实体档案及其环境的保护和控制为主，文化创意人员负责输出创意和想法，以计算机人员为代表的技术人员则为实体档案与文创的结合提供技术支持；以企业为首的社会资本的加入不仅能够带来坚实的资金支持，还提供了广阔的传播平台。总的来说，档案部门及其相关部门、社会组织和公民个人被共同纳入了档案文献遗产保护的框架中，不同主体间的双向互动既能在元治理视域下被拆解成科层制治理、市场化治理和公民社会网络治理的治理模式[9]，也能在协同视角下探索出形成明确主体角色、形成治理共识、整合组织机构、利用技术赋能的治理路径[10]。

1.2 客体层面：从实体保护走向信息开发

档案文献遗产活化保护需要从实体保护走向信息保护。从 20 世纪末开始，我国通过数字化保护建立了大量的档案文献遗产的资源库。参与保护各个主体既可以在档案文献遗产数字化的基础上，以知识单元为识别和利用对象，挖掘文献遗产的内容信息，产出知识图谱、专题知识库等数字成果，也可以从内容解读、诠释出发，在特定主题下进行二次创作，如开发游戏、主题文字创作、微纪录片、VR 实景短片等，努力实现尊重档案文献遗产的原始记录，同时也赋予其时代新意。不少档案馆已经将档案文献遗产信息开发作为本馆工作的重点，如四川省档案馆近年来将文化建设作为馆藏特色档案活化开发的战略手段，联合部分文博单位和全省 115 个档案馆成立"四川档案文创联盟"，深刻反映了档案文献遗产保护的信息开发趋势。

1.3 场景层面：从现实空间走向虚拟空间

信息时代的到来使信息的传播方式发生了翻天覆地的变化，档案文献遗产的信息可以与其存储介质分离，可以通过互联网被全世界共享，而不会受到地域的限制。得益于数字技术的发展，现实场景在虚拟空间中被还原，产生了诸如网上展厅、线上体验档案修复、数字资源库等典型虚拟场景。也有部分虚拟场景基于对文献遗产信息的挖掘和重构，如具有代表性的人物知识图谱、古农书本体构建及其可视化。以 GLAM 为主导力量的记忆机构依托自建网站、合作网站和社交媒体网站，全平台输出活化保护建设成果。例如，山东省图书馆的"中华古籍保护计划——山东省古籍普查十大新发现"评选，官方微信公众号连续推送 10 期图文[11]，详细介绍了此次山东省古籍普查的十大新发现，同时也向公众普及了档案文献遗产知识。

2 我国档案文献遗产活化保护的理论探索

"价值链"意即每家企业进行产品设计、制造、营销、交付和辅助活动期间动态的价值创造过程[12]。在企业的这一系列经营活动中，够创造价值、形成企业优势的只有一些特定的环节，这些环节就是企业的"核心战略环节"[13]。

应用"价值链"理论分析档案文献遗产活化保护实践成果的价值实现，可以"将整个生产过程区分为产品的研发设计、生产制造和流通销售三个主要环节"[14]。研发设计对应创作者端；生产制造对应产品端；流通销售对应用户端。因此，从创作者端、产品端、用户端这三个价值转化的端口看，整个档案文献遗产活化保护就可以看作是一个由用户、产品、创作者构成的系统。在这个过程中，不同节点间的互动呈现出不同的行为特点，因而可以选用适宜的、成熟的、具有档案领域应用前景的理论进行指导。

2.1 基于心流理论的用户与创作者互动

心流理论是当人们忘我地参与某项具有挑战性的任务时所处的心理状态就是心流体验[15]。米哈里认为，产生心流的三大前提：具有明确性的目标、给予了及时性的反馈、挑战和自身技能水平达到相对平衡。心流理论提出后，Massimini 等学者[16]提出了广为人知的四通道模型。该模型指出，如果参与者能力和挑战难度都处于低水准的状态，那么即使两者匹配，也无法达到心流状态。

以数字游戏的开发为例，创作者首先将用户划定在了具有数字技术使用技能的人群，该人群年龄跨度大，故而可以结合游戏的特点，设计不同的关卡对应不同难度，满足不同年龄段和不同能力层次的用户产生心流的条件，在用户体验过程中设置奖励机制及时给予用户反馈，用户也可以通过游戏设置的反馈渠道向创作者提出意见和建议。类似的开发方式还有解谜档案、互动展览、实景密室等。值得注意的是，心流体验产生的实质是忘我状态的达成，只要促成用户在使用时的全身心投入，即使无法完全满足心流理论的全部关键要素，同样可以产生积极的体验。认识到这一点有助于帮助我们理解单向输出型产品带来的心流体验，为不同环境和客观条件下的活化保护提供多样化的思路。

2.2 基于协同治理理论的创作者与产品互动

协同论认为，子系统能够进行自组织，自动形成结构和功能，与其他子系统既存在合作关系也存在支配关系。治理理论则强调"治理主体除了政府外，各类非正式主体、社会组织及个人也可以借助社会规则体系协同参与社会事务的管理运行事务"[17]。协同治理理论兼具协同论和治理理论的特点，"强调治理主体的多元化、主体间的协同性、行动的程序化以及管理的规范性"。协同治理理论进入档案领域后，唐启等学者[18]明确给出了档案治理的概念，为协同治理理论用于档案文献遗产活化保护提供了本土化理论解读与参考。

在个人层面，社会公众可以通过档案众包等形式参与档案文献遗产的加工，帮助识别难以辨认的字迹和近乎失传的文字，完善档案文献元数据，推动档案文献遗产数据库建立。在机构层面，民间单位深入群众，更加了解区域内的文献遗产资源状况和保护情况，可以帮助进行文献遗产资源普查，并对档案文献遗产提供及时有效的保护。另一方面，事业单位诸如地方档案馆、研究院所中的团队基于课题研究成果，进一步完善活化保护理论体系，丰富实践案例。在企业层面，记忆机构应当积极考虑与企业达成合作的可能性，加强与通过资格审查的企业的联系，并根据企业的业务特点制定活化保护计划。对传媒企业，可以利用企业平台进行文献遗产活化保护宣传；对科技企业，可以依托该企业强大的技术力量开展数字人文项目。

2.3 基于叙事理论的产品与用户互动

后叙事时代，叙事研究拓展到了其他具有文化意义的叙事作品[19]，即"叙事是普遍存在的"[20]。档案叙事就是在叙事理论新范式发展的背景下产生的。李孟秋[21] 提出档案叙事就是"指档案形成者出于特定目的,通过语言或其他媒介对社会发展脉络进行选择与记录,再现特定时空中的事件,从而呈现给特定主体的过程"。进入数字时代后,档案叙事又出现了数字叙事的转向,档案数字叙事是以有关档案为内容,运用数字技术和媒介手段,深入挖掘人物关系、事件脉络、情感变化等关联因素,以实现沉浸式、交互式的叙事效果和体验的过程[22]。不难看出,叙事理论下的产品价值实现在于再现特定历史场景,为用户提供沉浸式的体验。

基于叙事理论的产品与用户互动离不开对档案文献遗产资源的深入挖掘,将产品落脚在目标档案文献遗产区别于其他文献遗产的特点上,从内容的独特性、载体的稀缺性、所反映历史的重要性等方面突出产品的吸引力。例如,"江南再造"系列展览就围绕着江南美学脉络这一主线,通过 130 余件珍贵书画档案展品与影像、装置、新媒体等各种艺术方式结合的方式展现了江南地区美学传承的历程[23]。更进一步,在数字技术支持下,产品营造的历史空间应当为用户预留进入的通道,允许用户自主探索档案文献遗产的前世今生,达成感知和参与相统一的互动叙事,促成用户由旁观者变成参与者的视角转变,提升产品的体验效果。

3 我国档案文献遗产活化保护实践前沿

3.1 演绎式活化保护:基于档案文献遗产的二次创作

档案文献遗产活化保护是遗产信息价值激活、重构与释放的保护过程[24],对文献遗产所承载、记录与反映的内容的解读和演绎赋予了文献遗产在现代文化传播和文明传承语境下的二次生命。创作者利用档案文献遗产资源构建起的叙事空间将遗产中的人物、地点、时间、事件、行为等要素有机联结,创造了一个再现历史的通道。同时,对文献的选择性呈现和现代化表达也使得档案文献遗产能够跳出历史的框架,以一种更加灵活、包容的姿态成为民族价值体系的养料和民众精神生活的一部分。

基于此,产生了大量以档案文献遗产信息内容为原材料的二次创作产品。国家档案局近几年连续推出中国档案文献遗产系列微视频,武汉长江大桥建设档案、《中药大辞典》原稿等遗产的前世今生被娓娓道来;国家古籍保护中心办公室与番茄小说联合承办"古籍活化传承书香"征文活动,面向社会征集以古籍为蓝本进行再创作的作品，在创作者笔下古籍获得了新的生命；国家典籍博物馆承办的"线上超现实体验项目——古籍寻游记"则以相关史料记载、考古遗存等为依托，借助 VR 互动的形式，带领观众走进古籍文献的虚拟世界。大量的实践表明，档案文献遗产的演绎始于遗产本身，最终落脚于活化保护。

3.2 竞赛式活化保护：调动档案文献遗产的保护力量

如果说演绎式活化保护主要是以记忆机构为创作主体的活化方式，那么竞赛式活化保护就可以看作是以社会各界为创作主体的活化实践。创作权的下放不仅反映了由档案管理向档案治理的官方机构策略转向，还反映了社会活化保护主体意识的觉醒。社会公众物质生活的富有和技能水平的提升使得越来越多的人具备参与活化保护的能力。因此，以档案文献遗产保护为主题的竞赛在全国各地相继推出。

其中，最典型的当属世界记忆项目北京学术中心推出的"世界记忆·中国文献遗产创意竞赛"。该竞赛面向全国大学生征集入选《世界记忆名录》和《世界记忆亚太地区名录》的 19 项中国文献遗产的开发创意。该竞赛充分传递了文献遗产保护的重要理念，调动了广大青年学生参与文献遗产保护的社会责任感，鼓励学生自觉成为文献遗产活化保护的传承人和守护者。除此之外，以档案文创为主题的比赛也在火热开展中。广东省"阳光行动杯"鼓励广大市民挖掘档案资源，开发融入中山特色档案元素的文创类实物作品；由中国档案学会主办的档案文创作品展示评比活动同样搭建了一个档案文创的平台，推动由成果到产品的转化，让创意落地，促文化传承。

3.3 游戏式活化保护：打开档案文献遗产的趣味世界

目前学界对档案游戏化已有一定研究。理论层面，周林兴等认为档案游戏化开发的本质是档案以元素植入、体验优化和受众整合实现与游戏的有机融合[25]。冯天予等从内容、形式与用户三个视角总结档案游戏开发的顶层设计经验[26]。王笑等人在对国内、国外档案游戏开发现状和国内游戏局限性进行分析梳理的基础上，提出了档案游戏化开发可以通过打造"国风 IP"和可持续化实现档案活化。案例分析方面，陈建等以故宫博物院解谜书游戏《谜宫·金榜题名》为例，提出了数字人文视角下历史档案解谜书游戏开发的路径，即档案数据库构建、数据处理和故事讲述[27]。

结合目前档案游戏化开发产品不难看出，游戏式活化保护的最大特点就是"寓档于乐"，在互动中以趣味的方式宣传历史文化，达成文化认同。讲述清朝第一行商家族经商经历的粤档·行商风云游戏和第七档案室这一档案教育文化创意新项目都是希望借助丰富的故事情节、人物关系和巧妙的关卡设置激起用户对档案文献遗产的兴趣，创造用户沉浸的条件，使用户产生积极的心流体验，进而主动探索尘封在档案背后的历史信息。在游戏式活化保护方式下，档案文献遗产保护成了游戏开发者和用户共同参与建设的结果，资源供给、用户参与和体验反馈成了密不可分的整体。

3.4 文创式活化保护：打造档案文献遗产的品牌文化

2021 年，我国《"十四五"全国档案事业发展规划》中明确指出要"加强档案文化创意产品开发，探索产业化路径"，从顶层规划的角度强调了档案文创产品开发在档案事业发展中重要地位。与之相对应的是方兴未艾的理论研究和如火如荼的实践探索，李婧就在文献综述中从档案文创开发、档案文创服务与档案文创推广三个方面总结了目前的档案文创研究，也有学者[28]对我国 31 个省级综合档案馆的档案文化创意服务进行了调查，为促进档案文化创意产业转型升级提供了思路。

以广东和江苏两省为例：广东省注重将档案文化融入日常生活，强调产品的实用性，开发出"档案之光"文创口罩、侨批文化明信片等以日常用品为主题的文创产品，并挖掘档案文献遗产内容，出版了《海邦剩馥——广东侨批档案》等书籍；江苏省文创产品以互动书籍见长，全国首套"可读可玩可品"的"我是档案迷"丛书就是由苏州中国丝绸档案馆发布的。除了文创产品，创造 IP 形象也是档案文创界逐渐兴起的做法。苏州中国丝绸档案馆的吉祥物"阿卡"、第一历史档案馆的"宬宬"等 IP 形象竞相推出，卡通的外表赋予了馆藏档案更亲和的属性和更生动的形象。

4 结语

我国档案文献遗产活化保护实践在全国遍地开花，参与主体多元、开发类型多样的特点日益突出，社会影响力也在逐渐提高。但必须认识到，我国档案文献遗产保护工作仍处于初期阶段，在科学理论指导、协同体系搭建和法律政策保障方面还存在不足，保护工作在地区间、部门间呈现出发展不平衡的现象，这都预示着活化保护工作还有很长一段路要走。本文立足于当前我国档案文献遗产活化保护，从价值链理论出发，以"创作者—产品—用户"为关键节点进行了分析，旨在深入推进档案文献遗产活化保护研究，进一步推动档案文献遗产活化保护实践。

本文系国家社会科学基金重点项目"面向'实体—文化'协调发展的档案文献遗产活化保护体系建设研究"（24ATQ004）的阶段性研究成果。

注释及参考文献

[1] 赵跃. 档案文献遗产精准保护模式研究 [M]. 北京：中国社会科学出版社,2022:2.

[2] 牛力,刘慧琳,曾静怡. 档案工作参与数字人文建设的模式分析 [J]. 档案学通讯, 2020(5):62-67.

[3] 陈闽芳,李健."互联网 +"环境下文献遗产"活化保护"模式研究 [J]. 浙江档案, 2019(3): 22-25.

[4] 杨海龄,张婉颖. 革命文物档案的活化利用——新时期雨花台烈士纪念馆展陈工作回顾 [J]. 档案与建设,2022 (10): 66-67.

[5] 留晞. 活化利用红色档案主动服务主题教育——以杭州市档案馆为例 [J]. 浙江档案,2023 (11): 48-50.

[6] 杨茜茜. 文化战略视角下的文献遗产保护与活化策略 [J]. 图书馆论坛,2020(8): 163-172.

[7] 杨光. 档案史料的活化与民族叙事的创新 [J]. 档案与建设,2024(1):37-43.

[8] 周耀林,吴化. 数字人文视野下少数民族档案文献遗产数字化保护研究 [J]. 档案学研究,2022(5):123-129.

[9] 朱彤,张航,谭爽. 元治理视域下档案治理主体协同策略研究 [J]. 档案学研究, 2022(5):74-80.

[10] 李健,王运彬. 多元主体协同视角下我国参与式档案治理路径研究 [J]. 浙江档案, 2022(7):25-28.

[11] 新华网. 古籍如何"活"在当下、走进生活 [EB/OL].[2024-06-05]. http://www. xinhuanet.com/book/20220624/cdd473778f1147c699a510a694691a19/c.html.

[12] 波特. 竞争优势 [M]. 北京：华夏出版社,2005:197-207.

[13][14] 陈凌云. 博物馆文化创意产品开发研究 [D]. 上海：上海大学,2019.

[15] Wilder WD, Csikszentmihalyi M , Csikszentmihalyi I S. Optimal experience: Psychological studies of flow in consciousness[M]. Cambridge: Cambridge University Press,1992:3–15.

[16] Massimini F, Carli M. The systematic assessment of flow in daily experience[M]. Cambridge: Cambridge University Press,1988:266–287.

[17] [美] 詹姆斯·N. 罗西瑙 . 没有政府的治理 [M]. 张胜军，刘小民，译 . 南昌：江西人民出版社 ,2001:2–5.

[18] 唐启，于英香 . 对档案治理概念内涵与外延厘定的批判与反思 [J]. 档案学研究 ,2023(4):25–32.

[19] 吴琳 . 叙事视角下档案馆文化创意服务研究 [D]. 哈尔滨：黑龙江大学 ,2023.

[20] 尚必武，胡全生 . 经典、后经典、后经典之后——试论叙事学的范畴与走向 [J]. 当代外国文学 ,2007(3):120–128.

[21] 李孟秋 . 论档案叙事的发展演变：基于社群档案的分析 [J]. 浙江档案 ,2021(6):23–26.

[22] 聂云霞，范志伟 . 基于 AIGC 的档案数字叙事探析 [J]. 档案与建设 ,2024(4):53–59.

[23] 李颖 . 档案展览的视觉展示与文化叙事——以 "江南再造" 系列展览为例 [J]. 档案与建设 , 2023(2): 72–73.

[24] 姬荣伟，周耀林 . 数字人文赋能档案遗产 "活化" 保护：逻辑、特征与进路 [J]. 档案学通讯 ,2021(3):46–54.

[25] 周林兴，张笑玮 . 档案游戏化开发：价值呈现、维度把握与路径探析 [J]. 北京档案 , 2022(4):10–13.

[26] 冯天予，谭必勇 . 寓档于乐：档案游戏化现状与策略研究 [J]. 兰台世界 ,2020(4):18–23.

[27] 陈建，徐晴暄 . 数字人文视角下历史档案解谜书游戏开发路径研究——以《谜宫·金榜题名》为例 [J]. 档案学研究 ,2023(1):100–106.

[28] 周耀林，杨文睿 . 新文创语境下我国档案文化创意服务的现状调查与发展思路——基于我国 31 个省级档案馆的调查 [J]. 档案学研究 ,2024(1):85–92.

数智时代档案保护人才胜任力构建要素分析

胡茜茜

华东政法大学政府管理学院

上海档案事业发展研究中心

摘要：档案保护是档案工作的重要内容之一，是实现档案事业可持续发展的重要基础和保障。当前，以数字化和信息化为基础的档案管理对档案保护人才队伍的建设提出了新要求。目前，档案保护人才专业水平有待提高，档案保护人才培养手段和培养规划还不够完善，因此本文结合数智时代背景，从知识、能力、自我认知、特质及动机五个方面分析档案保护人才胜任力的构成要素，探讨其在专业人才选拔与培养中的应用方式，最后总结提炼出档案保护人才胜任力冰山模型，以促进档案保护人才队伍建设。

关键词：数字化；档案保护人才；胜任力

0 引言

档案保护工作通过最大限度地减少或阻止外界因素对档案资料的破坏和影响，进而更好地实现对档案资料的保存与利用[1]。近年来随着大数据、云计算、区块链及人工智能等高新信息技术的产生与快速发展，人类社会已步入"数智时代"[2]。传统档案资源的管理形式发生了深刻的改变，人们不仅可以利用数字技术整合各类碎片化的档案信息、更加便捷高效地获取和开发档案资源，同时保护档案的安全性、真实性、全面性工作也变得更加紧迫和重要。这对档案保护人才队伍的建设也提出了新的要求，档案保护工作者不仅需要具备较高的政治素质和扎实的档案保护专业知识，还应当具备较强的信息素养。目前学界关于档案保护人才的相关研究主要集中从宏观层面分析档案保护人才建设存在的问题并提出相应的对策，而较少有文献分析档案保护人才自身应具备的素质和如何培养档案人才以提升其岗位胜任能力。基于此，本文结合数智时代特征分析并总结了当前档案保护人才培养的现实需求，运用胜任力冰山模型理论总结并分析了档案保护人才应具备的素质，促进档案保护人才的培养向更科学化、专业化和数字化的方向发展。

1 档案保护人才胜任力概述

1.1 档案保护人才胜任力概念的界定

"胜任力"的概念源自 20 世纪 70 年代，被认为是能够显著区分个体在某一岗位中卓越表现与平凡表现的个人表面特征和潜在特征之和。（戴维·麦克利兰，1973）其既包括个人所具备的可以测量的知识、技能等外在特征，也包括动机、特质、自我认知等内在表现 [3]。

数智时代下档案保护工作具有显著的独特性，档案工作者不仅需要科学管理有效利用档案，还承担着保护档案安全、完整和真实的责任。这要求他们既需要具备深厚的档案理论知识和实践经验，还需要拥有强大的信息管理能力、高度的保密意识和严格的规范性操作。此外，档案保护还具有显著的公益性 [4]。第一，档案保护针对不特定多数人。第二，档案保护的核心是对文化资源利益的保护。第三，档案保护是对不特定多数人精神利益的保护。这要求档案工作者具有强烈的责任心和奉献精神。

本文根据档案保护岗位对人才的特殊需求，将档案保护人才胜任力界定为：影响工作绩效及表现的专业知识、技术与能力、自我认知、工作动机以及个人特质五个维度要素的系统组合。

1.2 档案保护人才胜任力构建的现实需要

分析档案保护人才胜任力要素并构建档案保护人才胜任力模型，将个人即时表现、未来绩效、能力提升与组织发展紧密结合，有利于实现档案保护部门人才内在素质和外在能力的匹配，形成个体胜任力与绩效表现螺旋上升的动态循环。在数智时代的推动下传统档案管理形式发生了深刻的变化，这给档案保护人员的个人能力和档案保护人才培养提出了更高要求。

1.2.1 提高档案保护人才专业水平

大部分档案保护工作人员缺乏档案保护相关的学科专业知识背景和实践动手能力。有学者经统计指出，华中和华南地区超过 75% 的档案保护工作者为文史类专业人才，缺乏扎实的理工科基础和档案保护相关知识及经验[5]。

1.2.2 完善档案保护人才培养手段和培养规划

在国家档案局的号召下，近年来相关培训力度有所加大，但这些培训往往局限于应对新情况和新问题的临时性内容，存在明显的滞后性。更为关键的是，尚未形成一套完善的人才选拔、培养与任用的机制，过度依赖单一的培训班形式，导致培训内容缺乏系统性和深度，过度强调理论而忽略实际操作，且缺乏必要的实验场地和设备，使得档案工作人员在培训后仍然难以独立或自信地进行实践操作。

2 档案保护人才胜任力构建要素分析

2.1 档案保护人才胜任力构建要素分析

通过文献研究、案例分析、专家访谈等方法，本文基于档案保护岗位需求及其特质，运用胜任力冰山模型将档案保护人才的胜任力由浅入深划分为五大类：知识、能力、自我认知、特质及动机。如表1所示。

表1　档案保护胜任力要素

分类	维度	胜任力要素 Competency elements
表层胜任力	知识（Knowledge）	K1 档案保护专业知识
		K2 多学科综合知识
	能力（Capability）	C1 计算机操作能力
		C2 档案修复实践操作能力
		C3 档案信息搜寻与调查研究能力
		C4 终身学习与创新能力
		C5 分析判断能力

（续表）

分类	维度	胜任力要素 Competency elements
潜层胜任力	自我认知 （Self-concept）	S1 成就感
		S2 自信心
		S3 自我管理
	特质 （Traits）	T1 职业道德
		T2 责任意识
		T3 踏实严谨
	动机 （Motives)	M1 爱岗敬业
		M2 奉献精神

2.1.1 知识（Knowledge）

K1 档案保护专业知识。档案保护专业知识包括在档案收集、整理、鉴定、保管、统计、利用等过程中如何保护档案的安全与完整，以及对受损的档案进行修复等相关知识。并运用权限管理、技术评估、检索共享等手段，提升数字化档案保护效率。这些专业知识的应用，不仅确保了档案资源的长期保存，更为历史研究、决策制定和公众服务提供了坚实支撑。档案保护工作者需不断学习和实践，以适应档案保护工作的专业性和挑战性。

K2 多学科综合知识。档案保护工作人员不仅需要具备档案学和档案保护学的专业知识，还需要熟练掌握化学、物理学、生物学、材料学、计算机等与档案保护密切相关的理工科知识，便于分析档案情况进行档案修复工作。同时还需要具备文史等综合性学科知识，有助于档案管理工作人员深入理解档案背后的历史背景及其作用，更加熟练地掌握、管理和发掘档案信息资源以提升在档案编目、标引、撰写大事记和年鉴等方面的工作效率。由于档案馆人员数量有限，专职从事档案保护技术工作的人员数量较少，而工作任务又相对复杂，因此更要求档案保护专业人员必须具备多学科综合知识以满足档案馆在档案保护技术工作方面的实际需求。

2.1.2 能力（Capability）

C1 计算机操作能力。为了提升档案保护工作的现代化水平，应学习并掌握计算机相关软件操作、网络知识以及档案管理信息系统等技术手段，提升数字化管理能力，使档案管理工作更加高效、精准和便捷。

C2 档案修复实践操作能力。档案保护人员应拥有扎实的档案修复实践操作能力和严谨的态度，对待修复的档案进行细致地鉴定和评估，明确档案的损坏程度、修复的必要性和可行性。同时熟练运用加固、去污、修裱等多种修复技术和各种修复工具。

C3 档案信息搜寻与调查研究能力。应具备高效的信息检索技术、强大的数据收集能力，能够迅速定位并获取关键信息，从海量档案中提炼出有价值的信息；同时具备敏锐的问题意识、深入的数据分析和问题解决能力，以及良好的沟通和表达能力。

C4 终身学习与创新能力。数智时代新技术层出不穷，档案保护工作人员应积极主动地接受并学习新知识，愿意投入时间和精力进行自我提升和学习，以保持持续的专业成长和进步。同时重视新技术的推广应用和创新，及时地将这些新技术成果创新性地应用到档案保护工作中，以便更好地服务于档案保护工作。

C5 分析判断能力。档案保护人员应具备深入细致且全面的分析判断能力，包括对档案材质特性的准确分析、保存环境的科学评估、潜在风险的敏锐预警、问题的及时诊断与解决，以及适应新技术的能力。

2.1.3 自我认知（Self-concept）

S1 成就感。通过修复和保护珍贵的档案材料，感受到自己工作的价值和意义。对自己的工作成果和贡献感到满足和自豪，并将其转化为持续学习和进步的动力，不断提高自己的专业素养和技能水平。

S2 自信心。档案保护工作具备复杂性和技术性，因此档案保护人才在职业发展中必须建立起强大的自信心，相信自己有能力应对各种挑战。在面临复杂问题时，他们能够冷静分析、果断决策，并始终保持对工作的热情和信心。同时，他们也应该对自己的职业前景和发展道路充满信心，相信自己能够在档案保护领域取得更大的成就。

S3 自我管理。制定明确的工作计划和目标，善于管理自己的时间和资源，确保工作的高效和质量；保持良好的心态和情绪状态，以应对工作中的各种挑战和压力。档案管理人员应当采取积极主动的学习态度，一方面通过学习不断更新知识库，另一方面通过实践适应现代化的技术手段。

2.1.4 特质（Traits）

T1 职业道德。应时刻保持对档案的敬畏之心，严格遵守档案保护的法律法规和规章制度，确保档案的完整性和安全性。同时，还应具备诚信、公正的品质，尊重并保护这些信息的隐私性，不泄露、不滥用。

T2 责任意识。档案保护人员的研究工作应以服务档案保护为核心方向，从实际需求和可行性出发，避免好高骛远，聚焦并攻克档案保护工作中的薄弱环节和疑难问题。在档案保护过程中，应勇于承担责任，敢于面对挑战和困难，积极寻求解决方案，确保档案工作的顺利进行。

T3 踏实严谨。在档案馆的档案保护技术工作中，存在许多需要研究和解决的问题，涵盖了大量的管理和技术处理任务，通常需要亲自去实践和执行。因此，作为档案馆保护技术工作人员，必须保持高度的勤奋和刻苦钻研的精神，同时还需要具备踏实细致的工作作风。

2.1.5 动机（Motives）

M1 爱岗敬业。档案保护人才需要热爱档案保护工作。由于档案馆保护技术部门人员流动性较大，不利于档案保护工作的衔接和档案保护技术的传承。因此，对于档案保护工作具备深厚的热爱和强烈的事业心，以及高度的政治责任感愿意全身心投入其中，是档案保护工作顺利进行取得进展的关键素质。

M2 奉献精神。拥有超越世俗偏见、不追求个人名利，全身心投入事业的崇高品质。将档案保护工作视为保障国计民生的崇高事业，视为铭记历史、不忘初心、砥砺前行的崇高理想。愿意为这份使命付出艰辛的努力和不懈的奋斗，确保档案得以完好保存并传承下去。

2.2 档案保护人才胜任力模型构建

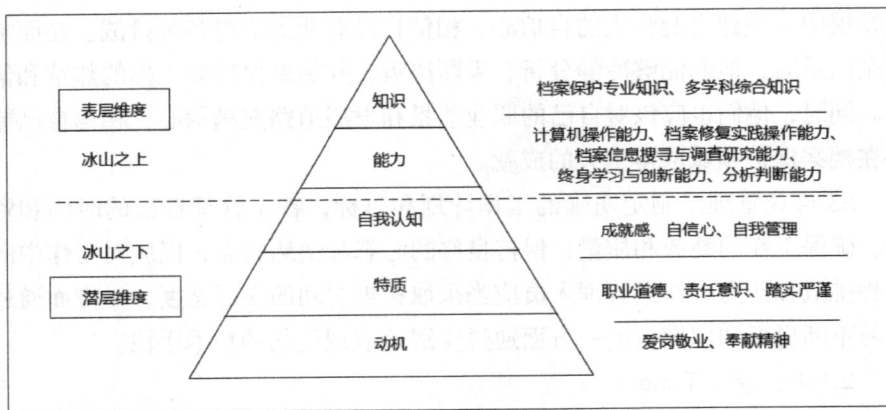

图 1　档案保护人才胜任力冰山模型框架

胜任力模型涵盖了"知识""技能""社会角色""自我认知""特质"和"动机"六个普适的价值维度,是用于区分不同岗位绩效水平的个人特征[6]。文本依据胜任力理论中的"冰山模型"(戴维·麦克利兰,1973),通过对档案保护人才核心要素的分析构建当下档案保护人才胜任力模型(见图1),以帮助档案保护人才的培养、选拔、任用和考核向科学化、专业化和数字化的方向发展,提升数智时代档案保护人才队伍的整体素质和能力。

3 结语

数智时代的到来为档案保护工作者提出了更高的要求,这既是挑战,同时也是机遇。需要档案保护工作者转变自身理念,不断学习新知识、新技术以促进档案保护事业的发展。本文基于人力资源管理中的胜任力冰山模型理论,结合当前档案保护人才培养所面临的困境,深入剖析了档案保护人才所需具备的素质与能力要求,进而构建了一个全面而系统的档案保护人才胜任力模型。这一模型对于培养和提升档案保护工作者的能力具有重要参考价值和实践指导意义。

注释及参考文献

[1] 聂曼影. 档案保护技术的起因、内容、要求及发展趋势 [J]. 档案学研究 ,2016(2):105-109.

[2] 邱均平,徐中阳,丁敬达. 数智时代下信息资源管理学的构建 [J/OL]. 图书馆论坛 .http://kns.cnki.net/kcms/detail/44.1306.G2.20240524.0851.002.html.

[3] 卢文刚,周爽. 新时代侨务干部胜任力模型构建研究 [J]. 中国领导科学 ,2019(5):51-55,68.

[4] 林洧. 档案保护检察公益诉讼的中国范式 : 理论进路与制度完善 [J]. 浙江档案 ,2024(2):27-31.

[5] 周耀林,王泽懿. 综合档案馆档案保护人才队伍建设研究——基于华中和华南地区"供""需"的调查分析 [J]. 北京档案 ,2023(9):13-17.

[6] Losey M R. Mastering the competencies of HR management[J]. Human Resource Management,1999(2):99-102.

探索"新质生产力"
推进档案保护工作高质量发展

——以浙江省档案馆馆藏濒危旧报纸
脱酸保护工作实践为例

郑丽新

浙江省电子政务数据灾难备份中心

摘要：档案文献不仅是历史的见证，更是一份份珍贵的文化遗产。笔者发现历经半个多世纪的风雨，其纸质文献酸化状况堪忧，探索"新质生产力"，推进档案文献保护工作高质量发展势在必行。本文以浙江省档案馆馆藏民国时期报纸及新中国成立初期合订本报纸脱酸保护工作为例，着重阐述了馆藏濒危旧报纸酸化现象日益严重、其寿命受到极大威胁的现状下，溯本求源，分析并提出旧报纸脱酸保护工作的必要性，尝试在新质生产力的驱动下，不断探索用创新的举措开展脱酸保护工作，已取得了阶段性成果。现将其做法及发现的问题、处理后的效果进行总结分享以飨读者。

关键词：探索；新质生产力；旧报纸；脱酸保护

0 引言

2023 年 9 月，习近平总书记在黑龙江考察时首次提出了有关新质生产力的重要论述。在档案部门，新质生产力赋能档案工作成为每一位档案保护工作者的职责和光荣使命。要把认识、改造和利用自然不断推进档案保护工作的高质量发展作为目标。通过探索提高档案保护工作者即生产力三要素中最关键的劳动力的前瞻性认识水平，用科学的方法、系统集成的观念大胆实践。用科学技术为劳动资料即档案保护的技术、资源提质创新，用时间检验劳动对象即档案资料的保管保护成果。笔者所在的国家区域性重点档案保护

中心（浙江省档案馆）持续开展馆藏纸质档案资料脱酸保护工作以来，取得
了阶段性的成果，但档案保护工作任重道远。对于濒危旧报纸合订本档案资
料脱酸方法的实践应用，目前未有文献进行翔实的脱酸过程及脱酸效果的分
析与阐述。为此，浙江省档案馆探索用传统纸张修复加固与整册脱酸相结合
的创新方法进行实践，以期为其他档案保护同人进一步做好脱酸保护工作提
供参考与借鉴。

1 濒危旧报纸脱酸保护工作的必要性

1.1 鉴往知来，敬畏濒危旧报纸档案实体保护的意义

新中国成立初期《文汇报》《解放日报》等著名的综合性日报，是党思想
政治教育的重要载体。不仅是历史的见证，更是一份珍贵的文化遗产。如图
1所示，在中华民国27年10月1日的《东南日报》上，就刊载了张某人和孙
某人的结婚启事，具有广而告之的仪式感，反映了当时的民俗。所用文字均
为繁体，版式为从左至右、竖排版，体现时代的烙印。而新中国成立初期的
馆藏濒危旧报纸，其中不乏红色档案资料，属于国家重点保护对象，其史料
价值、文化价值独具特色。如图2所示，在1950年12月4日的《文汇报》
上刊载了标题为《号召全国青年工人，巩固革命投身国防事业，建功立业参
加军事干校》的一篇文章，仿佛回到了激情燃烧的岁月，让人斗志昂扬。因
此，濒危旧报纸实体保护的意义重大。

图1 馆藏民国时期
报纸

图2 馆藏修复后
《文汇报》

图3 修复前的馆藏1950年
《文汇报》

1.2 知微见著，洞察濒危旧报纸实体损毁的现状

浙江省档案馆对档案保护工作尤为重视，一直以来将馆藏纸质档案资料存放于温湿度控制良好的库房内，并配有专业人员负责管理。但从每年的馆藏档案资料保管状况抽查中发现，馆藏民国时期单页报纸及新中国成立初期的报纸合订本酸化程度较高，破损严重。如图 3 所示，1950 年的《文汇报》的边缘处已缺损、呈黄褐色，原牛皮纸封面已出现较大面积破损，脊背处牛皮纸破损严重，已完全脱落。整本报纸边缘处颜色深于中间部位，且出现毛边，发生位移时则有粉尘及纸张碎屑散落、掉渣、新增撕裂等现象。经 pH 值测试笔无损检测，其纸张 pH 值多为 4.6 ~ 5.0 之间，酸化严重。

1.3 溯本求源，认识机制纸酸化蔓延的本质

造纸学研究表明，近代机制纸尤其是新闻纸原料的不耐久性及造纸原料在提纯过程中，常用氯气、氢氧化钠、硫酸钠、硫酸氢钙等化学药物进行处理，纸张中残留的微量硫酸铝与氯发生反应生成氯化铝，微量的氯化铝在炎热、潮湿条件下生成盐酸，使纸张酸化变质。并且造纸过程中使用明矾、动物胶、淀粉等作为添加料，其水解过程产生酸，也造成纸张酸化。通常在自然状态下纸张中的纤维素在酸的催化作用下会发生水解，直观表现为纸体机械强度下降，纸质变黄、脆化、粉化。研究发现，在纤维素水解、长链断裂的同时，会释放出氢离子 H+[1]。H+ 随纸中的水分游离扩散，到达其他纤维素长链位置，引发新的酸催化纤维素水解、长链断裂过程 +。只要纸张在自然含水且已经酸化的状态下，上述酸催化水解过程无须外界干预，会自发持续进行。

2 濒危旧报纸脱酸保护工作的主要过程

2.1 待脱酸报纸的筛选

按照 GB/Z42468.4-2023《纸质档案抢救与修复规范第 4 部分：修复操作指南》（以下简称《2023 修复指南》）规定，"纸张 pH 在 6.0 以下的档案宜进行脱酸"，浙江省档案馆结合馆藏酸情实际，确定将破损、酸化程度典型、内容颇具史料研究价值的 1950 年《文汇报》合订本 1 本及 1957、1958 年《解放日报》合订本 25 本进行批量脱酸。

2.2 脱酸前的检测分析

依据《2023修复指南》规定,浙江省档案馆对此批濒危旧报纸合订本的纸张和字迹基本情况在脱酸前进行了测试,发现其纸张pH值多为4.2～5.6,字迹多为黑色或红色,溶解性差,纸张白度多在20～34,厚度多为0.09mm,纸张的水浸润性差,尤其是封面纸张为牛皮纸,其浸润性极差,厚度为0.16mm。如图4,测得《解放日报》某日报纸底边无字迹处的pH值为4.98,纸张色空间值L、A、B分别为75.71、7.86、24.61。破损较少,偶见边缘处有小的撕裂,且纸张较为平整、厚薄均匀。

2.3 脱酸方式方法的选择

2.3.1 根据装订形式不同,选择脱酸方式

如浙江省档案馆馆藏1957、1958年《解放日报》合订本装订较好,装订后的幅面为390mm×570mm,纸张破损情况字迹溶解性、纸张厚薄均匀、平整等特点,只是pH值多在4.2～5.33,如果拆开脱酸耗时耗力,按照"保持档案原貌""最小干预"的原则,经综合考虑,探索性地采用了国内自主研发的脱酸设备——整册脱酸机。通过大量模拟实验,根据纸张pH值不同区间选择使用不同型号的缓释膜HS-P1G-50、缓释膜HS-1.5P1G-50。

2.3.2 根据破损程度不同,选择脱酸方式

如浙江省档案馆馆藏1950年《文汇报》合订本纸张破损十分严重,为保证纸面信息的可读性,浙江省档案馆采用先修复加固再脱酸的方式。先将合订本小心拆除原有装订,发现脊背处有大量的黏胶,经测量其胶的pH值为5.46,推测这是此合订本脊背处破损严重的重要因素之一,因破损状况严重,撕裂范围大,纸张又厚,又是双面有字迹,采用特薄的山桠皮纸进行双面加固,再采用等离子雾润脱酸。

2.4 实施脱酸

2.4.1 使用整册脱酸机进行脱酸

馆藏新中国成立初期旧报纸合订本等不宜拆除装订的档案资料进行脱酸时,可在纸张平整、基本无缺损的前提下,使用整册脱酸机进行脱酸。如对该批合订本共25本进行了整册渗润脱酸,即将pH<5的报纸放置于整册脱酸机压力为1500kg(压强约为0.67kg/cm²)条件下,用含碱型号为HS-P1G-50的2张缓释膜夹1张报纸,压纸时间130分钟,再进行常温干燥至含水率为8%以下;或其他条件不变,用含碱型号为HS-1.5P1G-50的1张缓

释膜夹 1 张报纸；当纸张 6 > pH > 5 时，则用含碱型号为 HS-P1G-50 的 1 张缓释膜夹 1 张报纸。

2.4.2 使用等离子雾润脱酸机脱酸 [2][3]

将修复加固后的单页报纸平铺在脱酸机内托板上，并用磁条压住四边，因报纸水浸润性差，字迹不易溶，则先进行等离子活化，之后选择加湿量较大的模式 4 全程加另一版面模式 3 全程，并选择浓度较高的 F370 脱酸液进行喷雾，取出报纸后再进行单页或多页叠加一起的熟化，24 小时后再进行常温干燥，压平。

3 脱酸后易出现的问题分析及解决办法

3.1 纸张周边平整度问题及对策

合订本报纸在用整册脱酸机脱酸后，经自然干燥，其周边 2 厘米处有似荷叶边的纸张不平整问题。究其原因，是由于报纸幅面较大，又是多层叠放的较厚合订本形式，纸张外围及内部干燥的速度不一致，出现了合订本报纸中部与边缘含水率相差大。因此，边缘处会出现褶皱翘起。经分析，笔者尝试在纸张均质化的过程中，将外围四周用缓释膜包裹，并将宽 2 到 3 厘米，长度与报纸长宽相同松木条压在缓释膜上，上面盖一张塑料薄膜，在间隔一天左右，测量报纸内部含水率，当内部含水率达到 8 以下时，才能归还库房完成脱酸。

3.2 封面纸出现压痕问题及对策

合订本报纸在经过整册脱酸机脱酸后，封面纸在距离脊背较近处出现不易复原的褶皱，即出现压痕问题。究其原因，是因为脱酸机每两个压板之间每次所夹报纸中缓释膜页数过多，导致纸张隆起，较厚纸张堆积在脊背附近，使其与脊背处有一个高度差，致使封面在脊背处出现了挤压的痕迹，且后续不易还原平整，因此，要适量减少每次夹衬缓释膜的数量，不应一次加多。

3.3 脊背处的脱酸问题及对策

因不拆报纸装订，缓释膜夹不到脊背处，脊背由于含胶，会有酸化程度得不到改善的问题。若使脊背处彻底脱酸，还需将脊背处的酸中和掉，而用水性的脱酸液易导致脊背褶皱,因此,脊背处宜采用无水脱酸的方式进行,即在脊背槽里加入无水脱酸液,将脊背处有破损的合订本脊背处浸泡在脱酸液中,并尽快取出,然后再将脊背处用厚的手工纸将其破损处修复,以完成脱酸。

4 脱酸效果分析

4.1 报纸外观

图4、图5分别为浙江省档案馆馆藏1957年《解放日报》合订本在经整册脱酸机脱酸前后外观。颜色基本无变化,采用色空间法[4]测定的色差为△E=1.08。纸张平整、无褶皱变形,字迹无洇化、无褪色、无变色。

图4 1958年《解放日报》某页
脱酸前照片

图5 1958年《解放日报》某页
脱酸后照片

4.2 纸张pH值

据统计,26本报纸合订本经整册渗润脱酸技术脱酸后,平均pH值由脱酸前的接近5.1上升至8.41,即一周内测试pH平均值为8.41。半年后跟踪抽测其中158张,pH值平均为7.59。纸张pH值达到弱碱性,但相比一周内pH值有所下降,pH值低于7的有9张,占比5.7%,其他94.3%均在7～8.5。脱酸后半年后pH值抽检率约为10.88%。图6为浙江省档案馆馆藏旧报纸脱酸前后 pH 值随时间变化折线图，可见脱酸后档案纸张的 pH 值在半年时间里略有下降，但仍在 7 ~ 8.67，变化不大，较为稳定，其部分数据见表 1。

档案纸张脱酸前后 pH 值随时间变动图

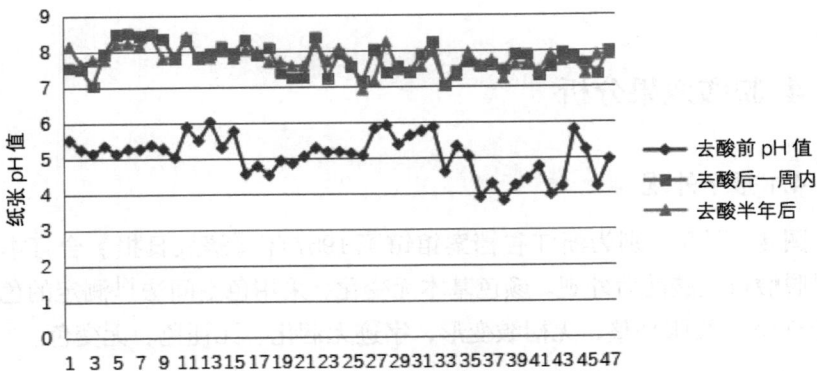

图 6　馆藏旧报纸脱酸前后 pH 值随时间变化折线图

表 1　浙江省档案馆馆藏 1957 年、1958 年《解放日报》合订本脱酸情况登记表

序号	页号	规格	纸性	克重	脱酸前 pH 值	脱酸机	脱酸剂	时间/分	压力	脱酸后 pH 值（检测、抽检比例）	
										一周内（100%）	半年后（20%）
1	1958 年 8 月封面	3.5	牛皮纸	60	4.91	整脱机	缓释膜	130	1500	7.74	7.14
2	58.8.6/1	3.5	新闻纸	50	4.64	整脱机	缓释膜	130	1500	7.85	7.2
3	58.8.14/1	3.5	新闻纸	50	4.41	整脱机	缓释膜	130	1500	7.99	7.08
4	58.8.23/1	3.5	新闻纸	50	4.86	整脱机	缓释膜	130	1500	8.29	7.16
5	58.8.30/1	3.5	新闻纸	50	5.33	整脱机	缓释膜	130	1500	8.29	7.15
6	1958 年 7 月封面	3.5	牛皮纸	60	4.87	整脱机	缓释膜	130	1500	7.61	7.34

序号	页号	规格	纸性	克重	脱酸前pH值	脱酸机	脱酸剂	时间/分	压力	脱酸后pH值（检测、抽检比例）	
										一周内（100%）	半年后（20%）
7	58.7.8/1	3.5	新闻纸	50	4.96	整脱机	缓释膜	130	1500	8.03	7.23
8	58.7.17/1	3.5	新闻纸	50	4.95	整脱机	缓释膜	130	1500	8.06	7.33
9	58.7.21/1	3.5	新闻纸	50	4.47	整脱机	缓释膜	130	1500	7.88	7.00
10	58.7.27/1	3.5	新闻纸	50	4.7	整脱机	缓释膜	130	1500	8.33	7.50
11	1957年3月封面	3.5	牛皮纸	60	4.74	整脱机	缓释膜	130	1500	7.76	7.69
12	57.3.7/3	3.5	新闻纸	50	5.29	整脱机	缓释膜	130	1500	8.66	8.67
13	57.3.13/3	3.5	新闻纸	50	5.18	整脱机	缓释膜	130	1500	8.4	8.26
14	57.3.20/3	3.5	新闻纸	50	5.2	整脱机	缓释膜	130	1500	8.92	8.5
15	57.3.24/3	3.5	新闻纸	50	4.64	整脱机	缓释膜	130	1500	7.86	7.8
16	1958.2.1/1	3.5	新闻纸	50	5.5	整脱机	缓释膜	130	1500	8.86	7.58
17	1958.2.4/1	3.5	新闻纸	50	5.7	整脱机	缓释膜	130	1500	8.41	7.3
18	1958.2.9/1	3.5	新闻纸	50	5.4	整脱机	缓释膜	130	1500	9.17	7.71
19	1958.2.22/1	3.5	新闻纸	50	5.2	整脱机	缓释膜	130	1500	8.67	7.5
20	1958年2月封面	3.5	新闻纸	60	5.6	整脱机	缓释膜	130	1500	8.25	7.75

4.3 报纸微观

笔者利用纸张纤维分析仪对脱酸前后的 1958 年《解放日报》同一张报纸进行微观观察，在其多余裁边处取其相近位置的纸张纤维样品约 1 平方毫米，用碘氯化锌为其纤维染色，得到的照片如图 7、图 8 所示，发现经脱酸后其纤维形态无明显改变。

图 7　脱酸前纸张纤维放大 800 倍照片　　图 8　脱酸后纸张纤维放大 800 倍照片

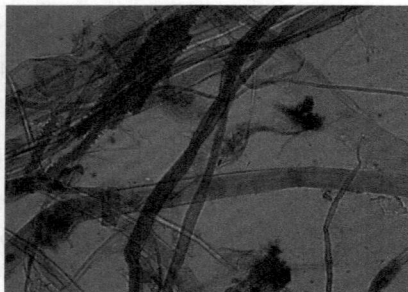

5　结语

在发展"新质生产力"的驱动下，加快馆藏濒危旧报纸脱酸保护工作实践步伐、提高档案工作者这一第一生产力要素的素质迫在眉睫，且任重而道远。浙江省档案馆档案保护工作者将始终以习近平总书记对档案工作提出的"保管好、利用好"的要求为目标，在纸质档案资料脱酸新技术保护应用中不断探索与实践，及时总结经验与教训，为推进档案载体保护工作高质量发展提供浙江样本！

注释及参考文献

[1] 李贤慧，贺宇红，王金玉，等.纤维组分对古籍纸质文献老化的影响 [J].兰台世界，2013(26): 93-94.

[2] 郑金月，陈炳铨，郑丽新，等.纸张档案等离子脱酸技术应用效果评估研究 [J].中国档案，2021(8): 66-68.

[3] 郑丽新,陈红.纸张档案等离子脱酸技术应用效果评估研究 [J].中国档案, 2022(6):64-65.

[4] 郑丽新,陈炳铨,施文正.民国档案等离子脱酸应用中纸张色变问题浅析——以浙江省档案馆民国档案修复项目纸张样本为例 [J].浙江档案,2021(9): 63-65.

无水 MgO 脱酸剂的纸张渗透性研究

侯萌[1]　王斌鹏[2]

1 齐鲁工业大学

2 济南市纸质文物文献脱酸及保护技术创新重点实验室

摘要：无水 MgO 脱酸剂通过浸泡或喷涂的工艺，由有机溶剂将 MgO 颗粒输送到纸张纤维结构内部，MgO 遇水和 CO_2 生成碱性物质中和纸张中的酸性物质，并形成一定的碱储量长期对抗纸张内部和外部的酸。无水 MgO 脱酸剂的渗透性影响脱酸的均匀性、彻底性。本文对无水 MgO 脱酸剂进行了粒径测试，对脱酸前后的纸张试样进行了 SEM 结合 EDS 实验和显微 CT 实验，通过对实验数据和实验图像的分析证明了 MgO 颗粒在纸张孔隙结构中分布均匀。本文采用的液氮冷冻切割纸张截面采集 SEM 和 EDS 图像的方法，以及应用高分辨率显微 CT 扫描纸张试样采集二维图像的方法，具有创新性，为研究纸张微观结构提供了新的方法。

关键词：MgO 脱酸剂；脱酸；SEM；EDS；显微 CT

0 引言

纸张脱酸的主要原理是通过将不同形态的碱性物质分散和渗透到纸张中[1]。纸张脱酸效果也与脱酸剂渗透性有关，若去酸仅仅停留在纸张表层，碱性物质就无法中和深入纸张纤维孔穴内的酸，返酸就会在短期内观察到[2]。碱性纳米颗粒基的液相脱酸剂已成为纸张脱酸最重要的发展趋势之一，但目前大多数研究还停留在对纸张宏观性质变化的表征，而对碱性物质与纸张的微观作用机理还尚不明确。例如碱性纳米颗粒在纸张纤维中的分布、穿透性等[3]。

GB/Z 42964-2023《图书馆纸质文献脱酸工艺有效性评价方法》将脱酸（Deacidification）定义为通过添加碱性物质中和纸张中的有机酸和无机酸，并沉积碱储量用于抵抗纸张中以后出现的酸性物质。无水 MgO 脱酸剂的碱性物质固体 MgO 颗粒在分散剂的作用下均匀分散在有机溶剂中，形成稳定的 MgO 悬浮液。通过喷涂或浸泡后，干燥的碱性氧化物颗粒分布在整本书中。随着时间的推移，驻留在纸中的碱性氧化物将导致纸张内任何酸的中和[4]。

根据无水 MgO 脱酸剂的物理特性推断，含有 MgO 颗粒的悬浮液，通过喷涂或者浸泡的方式浸透纸张，因为溶剂的表面张力低，可迅速在纸张纤维之间流动，并且 MgO 颗粒的粒径远小于纸张纤维孔隙，所以 MgO 颗粒可以渗透到纸张孔隙结构各处，并通过静电力吸附在纸张纤维上。实际使用无水 MgO 脱酸剂进行纸张脱酸，能否达到上述效果，彻底去酸，避免返酸，是值得研究的问题。

目前市场上出现的无水 MgO 脱酸剂，除 Bookkeeper 产品外，还有国家图书馆研发的国图无水液相法脱酸（国家发明专利号 ZL201610257571.2）与山东迈越文保科技有限公司的安书镁无水脱酸液（国家发明专利号 ZL202010320793.0）。三类产品均称可用于单页脱酸，也可用于整体脱酸[5]。本文选择其中一种无水 MgO 脱酸剂，选择某类纸张试样，应用喷涂或浸泡的方法进行试样脱酸处理，进行粒径测试，SEM、EDS 和显微 CT 实验，采用实验与分析结合的研究方法，研究无水 MgO 脱酸剂的纸张渗透性。实验材料及仪器清单见表 1。

表 1　实验材料及仪器清单

实验材料及仪器	型号	生产厂家
无水 MgO 脱酸剂	ASM-N2L	山东迈越文保科技有限公司
激光粒度仪	Mastersizer 3000	英国马尔文仪器有限公司
场发射扫描电子显微镜	Regulus8220	日本日立公司
显微 CT 系统	nanoVoxel-2000	天津三英精密仪器股份有限公司

1　粒径测试及分析

MgO 颗粒粒径影响其在纸张孔隙结构中的自由渗透。复旦大学的闫玥儿提到对纸张脱酸处理后，纳米颗粒在纸张中的分布较为均匀，并容易渗透到纤维内部的孔隙中[6]。中国人民大学的陈玲等研究碱性颗粒在纸张脱酸后的渗透效果，发现绝大多数的微米级 MgO 脱酸颗粒被截留在纸张表面[7]。

武汉大学的刘家真提到 Bookkeeper 脱酸工艺是 1 或更细小的氧化镁颗粒，由于氧化镁颗粒的尺度小于纸张中孔隙尺度（大多数纸种的空隙平均半径为 0.5 ~ 2.0），氧化镁颗粒可以渗透进入纸内孔洞并通过静电力将其紧紧地吸附在纸张上 [8]。

本文使用激光粒度仪测试无水 MgO 脱酸剂样品粒径分布。测试结果表明（见表 2），该型无水 MgO 脱酸剂的 MgO 颗粒粒径为亚微米级。因此，本文测得的 MgO 颗粒粒径比 Bookkeeper 脱酸工艺还要小一个数量级，在溶剂的输送下，是可以更顺畅地穿过纸张结构天然孔隙。

表 2　试样粒径分布数据

测试项目	累积分布百分数	测试结果	单位
粒径分布	D10	0.100	μm
	D50	0.202	μm
	D90	0.397	μm

注：粒径分布测试参考标准 GB/T 19077-2016。

2 SEM 结合 EDS 实验及分析

纸张脱酸处理后，脱酸剂中的溶剂挥发，MgO 颗粒留在纸张上。人类肉眼可见的物体一般不小于 0.1mm，普通光学显微镜较难观察亚微米级 MgO 颗粒。所以需使用扫描电子显微镜（SEM, Scanning Electron Microscope）拍摄 SEM 照片，才可以清晰地观察 MgO 颗粒分布。中国人民大学的黄晓霞等运用 EDS 对纸张进行分析 [9]。EDS 图像可以标记 Mg 元素分布，并可以对主要元素含量进行定量分析。本文采用的日立 Regulus8220 扫描电子显微镜在拍摄 SEM 照片同时进行了 X 射线能谱（EDS, Energy Dispersive Spectrometer）图像采集、能谱图绘制和定量分析。

2.1 试样及试样处理

试样选择宣纸手工纸，试样处理：在无水 MgO 脱酸剂中浸泡，浸泡时间 10 分钟，取出后静置自然干燥。试样处理后，用于拍摄 SEM 照片的试样制备方法符合 GB/T 36422-2018。

2.2 SEM 照片分析

选取两处试样局部拍摄 SEM 照片，放大 1000 倍，如图 1（a）、图 2（a）。由图可见：（1）清晰地显示了纸张孔隙结构，纤维之间的孔隙距离一般都超过 10，但是有的孔隙被填料、胶料或其他物质填充；（2）可以清晰地观察到纤维的层次，也可以大致观察到处于不同深度的纤维表面均有 MgO 附着。图 1（b）是图 1（a）的局部（虚线框内）继续放大到 5000 倍的 SEM 照片，由图可见：（1）由图例刻度估测 MgO 颗粒粒径均小于 1；（2）可以清晰地观察到 MgO 颗粒分布比较均匀；（3）可以清晰地观察到不同深度（图中数字 1、2、3 标记）的纤维表面均有 MgO 均匀附着。图 2（b）是图 2（a）的局部（虚线框内）继续放大到 5000 倍的 SEM 照片，图中居中的一条纤维比较特殊，纤维上有一条缝隙，缝隙宽度约 1，可以清晰地观察到缝隙内有 MgO 颗粒的均匀附着。

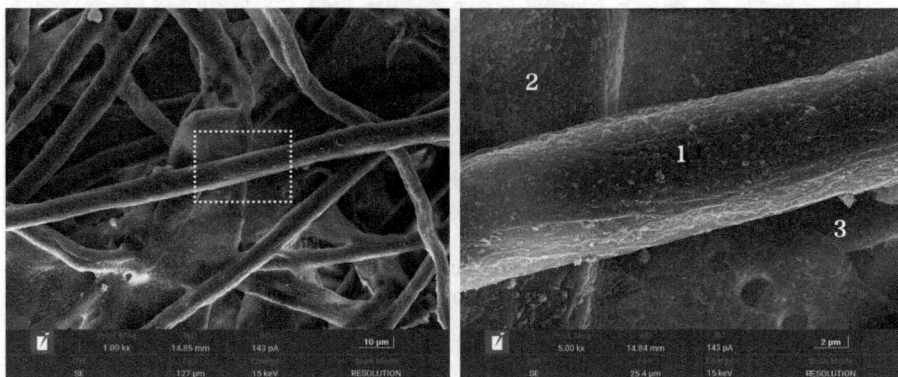

图 1　试样局部 SEM 照片　（a）1000 x（b）5000 x

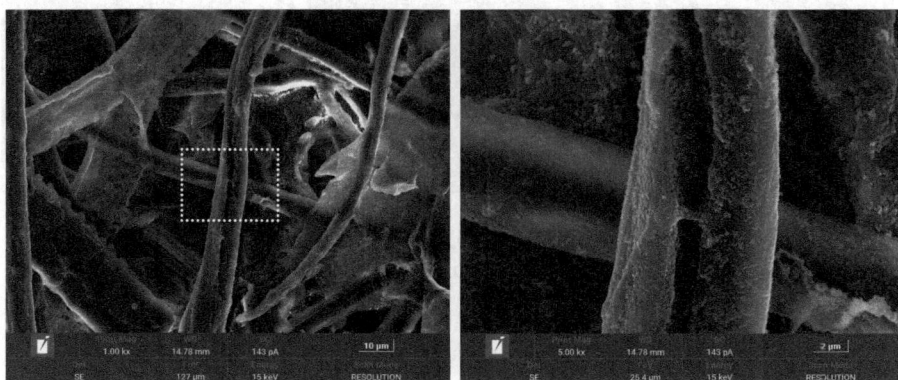

图 2　试样局部 SEM 照片　（a）1000 x（b）5000 x

2.3 纸张平面 EDS 图像及定量分析

图 3、图 4 分别为试样局部放大 500 倍和 5000 倍的两组图片，每组图片包括：（a）SEM 照片、（b）标记 Mg 元素分布的 EDS 图像和（c）仅保留标记 Mg 元素分布的 EDS 图像。由图可见，（1）总体上观察，Mg 元素在整个 EDS 图像范围内分布均匀，并且与 SEM 照片上的 MgO 颗粒分布一致；（2）在仅保留标记 Mg 元素分布的 EDS 图像中，对单条纤维观察，一般呈现中间较暗、两侧较亮的现象，这是因为纤维侧面分布在不同深度的 Mg 元素信号叠加；（3）仅保留标记 Mg 元素分布的 EDS 图像中出现的亮度较高的块状区域，是因为堆积的 Mg 元素信号叠加。

图 3　试样平面局部放大 500x
（a）SEM 照片　（b）标记 Mg 的 EDS 图像　（c）仅保留 Mg 的 EDS 图像

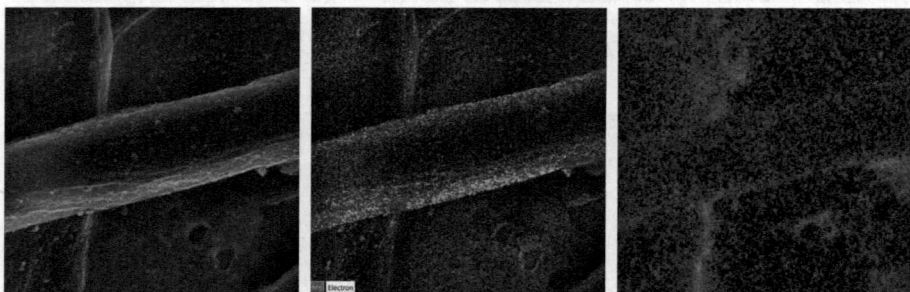

图 4　试样平面局部放大 5000x
（a）SEM 照片　（b）标记 Mg 的 EDS 图像　（c）仅保留 Mg 的 EDS 图像

图 5 试样平面局部放大 500x 元素能谱图

图 6 试样平面局部放大 5000x 元素能谱图

图 5 是图 3 对应的元素能谱图，表 3 为其定量分析数据；图 6 是图 4 对应的元素能谱图，表 4 为其定量分析数据。C、O 元素为植物纤维主要成分元素，Mg 元素为脱酸剂 MgO 颗粒主要元素，Ca 元素疑似植物天然包含的无机物成分（或制浆过程，添加填料时引入）。

表 3 试样平面局部放大 500x 的 EDS 定量分析数据

元素 Element	质量百分比 Weight %	标准偏差 σ
C	47.24	0.16
O	46.32	0.16
Mg	5.96	0.04
Ca	0.48	0.03

表 4　试样平面局部放大 5000x 的 EDS 定量分析数据

元素 Element	质量百分比 Weight %	标准偏差 σ
C	59.85	0.20
O	33.91	0.19
Mg	5.80	0.05
Ca	0.44	0.05

2.4 纸张截面 EDS 图像及定量分析

中国人民大学的陈玲等提到采用 SEM 结合 EDS 元素分析技术对纸张的竖直截面进行 Mg 元素分布研究，样品处理采用环氧树脂固化方法[10]。本文采用液氮对纸张试样降温变脆，再采用专用刀具切割得到纸张截面。

图 7、图 8 分别为试样截面两个部位局部放大 1000 倍的两组图片，每组图片包括：（a）SEM 照片、（b）标记 Mg 元素分布的 EDS 图像和（c）仅保留标记 Mg 元素分布的 EDS 图像。由图 7、图 8 可见，（1）EDS 图像中，纸张截面从上至下范围内 Mg 元素分布均匀，并且与 SEM 照片上的 MgO 颗粒分布一致；（2）从纸张截面采集 EDS 图像时，各条纤维存在一定程度的旋转，但无论是纤维哪个方向表面均有 Mg 元素均匀分布；（3）纸张截面能观察到的纤维位置、形状都不规则，位于同一深度层次的，较长的整条纤维较少，所以与纸张平面 EDS 图像不同，较少地呈现整条纤维中间较暗、两侧较亮的现象。

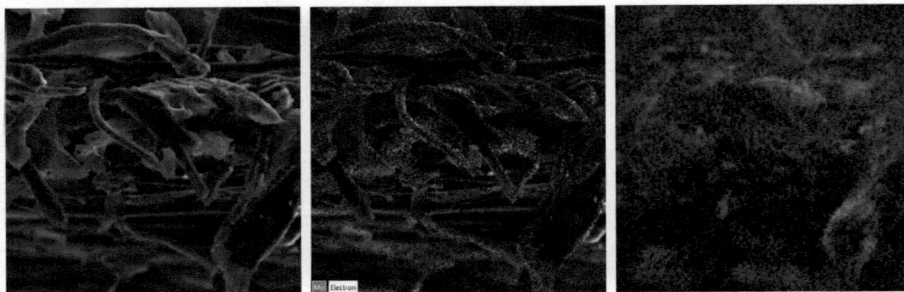

图 7　试样截面局部放大 1000x（一）
（a）SEM 照片　（b）标记 Mg 的 EDS 图像　（c）仅保留 Mg 的 EDS 图像

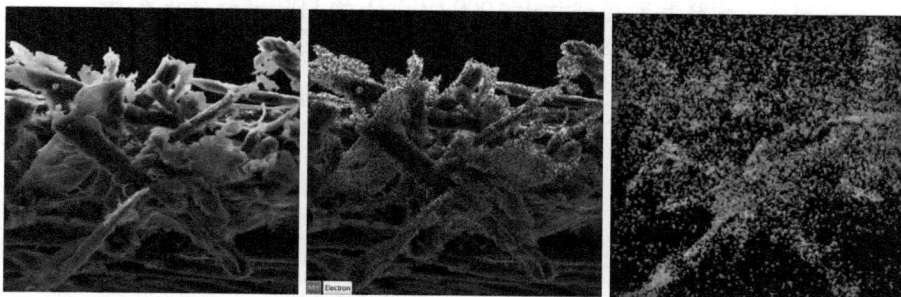

图 8　试样截面局部放大 1000x（二）
（a）SEM 照片　（b）标记 Mg 的 EDS 图像　（c）仅保留 Mg 的 EDS 图像

图 9　试样截面局部放大 1000x（一）元素能谱图

图 10　试样截面局部放大 1000x（二）元素能谱图

　　图 9 是图 7 对应的元素能谱图，表 5 为其定量分析数据；图 10 是图 8 对应的元素能谱图，表 6 为其定量分析数据。其中 C、O 元素为植物纤维主要成分元素，Mg 元素为脱酸剂 MgO 颗粒主要元素，Ca 元素疑似植物天然包含的无机物成分（或制浆过程，添加填料时引入）。该区域 Al 元素含量较高，疑似施胶工艺时引入。

表 5　试样截面局部放大 1000x（一）的 EDS 定量分析数据

元素 Element	质量百分比 Weight %	标准偏差 σ
C	46.94	0.20
O	41.64	0.19
Mg	6.14	0.05
Al	4.41	0.05
Ca	0.40	0.03
Si	0.27	0.02

表 6　试样截面局部放大 1000x（二）的 EDS 定量分析数据

元素 Element	质量百分比 Weight %	标准偏差 σ
C	45.00	0.38
O	28.27	0.28
Al	22.33	0.18
Mg	3.39	0.06
Ca	1.01	0.06

2.5 脱酸前后的 EDS 图像及定量分析对比

图 11 为纸张试样平面局部标记 Mg 元素分布 EDS 图像，放大 500 倍，（a）脱酸前、（b）脱酸后。图 12 为纸张试样截面局部标记 Mg 元素分布 EDS 图像，放大 1000 倍，（a）脱酸前、（b）脱酸后。表 7、表 8 为元素质量百分比定量分析数据。其中 C、O 元素为植物纤维主要成分元素，脱酸前后含量变化不大。Mg 元素在脱酸前少量含有，为植物天然包含的无机物成分（K、Na、Mg 和 Ca 等元素），作为脱酸剂 MgO 颗粒主要元素，脱酸后含量大幅度增加。Ca 元素疑似植物天然包含的无机物成分（或制浆过程，添加填料时引入）。

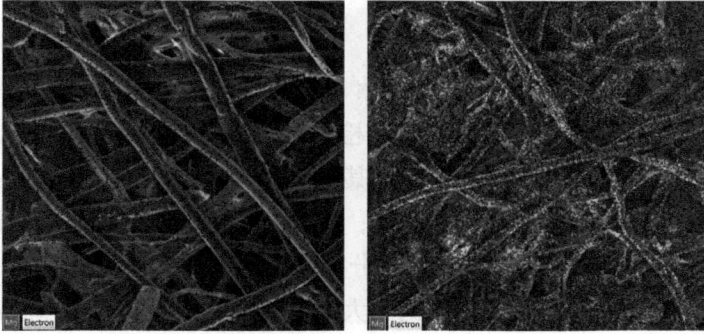

图 11 试样平面局部放大 500x 标记 Mg 的 EDS 图像
（a）脱酸前 （b）脱酸后

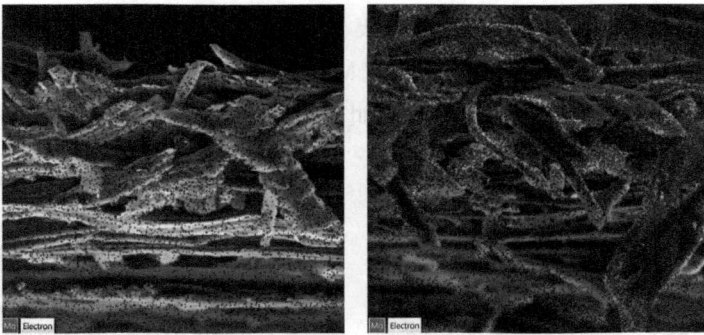

图 12 试样截面局部放大 1000x 标记 Mg 的 EDS 图像
（a）脱酸前 （b）脱酸后

表 7 脱酸前后试样平面局部元素质量百分比

主要元素	C	O	Mg	Ca
脱酸前	52.74	46.85	0.07	0.34
脱酸后	47.24	46.32	5.96	0.48

表 8 脱酸前后试样截面局部元素质量百分比

主要元素	C	O	Mg	Ca
脱酸前	50.74	47.98	0.09	0.29
脱酸后	46.94	41.64	6.14	0.40

3 显微 CT 实验及分析

显微 CT 技术的发展为直观地观察 MgO 颗粒在纸张纤维孔隙中的分布提供了一种新的方法。其优点是：无损检测，试样完成 CT 检测后，还可以用于其他检测，内部结构形貌结合试样其他性能分析研究；三维表征：完整展现试样内部结构，克服二维表征局限；高分辨率：呈现试样内部结构细节。

本文实验采用的显微 CT 仪器，分辨率为 0.5，而 MgO 颗粒 D90 分布为 0.379。因此在本实验中只能观察到较大的 MgO 颗粒，或者 MgO 颗粒团聚体，它们在显微 CT 图像中呈现为高密度金属基质物质的高亮度斑点。若纸张定义为三维结构，可以沿着不同轴方向，连续扫描采集二维图像。如图 13、图 14 所示，YZ 面、XY 面图像中都可以观察到 MgO 高密度颗粒。如图 15 所示，沿着纸张 X 方向连续显微 CT 扫描采集 YZ 面图像，可以观察到纸张三维结构中的 MgO 高密度颗粒。虽然观察到的 MgO 高密度颗粒较大，宽度超过 0.5，但仍然渗透到了纤维孔隙结构中。因此推断，更小的 MgO 颗粒更易渗透。

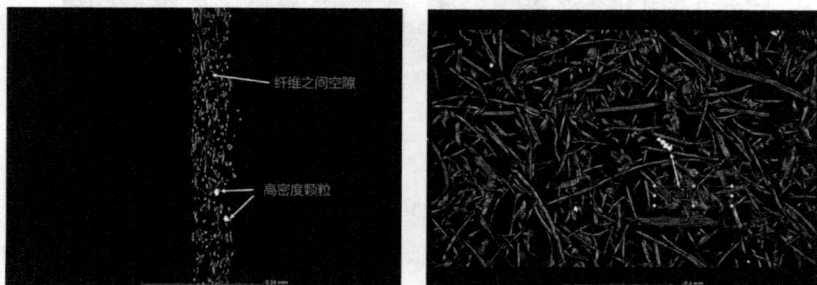

图 13 纸张试样显微 CT 图像
（a）YZ 面（截面） （b）XY 面（平面）

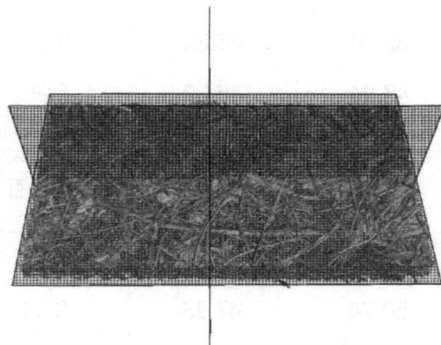

图 14 纸张试样显微 CT 图像扫描示意图

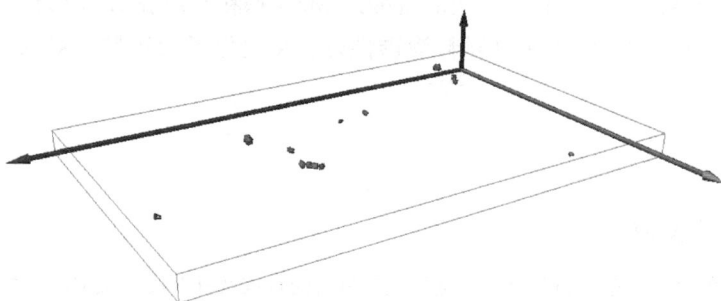

图 15　纸张试样三维显微 CT 示意图

4　脱酸效果主要指标分析

本文 2.1 小节所述的试样，除了进行上述实验，还进行了脱酸前后的 pH 值检测、碱储量检测，检测数据取平均值，如表 9 所示。

表 9　脱酸效果数据

脱酸处理	pH 值 表面	碱储量 以 CaCO$_3$ 计
脱酸前	6.24	0.08%
脱酸后	8.36	2.40%

5　结论

在脱酸过程中氧化镁颗粒分布在整本书中，并随着时间的推移溶解在纸张纤维中，形成碱性富镁物质并中和纸张的酸度[11]。因此，理论上讲颗粒粒径越小的 MgO 脱酸剂使纸张脱酸更加均匀，脱酸效果更加彻底。但是，对脱酸液的选择标准是安全，即操作人员的安全与最终用户的安全，对使用纳米粒子对健康的影响持谨慎态度。根据粒径和成分，此类颗粒可以通过皮肤或呼吸吸收[12]。本文采用了粒径分析、SEM、EDS 分析和显微 CT 分析，证明了使用国产某型无水 MgO 脱酸剂脱酸后 MgO 颗粒在纸张孔隙结构中分布均匀。因此，亚微米级的 MgO 颗粒渗透性好，又避免了纳米颗粒对人体健康安全的威胁。

注释及参考文献

[1] 王思浓, 金超, 余辉, 等. 一维氧化镁材料的合成及其对民国文献脱酸性能的考察 [J]. 复旦学报（自然科学版）,2016(6):698–701,706.

[2][4] 刘家真. 去酸技术和去酸方式的评价及选择 [J]. 档案学通讯 ,2020(2):95–103.

[3][6] 闫玥儿, 余辉, 杨光辉, 等. 纸质文献脱酸方法研究进展：多功能一体化脱酸剂 [J]. 化学世界 ,2016(12):806–812.

[5][12] 刘家真. 国内常用脱酸工艺、特点与脱酸对象的选择 [J]. 图书馆杂志 ,2024(3):109–115.

[7][10] 陈玲, 黄晓霞. 非水相 MgO 脱酸体系在纸质档案脱酸中的老化行为——以书写纸为例 [J]. 档案学通讯 ,2018(1):97–102.

[8] 刘家真. Bookkeeper 脱酸应用效果评价 [J]. 兰台世界 ,2020(1):32–38.

[9] 黄晓霞, 陈玲. 非水相纳米 MgO 脱酸技术对档案字迹的影响探析 [J]. 档案学通讯 ,2020(3):80–87.

[11]Hubbe M A,Smith R D,Zou X,etal.Deacidification of acidic books and paper by means of non–aqueous dispersions of alkaline particles:A review focusing on completeness of the reaction[J]. BioRes,2017(2):4410–4477.

虚拟仿真实验平台在档案灾害预防
与应急抢救人才培养中的应用

严睿倩

郑州航空工业管理学院信息管理学院

摘要：本文聚焦于虚拟仿真实验平台在档案灾害预防与应急抢救人才培养中的应用，针对档案领域专业人才的实际需求，开发集成大数据、人工智能、虚拟现实等前沿信息技术，融合档案保护、灾害响应和应急处置的关键知识与技能的数字化实验实训平台。本文首先汇聚整合档案灾害预防与应急抢救的知识技能点，模拟设计相关档案灾害情景实验。此外，还探讨了平台的开放共享和可持续发展策略，为档案安全体系建设与档案保护人才培养提供了新思路。

关键词：虚拟仿真教学；档案灾害预防；应急抢救；人才培养；实验平台

0 引言

档案灾害预防与应急抢救是档案安全体系建设的关键内容，是构建总体国家安全观下"大安全大应急框架"的重要组成。党的二十大报告明确提出要提高防灾减灾救灾和重大突发公共事件处置保障能力，加强国家区域应急力量建设[1]。《"十四五"全国档案事业发展规划》将"档案安全风险评估管控、隐患排查治理成效和应急管理能力明显提升"列入目标任务[2]，国家档案局王绍忠局长强调要"统筹高质量发展和高水平安全""坚持安全第一预防为主，坚决守牢档案事业发展安全底线……加强档案安全应急管理，完善工作预案，加强培训和演练，增强洪涝、台风、地震等自然灾害及其他突发事件的防范和应急处置能力，经常性开展档案安全风险隐患排查治理，坚决消除安全隐患"[3]。当前档案安全体系建设已得到快速发展，然而，相较档案灾害愈加多元化、复杂化、叠加化的严峻态势，档案灾害预防与应急抢救实践、知识技能习得及专门人才培养却涉及多卡点堵点问题而备受掣肘，亟待推进。

人才培养不仅关乎档案部门的日常运作，更与总体国家安全观下档案事业的高质量发展和高水平安全紧密相连，本文立足档案灾害预防与应急抢救实践需求、知识技能习得特征，加强实验实训体系建设，并充分发挥新一代信息技术优势，汲取虚拟仿真实验等教育信息化成果经验，赋能卡点堵点问题解决，提升档案部门应对档案灾害预防、应急抢救、保管保护及信息安全防护等领域新情况、新任务的能力。

1 档案灾难预防与应急抢救的进展

1.1 档案灾害应对现状与挑战

为有效预防、及时处理和解决档案工作中的突发事件，维护档案工作正常秩序，确保国家档案资源的安全，国家档案局和应急管理部相继颁布《档案工作突发事件应急处置管理办法（2008）》《档案馆防治灾害工作指南（2010）》《重大活动和突发事件档案管理办法（2020）》《应急管理档案管理规定（2023）》等政策文件，为各级档案部门积极开展防灾、减灾工作提供了参考。随着相关政策的支持，如何做好档案灾害识别、预防与应急抢救等档案灾害应对工作逐渐成为学界关注的热点，涵盖档案应急管理体系的构建 [4]、自然灾害对档案的影响及应对策略 [5]、重大突发事件中的档案应急管理 [6]、档案部门应急预案管理 [7]、灾害档案知识组织 [8]、档案灾害预警机制研究 [9]、档案保护技术 [10] 以及档案应急抢救方法 [11] 等多个方面。此外，各地档案部门也积极响应，推进档案库房安全保护综合智能管理系统、智慧档案库房消防灭火系统、智能密集架、受灾档案抢救修复设备等建设和应用。尽管取得了一定的进展，档案灾害预防与应急抢救工作仍面临诸多挑战，主要包括档案灾害预防与应急抢救相关领域知识单元散、技能要求高、涉及学科多、事件模拟难、预演组织难、实验成本高、效果评价难等问题。

1.2 档案保护人才培养的需求

当前，应急管理人才培养模式正在不断地进行优化和调整，以适应新的社会发展需求 [12]。同时，档案灾害预防与应急抢救在数智时代面临着新的挑战和要求，对档案保护人才培养模式提出了更高的要求。

一方面，应急管理人才培养模式已经开始注重实践教学内容的增加、师资队伍建设的加强以及人才培养模式的创新 [13]。如，浙江省灾害应急救援救助平台和江苏省高等学校虚拟仿真实验教学平台"重大突发自然灾害应急决策"项目，都是旨在提高应急管理人才的实际操作能力和应对突发事件的能力的实践举措。然而，从档案灾害预防与应急抢救的角度来看，以上举措可能还不足以完全满足档案管理领域的特殊需求。另一方面，档案保护人才培养面临的挑战，包括涉及学科领域多、知识技能杂、重大突发自然灾害演练成本高、档案复合型人才短缺等问题，说明当前传统的档案保护人才培养模式已经难以满足档案灾害预防与应急抢救领域的需求。

因此，档案人才培养模式需要针对数智时代的新趋势进行变革，加强对档案灾害预防、应急抢救、保管保护及信息安全防护等多学科领域知识技能体系建设，促进人工智能、交叉融合和模拟演练等方面的培养，以提高档案领域专业人才的专业能力和应对灾害的能力。

2 虚拟仿真实验在创新人才培养中的作用

2.1 革新教育模式，培养实践人才

虚拟仿真实验教学融合多媒体、仿真技术及虚拟现实等技术，为学习者打造了一个无风险、高互动的实验平台。这种方法不仅打破了传统教育的局限，还促进了理论与实践的紧密结合，培养了学习者的实践能力和创新思维。对档案部门工作人员而言，虚拟仿真实验教学是一种新颖的实验型教学模式，突破了目前以自主学习、专业培训和在职教育为主的继续教育形式，提供了除纸质资料、网络资料和交流研讨之外的实验型学习资源。虚拟仿真实验教学模式的引入，有助于提升其专业技能，增强其应对复杂情境的能力。对档案专业学生而言，虚拟仿真实验教学不仅能激发学习兴趣，还能通过实际操作与社会需求的紧密结合，培养学生的实践和创新能力，为其职业生涯奠定坚实基础。

2.2 更新知识体系，提升专业技能

随着科技的快速发展，专业知识和技能不断更新迭代，虚拟仿真实验能够及时反映这些变化，为学习者提供一个更新知识体系的平台。通过集成大

数据、人工智能、BIM、GIS、物联网、虚拟现实等新一代信息技术，融合档案学、管理学、信息技术等多个学科和档案灾害预防、应急抢救、保管保护及信息安全防护等多个领域的知识和技能，以技能培养为核心，利用数字化教学资源，促进学习者对知识的内化和技能的掌握，导入灾害情景，建立档案虚拟仿真实验实训项目体系，有助于培养学习者的跨学科思维和综合应用能力。此外，虚拟仿真实验平台还支持继续教育和专业发展，学习者能够在虚拟环境中快速掌握前沿知识，提升专业技能，保持与行业发展的同步，为档案领域专业人才培养提供了一个高效、灵活且持续更新的教育模式。

2.3 情景模拟演练，提高决策智慧

虚拟仿真实验通过创建各种可能的灾害场景和挑战，使学习者能够在可控制的环境中进行情景模拟演练，不仅能够帮助学习者加深对档案灾害预防与应急抢救专业知识的理解和掌握，提升其在档案灾害管理实践中的专业技能与灵活运用的能力，还能利用人工智能辅助决策功能，帮助学习者分析不同决策路径的可能结果，指导其制定最优策略，从而提高决策的质量和效率。同时，虚拟仿真实验还可以根据学习者的学习进度和能力提供个性化的学习体验与即时反馈，帮助学习者了解自己的学习进度与决策效果，通过不断尝试和修正，学会如何应对各种挑战，确保档案领域专业人才都能在自己最需要的领域得到提升。

3 构建档案灾害预防与应急抢救实验实训数字化平台

档案灾害预防与应急抢救数字化实验实训平台以要素数字化构建、知识网络化共享、事件智慧化模拟、项目虚拟化学习的内涵特色，构建数据层、支撑层、通用服务层、仿真层和应用层"五位一体"的数字化实验实训平台技术架构，见图1。一是要素数字化构建，建立覆盖"人—物—技"全要素的数字化映射仿真，丰富素材体系；二是知识网络化共享，以开放共享为内涵，综合自主建设、资源共创、外部共享等方式，汇集专业知识，建立档案安全知识技能体系及教学资源；三是事件智慧化模拟，汇聚真实灾害事件和案例，并以此为参照实施"人工智能（AI）＋灾害预警"事件模拟，即综合灾害类型级别数据、灾害预警数据、档案建筑时空数据、档案馆库设备数据

等，生成各类档案灾害事件和实训情景；四是项目虚拟化学习，围绕技能培养要求，运用数字化素材，内化知识技能，导入灾害情景，建立档案虚拟仿真实验实训项目体系。

其中，数据层拟设置实验实训组件及数据，存放管理实验实训素材、知识资源等教学资源及平台运行基础数据。支撑层将包括访问控制管理、服务容器、数据管理、资源管理与监控等。通用服务层即开放式的管理平台，提供教务管理、实验实训过程管理、AI档案灾害事件任务管理、应急预案编辑管理、应急处置智能指导等通用支持组件，同时提供集成接口工具，方便共享第三方预警、预演、应急管理等实验实训软件。仿真层将支持器材建模、实验场景构建、虚拟仪器开发，并提供 Unity3D、WebGL 等通用仿真软件。应用层支持开发者利用通用服务层提供的各种工具和仿真层提供的相应模型，设计开发各种典型实验实训项目，设置在线学习、直播中心、项目管理、培训计划、数据统计等应用功能，面向档案领域专业人才开展实验实训应用。

图1　平台特色内涵与技术架构示意图

4 档案灾害预防与应急抢救实验实训数字化平台实现路径

4.1 教学资源建设

教学资源是平台价值的核心承载，旨在指导实验实训教学资源建设，推进分散教学资源的汇聚整合、教学单元模块的解构重构，夯实平台资源底板，见图 2。

一是针对档案灾害预防与应急抢救领域知识单元散、技能构成杂、涉及学科多等现象，从资源分布、资源类型、媒介形式和资源内涵，抽取该领域业务模型和专业知识的主题概念，建立基于主题的知识技能地图，构建档案安全知识技能体系。二是基于档案安全知识技能体系，以知识技能点为最小单元，将教学单元模块及资源分解细化，汇聚形成平台知识中心，打造"以学习者为中心"的精准化、细粒度的知识技能习得模式。三是运用生态思维，结合档案继续教育管理有关规定，根据"知识技能点—项目—课程—课程群"线索，重构教学单元模块及资源，最终形成不同教学单元粒度组合的平台教学生态，便于一站式管理教学资源。

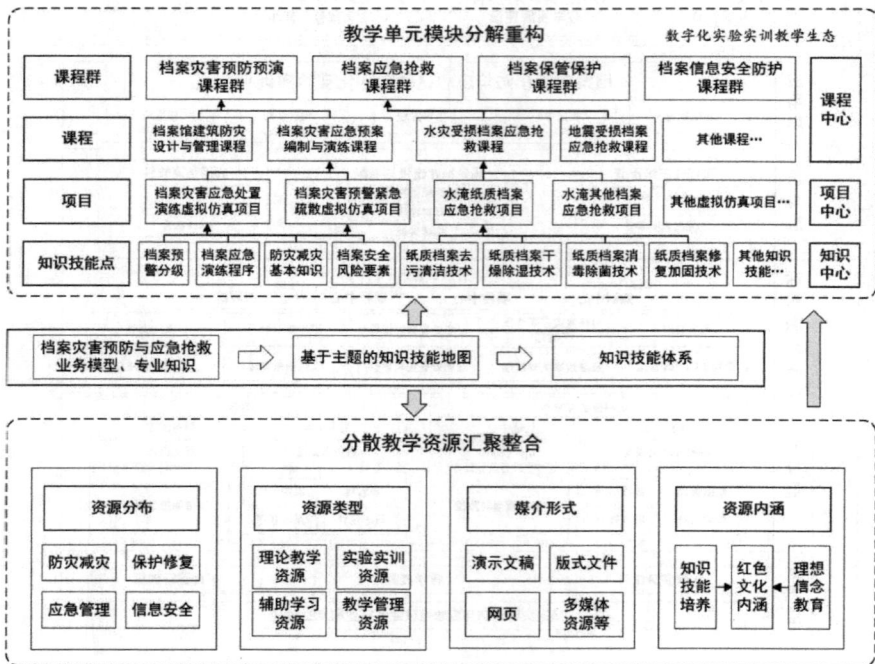

图 2　教学资源建设示意图

4.2 情景模拟创设

情景模拟创设旨在构建一个高度仿真的实验环境，以满足档案灾害预防与应急抢救的专业实操需求，见图3。

一是设计档案虚拟仿真实验实训项目，主要涉及对真实实验实训条件的模拟，包括高危或极端环境的再现、实训效果的评估。项目设计明确教学目标，整合相关知识技能点，并与特定课程及课程群相匹配，为项目开发提供全面的准备。二是开发档案虚拟仿真实验实训项目，利用前沿信息技术，实现素材的建模仿真、知识技能的内化以及实验情景的智慧模拟，设置实验实训步骤、考核关卡和评分标准。同时，设置智能指导和过程评价的触发点，以确保学习者能够在一个具有"数字孪生"特色的三维仿真环境中进行有效地学习与训练。最终打造一个开放、灵活且持续可访问的数字化实验实训空间，实现"人人皆学、处处能学、时时可学"的理念，从而为档案领域专业人才提供全面的技能提升和知识更新的平台。

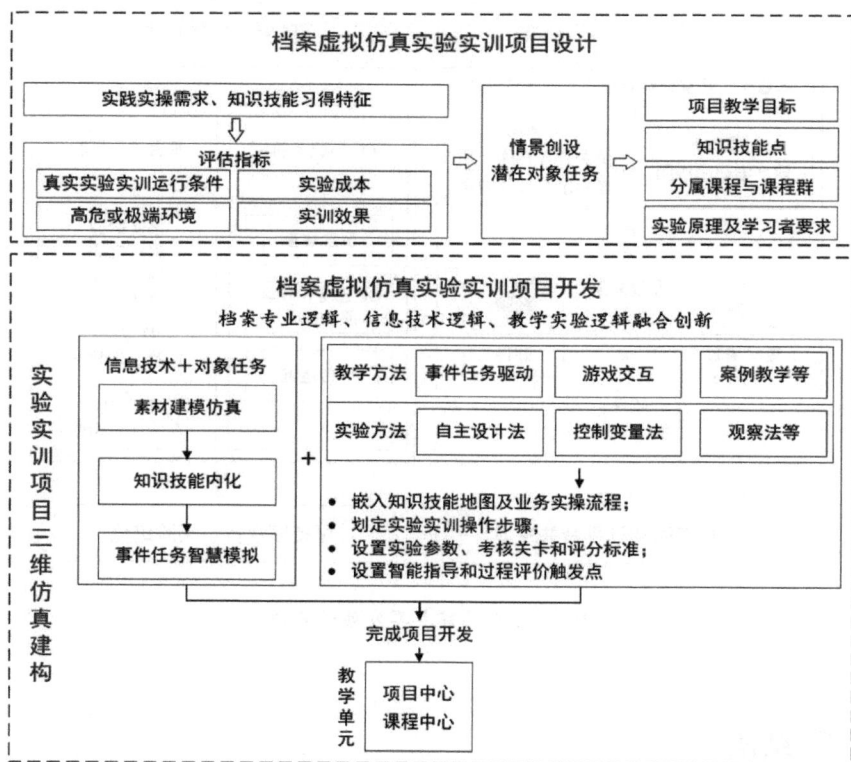

图3　实验实训情景创设示意图

4.3 共建共享发展

共建共享发展旨在探索平台建设的开放共享和可持续发展，见图 4。

一是实现全要素开放共享。立足本重点实验室教科研条件、软硬件资源，通过顶层设计、标准引领和平台搭建，加强与其他档案部门、应急管理部门、科研院所等机构协同协作，推进档案灾害预防与应急抢救科教融合、政产学研用融合，推进相关领域教学资源、师资、经验、软件、硬件全要素开放共享，打造数字化实验实训平台共生体。二是实现可持续发展。完善平台支持与服务机制，持续丰富和更新教学资源及实验指导书、操作视频、电子教案、考试系统等服务工具，以本重点实验室共建单位为依托，建立线上线下教学服务团队，做好平台运维。利用不断沉淀的实验实训教学资源、数字化素材、三维仿真情景、事件任务模拟算法等，进一步强化平台"数字孪生"特色，健全平台功能，助推本平台由"数字化实验实训教学平台"向"智慧化档案灾害预防与应急抢救在线决策辅助平台"进化。

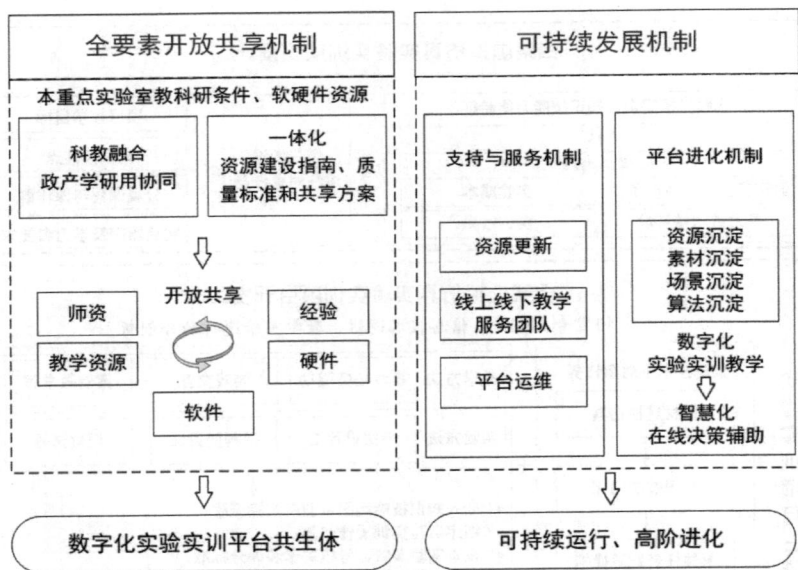

图 4 平台共建共享发展示意图

5 结语

本文瞄准档案灾害预防与应急抢救实践重大需求，把握"互联网＋教育""人工智能＋教育"及虚拟仿真实验教学改革等教育信息化趋势，发挥新一代信息技术优势，着力构建以数字化、网络化、智能化、虚拟化为主线，以教学资源底板强化与虚拟仿真情景创设为核心，以开放共享和可持续发展机制为保障的档案灾害预防与应急抢救数字化实验实训平台，并面向全国档案部门开放，打通领域实践、知识技能体系建设与专门人才培养的卡点堵点，支撑档案安全防线筑牢。

注释及参考文献

[1] 中华人民共和国中央人民政府.习近平:高举中国特色社会主义伟大旗帜 为全面建设社会主义现代化国家而团结奋斗——在中国共产党第二十次全国代表大会上的报告[EB/OL]. [2024-05-27].https://www.gov.cn/xinwen/2022-10/25/content_5721685.htm.

[2] 中华人民共和国国家档案局.中办国办印发《"十四五"全国档案事业发展规划》[EB/OL]. [2024-05-27].https://www.saac.gov.cn/daj/toutiao/202106/ecca2de5bce44a0eb55c890762868683.shtml.

[3] 中华人民共和国国家档案局.王绍忠同志在全国档案工作暨表彰先进会议上的报告 [EB/OL].[2024-05-27].https://www.saac.gov.cn/daj/yaow/202402/8182133606214e7fbaff18673f942ff1.shtml.

[4] 向立文,欧阳华.档案应急管理体系构建研究 [J].档案学通讯,2015(6):64-68.

[5] 王良城.自然灾害对档案的侵袭与应对策略 [J].档案学通讯,2010(3):72-75.

[6] 薛匡勇.重大突发事件中的档案应急管理研究 [J].档案学通讯,2013(5):86-89.

[7] 向立文,宋可,谢宗艳.档案部门应急预案管理研究 [J].档案学通讯,2012(5):89-93.

[8] 耿志杰,陈佳慧.突发事件档案知识库构建设想 [J].档案学通讯,2021(3):63-70.

[9] 陈阳,倪丽娟.美日两国档案灾害预警机制建设对我国的启示 [J].北京档案,2017(9):39-41.

[10] 张美芳,王新阳.数字修复技术在破损照片档案抢救中的应用研究 [J].档案学研究,2017(4):91-94.

[11] 荆秀昆.灾后水淹档案的抢救 [J].中国档案,2021(8):26-27.

[12] 于海明,崔凌南,王相,等."十四五"时期中国应急管理人才培养模式探析 [J].教育教学论坛,2022(30):42-45.

[13] 任云生,孙珍军,洪利,等.新型应急管理体制下防灾减灾人才培养体系的构建 [J].中国地质教育,2020(1):1-4.

历史档案修复工作的信息化思考
——基于《中华人民共和国档案法实施条例》和实践工作的视角

邢洲

中国第一历史档案馆

摘要：本文基于《中华人民共和国档案法实施条例》（以下简称《条例》）的要求，结合实践中的工作经验对历史档案修复工作的信息化进行深入思考，探讨档案修复工作信息化的作用与意义，总结修复信息化的现有实践与发展方向，分析当前历史档案修复工作信息化的困难与对策，从而高效、精准地促进历史档案的保护与修复工作，为档案文化的传承与发展注入新的活力。

关键词：《中华人民共和国档案法实施条例》；档案修复；信息化

0 引言

历史档案作为国家与民族的记忆载体，其保护与修复工作对于文化传承和社会发展具有不可估量的价值。当前，随着信息技术的飞速发展，档案修复工作信息化建设也面临着新的机遇与挑战。2024年3月1日起颁布施行的《中华人民共和国档案法实施条例》（以下简称《条例》），是对2021年1月1日颁布的《中华人民共和国档案法》的进一步说明和补充，特别是"档案信息化建设"有关内容在第五章设置专门章节，为档案修复工作的信息化进程提供了明确的指导方针与法律依据，档案修复工作的信息化转型成为必然趋势。

1 《条例》信息化建设内容解读与指导意义

1.1 《条例》中的信息化建设内容概述

《条例》第五章第38条至44条围绕"档案信息化建设"相关内容，主要规定了机关、团体、企业事业单位和其他组织应当加强档案信息化建设，积极推进电子档案管理信息系统建设，确保电子档案的安全性、规范性和可追溯性，定期向档案馆移交电子档案，并推进数字档案馆和档案信息共享服务的建设。这一章节为档案修复工作的信息化建设提供了明确的法律支撑，鼓励采用现代信息技术手段提升档案管理与利用水平。

1.2 《条例》的指导意义

《条例》明确了档案信息化建设的法律要求，将信息化建设提升到了法律层面，确保了信息化建设工作的规范性和权威性。通过明确责任主体为各单位开展信息化建设提供了法律依据。对电子档案的安全性提出了明确要求，通过采取管理措施和技术手段，确保电子档案的来源可靠、程序规范，从而保护档案信息的安全和完整。推动档案信息共享，促进了档案资源的最大化利用。同时，在提出信息化建设的基础上明确了监督检查机制和违法行为的法律责任。鼓励开展档案数字化和电子档案管理的技术创新，充分体现了对数字化时代档案工作新要求的积极响应。有助于提升档案工作的效率和质量，保障档案工作的可持续发展。

《条例》为档案修复信息的信息化探索设定了方向，即通过信息化手段增强档案修复工作的精确性、效率和安全性，促进档案资源的开放共享，满足现代社会对档案信息高效利用的需求。

2 历史档案修复工作信息化的必要性

2.1 信息化是档案修复工作适应时代发展的必然要求

随着信息技术的快速发展，数字化、网络化、智能化已经成为各行各业的发展趋势。《条例》中信息化内容也为档案修复工作信息化指明了工作方向，因此紧跟时代步伐，充分利用信息技术提高修复效率和质量成为必然要求。

2.2 信息化是提升档案修复工作水平的有效途径

通过信息化手段，可以实现对历史档案的高效、精准、规范修复，提高修复工作的专业化和科学化水平，更好地传承修复技术，释放更多的档案信息内容。

2.3 信息化是保障档案安全的重要手段

历史档案作为文化的载体，其安全性至关重要。通过信息化手段，可以实现对档案信息的数字化存储和备份，有效防止因自然灾害、人为破坏等原因导致的档案信息损失。

3 档案修复信息化工作实践过程

3.1 档案图像信息的采集和处理

20 世纪 90 年代以来，随着数码图像的拍摄和存储技术的普及、发展，档案修复过程中通过照片和视频形式记录档案的原始破损状态、修复过程和完成情况，成为修复工作信息采集的重要手段。修复前后的图像不仅是对文字记录的有效补充，而且为后续研究和保护提供了更加直观、便捷的参考。现在高精度扫描设备的信息采集方式也逐渐增加，比如扫描尺幅较大的珍贵历史舆图档案，图像清晰、色彩还原准确，再利用图像处理软件去噪、纠偏、增强等处理，可以更好地保留修复前档案电子图像的质量。

3.2 档案修复数据信息标准化和电子化

档案修复的操作规范和各类制度不断发展，历经从单位制度到行业标准再到国家标准，逐渐形成统一的标准化工作要求。国家档案局层面 1983 年颁布《档案馆通则》第三章第十三条明确规定档案馆"对已破损和字迹褪色的重要档案要及时修复和复制"。1987 年制定的《机关档案工作业务建设工作规范》明确要求破损的文件材料应按照裱糊技术托裱。2000 年颁布行业标准《档案修裱技术规程》；2008 年颁布行业标准《历史图牒档案修裱技术规范》[1]。2017 年颁布行业标准《明清档案病害分类》《纸质档案抢救与修复规范》四部分内容，2023 年 10 月 1 日颁布国家标准《纸质档案抢救与修复规范》四部分内容。各档案馆的修复部门也一直进行探索，1995 年中国第一历史档案馆制定了《档案修复管理规则》，共 11 章 126 条；1997 年中央档案馆制定了《中国档案修裱技术操作规程》，11 章 36 条，这些规范标准和制度的制定实施，从制度层面极大地规范了档案行业修复人员工作中操作和信息记录内容，使得修复信息标准化有据可依，比如修复人员、档案尺寸、装帧形式、档案病害、纸张信息和修复方法等登记内容。再有辽宁省档案馆根据自身馆藏历史档案的特点和设备情况，在纸张信息方面形成更加深入的结构化、标准化的信息登记元数据模板 [2]。

同时计算机在工作中逐渐普及，纸质记录修复信息开始出现转录为电子化登记保存的形式，体现了修复信息数据的安全保障受到重视，而且也是一种异质备份和恢复机制。

3.3 档案修复信息化管理平台集成和构建

近十年档案技术保护事业蓬勃发展，档案信息采集设备不断增加和使用下沉，使得很多修复数据采集便捷，如纸张厚度、酸碱度、纸张纤维的检测等。此外，档案修复、生物、化学等专业的技术保护人才队伍搭建也使得修复信息登记、检测更加规范准确，于是形成了相当体量的档案修复信息数据。为更好地管理、查询、使用和开发好档案修复信息数据，整合现有资源，建立一个档案修复信息采集系统平台可以实现档案信息的数字化存储、修复成果展示的同时也提高了档案修复数据的安全性和使用的效率。

各档案馆持续完善档案修复信息管理系统建设，使得馆藏档案电子目录系统与档案修复信息采集系统实现多平台协同作业，将修复步骤流程化、具体化，实现包括方案编制与审核、档案病害的评估、分析、修复进度管理、修复日志管理、修复报告的生成与归档等在内的全流程管理，并严格按照国家规范自动形成标准化的档案修复信息内容，使档案修复信息得以电子化并永久保存利用。有效提高修复的安全性以及修复效率同时为智能档案馆建设提供全新解决方案。

4 历史档案修复工作信息化面临的问题和对策

4.1 档案修复信息内容问题

4.1.1 档案修复信息数据的录入与整合

首先，较早的档案修复过程存在并未进行登记情况，无法进行档案信息追溯，已经生产的大量纸质登记信息数据需要进行电子化录入。其次，电子录入中，原有的登记内容不一定适用或者能够嵌入现有的内容模板，这就使得数据的全面性不足，在今后数据开发过程中的准确性可能会受到影响。最后，当前进行中的修复信息登记，部分检测数据的结果需要足够的检测时间和检测样品，修复工作者实际工作中只能完成修复过程中即时的数据采集，否则会压缩修复本职工作时间。

解决办法：对纸张登记的数据信息，尝试直接扫描后用 OCR 识别后，进行人力抽查减少登记工作量，提高准确率。修复工作人员只采集记录修复中的即时档案修复信息，收集的纸张等样品后统一交分析部门专职人员检测，获得实验数据后统一录入。

4.1.2 档案修复信息的数据内容与格式标准统一

修复信息数据内容的标准化是实现数据的采集、转换的重要条件，但是目前存在一定差异和困难。一方面是各档案馆馆藏档案差异化明显、各档案修复工作者的理念、技术与检测设备存在不均衡，另一方面是历史档案形成机制的复杂造成档案修复信息数据种类、格式难以统一转化。比如：明清历史档案形制多样，有折件、簿册、立轴、手卷等不同装帧形式，在统计修复工作量时为使得数据更加直观，统计单位有卷、件、张、册、面、平尺等，录入信息时候就需要统一进行合并和转化。

解决办法：修复信息采集人员必须依据现有的《条例》和国标《纸质档案抢救与修复规范》要求结合各单位档案实际情况制定出可执行的标准信息登记模板，去推动信息化采集工作，形成符合实际工作情况的元数据标准。同时，注意要留存足够样品为以后保护事业技术的发展留有检测余地。

4.2 档案修复信息平台问题

4.2.1 档案修复信息平台建设的实现

档案修复信息化平台建设可以通过数字化手段提升档案管理、修复和利用的效率与质量，是未来档案修复数据管理的发展方向，也是智能档案馆建设的基础。但档案修复信息化平台建设是一个复杂而细致的项目，建设过程涉及复杂的技术整合，包括网络技术、数据库管理、数据挖掘等。需要考虑到不同载体类型的档案数字化、信息修复技术、存储管理系统的建设，以及确保系统的稳定性和安全性。另外，在平台数据信息搭建之前，对于平台未来使用人群的开放性、实现研究、教育、开发方面等领域的系统预留也要进行提前考虑和调研。

历史档案修复工作人员精通修复技术，需求阶段可以提供全面的修复工作信息内容，是实现档案修复信息化平台的"躯干和四肢"。信息平台开发者是选择一个合适的"大脑"，以实现长远且兼容性强的合适技术框架，从而满足档案修复信息平台中档案数据的安全存储、高效处理和用户友好界面的需求等方面。但是修复人员和开发人员由于知识结构的问题，在信息化平台实现过程中会有一定的分歧。

解决办法：使用方和开发者都要互相充分学习、全面调研和深度思考才能减少沟通成本，真正对接需求重点。平台开发过程中不急于求成，务求做到实际使用。形成使用功能后使用者必须反复试用、穷举可能出现的问题。在完善扩大使用功能方面注重分阶段、分项目进行，但是前期建设上要留有余地。

4.2.2 档案修复信息平台的使用

数据存储方面，如涉及敏感内容的历史档案信息，要确保数据加密、访问控制和合规性的高要求，同时在遭遇故障时需要快速恢复，技术迅速迭代，平台为保持功能的先进性和安全性必须定期更新。数据利用方面，历史档案修复信息是档案载体信息的内容延伸，对于档案的研究同样有着重要价值，特别是历史档案拆装中发现的字迹和纸张信息，如果只是修复工作者在积累，那只是形成一个数据孤岛。为确保数据同步与整合需要确保跨平台间数据的一致性、完整性和实时性。因此，未来数据接口对接的标准化和兼容性需要提前考虑。数据维护方面，随着数据信息的增加，特别是图片、视频内容的海量数据存储积累，修复信息平台投入使用后要注重平台日常维护、数据备份等运维管理。

解决方法：首先强化信息安全保障。建立健全信息安全管理制度和技术防范措施，确保档案修复工作信息化过程中的信息安全和保密性。其次注重平台的运维管理，技术保护部门在缺少足够的管理条件下依托单位数据信息部门进行管理。根据实际工作需要，每年合理申报运维预算。提前考虑与馆藏档案电子档案数据目录进行对接，形成档案完整的档案数据信息。同时培养复合型人才，吸纳信息技术领域专家。另外完善相关法律法规，明确历史档案修复信息的内容研究的使用权限和研究版权归属。

综上所述，《中华人民共和国档案法实施条例》为历史档案修复工作的信息化探索提供了坚实的法律依据与指导方向。通过深入理解第五章内容，我们认识到档案修复信息化不仅是档案工作现代化的必然趋势，也是应对档案保护与利用挑战的有效途径。面对现实中的困难与挑战，需多方协作，采取切实可行的措施，以科技赋能档案修复，促进历史档案修复工作信息的科学管理与有效传承，为社会发展与文化繁荣贡献力量。

注释及参考文献

[1] 刘小敏 . 修裱技术行业的传承与发展 [C]// 中国档案学会 . 档案与文化建设 :2012 年全国档案工作者年会论文集 (上). 北京 : 中国文史出版社 ,2012:460.

[2] 张羽 . 档案修复信息采集系统的研发和设计 [C]// 中国档案学会 . 档案与文化建设 :2012 年全国档案工作者年会论文集 (上). 北京 : 中国文史出版社 ,2012:565–569.

影像技术篇

数字照片档案整理与信息化技术应用研究

——以 EXIF 信息为例

刘吉宁

辽宁省图片音像资料中心（辽宁省地名档案资料馆）

摘要：随着数字化和信息化技术的快速发展，当前照片档案整理工作面临实体照片与数字照片并存，数字照片增速和增量远超实体照片的态势。在这一背景下，数字照片档案的整理工作既大有可为，又挑战重重。而数字照片天然具有的信息化属性，又使其整理工作与信息技术信息手段紧密相连，通过信息化技术的应用，数字照片档案的整理、保存和传承利用均有广阔前景。

关键词：数字照片档案；档案整理；信息化技术应用；EXIF 信息

长期以来，对于照片档案整理，通过胶片曝光、卤化银显影定影的方式冲洗出来的实体照片是其主要的整理对象。但随着数码相机的问世和普及，照片逐渐由光和化学物质的反应变为光在电子感光元件（如 CCD 及 CMOS 等）留下的信号，以数字形式存储在磁带、磁盘、光盘乃至 U 盘、电脑硬盘等介质中，依赖计算机系统进行阅读、处理，并可在网络上传送的图像文件[1]。在这样的语境下，照片不再需要繁杂的冲洗工序，节省了购买胶卷的成本，实现了所见即所得，更有在存取、传输上的巨大便利。因此，数字照片成为可归档的材料后，就一跃成了照片档案整理工作的主要对象。然而，数字照片的诸多便利，也使其整理归档工作面临巨大挑战。

所谓 EXIF，其实是 Exchangeable Image File 的缩写，即"可交换图像文件"之意。它与数字照片相伴随而出现，因而即便是肉眼难以分辨的两张照片，其 EXIF 信息也各有不同，可谓一张数字照片可信任的"身份证"[2]，可从中提取出许多可用信息。作为专为数字照片定制的元数据，EXIF 最早由日本电子工业发展协会制定为行业标准，其版本一直不断更新以适应新技术发展应用，无论对 .jpg 和 .tiff 格式均适用。

在 EXIF 语境下，包含的信息类型主要可分为六种，即主图像信息、拍摄参数、GPS 信息、可互通信息、厂商注释、缩略图信息，每个大类之下还存在子信息。这些信息，无论对于摄影师还是后期整理者，都有重要意义。

信息时代，数字照片的出现为我们从事照片档案整理相关工作提出了新的课题和挑战，而伴随数字照片共同产生的 EXIF 信息就是直面这些新的课题和挑战的一条行之有效的解题之策。

1 数字照片档案整理工作中的挑战

与对传统实体照片档案进行整理相比，数字照片档案整理工作面临的挑战主要有两个方面。

1.1 数据量的挑战

前数字时代，相机和胶卷是照片档案形成的必要前提。尤其是胶卷，既是一种具有消耗性的耗材，又是一种造价不菲的商品，其价格随着感光度的提升而水涨船高；加之冲洗照片的技术门槛以及用于冲洗相片的显影液、定影液等的成本，导致在这一时期产生的实体照片档案和底片档案的数量相对较少。

而随着数字技术不断发展成熟，通过各类数码相机拍摄数字照片，既成了记录生活的主要手段，也连带改变了照片档案的构成结构[3]。面对呈几何级数增长的数据量，数字照片的整理工作量也随之增加。

根据国家档案局相关规定，对于数字照片的整理，主要遵循《数码照片归档与管理规范》（DA/T 50-2014）及《照片类电子档案元数据方案》（DA/T 54-2014）两项行业标准（以下分别简称为 DA/T 50 和 DA/T 54）。在这两个文件及其附录中，分别规定了 14 项和 26 项立档单位在整理数字照片档案时应当著录的著录项。其中，包括题名、拍摄者、拍摄时间、拍摄地点、人物、保管期限、格式信息等在内的七个著录项在两项行业标准中均有涉及，可视作重复项，因此实际而言，数字照片整理工作的著录项有 33 项。

虽然存在可以剔除的重复项，但在现行规定下，针对数字照片整理工作的著录工作仍然繁杂，加之数字照片的庞大存量，开展相关工作的巨大压力不言自明。在人员固定、时限固定的工作前提下，借助信息化技术的参与，使数字照片档案整理工作提质增效，是目前工作的题中应有之义。

1.2 数据安全的挑战

档案由于是对人类生产生活的直接记录，因此具有原始记录性的本质属性，也就是说，能够称作档案而整理存档的，一定是真实可信的内容。在档案工作肇始的阶段，对于其实体安全和信息安全的保障就是极端必要和极端重要的。胶卷相机时代，对于图像的手工修改技术虽然存在，但大多是通过改变局部曝光量、改变显影时间或温度、用工具修整底片或照片、滤光、拼接、叠加等方法实现，需要洗相技术和暗房环境辅助实现，专业门槛和实现成本较高、操作性不强，因此在传统的实体照片整理过程中，较少受到伪造图像的干扰。

但数字照片则不同。由于数字照片的本质是光在感光元件上留存的信息，因此在具有较强的便利性的同时也具有较高的可变性，通过后期加工，一些原本不存在的事物也可以被制造出来，形成几可乱真的图像。在历史上，曾经发生过"正龙拍虎"等家喻户晓的通过电子计算机技术伪造图像的事件，在新媒体时代更有 AI 技术通过特定的计算机语言和算法，根据用户需求自动对图片进行改动，乃至直接生成，伪造图像的技术门槛逐渐被不断发展的科技手段弥合。诚然，利用电子计算机技术对图像进行改动，在有些特定环境中有其存在的必要性，在某种意义上讲甚至也可称为一种艺术形式，引来观众的会心一笑或由衷赞叹，但却与原始性背道而驰。在日常生活中，图像后期处理司空见惯，但在档案工作领域，档案的原始记录性也因此受到了威胁，对于我们在处理数字照片档案整理实务的过程提出了挑战。

2 EXIF 信息辅助数字照片档案整理工作的路径

如前所述，EXIF 信息镶嵌在数字照片之中，并经过哈希算法将原本较长的二进制输入映射为长度固定且较短的输出，具有唯一性，在辅助处理数字照片档案整理工作中有很大的作用。

2.1 EXIF 信息辅助处理数字照片整理编目工作

在数字照片整理工作实务中，如对某个或某些著录项信息有疑问，可以通过查看EXIF信息的方式进行确认。主要查看方式有图像查看和编辑软件以及专门的照片元数据查看和编辑软件等。值得注意的是，在著录项中，如题名、拍摄者、拍摄时间、拍摄地点、人物、密级等信息属人工录入信息，需要根据照片拍摄的相关信息自行手动编辑，无法从 EXIF 信息中直接得出。

如需对照片的全部 EXIF 信息进行利用，也可以通过信息提取的方式实现。首先将需要提取信息的数字照片挑选出来形成集合并集中提取，然后将所得的数据进行维护和输出，即可形成 EXIF 信息数据库，在数字照片档案整理工作中发挥作用。

现行条件下，查看和提取 EXIF 信息的方式主要有三种：一是通过图片查看或编辑软件直接查看，无论计算机系统自带的图片查看软件还是主流的图片查看编辑软件如 CorelDRAW、ACDSee 等均可实现；二是通过专业的 EXIF 信息读取软件进行查看，主要有 EXIF-Viewer、Opanda Iexif 等；三是通过记事本进行查看，用记事本打开照片文件，可在显示的乱码中查看到照片拍摄的设备及拍摄时间等较为简单的 EXIF 信息。此外，利用计算机语言如 Python 等进行爬取也是近年来开始流行的新的 EXIF 信息查看和提取方式。

根据 DA/T 50 和 DA/T 54 开展数字照片档案整理工作的 30 余个著录项中，通过对数字照片文件存储结构的解析重定义、EXIF 信息及系统信息提取和设置默认值等方式，可以自动生成其中大部分的著录信息，从而大大提升了整理工作的效率，也减少了人工著录所不可避免的错误。

2.2 EXIF 信息辅助处理数字照片原始性检查工作

鉴于当前条件下，对数字照片的编辑处理几无门槛可言，为保证档案信息的原始记录性，利用 EXIF 信息检查数字照片是否是未经处理的原始照片也是行之有效的数字照片档案整理工作方法。EXIF 信息蕴含照片的各种参数信息，成为照片真实性鉴定中一个必不可少的检验项目[4]。

首先，数字照片必然具备 EXIF 信息。如若在查看和提取中发现 EXIF 信息有全部或部分缺失的情况，则说明该张照片或是经过编辑处理过的，其呈现的场景或事件有被篡改的可能，不能作为档案进行存档。以常用的 Photoshop 软件为例，经过该软件处理过的数字照片，一个直观的改变就是修改日期的变化，如果某张照片该项信息与同一照片组的其他照片不同，则说明该张照片是经过编辑处理的不可存档照片。

其次，数字照片在打开之前，可以通过缩略图进行查看。缩略图是图像文件的组成部分，以概括的方式呈现图像中蕴含的可视化信息，缩略图在文件系统中通常通过 thumbs.db 进行读取和存放，以实现图片的预览功能，方便人们在大量图片中做选择时缩小范围，当系统中不存在 thumbs.db 时则会尝试读取 EXIF 信息判断是否需要通过插值重新生成。而在图片编辑实务中，许多图像处理软件都是通过将正常图像的 EXIF 信息去覆盖编辑后的新图像，造成缩略图与实际打开的图像不同的情况，如果遇到这种情况，也可以判定该张照片经过编辑修改，失去了其原始记录性，不宜用作存档。

此外，压缩信息和分辨率也是判断数字照片是否为原始照片的一个维度。根据档案著录规则，归档的图片文件格式为 .jpg 和 .tiff。其中，jpg 格式存在较为普遍，也是大多数数码相机支持的生成格式。而 .jpg 格式图像的画质与其压缩率息息相关，压缩率越高，图像画质越差。我们仍以 Photoshop 软件为例，在 Photoshop 软件中，对图像编辑完毕后将工程文件导出的环节中，软件提供了多种品质等级供选择，但针对不同的导出品质，软件所应用的采样方式是不同的，常见的采样方式有 4:2:0、4:2:2、4:4:4 等，采样方式不同，其对灰度（Y）和色度（U 和 V）的采样比例也不同，也因此造就了不同的最终呈现效果，比如在 4:4:4 下，对灰度和色度的采样比例均衡，每一个 Y 对应一组 UV，而在 4:2:0 下，对灰度的采样比例高于色度，每一个 Y 只能分摊到四分之一组 UV，因而与 4:4:4 相比，4:2:0 采样会丢掉 75% 的色度信息。常规的数码相机，大多以 4:2:2 为默认的采样率，如果在照片的 EXIF 信息中查看到其 YUV（YCbCr）分量与 4:2:2 不同，同样可以认为这是一张经过编辑处理的照片，不能用于存档。

3 EXIF 信息利用的注意事项

当前，科学技术发展日新月异，生产力水平不断提升，市场上各种档次和门类的具有摄影摄像功能的电子产品层出不穷，极端条件下，一些非常规的摄影摄像设备也能够实现记录某些事件和场景的需求。而对于 EXIF 信息而言，一旦参数设置发生变化，记录的信息就会出现差异，这种差异在不同门类的产品之间、在同门类不同品牌型号的产品之间，甚至在同门类同品牌型号产品的参数调整前后都可能存在，并无定制。此外，科技虽然给我们的工作带来了便利，但相关操作依然有赖于技术水平的支持和技术条件的满足，因此，在具体的数字照片档案整理工作中，还应注意以下两点：

一是要综合考量信息的完整性和准确性。如前我们可知，通过后期编辑处理，照片的 EXIF 信息可能发生部分或全部的丢失，但与此同时，如果一张照片经过多次网络传输，也可能丢失原始的 EXIF 数据，因此不能单纯据此判断照片是否经过编辑和篡改。同时，相关参数在大多数情况下有固定的默认值，但也不能排除某些特殊设备型号采用其他参数，因此在进行照片原始性判定时，还应尽量还原原始语境，通过综合评估作出判断。

二是要充分考虑技术和方法的局限性。依照现行的技术条件，大多数数字照片的 EXIF 信息可以较为容易地被查看、提取和利用，但也不能否认技术门槛的存在，对于非技术用户来说，这仍不能称作一种友好的工作方法，需要基础培训和一定的工作经验；同时，我们也不能排除出现 EXIF 信息查看和提取失败的情况。因此，手动著录的可能性依然存在，档案工作者依然要对数字照片档案整理的工作量和工作难度有清楚的认知。

注释及参考文献

[1] 杨峰 . 新媒体语境下影像档案开发与利用的案例分析与展望 [J]. 档案管理，2022,(4):94-95.

[2] 曹吉明，傅晓海 . 计算机伪造图像的司法鉴定技术研究 [J]. 广东公安科技，2015(1):32-36.

[3] 景天伟 . 照片档案的元数据规范研究 [D]. 南京：南京艺术学院 ,2019.

[4] 申川 . 数码照片真实性鉴定中 EXIF 信息应用分析 [J]. 影像技术 ,2017(3):74-76.

影像档案技术发展现状与策略研究

罗银

湖南省档案馆

摘要： 本文通过对影像档案发展现状的分析，以及存在的管理观念落后、专业人才稀缺、利用水平有待提升和管理模式有待改进等问题的分析，提出全面提升影像档案管理意识、做好影像档案人才培养工作、提升影像技术档案开发利用力度和搭建影像档案数字化管理平台等策略。期待能对影像技术发展有所借鉴和启发，也希望全国各级综合档案馆的影像档案事业能得到全面发展。

关键词： 影像档案；现状；策略

0 引言

影像档案是指国家机构、社会组织以及个人在从事各种活动中形成的对国家和社会有保存价值的以照片（包括底片、反转片）、影片（正负片）、唱片、录像带等不同材料为载体，以影像、声音为主，并辅以文字说明的历史记录[1]。

随着现代计算机、互联网和人工智能等信息技术的不断发展，机关、团体、企事业单位和其他组织在工作中形成了大量的照片、录音、录像等不同载体形式的影像档案。如何做好影像档案的采集、整理、保管保护、开发利用等工作，将传统与现代影像档案有效整合，探索新形势下影像档案的发展之路，使之更好服务档案工作，是未来业界需要共同研究的课题。

1 影像档案技术发展现状分析

1.1 影像档案接收和征集情况发展态势

从《2018—2022 年度全国档案主管部门和档案馆基本情况摘要》数据统计，全国各级国家综合档案馆影像档案事业发展态势良好[2]，具体情况如下所述：

1.1.1 全国各级国家综合档案馆接收征集照片档案情况

如表1、图1所示，2018—2022年度，全国各级国家综合档案馆接收照片档案数据增速较快，2021年度增速较大，2022年较上年度下滑速度较快；而征集照片档案数据整体处于稳中有增的状态。

表1　全国各级国家综合档案馆接收征集照片档案情况（单位：万张）

年度	照片档案	
	接收	征集
2018	122	18.4
2019	97.4	34.9
2020	105.3	25.6
2021	245.1	34.9
2022	148.8	

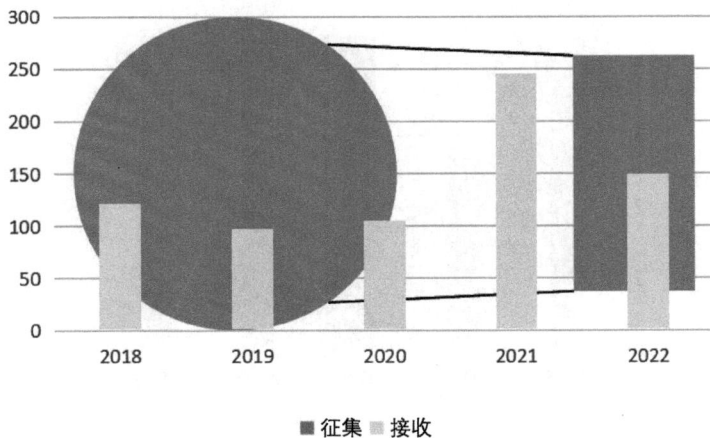

图1　全国各级国家综合档案馆接收征集照片档案情况图（单位：万张）

1.1.2 全国各级国家综合档案馆接收征集录音录像磁带、影片档案情况

如表2、图2所示，2018—2022年度，全国各级国家综合档案馆录音录像磁带、影片档案接收数据波动较大，处于稳中有增状态；征集数据有小幅波动，整体水平波动不大，呈稳定趋势。

表2　全国各级国家综合档案馆接收征集录音录像磁带、影片档案情况

（单位：万盘）

年度	录音磁带、录像磁带、影片档案	
	接收	征集
2018	2.9	0.4
2019	2.7	0.7
2020	4.4	0.4
2021	6.1	0.4
2022	4.1	

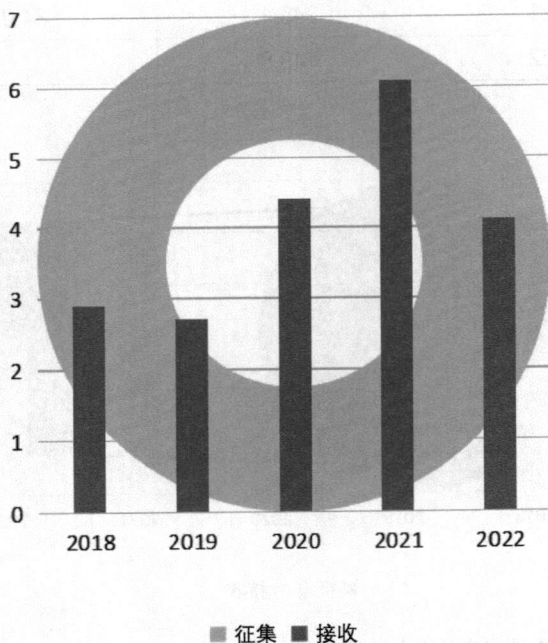

图2　全国各级国家综合档案馆接收征集录音录像磁带、影片档案情况柱形图（单位：万盘）

1.1.3 全国各级国家综合档案馆馆藏照片档案情况

如表3、图3所示，2018—2022 年度，全国各级国家综合档案馆馆藏照片档案总量稳中有增；中央级增速不大；省（区、市）有波动，但增速不

大；副省级数据呈小幅增长趋势；地（市、州、盟）增速较快；县（区、旗、市）数据有小幅增长。

表3　全国各级国家综合档案馆馆藏照片档案情况

（单位：万张）

年度	总量	中央级	省（区、市）	副省级	地（市、州、盟）	县（区、旗、市）
2018	2056	19.2	174.4	198.8	520.4	1143.2
2019	2203.8	19.5	197.6	221.6	556.3	1208.8
2020	2401	20	285.5	253.5	607.6	1252.4
2021	2676.6	20.4	294.7	252.9	659	1449.6
2022	2737.7	20.5	246.4	262.7	701.1	1507.0

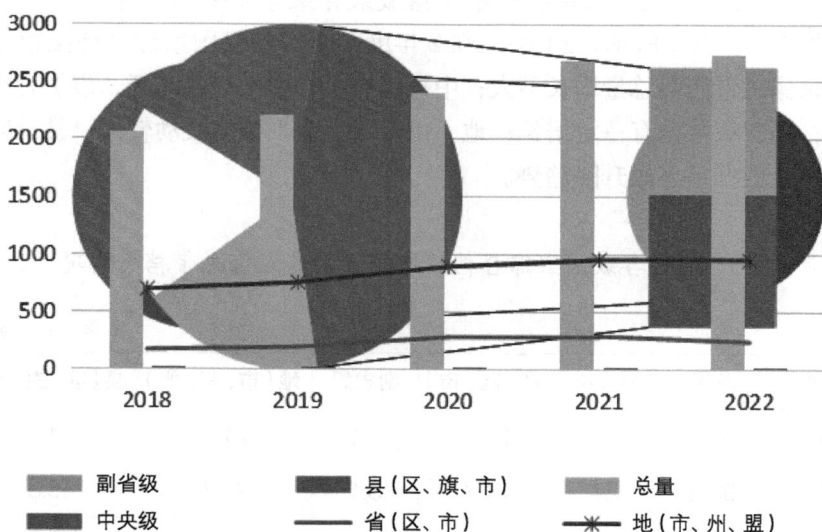

图3　全国各级国家综合档案馆馆藏照片档案情况组合图

1.1.4 全国各级国家综合档案馆馆藏数码照片、数字录音录像磁带档案情况

如表4所示，数码照片2018—2021年增速较快，2022年较上年度有较大幅度下降；而数字录音录像磁带档案增速较快；数据的大幅增长使数字档案数据保管、存储安全隐患增大，海量数据筛选和利用难度加大。

表 4　全国各级国家综合档案馆馆藏数码照片、数字录音录像磁带档案情况

（单位：TB）

年度	数码照片	数字录音录像磁带
2018	324.22	297.85
2019	0.0387	0.0351
2020	390.2	523.5
2021	423.9	690.6
2022	220.0	1040.0

1.1.5 全国各级国家综合档案馆馆藏录音录像磁带档案情况

如表 5、图 4 所示，2018—2022 年度，全国各级国家综合档案馆馆藏录音录像磁带档案总量增长不大；中央级有小幅增长；省（区、市）有小幅波动；副省级数据有一定增长；地（市、州、盟）数据波动较大；县（区、旗、市）数据呈小幅升降趋势。

表 5　全国各级国家综合档案馆馆藏录音录像磁带档案情况

（单位：万盘）

年度	总量	中央级	省（区、市）	副省级	地（市、州、盟）	县（区、旗、市）
2018	105	1.7	24.7	2.1	21.7	54.8
2019	99.6	1.7	24.7	3.1	24.3	45.8
2020	112.1	1.8	26.7	3.4	32.5	47.7
2021	109.2	2	26.2	3.5	25.2	52.3
2022	109.5	2.3	25.7	3.5	23.6	54.5

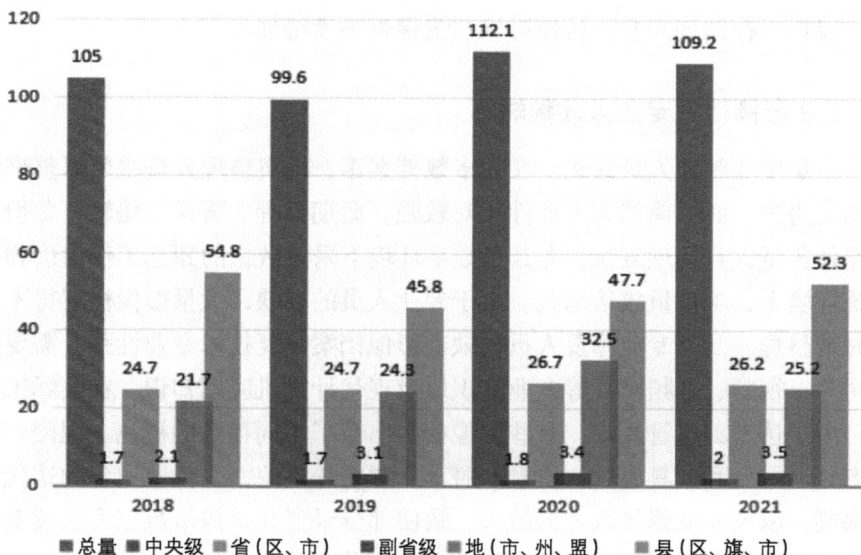

图 4　全国各级国家综合档案馆馆藏录音录像磁带档案情况柱形图（单位：万盘）

2　影像档案发展存在的主要问题和原因分析

2.1　管理思想观念落后

一是形成单位对影像档案不重视。在档案形成过程中，除纸质档案外，也产生了大量的影像档案，受人员、技术和设备等条件的限制，大量影像档案散落在形成单位，无法得到及时整理和移交，致使该类型档案流失。二是接收征集档案载体形式有侧重。长期以来，档案形成的载体形式主要以纸质材料为主，其他形式载体为辅，由于纸质档案数量庞大，且已建成完整的管理制系，配套的保管保护设施设备也比较齐全。因此，档案接收征集的侧重形式主要以纸质档案为主。三是接收征集存在重量不重质现象。在接收征集过程中，还未建立系统完善的影像档案验收机制，受设备条件限制，对接收征集的影像档案无法及时读取，不能确保接收征集影像档案的质量。四是影像档案保管难度大。随着现代数字技术的不断发展，在工作中形成了大量的数字照片和数字影像数据，虽然在一定程度上避免了传统影像档案保管中出现的褪色、霉变、磁颗粒脱落等问题，但是海量电子数据的溯源、编辑、整理、保真、存储等问题，致使影像档案保管难度增加。

2.2 影像档案专业人才稀缺

一是专业整理人员缺乏。在大多数档案馆，档案整理人员主要以整理纸质档案为主。而影像档案专业性相对较强，后期整理、著录、编辑、备份等工作任务量大且烦琐复杂，尤其是数字环境下采集数据的甄选工作力度相较传统环境下，工作量成倍增长。由于专业人员的稀缺，大量影像档案得不到及时地整理。二是专业修复人员稀缺。影像档案修复技术专业性强，需要掌握照片、视频、音频修复等专业知识以及现代计算机应用知识。在实际工作中，由于达不到保管要求，有些影像档案出现了不同程度的褪色、褪磁、发黄老化、霉变和装具腐蚀、磁颗粒脱落、脱粉等现象，受读取设备的迭代条件限制，以及专业修复人才的缺失，致使部分录音和录像带数据无法读取，大量影像档案因得不到及时修复而造成数据信息丢失。

2.3 影像档案开发利用管理水平有待提升

一是利用软件系统有待更新。影像档案形成信息主要以图形、图像、声音等形式为主，目前大多数综合档案馆档案管理开发利用系统主要侧重于文书档案管理，档案利用和深度检索功能尚不完善，无法满足影像档案利用需求。二是影像档案资源开发挖掘难度较大。《"十四五"国家重点档案保护与开发工程实施方案》中提出，支持副省级以上综合档案馆的编研成果由传统的纸质出版向多媒体复合出版转型，支持副省级以上综合档案馆探索运用语音图像识别技术、虚拟增强现实技术等新技术手段丰富档案展陈形式，让档案"走出来""活起来""亮起来"[3]。近年来，虽然各级国家综合档案馆先后开展了口述档案，制作专题片、纪录片等档案文创产品的形式挖掘影像档案资源，但是与影像档案增长的速度以及国家层面的要求还存在较大的差距。

2.4 管理模式有待改进

据了解，大多数综合档案馆影像档案的管理模式主要以建立电子台账为主，这些基础电子数据只做管理使用，不进行统一归档，也未建立影像档案数据管理专库。为适应现代信息技术发展的需要，需搭建影像档案数据管理平台，构建专业科学的影像档案管理运行模式。

3 影像档案管理发展策略研究

3.1 全面提升影像档案管理意识

一要大力拓展影像档案接收征集范围。要健全重点领域、重大活动、突发事件应对活动档案工作机制，着力健全重特大事件应急处置档案管理机制，做好相关材料的接收、征集、整理和归档等工作，加大口述档案、新媒体信息的采集、归档、整理和数据备份等工作[4]。二要完善影像档案管理工作机制。建立健全重点领域、重大活动、重大事件、重大项目摄录制度，影像档案整理与著录制度，口述档案与新媒体信息管理制度，贯彻落实好影像档案审批制度、工作流程和操作流程等相关规章制度。三要提升影像档案保管环境。影像档案的保管在满足档案库房"九防"要求下，还要达到防磁、防辐射要求。在日常管理中，库房内的底片、胶片、照片、录音录像带等影像档案的温湿度、保管装具、包装与存放等都应达到其保管条件。为确保影像档案信息的完整性，应定期组织人员对影像档案保存状况进行筛查，制定科学合理的影像档案保管保护措施。四要建立影像档案管理协同机制。要充分调动各方力量，大力加强部门协同、区域协同、行业协同，争取各方力量积极参与影像档案事务管理，共同推动影像档案事业的发展。

3.2 做好影像档案人才培养工作

一要抓好技能型人才培养。为更好推动影像技术、缩微技术和档案仿真复制技术的传承，要依托区域性国家重点档案保护中心、感光与纸质多种档案等国家重点实验室平台的引领和辐射作用，借助高校、科研院所，或中国大学MOOC、学堂在线、我要自学网、国家网络教育等数字教育平台，多渠道全方位做好影像技术、缩微技术和档案仿真复制技术技能型人才的理论和技艺的培养工作。二要注重培养高级专家型人才。采用"走出去"的方式，将具有一定研究成果的专家型人才送到高校、科研机构，全面深入调研，做好跨界、跨区域交流与合作整合工作，集中核心技术力量攻坚克难，研究解决影像档案技术中存在的难点和关键性问题。采用"请进来"的方式。将行业内的专家、工匠请进来，现场教学，面对面交流，理论与实践全面结合，全方位、多措施培养高级专家型人才。三要加大对影像技术修复人才的培养。在大多数省级档案馆都有专业的音像采编、档案缩微、档案仿真复制专业人才，而缺乏影像档案修复技术方面的人才。随着影像技术的不断发展，各级综合档案馆保存的影像档案也存在不同程度的划痕、霉变、脱落、音色失真等现象，一些影像档案由于设备迭代等问题而无法得到及时修复，从而造成影像信息的永久丢失。基于此，要加大影像修复技术人员的培养。

3.3 提升影像技术档案开发利用力度

一要持续抓好影像档案发展工作。据中国互联网络信息中心（CNNIC）提供的数据显示，截至 2023 年 12 月，我国网民规模达 10.92 亿人，互联网普及率达 77.5%[5]。从 2018—2022 年度全国各级综合档案馆声像档案数据来看，影像档案发展整体处于稳中有进，持续增长的状态。随着信息化、互联网、人工智能等技术的不断发展，影像档案的增长速度会越来越快，海量数据如何管理，是未来很长时间需要研究的课题。二要加大宣传力度。近年来，各级国家综合档案馆拓展利用渠道深入挖掘影像档案资源，制作宣传片、专题片、纪录短片等档案文化创意产品，借助微信公众号、抖音、微博以及官方主流媒体平台进行文化推广，加大了影像档案与大众的互动。在实际工作中，通过对部分综合档案馆推出的档案文化创意产品调研情况来看，用户关注度较小，尤其是系列专题片，观看量与投入比差距较大，宣传推广的力度还有待加强。三要有效整合信息资源。由于影像档案利用率较低，投入成本较高，购置专业设备投入资金较大，为充分利用影像档案，要加大与区域内、行业内服务体系的融合，借助外力，全面推动影像技术的发展。

3.4 搭建影像档案数字化管理平台

一要做好采集与整理工作。参照相关国家标准和行业标准，借助高清扫描仪、胶片扫描仪、计算机设备对照片、音频、视频、缩微胶片、影片等影像档案信息进行数字化采集，并对采集的档案进行统一编辑、分类、存储等工作。二要建立统一编码标准模式。为提高影像档案的利用率，便于利用和查询，对各类影像档案的整理标准和编码要统一。如对录音录像电子档案元数据的编码原则，应参照《录音录像类电子档案元数据方案》（DA/T 63-2017），元数据应包括全宗号、目录号、档案号、责任者、摄录时间、摄录地点、摄录者、格式、时长、保管期限、密级等。管理数据应包含生成方式、捕获设备、设备制造商、设备型号、软件信息、计算机文件名、计算机文件大小等信息。三要构建影像档案管理数据库。为了规范管理影像档案，对照片、录音、录像、缩微胶片等影像档案建立管理数据库，实现对元数据编辑、查看、导入、导出、打印和下载等权限访问控制，数据备份等功能。

注释及参考文献

[1] 申尧 . 影像档案出版 : 新兴图像出版概念与应用 [J]. 科技与出版 ,2023(4):132-141.

[2] 余亚荣 , 张照余 . 基于公证保全模式的电子文件法律证据价值维护研究 [J]. 档案学研究 ,2020(4):110-114.

[3] 国家档案局 . "十四五" 国家重点档案保护与开发工程实施方案 [EB/OL].[2021-12-07].https://www.saac.gov.cn/daj/tzgg/202112/88aaaf0db5cd4b9aaac05237a8a5b029/files/82298edad95d47e0aff4bd637c9c3ec9.pdf

[4] 蔡盈芳 . 推动企业档案工作高质量发展——《"十四五" 全国档案事业发展规划》企业档案工作重点 [J]. 中国档案 ,2021(10):26-27.

[5]CNNIC 中国互联网络信息中心 . 第 53 次《中国互联网络发展状况统计报告》[EB/OL].[2024-03-22].https://www.cnnic.net.cn/n4/2024/0322/c88-10964.html.

应用城建声像档案记录好中国式现代化历程

楚雪

上海市城市建设档案馆

摘要：城建声像档案在城市规划、建设和发展中具有重要价值。本文探讨了城建声像档案在记录中国式现代化历程中的重要作用、现实问题与应对措施以及建设路径，以期为城建声像档案的发展提供参考。

关键词：城建声像档案；中国式现代化历程；重要作用；现实问题；建设路径

1839年人类历史上第一台照相机的诞生，为城建声像档案的发展奠定了重要的技术基础，可以说城建声像档案是影像技术发展而诞生的产物。不同于档案的其他形式，依托于照片、影像、录音等形式记录下来的档案，更真实、更形象、更立体；不同于其他档案内容，记录有关城市规划、建设及相关活动的城建档案，能够更直观、更生动地记录下城市变迁与发展历程，更丰富、更形象地展现城市记忆。故而，应用城建声像档案记录好中国式现代化历程应当受到关注和重视。

1 城建声像档案在记录中国式现代化历程中的重要作用

1.1 真实地记录中国式现代化历程，是"城市记忆"的重要组成部分

随着我国城市化进程的推进、各地城市建设如火如荼地进行，城市的面貌也日新月异。城建声像档案用最直观的方式将那些城市历史旧貌和城市建设发展过程中的重大变化真实、准确、系统地记录下来，使其成为"城市记忆"的重要组成部分。

例如，上海世博会建设工程启动后，上海市城市建设档案馆对世博会场

址原貌、对每个世博展馆建设以及展览期间各片区场馆的展出情况都进行了跟踪拍摄，真实反映出整个世博会园区的演变过程。成都市"北改"工程启动后，成都市城市建设档案馆对该工程内的重要风貌、老建筑以及重要工程节点与相关事件都进行了拍摄[1]。这些城市建设记录通过城建声像档案编研工作可以变成专题图片展览、画册和纪录片，让公众在新旧影像对比中更直观地感受到城市的发展变化和中国式现代化历程。

1.2 生动形象地记录中国式现代化历程，是科普教育的重要资源

生动形象地记录中国式现代化历程的城建声像档案，是科普教育的重要资源，原因有二：其一，城建声像档案能够利用生动的影像配合以文字说明，准确地记录与形象地呈现中国式现代化不同阶段的建设发展历程，具有较强的感染力与说服力，有助于促进公众对城市的深入了解，提高他们的综合文化素养；其二，信息技术的发展使得城建声像档案能够摆脱时间、空间的限制，通过大众媒介，以更加直观的传播形式向公众呈现中国式现代化不同阶段的建设发展历程，在传播形式、传播范围、传播速度等方面优于其他类型的传统城建档案，能够更好地践行"以史育人"的使命，适合成为科普教育的素材。

1.3 充分挖掘城市文化内涵，打造专属文化品牌

上海 2035 总体规划提出，"进一步挖掘上海城市丰富的文化内涵，延续历史文脉，留住城市记忆，激发城市文化创新创造活力，提升城市软实力和吸引力"。文化品牌是一座城市的金字招牌、重要标志，承载着城市精神品格和理想追求，是增强城市文化软实力的重要依托。城建声像档案生动形象、资源丰富，为挖掘城市文化内涵、打造专属文化品牌提供了充足的养料。

例如上海市城市建设档案馆的"上海建筑百年"系列专题片，历经20年拍摄制作了 400 多集，为上海的建筑记录了翔实的档案资料和影像资料，是反映上海城市风貌变迁、宣传上海海派文化和历史文脉传承的重要载体；青岛市城市建设档案馆的"口述历史、抢救城市记忆"项目[2]，真实地记录了城市建设亲历者的见闻，挖掘出独属于自己的历史底蕴。这些都充分体现了城建声像档案在中国式现代化历程中的价值。

2 应用城建声像档案记录好中国式现代化历程存在的现实问题和应对措施

城建声像档案工作起步较晚，要应用城建声像档案记录好中国式现代化历程存在多重现实问题，如对城建声像档案的重要性认识不足、投入不足、物质基础薄弱，管理体系不够健全、相应的声像档案技术规范不完善，专业人才匮乏等等。鉴于城建声像档案的重要价值，必须充分认识到重要性、健全和完善管理体系、加强专业人才培养，有序推进城建声像档案工作的有序开展[3]。

2.1 应充分认识到城建声像档案的重要性

对城建声像档案重要性的认识应从三个方面着手。其一是城建档案管理部门，城建档案管理部门对城建声像档案的重视有助于创造良好的政策环境、提供足够的资金技术支持以及创造其他有利于城建声像档案发展的工作条件；其二是城建声像档案工作人员，城建声像档案工作人员的重视有助于培养他们积极工作、积极学习的状态，从而为社会创造出更多更好的更有价值的城建声像档案及相关文化产品；其三是社会公众，社会公众对城建声像档案的重视能够帮助他们更好地了解中国式现代化历程、体会和感悟城市文化和城市精神，也体现了城建声像档案的社会价值。

2.2 应健全和完善城建声像档案管理体系

完善的城建声像档案管理体系，有助于城建声像资料的标准化规范化收集，有助于全国各地城建声像档案间的交流利用。而目前城建声像档案的组织管理相对松散，全国各地对城建声像档案的收集管理标准尚未完善，就工程录像部分来看，如视频编码格式，国家档案局的《录音录像档案管理规范》明确要求"录像电子文件归档格式为 MPG、MP4、FLV、AVI 等。珍贵的录像电子文件可收集、归档一套 MXF 格式文件"，这样明确地规定各地在执行时高于或者等于这条标准就行，但有关工程录像图像分辨率，国家行业标准并没有明确规定，各地执行时就会参差不齐。

故而，健全和完善城建声像档案管理体系，践行标准化、规范化工作思路，明确、规范各个环节的工作标准和要求，能够一定程度上保证城建声像档案的内容和质量，更好地反映城市的变迁，反映中国式现代化历程。

2.3 应加强城建声像档案专业人才的培养

由于城建声像档案的特殊性，声像档案的管理不同于其他类型的档案，对工作人员的专业性也提出了更高的要求。

首先，它要求工作人员对城建声像档案的收集内容和范围等业务非常熟悉，城建声像档案的很多内容如果错过时间没有拍摄就可能永远错过，如建设工程的重要施工节点和工序的拍摄、新城建设与旧城改造前的原址原貌记录等，故而要及时拍摄记录。其次，它要求工作人员充分掌握接收的声像档案的技术指标与载体相关要求[4]，包括拍摄质量及相应的文字说明等，以保证声像档案的使用价值。最后，由于城建声像档案资源极为丰富，是城建档案文化产品开发的重要来源，因而要求工作人员具有一定的关于策划展览画册、专题片等文化产品的能力。

所以为了保证城建声像档案及其文化产品的质量和水平，要加强对城建声像档案专业人才的培养，全面提高其业务水平。

3 应用城建声像档案记录好中国式现代化历程的建设路径

"提高思想站位、实现转型发展"，2035、2050远景目标的制定，对城建档案提出了"专业馆、数字馆、文化馆"的转型新要求。在这个思路的引导下，为记录好中国式现代化历程，城建声像档案从内容到形式也有了新的建设路径。

3.1 "更精"的工程声像档案拍摄制作服务

作为城建声像档案的重要组成部分，工程声像档案是真实、形象、生动地反映建设工程施工前原貌、施工后新貌以及在整个施工过程中各种重要活动的真实记录，是直观反映城市建设成就及开拓城市发展过程的一种重要技术手段和载体，也是记录好中国式现代化历程最重要的部分。因此必须一如既往地做好工程片的摄制服务工作，特别是要做好旧城改造和新城建设的全过程跟踪记录，以及本市重大工程项目的摄制工作，努力做到服务精细、专业精深。同时可引入新的拍摄技术和方法，为工程声像档案的工作注入新的活力；针对一些特别有意义的市政重大工程项目，用更高的标准进行跟踪拍摄和制作，形成高品质的"重大工程纪实"系列纪录片或专题片。

3.2 "更细"的优秀历史建筑记录和修缮改造的跟踪拍摄

优秀历史建筑作为一种不可再生的文化遗产越来越受到各界的关注和重视，它们不仅是城市发展历程的见证者，也是彰显着城市的魅力与内涵的一张名片，对城市的优秀历史建筑文化发展及研究具有极为重要的意义。记录下优秀历史建筑的往日风采、修缮改造历程，不仅是在忠实地记录它们历经沧桑的建筑风貌，更是在记录它们受到时光洗礼后所承载的时代精神和人文情怀，留存着这座城市的记忆。

同时，对于一些老建筑的修缮、改建也应及时了解动态，进行跟踪拍摄，用镜头记录下这些优秀历史建筑从旧貌到新颜的过程，不仅是在忠实地记录它们历经沧桑的建筑风貌，更是在记录它们受到时光洗礼后所承载的时代精神和人文情怀，彰显着中国式现代化的历程，留存着这座城市的记忆。

3.3 "更新"的声像档案记录载体与呈现方式

"摄影术生产的图像改变了档案话语的结构"[5]，全景技术的发展开启了城建声像档案的新纪元。全景技术，是一种新兴的富媒体拍摄技术，它能够更完整、更客观、更全面地记录下拍摄对象的信息，拍摄内容可操作、可交互。在此基础上生成的 360 度全景影像，配合 VR 眼镜等头戴式设备，给受众以三维立体的空间感，这种跨越时空的虚拟体验使受众仿佛置身其中，实现了真实环境还原[6]。

从存档方面来说，全景技术以最新的方式进行拍摄记录，能够最大限度、全方位、完整地保留当下的建筑风貌，为城建档案的留存、学术研究、修缮保护以及文化传播工作都能提供极大帮助，对保护城市建筑文化遗产、留存城市记忆、记录好中国式现代化历程也起到了非常积极的作用。

从公众服务来说，全景技术能给公众带来真实的现场感和交互体验，如果通过一副 VR 眼镜便能"足不出户"领略到全国各地建筑的风光，富丽堂皇的故宫、庄严肃穆的布达拉宫、风情万种的外滩建筑群，受众需求将得到极大满足。

3.4 "更高程度"的城建声像档案资源利用

档案信息化建设催生了城建声像档案数字化管理系统。将声像档案资源便签化编目、分门别类管理，有助于在短时间内实现以需求为导向的筛选和挖掘，为资源的有效利用创造有利条件。在此基础上，搭建一个能够实现各类城建声像档案资源挖掘和利用的综合性档案资源共享平台势在必行。

该共享平台需具备以下四个特性：一是安全性，数据和资源的安全永远是数字化建设的首要问题；二是兼容性，该平台需考虑与其他计算机综合系统的兼容，以确保该平台提供服务的持久性；三是差异性，面对不同的资源利用主体与需求应提供不同程度和类型的资源利用服务；四是成长性，该系统将随着信息技术的更新以及对声像档案需求的提高而成长，如与云计算、物联网、区块链等数字技术融合，以便实现更广阔领域的资源共享。

注释及参考文献

[1][3] 冯金宇 , 付卓 . 声像档案在城建档案中的意义及其发展建议 [J]. 城建档案 , 2021(6):52-53.

[2] 王俊刚 . 新时期城建声像档案的多元效用与发展对策 [J]. 云南档案 ,2023(4):52-54.

[4] 郭芳 . 城建声像档案的现状及优化措施 [J]. 未来城市设计与运营 ,2022(4):77-79.

[5] 杨光 , 奕宛 . 记录媒介演进与档案历史叙事的变迁 [J]. 档案学通讯 ,2019(4):19-27.

[6] 楚雪 . 全景技术 : 开启城建声像档案新纪元 [J]. 办公室业务 ,2020(7):90+94.

国家测绘影像档案管理利用创新

李明[1]　温铁梅[2]

1 国家基础地理信息中心（国家测绘档案资料馆）

2 内蒙古自治区测绘地理信息中心

摘要： 国家测绘影像档案作为重要的基础地理信息资料，不仅可为自然资源监管监测、城市可持续发展规划等提供关键决策依据，更承载着国家对档案工作走向依法管理、走向开放、走向现代化的重要使命。针对当前国家测绘影像档案多来源、多介质、多尺度、多规格的现状，本文分析了当前国家测绘影像管理方式所存在的关键问题，基于此提出并构建了一套富有针对性的时空多维管理体系，实现了对国家测绘影像档案信息化管理的重大突破，并对国家其他测绘档案的管理工作起到重要指导意义。

关键词： 测绘；影像档案；时空；社会服务；档案管理

0 前言

测绘影像档案可以最客观、真实、直观记载不同历史时段国家山水田林湖草沙的布局，是无法替代的影像档案，是特殊的文化遗产[1]，其记载的信息可以为自然资源监管监测、城市可持续发展规划、生态环境动态变化、物质文化遗产保护等提供决策依据。

自 20 世纪 50 年代，我国投入了数十亿元形成了海量珍贵的测绘影像档案，目前主要保存于自然资源部国家基础地理信息中心（国家测绘档案资料馆），这些国家测绘影像档案包括胶片、像片、数字和纸质 4 大类 480 余万件，其中航空测绘影像胶片档案 6013 卷约 137 万件，航空测绘影像纸质像片档案 22430 卷约 283 万件，卫星测绘影像档案 46 万件，测绘影像数字档案 2337 卷约 4414TB，测绘影像纸质文档档案 1879 卷 38692 件。

自 2015 年起，国家基础地理信息中心通过对国家测绘影像档案管理核心技术的攻关，实现了国家测绘影像档案从信息化管理向智能化管理的飞跃，成功保障了自然资源部全球地表覆盖、第三次全国国土调查等重大项目的开展，成功助力了丝绸之路、大运河等文化遗产的申报工作。

1 国家测绘影像档案现代化管理关键问题

随着机构改革的深化和各行业对测绘影像档案需求的提升，测绘影像档案应当以更开放的姿态向社会各行业共享、服务、利用，这对国家测绘影像档案的管理工作提出了新的要求：

1.1 更加科学的档案安全保护

馆藏历史测绘影像档案分类不明晰，新增国家测绘影像档案类型繁多、数据成果格式复杂、档案存储形式多样，具有多载体、多空间、多时相特点。需要制定符合测绘影像档案自身特点的分类、著录和归档办法，确保不同介质测绘影像档案的科学管理和保护 [2]。

1.2 更加智能的档案管理维护

当前，国家测绘影像档案数据量每年的增量超过1PB，根据档案类型的不同，管理相对独立，仅能通过文本属性进行关键字关联查询，极易形成"档案孤岛"。需要研制"空间＋时间＋形态＋属性"的时空多维管理系统，实现所需测绘影像档案的时空关联快速查询定位。

1.3 更加便捷的重大项目支撑

国家测绘影像档案可为自然资源部重大项目提供翔实、准确、直观的佐证材料，支持自然资源监测监管相关业务开展。需要针对覆盖范围、空间分辨率、历史节点、成果类型的不同需求，提前做好不同自然资源重大工程项目所需档案的管理分类和统计等工作。

1.4 更加广泛的社会应用服务

国家测绘影像档案是重要的国家战略资源，具有精度高、保密强的特点，在一定程度上影响了其社会化应用。需要依据《中华人民共和国档案法》《中华人民共和国测绘法》和其他法规条例深入推进测绘影像档案的开放利用，创新测绘影像档案应用服务方式。

2 国家测绘影像档案现代化管理技术支撑

为保证国家测绘影像档案走向依法管理、走向开放、走向现代化，本文从"收—管—存—用"等环节开展管理技术攻关，通过理顺分类著录保护规程、构建时空多维管理体系、制订服务重大项目和社会应用的保障措施，来实现国家测绘影像档案的管理创新。

2.1 国家测绘影像档案分类、著录、保护研究

国家测绘影像档案的分类、著录、保护研究主要从档案的科学分类、规范著录、安全存储等方面，结合自动化扫描技术、数据身份标识码、一键式质量检查等技术，来保障测绘影像的真实性、完整性和有效性。

2.1.1 测绘影像档案的分类管理

根据载体形式、组织方式和保护措施不同，国家测绘影像档案细分为航摄测绘影像纸质档案、航摄测绘影像胶片档案、航摄测绘影像像片档案、框幅式航摄测绘影像数字档案、推扫式航摄测绘影像数字档案、卫星测绘影像纸质档案、整景卫星测绘影像数字档案和分幅卫星测绘影像数字档案 8 类[3]。

2.1.2 测绘影像档案的规范著录

根据《中国档案分类法测绘业档案分类表》的分类思想，在《测绘地理信息档案著录规范》（标准号：CH/T1045-2018）行业规范编制过程中对测绘影像档案著录时目录按内容分类，同类内容、不同介质的档案目录属于同一类别。如：航摄测绘影像胶片档案、像片档案、数字档案 3 类档案的著录表格式一致，在档案保管时按照介质类型进行细分，在编制目录时进行统一著录。

2.1.3 测绘影像档案的安全保护

基于常规航摄测绘影像出现的药膜面脱落、粘片、划痕等情况，通过对CCD 传感器驱动和控制技术、并联式光电模块控制技术的研究，研制一体化机械传动结构和自动卷片控制系统。采用图像校准算法消除了光学误差，以提高图像的几何精度；开展精密的一体化机械传动结构研究，采用最有效的光学成像模组，保证光学稳定性，形成专业的胶片档案数字化扫描设备和应用软件。

2.1.4 测绘影像档案的安全存储

基于国家测绘影像归档数量多的特点，将标识码和档号关联，为每件测绘影像档案标上防篡改唯一身份证标识，以此来保障测绘影像档案在不同单

位，不同环节（数据获取、管理、检查、备份、还原、应用）管理过程中的真实性和一致性。对每一个电子档案都进行属性标识码标记，如果属性标识码有改变，则表示该电子档案被改动过，因此每次备份前对文件都生成对应的属性标识码，并进行保存，之后可以对多次生成的属性标识码进行对比检查，查找出被修改过的文件。基于馆藏航摄测绘影像档案不同载体类型、重要程度和成果特点，研究"异质异地"与"同质异地"的备份方案，实现了国家测绘影像档案的异质异地备份。

2.2 国家测绘影像档案时空多维智能管理研究

通过对航摄底片的全生命周期管理，进一步深化对航摄底片资源的管理，同时扩展库房柜架、介质磁带、工作台账等业务范畴，实现档案实体管理理念向资源管理理念的转变，为全面建设数字化、网络化和高效化的电子档案馆奠定实践基础。

2.2.1 国家测绘影像档案快速质检研究

面对国家测绘影像数字档案归档数据激增的情况，针对各种不同类型的数据，通过对扫描数字化形成的栅格/影像数据的研究，实现扫描形成的航摄底片电子档案一键式处理检查，保证电子档案的完整性、有效性、可靠性。利用测绘数字档案成果有效性检查软件、测绘电子档案一键式质量检查软件等自研软件，实现 TIFF、IMG、JPEG 等各类格式影像档案的一键式质检，可快速完成海量数据归档检查，保障了国家测绘影像档案的"应归尽归、应收尽收"。

2.2.2 国家测绘影像档案全生命周期管理研究

以工作流串联数据流，实现办公管理和档案业务综合管理的有机衔接和逻辑统一，实现档案的全生命周期管理，使测绘影像管理成为信息化测绘体系的有机组成部分。具体来说，主要参考 OAIS 系统模型，制定与国家基础地理信息中心档案部的实际情况相适应的测绘影像档案接收、整编、管理、服务流程，提高测绘影像档案管理水平。系统采用 OAIS 参考模型规划软件功能，将测绘影像档案管理划分为接收子系统、整编子系统、管理子系统和服务子系统，结合定制的标准化、规范化的工作审批服务流程，实现测绘影像档案管理"收—管—存—用"一体化，提高测绘影像档案的利用效率和利用安全性，将测绘影像档案管理模式由静态转向动态，实现了国家测绘影像档案的全生命周期管理。

2.2.3 国家测绘影像档案时空多维管理系统

将档案管理理念转换为资源管理理念，使测绘影像档案馆成为地理信息资源管理、交换、服务的中心机构。具体来说，主要通过建立"以影像内容为核心、来源丰富、介质多样、逻辑一致"的测绘影像档案数据库，搭建基于影像内容、空间范围的测绘影像档案检索系统。基于全国国家、省、市、县、乡等各级图形化的测绘影像档案目录属性延展需求，对存储空间在列维度上进行非结构化扩展，实现不同来源数据的自定义描述；通过对测绘影像档案空间、时间、形态、属性 4 个维度的要素描述和关联研究，构建"空间＋时间＋形态＋属性"多维测绘影像档案模型，实现国家测绘影像档案间的智能关联。

2.3 测绘影像档案专题服务重大项目研究

通过制定《全球地理信息资源建设与维护更新项目归档技术规定》《全国地理国情监测成果资料汇交与归档基本要求》《国家航空测绘影像获取成果资料整理说明》等多项归档技术规定，明确归档范围、归档流程、档案质量要求、项目档案整理要求。通过提供归档的标准模板，来确保重大工程项目的顺利归档。

国家测绘影像档案可以提供翔实准确直观的佐证材料，支撑权籍调查、不动产测绘、争议调处、空间规划和生态修复等工作的开展，为自然资源监测监管和国土空间生态修复提供重要历史节点凭证支撑，对当今社会可持续发展的发现和研究提供重要信息依据。通过完善项目管理、分类管理、行政区划管理、图幅管理、时间管理、介质管理等手段，来确保重大项目所需测绘影像档案的快速定位、整理和提供。

2.4 测绘影像档案服务文化遗产保护研究

测绘影像档案蕴含着较为丰富的社会环境演变信息，基于多时相的测绘影像档案，可以展现不同时期地物的形态特征，为文化遗产景观的变迁反演提供可靠的数据模型。通过多时相的测绘影像档案提取不同时期文化遗产的地形、地貌环境景观特征、资源变化、遗产要素空间位置分布等相关地理空间信息，结合文物本体结构、文物类型、文物保存现状等文物属性信息，形成了"影像定量＋文物定性"的技术方法，为文化遗产的数字化保护、病害监测、自然环境监测、考古研究等工作提供完整、可靠的基础数据和资料[4]。

多时相测绘影像档案为文化遗产的保护提供了客观的、持久的档案数据源。基于历史测绘影像档案，建立文化遗产档案时空数据库，制作文化遗产要素分布图、时空变化图，保护规划图；利用 GIS 拓扑结构分析和强大的空间分析功能，实现文化遗产影像数据与属性数据的双向查询、检索、分析[5]；挖掘历史测绘影像档案潜在时空信息，对文化遗产的空间分布、时序变化、形态特征等进行定量化可视化表达，将文物表达形式从二维升级到三维，为研究者提供历史时空维度的全新视角来审视和保护文化遗产。

3 国家测绘影像档案现代化管理的实现

通过技术手段创新和管理方式创新，解决国家测绘影像档案种类多、数量大、精度高、保密性特点所带来的"收—管—存—用"难题，为国家测绘影像档案做好"户口登记"，打造"时空住房"，为自然资源重大工程项目预留"保障用房"，推动影像档案和文物档案"申遗联姻"，在重要时间节点"出声发言"[6]。

3.1 打造国家测绘影像档案"户口"住房

通过馆藏国家测绘影像档案的时空多维管理，形成世界级、国家级、城市级，高分辨率、中分辨率、低分辨率，纸质、像片、胶片、数字等不同层级的智能化管理，对每一件档案都制作了"身份证"，形成了多个历史节点不同等级范围的测绘影像档案集[7]。

3.2 构建国家测绘影像档案"长青"体系

通过规范我国测绘影像档案在整理、归档、著录、检索和扫描数字化等方面的业务操作，形成一套标准、规范、完善的业务流程和管理制度，实现信息化模式下国家测绘影像档案的科学化、规范化管理，研究形成数字化扫描设备、档案身份标识、空间多维管理等专利成果，提高国家测绘影像档案的信息化管理水平，增强国家测绘影像档案服务能力，保证国家测绘影像档案的可靠、安全管理[8]。基于我国优于 0.5 米测绘影像档案完成的全国地理国情普查监测项目，系统掌握了权威、客观、准确的地理国情信息，是制定和实施国家发展战略与规划、优化国土空间开发格局和各类资源配置的重要依据。

3.3 实现影像档案和文物档案申遗"联姻"

国家重要指导文件指出"历史文化遗产是不可再生、不可替代的宝贵资源，要始终把保护放在第一位"。国家测绘影像档案数据有效地填补了以往文化遗产保护的空白，在世界文化遗产申报工作中起到了关键的作用，先后助力丝绸之路、土司遗址、左江花山岩画、鼓浪屿、良渚古城遗址申遗成功。在世界文化遗产地保护管理方面，历史测绘影像档案作为不可替代的信息资源，在长城历史变化监测、大运河环境景观动态变化监测、平遥古城历史风貌变化、南京城墙本体砖文维护、乐山大佛环境景观监测、元上都历史景观变迁等遗产地保护中发挥了重要的作用。

4 结束语

本文根据国家对测绘档案管理工作的重要指导方针，让档案管理工作走向依法管理、走向开放、走向现代化。目前已对国家测绘影像档案的管理及利用方式进行了全面且深度的智能化、信息化、科学化改造。通过对测绘影像档案在空间、时间、形态、属性 4 个维度要素上进行描述和关联研究，构建了一套"空间 + 时间 + 形态 + 属性"的多维测绘影像档案模型。除此之外，在深度改造测绘影像档案管理方法的同时，形成了一套标准、规范、完善的业务流程和管理制度，用以规范我国测绘影像档案在整理、归档、著录、检索和扫描数字化等方面的业务操作，不仅对后续的测绘影像档案管理工作起到重要规范作用，也对其他测绘档案的管理及利用工作有着指导意义。

注释及参考文献

[1] 李明, 赵俊霞, 胡芬. 国家航空航天遥感影像获取现状及发展 [J]. 测绘通报, 2015(10):12–15,51.

[2] 李明. 测绘地理信息档案管理对策研究 [J]. 测绘与空间地理信息, 2020(3):9–11,15.

[3] 王小平. 测绘地理信息档案分类探讨 [J]. 地理信息世界, 2016(6):119,123.,120–122.

[4] 陈海鹏, 董明. 高分辨率遥感影像在测绘生产中的应用潜力研究 [J]. 测绘通报, 2005(3):11–12,16.

[5] 李翔.高分辨率航空影像综合管理信息系统的设计与实现[J].测绘通报，2009(8):47-49.

[6] 王海清,李明,李佳,等.新时期测绘档案标准体系建设的探讨[J].地理信息世界，2021(1):90-94.

[7] 李明,曹伯燕,王闯.航摄底片自动化扫描关键技术研究[J].测绘技术装备，2020(4):1-4,8.

[8] 王海清,李明,李涛,等.国家测绘档案业务管理系统设计与实现[J].地理信息世界，2020(4):41-45,51.

AI 赋能核工业图像档案

——基于 Real-ESRGAN 和 DDcolor 模型的实践研究

刘国宇　刘婷婷

中国核动力研究设计院科技信息中心

摘要： 为了明确 AI 在核工业图像档案管理中的应用。首先回顾了 AI 的发展历程，从 20 世纪五六十年代的初步研究，到 21 世纪的广泛应用。随后探讨了如何利用多模态 AI 技术，来改进核工业档案的管理和利用。基于此提出了一个基于 AI 的核工业图像档案应用框架，该框架包括存量手写档案识别、存量照片识别与关联，以及基于 AI 技术的大批量图像修复框架。此外还对一种基于 Real-ESRGAN 超分辨率模型和 DDcolor 上色模型的图像重建方法进行了实践研究，并通过实验验证了该框架大批量应用的可能性。总体而言，为如何利用 AI 技术改进核工业图像档案管理提供了一种可能的解决方案。

关键词： 人工智能；图像档案；实践研究

0 引言

AI（人工智能）并不是一个新鲜产物，在 20 世纪五六十年代，人工智能逐渐在各大研究机构的实验室里崭露头角。1950 年英国著名计算机学家图灵首次提出图灵测试以评价一台机器或一种算法的人工智能程度[1]，此为人工智能之滥觞。此后数十年时间，AI 技术一直停留在实验室层面，没有能够对生产实践产生深刻的影响。进入 21 世纪后，随着计算机性能随着摩尔定律飞速提升，互联网沉淀了海量数据，机器学习技术的逐渐成熟，进而量变引发了质变，AI 技术在社会的方方面面开始崭露头角。我国较早便对 AI 技术做出了前瞻性预判，2018 年，习总书记在十九届中央政治局第九次集体学习中指出，人工智能是引领这一轮科技革命和产业变革的战略性技术[2]。在这样长期的积累和沉淀下，OpenAI 公司的生成式 AI 产品 ChatGPT 一经推出，其卓越的性能、拟人的表现使得将 AI 投入社会生产各个层面的热潮得以出现。

近年来，利用 AI 技术赋能档案的应用在全世界诸多国家不断涌现，2023 年 11 月，欧盟投入重金，利用多模态 AI 技术建设欧洲各类文化遗产的数据档案空间，在技术的加持下，原有的文化档案数据质量得到了巨大提升[3]。2024 年是我国第一颗原子弹爆炸 60 周年，对于核工业文化档案而言意义重大。在 AI 浪潮风起云涌的今天，如何利用新时代新技术，进一步挖掘核工业的宝贵内核，成了摆在核工业兰台人面前的新课题。

本文立足档案这一重要历史文化遗产载体，结合多模态 AI 技术，探讨 AI 工具对数智档案中的各种可能性，围绕构建基于 AI 的核工业图像档案应用框架、AI 赋能图像档案再生，最后实践一套敏捷高效便于应用的图像档案再生方案，有助于核工业兰台人开拓数智档案建设与 AI 技术应用相结合的新思路。

1 构建基于 AI 的核工业图像档案应用框架

1.1 融合 AI 技术在核工业档案应用场景探讨

我国核工业自诞生以来，其命运始终与国家民族的命运同频共振，血脉相连。核工业档案记录了核工业的发展历程，直观地展现了历年核工业的辉煌成就及历代核工业人的精神面貌。然而随着我国核工业走过近 70 年的征程，核工业档案事业面临着库存的档案数量庞大，难以高效管理和检索，部分图像年代较久，限于当时的技术条件限制，其清晰度难以满足现代的需求，加之部分图像档案质量参差，存在损坏、模糊、变色等问题。在这样的挑战下，我们可以利用新技术手段，更高效地挖掘库存档案价值。

1.1.1 存量手写档案识别

2023 年 10 月 12 日，Natural 发表头版文章 "AI reads text from ancient Herculaneum scroll for the first time"[4]，该文章详细介绍了数名研发人员利用 AI 技术，将 2000 年前毁于维苏威火山喷发，已经炭化的卷轴展平并识读（如图 1 所示），使得人们终于可以在不破坏卷轴的情况下阅读里面的内容。这一学术前沿成果向我们展示了 AI 技术对于开发手写文稿的强大能力。

图 1　碳化卷轴正在进行扫描

我国核工业离不开老一辈核工业人的辛勤奉献。在核工业奋进发展的过程中，大量宝贵的知识、经验、教训由一代代核工业人用手写的方式记录下来，这部分手稿、笔记作为核工业宝贵的历史档案和文化遗产，目前开发利用的程度仍然不高。究其原因，是因为目前库存的大量手写稿件都采用人工辨识，再手工录入数字化平台，这会耗费大量的人力物力。在 AI 技术加持下，结合深度学习和计算机视觉技术，HTR（手写文字识别）技术已经成熟，综合自然语言处理、文本挖掘等技术，可以根据笔记、手稿的扫描件，生成数字化文稿。并且可以实现文本鉴定、抽取关键信息和摘要生成等进阶功能。

1.1.2 存量照片识别与关联

在核工业奔涌发展的历史长河中，涌现了无数以身许国、功勋卓著的前辈。但是仅仅依据目前的馆存照片档案著录信息，难以将馆存照片上的人物与历史上鲜活的人物对应起来。面对这一挑战，如果能够结合 AI 技术中的人像识别和人体姿态识别，在对库存照片档案进行管理的过程中，将已知的人物信息与对应照片录入系统，自动获取其具有唯一标识性的人脸数据特征和人体姿态特征，之后根据特征数据对其余图像档案中的人物进行自动识别和定位，辅以照片的时间、地点信息，将极大地便于后续的检索和分析。

1.2 构建基于 AI 多模态大批量图像修复框架

大量核工业早期的照片档案给人以强烈的历史厚重感，但限于各类限制，往往观感不佳。为了更好地发挥这批档案的历史文化价值，需要构建一套完善的图像修复框架。同时为了应对库存照片量较大的问题，处理框架还必须满足大批量、低耦合的要求。因此，本文构建的方案主要包括三个部分，图像超分辨率重建、图像自动上色及图像批量化处理。

2 AI 赋能核工业文化遗产中图像档案的具体实践

在具体操作过程中，首先需要对原始的图像档案进行数字化，保证其可被软件识别。在本方案中，图像格式宽容度较大，常见的如 JPG、PNG 等格式均可使用。之后先后对图像进行超分辨率重建和自动上色。

在实践过程中，为了确定框架步骤，本文分别试验了先进行超分辨率重建，后进行上色及其相反步骤。本文将先进行超分，后进行上色输出的图片归于 A 类，相反步骤的归于 B 类。以 10 张相同的历史照片作为输入源，共得到 A1-A10、B1-B10，2 组 20 张输出照片。后邀请 5 位不同性别、不同年龄段的人员对输出照片进行观感评价，并选出同原图输出后观感更好的照片。选择结果如表 1 所示：

表 1　图像观感结果

编号	评价者 1	评价者 2	评价者 3	评价者 4	评价者 5	观感结论
第 1 张	B	A	A	A	A	A
第 2 张	A	B	B	B	A	B
第 3 张	B	A	B	B	B	B
第 4 张	A	A	B	A	A	A
第 5 张	A	B	A	B	A	A
第 6 张	B	B	B	A	B	B
第 7 张	A	A	A	A	A	A
第 8 张	A	A	B	A	A	A
第 9 张	B	B	B	B	B	B
第 10 张	B	A	B	B	A	B

将结果进行检验，代入独立样本 t 检测模型后，得到表 2：

表 2　检验分析结果

	观感结论（平均值 ± 标准差）		t	p
	A（n=5）	B（n=5）		
评价者 1	1.20 ± 0.45	1.80 ± 0.45	−2.121	0.067
评价者 2	1.20 ± 0.45	1.60 ± 0.55	−1.265	0.242
评价者 3	1.40 ± 0.55	2.00 ± 0.00	−2.449	0.070
评价者 4	1.20 ± 0.45	1.80 ± 0.45	−2.121	0.067
评价者 5	1.00 ± 0.00	1.60 ± 0.55	−2.449	0.070
p<0.05 **p<0.01				

　　利用独立样本 t 检验去研究观感结论对于评价者 1、评价者 2、评价者 3、评价者 4、评价者 5 共 5 项的差异性，从表 2 可以看出：不同观感结论样本对于评价者 1、评价者 2、评价者 3、评价者 4、评价者 5 全部均不会表现出显著性（p > 0.05），意味着不同观感结论样本对于评价者全部均表现出一致性，并没有差异性。

　　总结可知，不同观感结论样本对于评价者全部均不会表现出显著性差异。可以看出基于本文构建的框架下，大批量重建历史照片采用何种步骤对结果没有显著性影响。

2.1 基于 Real-ESRGAN 超分辨率网络的图像重建

　　Real-ESRGAN 是目前在超分辨率领域较为先进的算法模型，其主要原理为在获取原始图像数据后，根据 GAN（生成式对抗网络）的特点，使用基于 PSNR（峰值信噪比）指标的模型，使用高清图片作为原始数据集，之后通过涂抹、向下采样、增加噪点以及压缩四个步骤获得低清图片。之后将经过处理的低清图片输入模型生成器中，尝试生成多类型高清放大的图片。最后将生成的高清放大图片与原始高清图片一起输入判断器中，由判断器进行辨识，如果能够混淆判断器，则认为该次生成成功[5]。

　　Real-ESRGAN 模型相对于早期的 ESRGAN 及 SRGAN 等模型主要优势包括优化了低清图片的生成过程，提升了判断器的性能，引入光谱归一化提高训练过程的稳定性等。如前所述，Real-ESRGAN 模型开创性地使用了四个步骤生成低清图片，使得训练集中的低清图片能够更好地模拟现实中历史照片的情况，避免早期超分辨率算法中出现的因训练集低清照片情况简单而导致对历史照片的噪点、黄斑及伪影等难以修复的问题。使得修复后的照片白边更加清晰、线条更加整齐规则、自然景观更接近真实情况。

在使用 Real-ESRGAN 模型，修复倍率选择 4 倍时，原图和生成图结果如图 2 和图 3 所示。

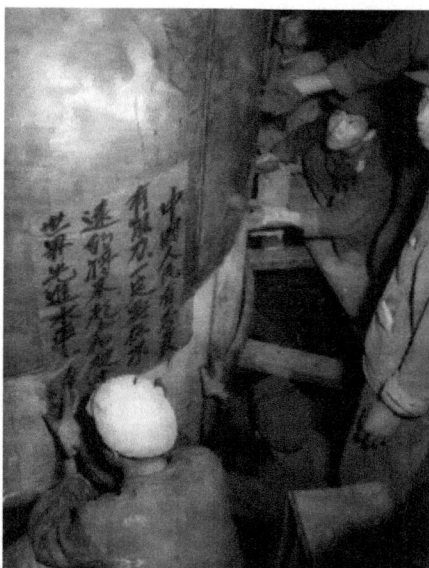 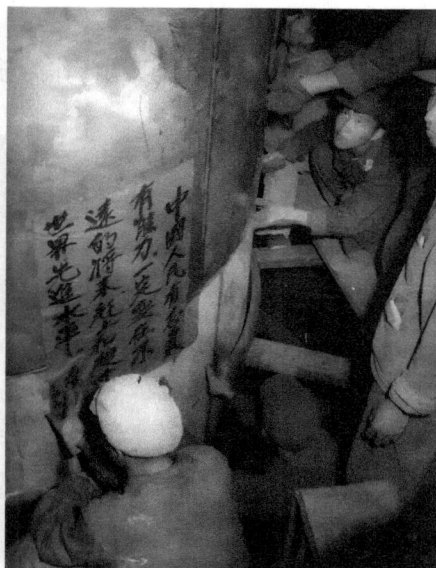

图 2　修复前图　　　　　　　　　图 3　修复后图

我们可以很直观地看到，修复后图片清晰度有了显著提高，原图中的字迹变得更加清晰，字体边缘无振铃伪影等偏差，显示较为清晰锐利。通过分析图片属性数据，可以得到分辨率、像素值和 PSNR 值均提升了 4 倍。

2.2 基于 DDcolor 模型的图像上色

早期图像上色通常依赖手工作业，效率较低且错误率较高。随着近年来 AI 技术的不断普及，利用 CNN（卷积神经网络）与 GAN 对图像进行上色成为可能。本文所采用的 DDcolor 模型是基于 Transformer 模型开发，该模型包括一个图像编码器、一个图像解码器和一个颜色解码器。其工作原理是首先提取原图视觉特征，之后将其输入图像解码器，该解码器能够自动恢复图像的空间结构，这一步可以使得图像中近处及远处、大块和小块的区域都能够得到相应级别的处理。之后将特征传输进颜色解码器，该解码器利用图像解码器产生的空间结构，深度挖掘图像中的重要视觉特征，根据各类特征信息与真实世界色彩的比对，全面分析图像可能的颜色分布，自适应生成颜色查询。最后将两个解码器产生的空间图像和色彩特征相结合，即可得出该照片较为接近真实，同时颜色丰富的色彩通道信息[6]。

相较于早期的上色模型，DDcolor 模型具有颜色丰富度高，颜色溢出小，小色块着色率高等特点。

使用 DDcolor 模型，以图 3 作为输入图片，输出结果如图 4 所示。

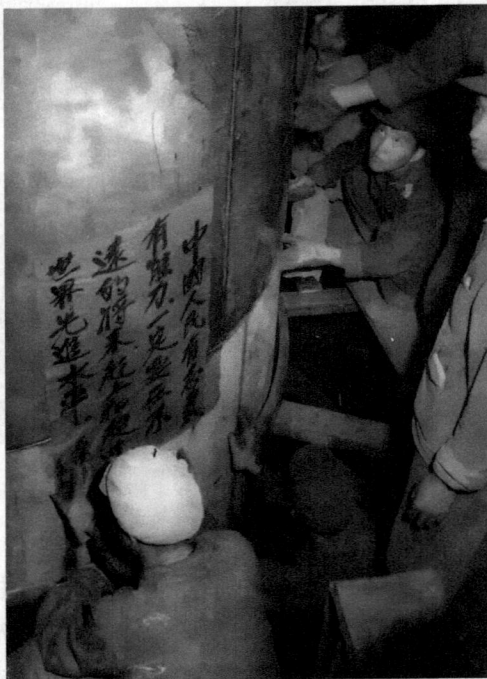

图 4　上色后图

通过对比图 3 和图 4，我们可以看出，画面主题金属部件颜色基本还原，金属光泽质感得以保留。人物衣着颜色基本符合当年特征，人物面部细节修复较好，皮肤颜色自然，色彩过渡较为细腻。从局部细节观察，不同人物手套的色彩细节恢复得也比较到位，呈现出真实世界应有的污渍等使用痕迹。

2.3 基于批处理脚本方法的规模化处理

Windows 系统可以便捷地使用批处理脚本，通过一系列的 Dos 命令，在无须安装其他开发环境，无须对计算机进行过多配置的情况下，快速高效地实现批量化处理能力。本文基于此方法，创建了自动化修复照片档案的脚本。只需输入简单的 Dos 命令即可快速启动，规模化处理本地储存的原照片，批量输出超分辨率修复和自动上色后的照片。

在输入样本量为 10 个的情况下，批量输出时计算机 CPU 利用占比低于 60%，修复耗时在 60 秒以内，过程中无须人为干预。因篇幅有限，本文选择有代表性的景物照片和人物照片进行展示，输出对比样片如图 5 ~ 图 8 所示。

图 5　景物原图

图 6　景物修复图

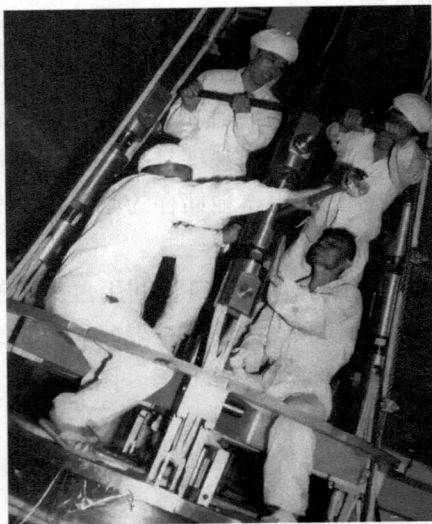

图 7　人物原图　　　　　　　　图 8　人物修复图

可以看到，在规模化处理的情况下，档案图像的修复能力未受到影响。整体修复效率得到显著提高。

3　总结与展望

图像档案作为核工业文化遗产的依托，利用新技术对其持续进行活化利用，能够更好地促进核工业优秀文化的赓续发展。核工业兰台人应守住自身优秀的文化基石，以更加开放积极的心态拥抱 AI，本文仅是对 AI 技术在图像档案上应用的简单尝试，未来希望能够有更加专业、精细、高效、特色的应用，让核工业文化遗产更加鲜活，让核工业档案事业更加辉煌。

注释及参考文献

[1] 林尧瑞, 魏宏森. 人工智能研究的发展历史及若干问题的初步探讨 [J]. 国外自动化, 1981(1):25-31.

[2] 2023 年 10 月 27 日, 习近平总书记在中共中央政治局第九次集体学习时的重要讲话 [J]. 平安校园, 2023(12):1.

[3] 范炜, 曾蕾. AI 新时代面向文化遗产活化利用的智慧数据生成路径探析 [J]. 中国图书馆学报, 2024(2):4-29.

[4] Marchant J. AI reads text from ancient Herculaneum scroll for the first time[J]. Nature, 2023.

[5] Wang X, Xie L, Dong C, et al. Real-esrgan: Training real-world blind super-resolution with pure synthetic data[C]//Proceedings of the IEEE/CVF international conference on computer vision. 2021: 1905-1914.

[6] Kang X, Yang T, Ouyang W, et al. Ddcolor: Towards photo-realistic image colorization via dual decoders[C]//Proceedings of the IEEE/CVF International Conference on Computer Vision. 2023: 328-338.

穿越时空的航拍记忆

——无人机视角下的城建声像档案与发展探微

沈丹烨

象山县住房和城乡建设局

摘要：作为一种新兴的拍摄方式，无人机航拍技术以其独特的优势应用于城建声像档案的采集与处理中。本文旨在探讨无人机航拍在城建声像档案中的应用现状，以及其未来发展趋势和挑战。

关键词：无人机；声像档案；发展

城建声像档案是城市文化建设的重要组成部分，对于记录城市发展历史、传承城市文化、保留城市记忆有着非常重要的作用。城建声像档案通过多种形式如照片、录像和专题片等方式记录了城市的发展历史和文化遗产，这些资料对于后人了解城市的历史、文化和发展具有非常重要的意义。它记录了城市的变迁和发展，对于城市规划和建设提供了重要的参考依据。通过观看城建声像档案，可以让公众更加深入地了解城市建设和发展的必要性和重要性，提高公众对城市建设的认知和支持，促进城市的可持续发展。无人机航拍技术的使用，给城建声像档案收集装上了"鹰的眼睛"，成为记录"城市记忆"的利器[1]。

1 无人机航拍在城建声像档案中的应用现状

1.1 无人机航拍在城建声像档案中的现状

随着科技的不断进步，无人机航拍技术日益成为城市建设中不可或缺的一部分。无人机航拍具有灵活、高效、全方位的拍摄优势，能够极大地提高城建声像档案的采集效率和质量。相比传统的人工采集方式，无人机航拍无须烦琐的安全措施和许可，可以快速进入复杂的建筑工地或者灾害现场，实时地采集到准确的第一手声像资料。还能对一些难以接触或危险区域进行高精度的拍摄，有效地扩大了声像档案的采集范围。无人机航拍能够实现高空、低空、地面多角度、全方位的拍摄，获取到更丰富、更全面的声像资料。同时无人机航拍的高清摄像头和先进的图像处理技术，能够拍摄到细节更丰富的图像，为城建声像档案的整理和分析提供了更高质量的素材。

尽管无人机航拍在城建声像档案中的应用已经取得了显著的成效，但也存在一些挑战和问题。例如无人机航拍的安全性、隐私保护以及合规性问题。此外无人机的使用也需要专业的技术知识和操作技能，对操作者的培训和认证也是必不可少的。面对未来的发展，我们需要进一步优化无人机航拍技术，提升其安全性和效率，同时加强相关的法规和技术研究，推动无人机航拍在城建声像档案中的应用更上一层楼[2]。

1.2 无人机在城建声像档案中的具体案例

无人机技术的进步为城建声像档案的收集提供了新的可能性。以象山县城建档案馆为例，2019 年象山县住建局专门购置了航拍无人机，并将无人机航拍作为城建声像档案日常拍摄收集的重要手段。这种方式在拍摄城市面貌、城建工程等方面发挥了重要作用。截至目前，已经完成了对棚改四大区块、城中村改造的实景图拍摄，拍摄航拍有效档案图片 300 余张，档案视频 400 多分钟。无人机在城建声像档案中的应用不仅提供了更高效、灵活的档案收集方式，同时也大幅度提升了城建声像档案的完整性和准确性。

2017 年，象山县计划对县内的一处重要历史街区进行保护和修复项目。这个项目需要对历史街区的建筑、街道和周围环境进行全面地记录和评估。无人机在这个项目中发挥了重要的作用。首先无人机航拍提供了全面的城市鸟瞰图，以独特的视角展示了历史街区的整体布局和建筑风貌。这种全面的视角帮助规划者和决策者更好地理解街区的整体情况，为后续的保护和修复提供了重要的参考。其次无人机还被用于拍摄街区的建筑和街道的细节。通过高分辨率的摄像头，无人机可以捕捉到每一个建筑的细部特征，以及街道上砖石的纹理和色彩。这些详细的图像可以作为历史街区建筑和街道维护和修复的重要参考资料。最后无人机还被用于拍摄消防演习、人防演习等活动和事件。2023 年象山住建局城建档案室又采购了大疆 DJI Mavic 3 Classic 轻型航拍机，含有落地自动悬停功能可避免坠机，进一步加强对象山城建声像档案的挖掘。

2 无人机航拍技术的挑战与解决方案

2.1 无人机航拍技术的挑战

无人机航拍技术的发展为我们带来了全新的摄影与观测视角，从高空俯瞰，我们能够获得前所未有的景象。然而这项技术也带来了一些挑战。飞行稳定性，无人机航拍的首要挑战是确保飞行的稳定性。这需要先进的飞控技术和高效的陀螺仪系统，以保持画面的稳定和清晰。在图像传输上，无人机航拍的一个关键问题是如何将拍摄的图像实时传输回地面。还有电池寿命，对于无人机来说，电池寿命是一个重大的挑战。在飞行和拍摄过程中，无人机需要大量的能量。最后是安全性上面，无人机航拍的一个关键挑战是如何确保飞行的安全。

2.2 无人机航拍技术的解决方案

首先提高飞行稳定性，可以通过采用先进的飞控技术和更精确的陀螺仪系统来提高无人机的飞行稳定性。进行定期的飞行训练和演习也有助于提高飞行员的操控技术。还可优化图像传输，可以采用更先进的图像压缩和编码技术，以实现更高效的图像传输。同时使用高速数据传输协议，如 WiFi 或 4G/5G 网络，也可以提高图像传输的速度和质量。其次提升电池寿命：一方面可以通过改进电池技术，使用更高效的电池细胞或者采用可充电的能源储存系统；另一方面，优化飞行策略，比如在有风的情况下进行更高效的飞行，也可以延长无人机的飞行时间。最后加强安全性，需要制定严格的飞行规则和操作指南，确保无人机在飞行过程中不会对人和物造成威胁。利用无人机保险可以为其操作提供经济保障，以应对潜在的事故和损失。此外引入自动紧急降落系统或者碰撞预警系统也可以进一步提高无人机的安全性。

2.3 航拍在管理和法规上的挑战

无人机航拍城建档案的兴起，为我们提供了大量有关城市建设的宝贵信息，但也给城建档案的管理和法规带来了挑战。无人机航拍城建档案的存储和保管就是一个大问题。这些档案不仅包括拍摄的图片和视频，还包括相关的地理信息、飞行数据等。这些数据量巨大，且需要长期地保存。有关无人机航拍城建档案的法规也存在很大的空白。目前各国对于无人机的飞行和拍摄的规定各不相同，且大多数国家并没有针对无人机航拍城建档案的专门法规。这就容易导致一些涉及隐私、安全等问题出现，比如无人机拍摄到个人隐私生活或者重要设施等。

2.4 航拍在管理和法规上的解决策略与建议

要充分发挥无人机在城建档案管理中的应用潜力，同时确保其法规合规性，需要采取一系列解决策略和建议。

2.4.1 加强城建档案管理制度建设

建立统一的无人机航拍城建档案管理标准与规范。在国家层面，应制定相关标准和规范，明确无人机的使用范围、操作规程、数据存储与传输格式等，为各城市开展航拍档案管理工作提供依据。建立无人机航拍档案质量评估体系。应结合城建档案的特点，制定航拍档案的质量评估指标，确保航拍档案的完整性和准确性。

2.4.2 提升航拍档案管理技术水平

研发适用于航拍档案管理的先进技术。加强与高校、科研院所的合作，研发无人机智能识别、图像处理、数据挖掘等技术，提高航拍档案管理的效率和精确度。建设航拍档案数据库及管理平台。利用大数据、云计算等技术，建设航拍档案数据库和管理平台，实现档案数据的集中存储、高效检索与智能分析。

2.4.3 加强无人机法规监管与完善

开展无人机法规宣传教育，通过多种渠道宣传无人机法规，提高公众对法规的认知度和重视程度。加强无人机飞行行为的监管。建立无人机飞行监管平台，对无人机飞行进行实时监测和管理，确保其符合相关法规要求。

2.4.4 加强国际合作与交流

了解国际上无人机在航拍档案管理中的应用动态和法规趋势，学习借鉴国际经验。探索与国际城市间建立合作机制。在确保国家安全和隐私的前提下，开展与国际友好城市的合作，共同推进无人机航拍城建档案管理和法规的合作与发展。

2.4.5 开展专业培训与人才培养

加强无人机航拍档案管理人员的专业培训。组织专业培训课程和研讨会，提高管理人员的技术水平、法律意识和实际操作能力。培养跨学科复合型人才。鼓励高校设立无人机相关专业，培养具备无人机技术、档案管理、法律法规等多方面知识的复合型人才，为无人机航拍城建档案管理和法规问题提供人才保障。

2.4.6 加强社会监督与参与

建立社会监督机制。鼓励公众参与无人机航拍档案管理和法规的监督，设立举报电话和信箱，对违反规定的行为进行举报和查处。发挥行业协会的积极作用。支持成立无人机航拍档案管理相关的行业协会，引导行业自律，推动行业规范的制定与实施。

2.4.7 合理规划无人机飞行区域

依据城市规划，合理划定无人机飞行区域。在确保安全的前提下，为无人机航拍城建档案提供足够的飞行空间。定期评估飞行区域的安全性。针对城市发展状况，定期评估飞行区域的安全性，及时调整飞行范围和高度，确保航拍工作的顺利进行。

综上所述，要解决无人机航拍城建档案管理和法规问题，需要从制度建设、技术提升、法规监管、国际合作、专业培训、社会监督和飞行区域规划等多个方面入手，形成全面、协调的解决策略与建议。

3 无人机航拍在城建声像档案中的发展前景

无人机航拍在城建声像档案中的发展前景，可以从技术发展带来的可能性、城市建设的未来趋势及其对无人机航拍的需求，以及档案管理的创新与无人机航拍的使用三方面来进行分析。

3.1 技术发展的可能性为无人机航拍在城建声像档案中的应用提供了广阔的空间

近年来，无人机的体积越来越小，但性能却越来越强大，而且其操作也变得越来越简单，甚至可以做到一键起飞、自动跟踪等。同时，航拍无人机的电池寿命也在不断增长，使得无人机可以拍摄更长时间和更远的距离。此外，随着无人机与 VR、AI 等技术的结合，无人机航拍不仅可以获取更真实、更生动的图像数据，而且可以进行智能分析、自动建模等操作，大大提高了档案的利用价值。

3.2 城市建设的未来趋势将推动无人机航拍在城建声像档案中的应用

未来城市建设将更加注重绿色、智能、人文等方面的发展，因此需要用无人机航拍来获取更加精细的图像数据，以便更好地了解城市规划、建设、管理等方面的情况。例如，在城市规划方面，无人机航拍可以提供高清晰度、高精度的图像数据，帮助规划师更好地了解城市的地形、地貌、建筑物等方面的情况；在城市管理方面，无人机航拍可以对城市环境进行监测和巡查，及时发现和处理环境问题。

3.3 档案管理创新与无人机航拍的使用是密不可分的

传统的档案管理方式已经不能满足现代城市建设的需要，因此需要利用新技术来提高档案管理的效率和利用价值[3]。无人机航拍作为一种新型的档案管理方式，可以实现对档案的快速收集、分类、整理、存储和利用。同时无人机航拍还可以将档案信息以数字化、可视化的形式呈现出来，提高档案的利用价值。此外无人机航拍还可以将档案信息进行整合和共享，实现信息互通和资源共享，提高档案的利用效率。无人机航拍在城建声像档案中的发展前景是非常广阔的。随着技术的不断发展和城市建设的不断推进，无人机航拍将会成为城建声像档案管理中不可或缺的一部分。档案管理创新与无人机航拍的使用将会相互促进，推动档案管理向数字化、可视化和智能化方向发展。

4 结语

在未来，无人机航拍在城建声像档案中的应用将会更加广泛。随着技术的发展和社会的进步，无人机航拍将会在更多的领域得到应用和发展。例如无人机航拍将会与虚拟现实技术相结合，使得用户可以更加真实地体验到城市的景象；无人机航拍将会在城市规划、环境保护等方面发挥更大的作用，为城市的发展和环境的保护提供更多的帮助；无人机航拍也将会促进城市旅游行业的发展，让更多的人了解城市的文化和历史。通过与新兴技术的结合、新兴职业的衍生以及新兴行业的发展，无人机航拍将会在城市建设中发挥越来越重要的作用，为城市的未来发展贡献力量。

注释及参考文献

[1] 汪文清 . 无人机航拍在建设工程声像档案中的运用［J］. 城建档案，2020 (11)：45-47.

[2] 薛辉 . 无人机航拍技术在城建档案工作中的技术优势［J］. 城建档案，2020 (12)：98-99.

[3] 杨勇 . 无人机航拍在城建声像档案收集中的时间应用［J］. 城建档案，2021 (6)：56-57.

公共文化服务创新实践新案例
——谈上海音像资源公共服务平台建设

沈小榆

上海音像资料馆

摘要：2023 年、2024 年上海音像资料馆分别与徐家汇书院、上海市少年儿童图书馆合作向公众开放"上海新闻影像库""SMG 少儿影像库"。这是上海广播电视机构与上海图书馆系统合作，将上海广播电视台专业音像档案向公众开放的一次尝试，也是在公共文化服务领域携手共建的最新实践案例。这是一次跨系统跨领域的合作尝试，推出了档案为民服务、提升城市公共文化建设的一个新举措。

关键词：公共文化服务；创新实践；上海音像资源；平台建设

0 引言

2023 年 4 月，上海音像资料馆与徐家汇书院联合打造了"影像上海"联名公共视听阅览室，首次开放"上海新闻影像库"[1]。2024 年 2 月，上海音像资料馆又与上海市少年儿童图书馆合作，上线了"SMG 少儿影像库"，与少图携手丰富少儿的数字阅读空间[2]。这两个产品是上海音像资料馆依托自身馆藏，以"上海音像资源公共服务平台"为技术底座，针对不同服务人群开发的音像档案专库，是上海广播电视机构与上海图书馆系统合作，将上海广播电视台专业音像档案向公众开放的一次尝试，也是在公共文化服务领域携手共建的最新实践案例。这是一次跨系统跨领域的合作尝试，推出了档案为民服务、提升城市公共文化建设的一个新举措。

1 上海音像资源公共服务平台的基本情况

上海音像资料馆是上海广播电视台、上海文化广播影视集团有限公司下属单位，是一家负责视听档案管理和版权服务的专业机构，是上海市唯一的专业音像资料馆，也是全国省级广电行业中最大的专业音像资料馆。作为全国最早成立的一批音像资料馆，自 1984 年成立伊始，就致力于音像资料的收集、管理、开发与利用。上海音像资料馆管理着上海人民广播电台 1949 年开播以来，以及上海电视台 1958 年建台至今留存下来的广播和电视内容资源。同时，通过遍布全球的采集网络，依托海外采集、民间采集、市民捐赠、自主拍摄、机构交流等多种渠道，收集中国、主要是上海题材纪实类音像内容资源，拥有跨度一百多年、百万小时珍贵音像资料档案，最早的影像内容可追溯至 1898 年。"上海音像资源公共服务平台"正是依托上海音像资料馆的庞大馆藏内容为基础建设的资源平台基座，在此基础上，根据目标需求分类定制的专题库，以满足不同人群的阅览查询需要。

与徐家汇书院联合打造的"上海新闻影像库"是以现有上海广播电视台开播至今的新闻栏目资源为内容打造的专题库。库内目前整理录入了从 1983 年以来《电视新闻》《新闻报道》与《东方新闻》三档新闻栏目的影像档案。后续将根据情况陆续整理录入更多新闻栏目（包括民生、体育、财经等）影像档案内容。建成一个以新闻资源为核心，能为广大群众提供音像资料查询、在线视听及调用服务的互联网新闻影像数据库平台，从而最大化发挥现有新闻影像资料的价值。"上海新闻影像库"通过徐汇图书馆平台以线上图书馆的形式向社会提供视听档案公共资源服务。[3]

与上海少儿图书馆合作的"SMG 少儿影像库"则是以现有上海广播电视台开播至今超 180 档的少儿节目为基础，以公共电子阅览室方式提供视听档案公共资源服务。目前，库内上线了深受孩子们喜爱的 21 档少儿栏目，其中包括《卡西欧家庭大奖赛》《画神闲》《欢乐蹦蹦跳》等耳熟能详的节目内容。[4]

2 上海音像资源公共服务平台的价值

上海广播电视机构与上海图书馆系统在档案服务于民、在公共文化服务领域携手打造新案例，使专业化的"上海音像资源公共服务平台"获得了面向大众的新的应用场景，同时也使图书馆拓展了传统公共服务的范围，生长出的新的服务空间。这样的合作出于以下三个方面的考量，也力求在以下三个方面实现更高的价值：

2.1 专业内容的普惠化

上海音像资源公共服务平台是建设于上海广播电视台自产广播电视节目内容上的一个网络平台基座。拿图书馆建构相比，好比是一个门户开设于网络的视听图书馆，内容是上海音像资料馆负责管理的上海广播电视台的广播电视节目。资源总量约 150 万小时，随着广播节目生产进展，年增量约 9.4 万小时，目前已经实现数字化的内容约 115 万小时。理论上已经完成数字化的内容都可以作为上海音像资源公共服务平台的后台内容。

上海广播电视台作为主流媒体生产的广播电视节目内容，是一种以音视频为呈现方式的专业化内容。音视频内容与文字、平面形态内容的互补与共建，共同形成了受众的阅览版图。而在家用录像设备、带摄像头的智能手机等民用音视频记录工具广泛普及之前，广播电视台作为音视频内容记录和生产的专业化机构，在这个内容领域的生产中具有垄断性。而作为官方媒体，广播电视机构生产和发布的内容，先天具备权威性。因此，在上海音像资源公共服务平台中的音视频内容资源可以视作是一种专业性较强的内容。

而按传统的节目管理方式，这些内容除了在广播电视平台上播出实现的一次性传播后，一般在广播电视台内部存录管理，不再对外开放。虽然广播电视机构通过 IPTV 等播出手段，能够实现一定程度的点播回放功能，但也有时效等约束要求，与向公众开放的公共图书馆功能有很大差异。而基于上海音像资源公共服务平台打造的"上海新闻影像库""SMG 少儿影像库"等专题库产品，能够实现在线反复调阅，以提供类似图书阅览的公共服务体验，实现了专业化内容面向社会大众的普惠化。

2024年，上海音像资料馆计划完成SMG全版权历史资料的数字化采集加工，并持续扩充 AI 应用全面服务于全媒体内容生产环境。平台在 2023 年发展基础上串点成面，面向政府机构特别是各区积极实践区台合作互相赋能，面向专业机构多元拓展音像业务形成新生态，进一步面向市民公众增设公众阅览室，根据用户需求编研更多面向公众的专业影像库。

2.2 内部档案的公开化

上海音像资料馆管理着包括上海人民广播电台 1949 年开播以及上海电视台 1958 年建台至今所有生产的并且通过记录载体保留下来的广播和电视

内容资源。按广播电视工作逻辑，收纳的节目类别包括新闻、专题、综艺、电视剧等，涵盖了广播电视生产的各方面内容。客观而言，这批广播电视内容资源也是自新中国成立至今关于上海这个城市建设发展的音像档案。

从 1949 年 5 月 27 日上海解放，上海人民广播电台播出了宣布大上海解放的"上海人民广播第一声"，开启了新中国上海人民广播的历史。自此以后，凡有载体记录的广播节目内容，都被保留下来，统一保存收藏在今天上海音像资料馆的库房内。1958 年 10 月 1 日上海电视台成立，同样上海电视台生产的电视节目内容，也通过不同时代的记录载体收录保存了下来。上海广播电视台的节目，尤其是新闻类节目，报道记录了新中国成立以来关于上海的大量时政要闻、重大事件，涉及上海政治、经济、文化、民生等各个方面。这份留存在上海音像资料馆内的连续 75 年的声音历史档案和连续 66 年的影像历史档案，形成了关于上海这个城市当代建设发展的独特音像历史档案。

在建设上海音像资源公共服务平台之前，上海音像资料馆针对馆藏数字音像资源，也已经在开展为政府机构、企事业单位、社会团体的音像资料查询和相关音像档案提供的服务，比如 2023 年分别与上海体育博物馆、上海城投、国药集团等单位合作完成了上海新中国体育发展史、上海城投 30 周年、国药控股 20 周年庆等项目。但与馆藏的巨大内容体量相比，这样的工作仍然是少量的，更多的历史音像档案仍然只是保管在上海音像资料馆内部，没有机会让更多的人接触和了解。

而上海音像资源公共服务平台搭建完成并匹配需求形成"上海新闻影像库""SMG 少儿影像库"等专题库产品之后，通过徐家汇图书馆、上海少儿图书馆的窗口，广大市民读者能够通过在线视听及调用手段，使原本收纳在内部的这批音像视听档案，能够被公众查询、了解和使用。可以说，这个平台开创性地填补了国内视听档案公众服务的缺口。

2.3 服务为民的新实践

上海音像资源公共服务平台以上海音像资料馆收藏保存的 100 多年、150 万小时珍贵音像资料为依托，与沪上实体图书馆合作，以线上图书馆的形式向社会提供视听档案公共资源服务。而上海图书系统对来自广播电视系统的内容也抱以积极开放的态度。本着"档案服务为民"和"用户中心"的理念，双方合作推动了创新服务新实践。

以用户为中心的理念是现代图书馆发展的重要理念，"对人的关注已然成为二十一世纪中国图书馆事业发展的关键""以图书馆为中心到以用户为中心的嬗变，成为了图书馆转型变革的关键所在，而后者俨然成为图书馆服务的基本准则"[5]。

对于图书馆服务的对象，提供多样化的阅读物，满足多层次的求知需求是不能忽视的，这也是公共图书馆需要不断关注和研究的。因此在媒体呼吁"时代在变化，城市在变化，图书馆应该以更主动的姿态，适应流动的人群，呼应时代的需求，让更多人在图书馆找到兴趣点和归属感，将图书馆打造成一个与城市共栖共生的空间"[6] 的同时，公共图书馆也在积极以创新实践作出回应。

而上海音像资料馆努力突破传统业务，推出与徐家汇书院联合打造"影像上海"联名公共视听阅览室，与市少年儿童图书馆联合上线"SMG 少儿影像库"这样的项目，也是从拓展自身公共服务效能更好实现社会价值的角度作出的积极尝试。

从上海城市建设的角度，广播电视系统和图书馆系统打破行业壁垒，进行跨界联手合作，是城市公共服务从更加尊重人的角度出发，进行的新的产品结构设计，也开辟了这一领域新的想象空间。在用户中心的观察视角下，公共图书馆体系深度参与用户信息获取的同时，也相应承担了实现个体信息富裕化、参与教育活动和促进个体学习方面的重要职能。[7] 而上海音像资源公共服务平台建设，正是从自身的角度对这些问题进行了考量，也尝试作出解答。

上海音像资源公共服务平台的应用场景非常广泛，除面向市民公众增设公众阅览室，根据用户需求编研各类面向市场的专业影像库之外，依托该平台基座，2023 年上海音像资料馆为住建委档案中心、人社局宣教中心提供多项专业音像档案服务；面向各区融媒体中心实践区台合作互相赋能，与普陀、杨浦达成初步合作意向；面向专业机构多元拓展音像业务形成新生态，先后与华东政法大学、上海师范大学签订协议，共同研究利用多元专业音像档案的深度价值……

上海音像资料馆与沪上公共图书馆的合作，也将在"用户中心驱动下的知识信息自由获取与人的自由全面发展不仅是未来图书馆的终极人文关怀，更是未来图书馆核心价值的主要内容"[8] 的价值引领下，进一步建设和发展上海音像资源公共服务平台。借由平台的不断发展，上海音像资料馆将进一步履行好音像视听档案的公共服务职能，提升自身媒资服务能级，为向全社会传播海派文化，传承上海城市精神，满足人民日益增长的美好生活需求作出新努力。

注释及参考文献

[1][3] 上海徐汇 . 世界读书日｜打开你的"时光宝盒"！首家"影像上海·视听阅览室"落地徐汇 [EB/OL]. [2023-04-23]. https://mp.weixin.qq.com/s/JnWouBmJsW2I5TSqZ0DT-g.

[2] 上海少年儿童图书馆 . 乐享云惠｜ SMG 少儿影像库上线 [EB/OL].[2024-02-07]. https://mp.weixin.qq.com/s/srMWvpjWd1rQylX3dXa5dA.

[4] 上海文旅党建 . 上海少年儿童图书馆上新特色数据库"SMG 少儿影像库"[EB/OL]. [2024-02-22]. https://mp.weixin.qq.com/s/MQq9-UEOTaQt6U5si6z1aw.

[5] 初景利 , 秦小燕 . 从"地心说"到"日心说"——从以图书馆为中心到以用户为中心的转型变革 [J]. 图书情报工作 ,2018(13):5-10.

[6] 周娴 . 公共图书馆的 N 种立体打开方式 [N]. 新华日报 ,2024-04-23(002).

[7] 陈润好 . 公共图书馆的中国式现代化 : 建设以人为中心的图书馆之历史考察和现实映照 [J/OL]. 图书馆建设 .http://kns.cnki.net/kcms/detail/23.1331.G2.20240429.2054.002.html.

[8] 汤利光 , 李教明 . 以用户为中心的图书馆核心价值演变探究 [J]. 图书馆建设 ,2017(8):4-11,20.

转化、萃取与融通：
人工智能时代下的影像档案数据化研究

宋雪雁　张伟民　赵雅欣

吉林大学商学与管理学院

摘要：影像档案是以视觉方式传承社会记忆的原始记录，是真实、可靠、形象的"档案法律铁证"，然而影像档案数据化是提供利用的难点。本研究分析了人工智能时代下影像档案数据化的机遇与挑战，提出影像档案数据化应以保持原始记录性、尊重来源原则、符合电子档案"四性"要求为实施原则，以国家档案标准或档案行业标准为实施依据，并提出了"转化—萃取—融通"三步走的影像档案数据化实现路径，打破多模态之间的数据壁垒，为实现多元化影像知识服务奠定基础，助力影像档案在人工智能时代抓住机遇，迎接挑战。

关键词：人工智能；影像档案；数据化

0 引言

影像档案是以图像（或配有声音）为主要记录符号的档案[1]，通过视觉方式直接呈现档案所记载的历史记录，以图像、视频定格历史，受人的主观因素影响最小，对影像信息的记录最为真实、可靠、形象[2]，与相关文字材料、实物、建筑等相互印证，形成独有的"档案法律铁证"[3]。早期影像档案以感光胶片、磁带等非数字信号载体为主；随着数码时代到来，摄像机硬盘、直录光盘和移动存储卡等成为主流载体，存储容量更大，载体更加轻巧；人工智能（Artificial Intelligence, AI）时代下智能手机的普及使摄像更为简易，短视频的兴起使得创作记录主体从一元拓展到多元[4]，影像档案数量急剧增加，管理难度增大且影像档案难以进行语义检索，编研利用难度大。因此，对影像档案进行数据化，可以助力影像档案编研工作的开展，进而充分发挥影像档案的社会记忆功能，发现、认识真实历史，反思、批判残曲历史[5]，传承并弘扬优秀历史文化。

1 人工智能时代下影像档案数据化的机遇与挑战

AI 为影像档案开发、修复、提供利用带来了机遇与挑战。深度学习、语义网的深入应用，使得影像档案自动标引、批量修复、多元知识服务成为可能；然而海量影像资源的产生、生成式 AI 的兴起为影像档案管理、辨伪带来空前的挑战，档案馆馆员知识结构亟需优化，以迎接 AI 时代为影像档案数据化带来的机遇与挑战。

1.1 人工智能时代下影像档案数据化的机遇

深度学习、强化学习等 AI 技术使影像档案数据化流程更加智能，减少了人力资源的浪费，使影像档案工作者从重复性劳动中脱离，转而开展更加有价值、有创新性的档案工作；知识图谱、VR 等技术的应用提供了更加多元化的影像档案知识服务，实现影像档案的社会价值。

1.1.1 流程智能化

影像档案以图像或视频为主，影像档案数据化需要对每一张、每一帧或连续数帧图像中主题、文本、元素等进行识别，完全采用人工标注耗时久、受主观影响程度大且极易遗漏部分信息，运用光学字符识别（Optical Character Recognition，OCR）、语音识别等 AI 技术自动提取影像档案信息，在一定程度上实现相对客观、全面的标注，助力影像档案数据化工作的开展。

1.1.2 修复降本化

传统影像档案载体容易受时间流逝等因素的影响，产生画面泛黄、斑驳等问题，面对海量的影像档案，人工修复将需要巨额时间和人力成本，且难度高，AI 的兴起则使影像档案修复焕发蓬勃生命力[6]，批量修复的快捷性与准确性是 AI 的显著优势[7]，自动补帧、超分辨率重构等技术使影像档案修复成本降低，从源头保证影像档案数据化的高质量开展。

1.1.3 服务多元化

影像档案数据化的最终目的是提供利用，AI 时代为影像档案提供了多元化的知识服务方式——AR、VR 等新型视觉方式为影像档案服务提供了新视野，知识图谱、语义检索等知识化服务方式为影像档案知识化利用提供了便利，生成式 AI 的兴起使计算机拟人化，从"人机交互"式利用影像档案逐渐转变为"人机交流"，影像档案个性化服务质量显著提高。

1.2 人工智能时代下影像档案数据化的挑战

AI 时代为影像档案数据化带来诸多机遇，同时也带来诸多挑战，数字技术及数字设备的普及使影像档案规模迅速扩大，占用存储空间急剧增加，图像、视频格式更为多元，管理难度增大，数据化成本增加，加之修图程序的普及，修改成本低且难以辨别，需要档案馆馆员精通多领域专业知识以应对AI时代为影像档案数据化带来的挑战。

1.2.1 影像档案规模化与多样化

数字设备和数字工具的普及，使影像档案的形成主体从一元走向多元，影像档案的形成动机也从具有目的性地记录某项社会活动转为日常性地留存个人记忆，影像档案规模日益庞大、种类急剧增加，外延不断扩展，VR、交互视频等均可纳入影像档案范畴，影像档案的长期可读性难以保证，管理成本急剧增加，直接影响了对数据化后的影像档案的管理。

1.2.2 辨伪难度增加

AI时代对影像档案凭证价值产生了冲击，篡改、伪造成本低，难以像盖章签名的原始书面文件具有可验证性、完整性及不可否认性[8]。生成式AI可以实现"无中生有"且达到以假乱真的程度，是对原始记录性的挑战，亟须实现对是否为AI生成内容进行鉴别，避免从前端控制阶段导致影像档案数据化工作失去意义。

1.2.3 馆员知识结构亟须调整

影像档案规模化与多样化，伪造成本降低且更加难以鉴别，均导致档案馆需要培养、接纳具有专业化、跨领域技术能力的复合型人才。档案工作者作为影像档案数据化的核心，应当发挥主观能动性，接纳各领域知识，提高影像档案收集能力、AI工具使用及辨别能力等，紧跟AI时代步伐的同时避免受到"AI欺骗"，积极应对人工智能为影像档案数据化带来的挑战。

2 人工智能时代下影像档案数据化的实施原则

AI时代下影像档案数据化应以保持原始记录性为根本出发点，以尊重来源原则为整理手段，以符合电子档案"四性"要求为基础保障，最终实现高质量的影像档案数据化。

2.1 保持原始记录性

影像档案是对社会生活最直接、真实、可靠的记录，原始记录性是影像档案区别于其他影像资源的本质属性，是影像档案具有凭证价值的前提，因此，影像档案数据化必须以保持原始记录性为根本出发点。对于内容真实的影像档案，应客观、真实地开展数据化工作，运用 AI 技术进行知识抽取、特征提取时，应及时进行人工校验，避免遭受"AI 欺骗"；即便某些影像档案由于拍摄角度、后期渲染、主观演绎等原因导致内容失真，也不能直接修改档案原件，存在谬误的档案也是对当时拍摄风格或拍摄者社会活动的真实记录，对影像档案进行修正会抹杀档案原本的真实性、可靠性，采用备注或其他方式标注即可。

2.2 尊重来源原则

来源原则是档案整理与分类的基本原则，其从历史主义出发，充分体现了档案形成的历史联系。尊重来源原则不是墨守成规，而是根据时代变化守正创新。AI 时代下影像拍摄、录制成本低廉，不再严格对应组织、机构产生，档案来源从"单一机构形成者"转为"多元主体形成者"[9]，应根据客观需要创新发展适用于影像档案的"来源原则"[10]，以科学的影像档案整理与分类方法来维护和还原真实的历史记忆。

2.3 符合电子档案"四性"要求

2020 年修订的《中华人民共和国档案法》明确指出："档案馆应当对接收的电子档案进行检测，确保电子档案的真实性、完整性、可用性和安全性。"影像档案的接收需要符合"四性"要求，以免后续数据化工作失去意义，同时在数据化工作进行时，也需要保证数据标注的真实性、背景信息的完整性、标注结果的长期可用性以及数据化过程影像档案载体与内容的安全性。

3 人工智能时代下影像档案数据化的实现路径

基于影像档案复杂性的特征，本研究提出"转化—萃取—融通"三步走的影像档案数据化实现路径（如图 1 所示）。影像档案数据化的实施主体应"以人为主，AI 为辅"，充分利用 AI 技术带来的便利，实现大规模影像档案的批量数据化工作，但 AI 数据化结果难以达到完全正确的预期，为确保影像档案原始记录性的本质属性不被破坏，档案工作者依然是影像档案数据化过程的最终决策者。影像档案实施策略是"原则为基，标准先行；转化归一，化整为零，多线并行，数据融通"，影像档案的实施应始终以保持原始记录性、尊重来源原则、符合电子档案"四性"要求为根基，以国家档案工作标准或档案行业标准为实施依据，避免形成数据孤岛；影像档案数据化应先通过扫描、转录等操作从非数字信号转化为数字信号，将视频类影像档案拆解为声音与图像，化整为零，同步开展音频与图像的数据化工作，通过国际图像互操作框架（International Image Interoperability Framework，IIIF）、资源描述框架（Resource Description Framework，RDF）等技术实现图像、视频、文字等多模态间的融通，最终将数据化成果接入电子档案管理系统以提供利用，实现影像档案的社会价值。

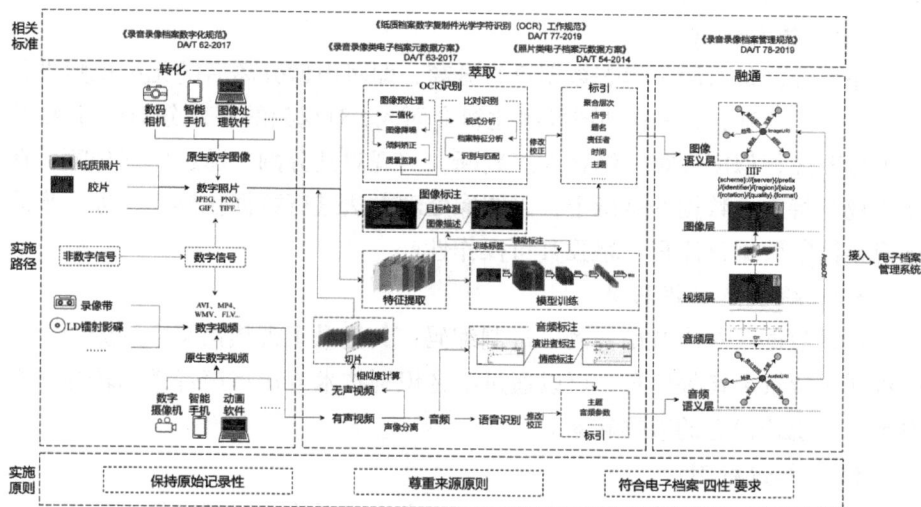

图 1　影像档案数据化实施路径

3.1 转化

AI 时代影像档案多样化的特征决定了影像档案数据化实施的首要任务是进行编码转化。影像档案载体繁多，传统载体例如纸质照片、录像带等以模拟信号存储，借助数字设备或应用程序摄录、制作的原生数字影像均以数字信号存储，仅有数字信号可直接被 AI 技术读取，因此需要依据《录音录像档案数字化规范》（DA/T 62-2017）等标准，对模拟信号图像、视频进行扫描、转录，构建传统载体影像档案的数字化副本，统一载体形式，便于影像档案数据化的实施。

3.2 萃取

影像档案数据化萃取包含多模态数据分离、序列分割、跨模态数据转录以及知识标引，是影像档案数据化实施的核心。

3.2.1 多模态数据分离

影像档案可以分解为声音、文本和图像 3 种模态 [11]，其中声音与图像可以直接分离，即将有声视频分离为无声视频与音频，二者相对独立地进行数据化，而图像中可能蕴含字幕等文本信息，文本信息的萃取则需要依据 DA/T 77-2019 等标准进行 OCR 识别，包括二值化、图像降噪等过程，必要时可以训练专用模型。从影像档案的核心构成出发，通过化整为零的思想，将多模态数据分离，为后续影像档案数据化提供可操作的数据支持。

3.2.2 序列分割

序列分割是对同一模态数据进行分离，即对声像分离后的无声视频进行切片操作。视频是由一系列图像序化组合而成，对视频的序列分割通过 AI 技术进行图像相似度计算，结合人工判断，实现对其分割。通过序列分割，在保留视频特殊元数据的基础上，以图像处理方法进行数据化操作，进一步简化视频档案数据化流程，增强其可操作性。

3.2.3 跨模态数据转录

音频数据是对声音信号的二进制编码，其记录了视频档案中的旁白、角色对话、背景声音等信息，可以通过语音识别技术直接将声音模态转为文本模态，实现跨模态的数据转录。

3.2.4 知识标引

知识标引是影像档案萃取的重点，一方面对图像或音频进行人工标注，另一方面借助 AI 技术提取图像数据，并以人工标注结果为目标标签进行模型训练，实现 AI 技术辅助人工标注。最终依据 DA/T 63-2017、DA/T 54-2014 等档案工作标准，将 OCR、语音识别获取的文本及图像标注、音频标注映射至相关元数据中，实现影像档案知识化标引，为影像档案语义检索、智能问答等多元化智慧服务奠定基础。

3.3 融通

数据融通旨在将知识标引结果与图像、视频、音频建立有机联系，是打破不同模态数据之间壁垒的关键。本研究将融通结果分为图像语义层、图像层、视频层、音频层、音频语义层，其中图像语义层和音频语义层均运用 RDF 的方式组织知识标引的结果，图像层则运用 IIIF 实现对图像的交互式操作，视频层与音频层则基于 IIIF 理念进行拓展，通过增加或减少 URI 路由参数的数量实现对视频与音频的切片式、交互式操作，并分别建立和图像语义层、视频语义层的关联，实现跨模态的数据交互。

4 结语

AI 时代在数据化流程、修复以及知识服务等方面为影像档案数据化带来了机遇，同时在影像档案规模化、多样化、辨伪难度增加、档案馆知识结构等方面也为影像档案数据化带来了挑战。影像档案数据化应以保持原始记录性、尊重来源原则、符合电子档案"四性"要求为实施原则，以国家档案标准或档案行业标准为实施依据，开展影像档案数据化工作。本研究提出"转化—萃取—融通"三步走的影像档案数据化实现路径，打破了多模态之间的数据壁垒，实现跨模态的数据交互，为实现多元化影像知识服务奠定基础，助力影像档案在 AI 时代抓住机遇，迎接挑战。

注释及参考文献

[1] 孙琳. 基层单位影像档案管理流程与设备配置方案 [J]. 北京档案 ,2012(4):28-30.

[2] 胡晓阳. 读图时代的影像档案 [J]. 浙江档案 ,2004(8):29-30.

[3] 李玉虎,周亚军,贾智慧,等. 感光影像档案修复与保护关键技术研究 [J]. 中国档案 ,2018(4):66-67.

[4] 徐园园,李娜. 移动短视频时代城市影像档案建设 [J]. 中国档案 ,2022(5):70-71.

[5] 庞博. 影像档案编研产品的社会记忆功能浅析——以文献纪录片《燃烧的影像》为例 [J]. 档案学研究 ,2019(5):78-82.

[6] 周子晴. 人工智能视域下影音档案修复与传播路径探讨——以百年前北京影像修复为例 [J]. 北京档案 ,2021(6):28-30.

[7] 李新宇. 影像档案人工智能修复中的几个问题 [J]. 档案学研究 ,2023(3):144-148.

[8] 石妙希. 积极推广档案影像管理系统 [J]. 北京档案 ,2009(6):36-37.

[9] 连志英,蒋玲,张晓. 档案来源观的后现代转向 [J]. 档案学通讯 ,2023(5):4-10.

[10] 赵炜. 档案的影像化趋势研究 [J]. 中国档案 ,2009(7):44,49.

[11] 江槟伊,房小可. 影像档案多模态检索模型框架构建 [J]. 北京档案 ,2023(7):29-31.

高质量发展语境下
企业声像档案智能识别技术的探讨与实践

王曦[1]   吴长静[2]

1 国网山东省电力公司淄博供电公司

2 国网山东省电力公司

摘要：本文探讨了在高质量发展大背景下，企业声像档案智能识别技术面临的挑战及实践探索。文章首先指出，随着档案工作向数字化和智能化转型，声像档案的保存利用面临诸多挑战，接着从面部特征提取、对比、应用与跨库关联检索两大维度入手，构建面部特征数据库，创新面部识别和档案检索方法，提升了声像档案的管理水平和利用效率，为档案事业的高质量发展注入新的动力。

关键词：声像档案；人工智能识别；面部特征提取；跨库关联检索

0 引言

随着科技的飞速进步，声像档案作为记录发展脉络、传承历史文化的重要载体，其管理和利用方式也在不断革新。在高质量发展的大背景下，如何深入挖掘声像档案潜在的利用价值，成为档案工作者面临的重要课题。本文深入剖析人工智能识别技术在声像档案应用中的创新探索与实践经验，以期为档案事业的高质量发展提供有益参考和借鉴。

1 背景现状

1.1 高质量发展主题要求

《"十四五"全国档案事业发展规划》中明确提出"以高质量发展为主题，

深化档案信息化战略转型"的指导思想，并进一步指明档案工作前进道路，"新一代信息技术广泛应用，档案工作环境、对象、内容发生巨大变化，迫切要求创新档案工作理念、方法、模式，加快全面数字转型和智能升级"[1]。

同年，国家电网有限公司印发的《"十四五"档案工作发展规划》中也突出强调："公司档案工作要坚持 5 个基本原则，实施'三四三'发展布局，推动档案事业高质量发展。"[2]

1.2 声像档案保存利用现状

作为一种特殊的档案形式，声像档案以其独特的原始记录性和直观呈现性，在企业运营、文化传承等多个领域发挥着重要作用。这些档案不仅承载了丰富的历史信息，还为后人提供了宝贵的历史见证和参考依据。根据 2022 年度全国档案主管部门和档案馆基本情况统计，各级综合档案馆藏共有照片档案 2737.7 万张，录音磁带、录像磁带、影片档案 109.5 万盘，数码照片 220.0TB，数字录音、数字录像 1040.0TB[3]。与庞大的资源蕴藏量相比，目前声像档案的潜在价值并未得到充分发掘，与高质量发展的要求相去甚远。首先，载体稳定性差。传统的声像档案大多存储在光盘、硬盘等磁性文件介质中，易受温湿度、光照等环境因素影响而损坏，导致信息丢失。此外，视听设备更新换代的速度日新月异，旧有声像档案的读取格式与新的软件设备不兼容，使得这些珍贵资源得不到有效开发。其次，数字化处理与保存技术落后。目前，部分单位在声像档案数字化处理方面仍采用传统的技术手段，如简单的扫描和复制等，无法有效提取和保存声像档案中的关键信息[4]。同时，由于缺乏先进技术和设备，许多旧档案无法得到有效的修复和还原，导致档案信息的失真和丢失。最后，检索利用方式单一低效。许多声像档案的检索方式仍然停留在手工录入阶段，不仅效率低下，而且易出错。随着档案数量的不断增加和用户对档案信息获取速度要求的提高，传统的检索方式已无法满足实际需求。因此，如何创新声像档案检索利用方式、提高检索效率和准确性成为当前亟待解决的问题。

2 声像档案智能识别技术难点与挑战

在追求高质量发展的时代背景下，人工智能识别技术在声像档案应用中面临着诸多难点与挑战。由于声像档案包含了图像、音频、视频等多种类型的信息，每种信息又具有独特的特征和处理方式，因此，如何实现对这些信息的准确、高效识别成为亟待解决的技术难题。此外，声像档案往往伴随着背景噪声、画质模糊等问题，进一步加大了识别难度。具体来讲，人工智能识别的难点主要有以下四个方面。

2.1 视频中面部特征的有效汇聚

与从单一的静态照片中提取面部特征不同，视频中的面部特征提取更为复杂。视频中，同一人物会随着镜头的切换形成一系列有序的视频帧集合，这些视频帧中人物的位置和角度各不相同。因此，如何有效地将时间段内同一人物的面部特征进行汇聚，是提升后期面部特征提取效率的关键。此外，还需要考虑如何处理侧面入镜、侧面出境等场景，确保这些场景下的面部特征也能被准确捕捉和汇聚。

如果对每一帧都进行面部特征提取，不仅会消耗大量的时间和资源，而且由于角度问题，可能导致在侧面入镜、侧面出境等场景下无法成功提取面部特征，从而引发入镜时间出现误差等问题。例如，当人物穿戴帽子低头进入镜头时，可能无法立即提取到面部特征；而当人物行进至镜头某处抬头看向镜头时，面部特征才能被成功捕捉。在这种情况下，如何准确判断人物的出场和离场时间，以及如何提取最具代表性的面部特征，都是技术上的难点。

2.2 视频中面部特征的精准提取

在完成视频面部特征的有效汇聚后，接下来需要对面部特征进行精准提取。然而，由于视频具有连续性，逐帧提取不仅效率低下，而且资源消耗巨大。因此，如何在实现人脸汇聚的基础上，从汇聚的视频帧序列中高效地提取出高质量的面部特征，是另一个技术难题。

这一难题主要体现在两个方面：一是如何确保提取出的面部特征质量高、信息丰富；二是如何在保证质量的前提下，尽量减少提取面部特征所需的视频帧数量，从而提高提取效率。这两个方面的挑战都需要在算法设计和优化上进行深入研究和探索。

2.3 视频中面部特征的快速对比入库

在完成面部特征的精准提取后，还需要将这些特征与现有的面部特征库进行逐一对比，以实现视频人物的自动标识和入库。然而，随着面部特征库的不断扩大和更新，对比的效率和准确性成了一个重要的挑战。

为了提高对比效率，需要采用高效的算法和数据结构来优化对比过程。同时，还需要建立一种动态更新机制，确保面部特征库能够实时地纳入新的数据，并对已有的数据进行定期更新和维护。此外，为了保证对比的准确性，还需要对算法进行不断的优化和改进，以适应各种复杂和多变的情况。

2.4 多档案库资源的关联优化与统一检索

在建立了包括照片库、录像库、面部特征库等多个独立的档案库后，如何实现这些档案库之间的资源关联和统一检索更是技术难点。由于这些档案库的数据形式、存储方式以及元数据标准可能各不相同，因此需要进行一系列的数据整合和标准化工作。

为了解决这个问题，可以采用基于面部特征的跨库检索技术，通过对面部特征进行统一编码和存储，实现不同档案库之间的资源关联。同时，还可以利用自然语言处理技术和信息检索技术，对检索结果进行语义分析和优化，提高检索的准确性和效率。此外，还需要建立一套完善的检索机制和用户界面，方便用户进行多档案库的综合性检索和浏览。

3 智能识别技术在声像档案利用中的路径探析

针对上述技术难点与挑战，本文主要围绕图像识别技术探析发展路径，其目标在于使计算机具备类似人类的图像解析与理解能力，提升档案利用效率并优化用户体验。

3.1 基于人工智能图像识别技术的面部特征提取、比对及应用

数据准备与增强：收集大量包含人脸的图像和视频数据，并对这些数据进行细致标注，以明确人脸区域及其对应的人脸 ID。数据增强以丰富多样性，通过生成涵盖不同角度、表情和光照条件的人脸数据，提高模型的泛化能力；

人脸检测模型开发：利用卷积神经网络等先进技术训练人脸检测模型，实现对图像中人脸区域的精确检测，并不断优化模型参数和结构；

人脸识别模型开发，在人脸检测的基础上，进一步提取人脸图像的特征向量，通过采用分类 / 度量学习算法训练人脸识别模型，优化识别算法，提高识别准确率；

构建人脸特征数据库：将提取到的人脸特征向量进行存储，并与相应的人脸 ID 建立关联，构建人脸特征数据库，为后续的人脸识别应用提供了基础数据支持；

应用系统开发：基于人脸检测和识别技术，开发人脸检测、识别 API，并构建人脸识别的档案管理和检索系统，实现人脸入库、检索、档案关联等功能；

测试评估与优化：利用构建的人脸数据库对识别性能进行测试评估，根据测试结果调整模型和算法参数，优化识别效果。

该部分整体实现路径如图 1 所示。

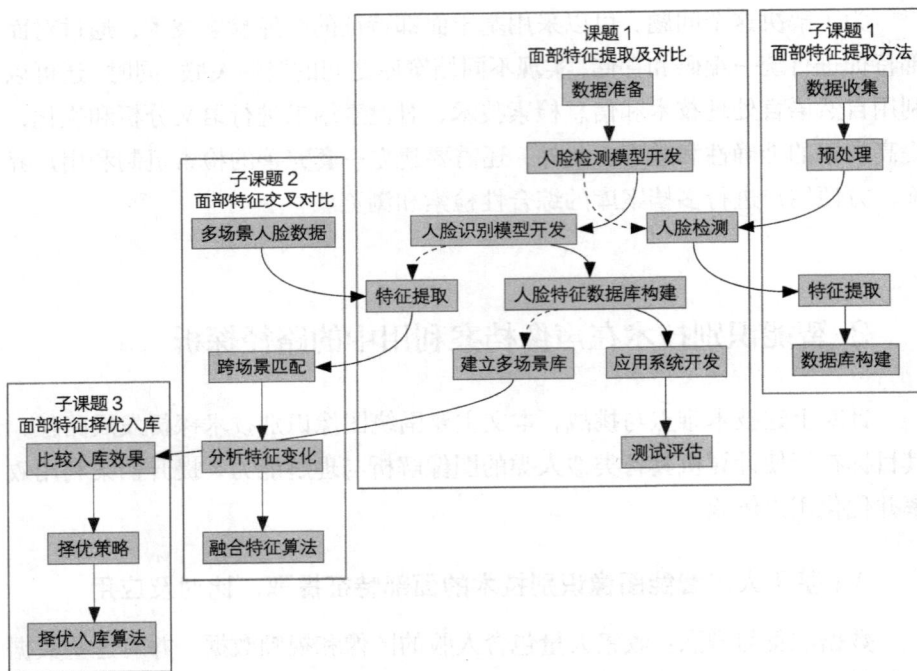

图 1　图片、视频面部特征提取、比对研究实现路径

3.1.1 面部特征提取与数据库构建

在图像与视频环境下，探索面部特征提取技术，并构建相应的面部特征数据库。首先，通过数据采集，划定合适的照片、录像档案样本数据，并收集图片、视频等多维度数据。接着，对数据进行预处理，包括格式转换、降噪、剪裁等，以确保数据质量。随后，进行人脸检测以获取人脸区域，并提

取人脸区域的特征向量（如图 2 所示）。最后，将提取到的特征向量与相应的人脸 ID 进行关联，构建面部特征数据库。

3.1.2 面部特征交叉对比算法研究

研究图片、视频面部特征的交叉对比方法，明确面部特征的融合模式，并构建相应的交叉对比算法。借助人工智能图像识别技术，对面部特征（如特征点、轮廓线、颜色、纹理等）进行提取。根据采集的数据和研究出的面部特征提取方法，建立一个能够反映图片、视频面部特征的独立数据库。通过对不同场景（表情、角度、光照等）下的人脸数据进行分析，研究特征向量的变化规律，并研究融合特征的对比算法，以提高面部识别的准确性。

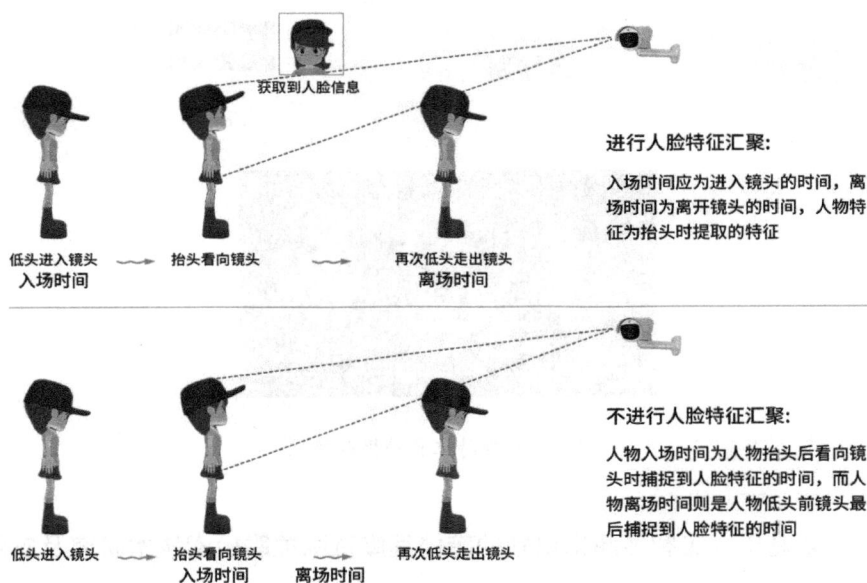

图 2 人脸特征向量提取

3.1.3 面部特征入库策略研究

探究图片、视频面部特征的入库策略，提出基于不同场景下的视频面部特征择优入库准则。通过分析数据库中的数据，研究不同场景下的面部特征变化规律。通过量化方式分析交叉对比结果与不同表情、角度、光照条件等因素之间的关系。基于比对结果，开发面部特征识别算法，并进行测试和优化。在完成开发后，研究图片、视频面部特征的入库策略，提出基于不同场景下的视频面部特征择优入库条件。通过设计选择场景的优化入库算法，降低比对次数，提高比对的有效性。

经过研究，建立起面部特征数据库，该数据库可以通过上传人物照片自动获取其面部特征，进而检索相关的照片档案和录像档案。通过对照片、录像中的面部特征数据进行识别、分类和再关联，实现了"人脸—照片"和"人脸—录像"的创新型检索效果验证和改进技术开发（如图 3 所示）。

图 3　面部特征自动提取效果

3.2 基于人工智能图像识别的跨档案库资源关联检索技术研究及应用

3.2.1 多档案库资源自动关联算法研究

研究多个独立档案库的综合性检索方法，提出多档案库资源自动关联算法。同步收集和整理数据，将多个独立档案库的数据统一整理为可供检索和分析的数据格式。通过对多个独立档案库的综合性检索方法进行研究，提出多档案库资源自动关联算法，实现对照片、录像档案的综合检索和关联利用。

3.2.2 面部特征检索利用具体实施

明确基于面部特征进行档案检索利用的具体实施办法，并明确系统的软硬件组成及功能。系统硬件部分包括处理器、存储器、显示器等，软件部分则涵盖面部识别算法、数据库管理系统、用户界面设计、系统功能实现以及数据安全管理等方面。

3.2.3 声像档案利用系统深化开发

开发声像档案综合利用系统，实现对声像档案的面部特征的综合检索及关联利用。根据研究结果设计系统架构，包括数据库设计、数据预处理模块、特征提取模块、面部特征识别模块、检索算法设计以及用户接口开发等，确保各模块间的协同工作与数据流的顺畅。依据系统架构实现各项功能，包括数据导入、特征提取、面部特征识别、多档案库资源自动关联以及检索结果展示等，大幅提升档案资源的处理速度和准确性。对实现的系统进行测试和评估，以确保其性能达标，并根据用户反馈和实际应用场景，不断优化系统功能和界面设计。相较于主流的其他面部特征提取方法，本文所设计的提取方法展现出了更高的准确率。经测试验证，该方法的整体准确率高达 98.2%，这一成绩显著超越了其他方法 89% ~ 95% 的准确率范围。

4 结语

利用人工智能技术可以深度挖掘和分析档案资源，为企业提供更有价值的决策支持和信息参考，但同时还需要充分考虑系统安全性和隐私保护问题。一方面，需要采取必要的安全措施，如数据加密、访问控制等，防止面部特征数据被非法获取或滥用；另一方面，还需要在数据处理和存储过程中，严格遵守隐私保护相关法律法规，确保用户隐私得到有效保护。

注释及参考文献

[1] 本刊讯 . 中办国办印发《"十四五"全国档案事业发展规划》[J]. 中国档案 ,2021(6):18–23.

[2] 郭望党 . 国家电网印发《"十四五"档案工作发展规划》[N]. 中国档案报 ,2021-11-04(1).

[3] 国家档案局 .2022 年度全国档案主管部门和档案馆基本情况摘要（二）[EB/OL].[2023-08-29].https://www.saac.gov.cn/daj/zhdt/202308/0396ea569aa648f1befd5c49bac87e6f.shtml.

[4] 张妙龄 . 声像档案数字化处理与保存技术 [J]. 数字技术与应用 ,2023(4):116–118.

声像档案资源一体化管理探索
——以上海城投集团为例

徐青萍　周丽

上海城投（集团）有限公司

摘要： 以声像档案从收集到利用全过程管理为指引，在对声像档案资源保存管理现状调研分析的基础上，围绕声像档案资源收集前端控制、声像档案管理标准建设、声像档案资源管理平台建设等进行探索实践，以期为企业声像档案管理探索提供借鉴。

关键词： 声像档案；档案管理；开发应用

0 引言

信息技术的飞速发展和 5G 时代的到来，使得声像档案资源在形态、类型上呈现出多样化发展趋势，其数量也呈指数式增长。对于声像档案资源的研究也日益成为学者关注的重点，主要包括声像档案资源制度建设、整理编目、长期保存等管理研究[1][2][3][4]；新理念、新技术应用下的声像档案资源整合利用研究[5][6][7][8][9]和声像档案资源的开发利用[10][11]及评价研究[12]等。但在具体实践中，围绕企业声像档案资源管理现状开展探讨研究的还较少。上海城投作为全市重要的功能保障类国有企业，30多年来在服务城市建设、服务民生保障的发展历程中，积累了大量独特的声像档案资源。据不完全统计，目前城投集团系统内照片资料约有21万张，视频及音频资源1.6万个，受限于技术、规范、管理手段的单一化，作为企业档案资源体系中最具动态直观性的声像档案资源，在采集、控制、管理、挖掘、利用等方面迫切需要一种新型制度框架的支撑。

对集团存量历史声像档案资源进行数字化抢救、增量声像档案资源的统筹规划和科学管理，有助于打破部门间、单位间的资源限制，形成统一有机的声像资源共建共享体系，探索出来的具有针对性的、可操作性的声像档案资源系统建设经验、声像档案管理制度和操作规范，对于企业声像档案信息化建设有着重要的现实意义和实践价值。

1 声像档案资源保存现状分析

城投集团所保存的声像档案资源数量庞大，内容类型较为齐全、完整，呈现出横向的业务板块与纵向的职能管理相结合的资源分布特点，基本涵盖了集团在城市建设过程中的各类管理服务活动。

1.1 集团声像档案资源数量

集团本部声像档案资源主要集中在档案室，部分集中在宣传部。室藏声像档案（见图1）主要以录像带、录音带、光盘为介质，照片、视频和音频均有保存，宣传部的声像资源以数码照片和视频文件为主。从统计数据来看，本部存量视频录像带380盘，光盘371张，纸质照片14册，共728张。所有载体共包含照片约10万张，容量520GB；视频约2000条，总时长近500小时；音频28个，容量1GB。

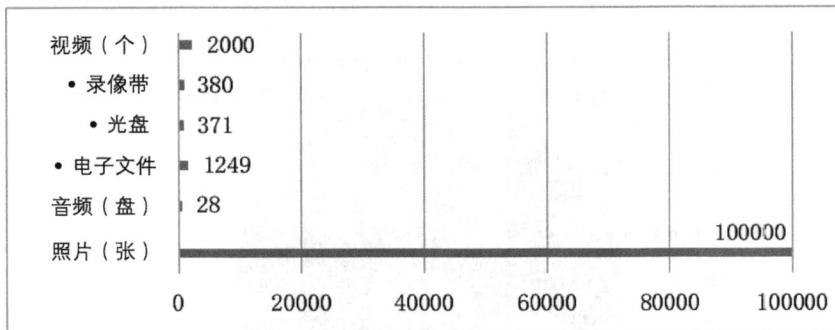

图1 集团本部声像档案资源数量

下属单位声像档案资源（见图2）以数码照片和视频文件为主，也有纸质照片和录音带等传统介质资源。其中，照片档案共有114920张，共计3253.26GB；视频档案有14390个，共计2779.73GB，音频档案有98盘，音频电子文件159段，共计25.41GB。

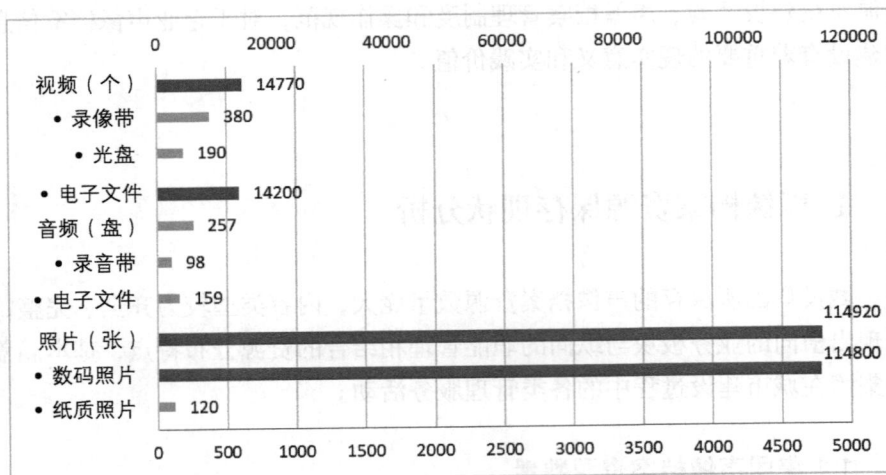

图 2　下属单位声像档案资源数量

1.2 集团声像档案资源类型

　　档案室所藏声像档案资源内容类型（见图 3）以各类会议为主，其他还包括领导调研、企业宣传和工程项目等；宣传部保存的声像档案资源内容类型以城投特色的"口述历史"和"城投讲堂"为主，其他包括了宣传片、会议活动等类型。

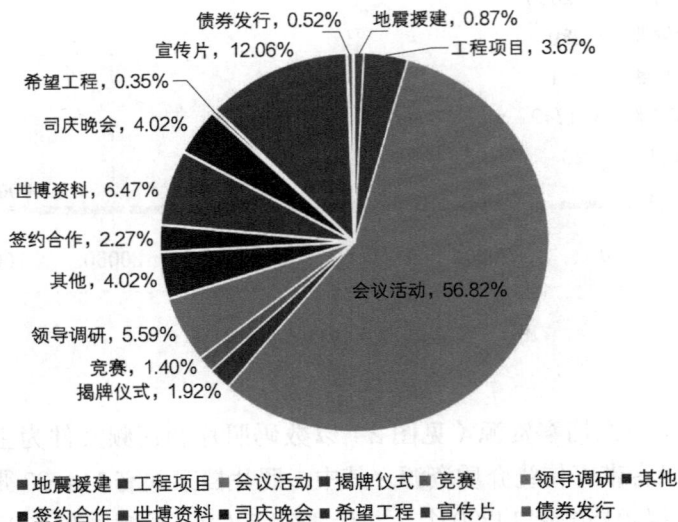

图 3　集团本部室藏声像档案资源类型

下属单位声像档案资源内容（见图 4）涉及重大活动、重要会议、领导调研、重大工程、城市运营、企业文化、对外宣传、先进表彰等类型，其中声像档案资源的主要内容是重要会议和重大活动，领导调研、企业文化和对外宣传等类型也相对较多。

图 4 下属单位声像档案资源类型词云图

1.3 集团声像档案资源年代

档案室的声像档案资源年限最早为 1992 年，最晚为 2022 年，大部分声像档案资源的分布年限集中在 2002 年至 2012 年；宣传部的声像档案资源分布年限在 2012 年至 2022 年（见表 1）。

表 1 城投集团本部声像档案资源年代分布

资源种类	存储介质	记录年限
照片	数码	1992—2022
	纸质	
视频	电子文件	2012—2022
	光盘	2003—2019
	录像带	1997—2012
音频	录音带	2003—2005

集团下属单位保存的声像档案资源所涵盖的年限同样较长，覆盖了 2005 年至 2022 年，也有保存了少许年代比较久远的胶片（城投水务档案室室藏）（见表 2）。

表 2 城投集团下属单位声像档案资源年代分布

资料种类	存储介质	记录年限
照片	胶片（少量）	2005—2022
	数码	
	纸质	
视频	电子文件	2006—2021
	光盘	
	录像带	
音频	电子文件	2007—2021
	录音带	

总体来看，在时间跨度上，集团声像档案资源大致可分为三段：一是自集团成立至 2000 年左右的声像档案资源以集团本部产生并保管的居多；二是 2000 年至 2010 年左右的声像档案资源，集团本部和各所属单位均有保管，所属单位部分移交集团档案室归档；三是 2010 年至今的声像档案资源由各所属单位自行保管，集团本部根据利用需要向各单位收集。

2 声像档案资源管理及利用现状

城投集团为加强声像档案资源的规范管理和有效利用，制定了《上海城投（集团）有限公司声像档案管理细则》，统筹推进集团本部及直属单位的声像档案资源管理工作，取得了一定进步和成效。但随着企业数字化转型和档案工作新要求的提出，目前集团在声像档案资源的收集力度、整理编目体系建设、保存主体管理和查询利用工作方面还有待加强，面临着一些困难和挑战。

2.1 收集力度有待加强

在声像档案资源收集意识方面，直属单位收集人员对声像档案资源收集的主动性、能动性差异较大，部分单位存在收集不够全面的情况。比如集团中参与城市建设的一线单位，更重视收集验评表格、总结材料等项目档案，而忽略重点工程建设中全过程、多维度的声像资料收集，使得有保存价值的声像档案资源的收集工作较难有效推进。又比如部分单位的照片、视频等声像档案资源的采集，委托第三方拍摄公司，尚缺乏明确的交付标准，服务质量不够稳定，部分第三方公司对会议内容缺乏了解，拍摄重点不突出，批量交付时重量不重质。

在收集制度层面，集团目前已有《声像档案管理细则》加以规范，但在实际落实过程中，由于人员更换等原因，收集起来难度较大。针对声像档案资源的归档范围、归档时间、归档手续、归档要求方面还需加强指导和管理。

2.2 抢救保护有待推进

城投集团历史声像档案资源种类多、存量大、范围广，其中以录像带、胶片为存储介质的历史声像档案，在实际保存过程中，因其载体制成材料的快速老化、技术更新迭代、读取设备缺失、保管不善等因素，存在部分信息质量快速下降乃至消失的风险，严重影响后续的保存和利用。在现有条件下，亟须进行抢救保护处理，借助数字化手段，将声像档案复制迁移至新的载体或存储系统，使声像档案在未来仍能被读取使用并保存下来。

2.3 整理体系有待规范

声像资源归档后，需围绕事由、时间、地点、人物、作者等内容进行编目和著录。在调研中发现，集团声像资源编目信息存在遗漏和缺失的情况，比如室藏90年代拍摄的照片，有的未标记人物信息，导致后续利用困难。此外，原有的声像档案整理要求仅为7项，相对简单（见表3），随着信息技术的发展，对于声像档案资源的编目细则还需进一步确定，统一、规范的编目著录体系还需进一步完善，尤其是在保证数字声像档案信息资源安全的总体要求下，必须重视声像档案资源元数据和背景信息的保存。

表 3　声像档案整理要求

序号	著录项	著录说明
1	题名	是对照片内容的简要概括，以 20 ~ 30 个字为宜
2	照片号	是指该张照片的编号
3	底片所在	即该张照片的底片号
4	参见号	与该张照片有密切联系的其他载体形式档案的档号
5	时间	照片拍摄时间，为 8 位阿拉伯数字，不足 8 位补零处理
6	摄影者	指拍摄个人，必要时可加写单位
7	文字说明	是指对该张图像的文字说明，比照片题名更具体，或对题名未及内容作出补充

2.4 保存主体有待集中

对集团声像档案资源进行安全、有效的保管，是后续提供高效利用服务、充分发挥声像档案资源价值的前提和保证。对集团声像资源保存主体认知现状进行调研（见图 5），显示声像档案资源大多留存在拍摄者个人，或是部门单位的信息员手中，未能及时纳入集团档案部门管理范围；另一部分则由兼职档案员暂行保管，但由于部门兼职档案人员变动频繁，在工作调整过程中，未能及时清点、移交所存的声像档案资源，容易造成声像档案资源的意外遗失。多数受访者认为集团各部门、各单位产生的声像档案资源很多未能及时上交归档，分散在不同的部门和单位，甚至第三方拍摄者单位。总体而言，集团声像档案资源保存主体较为分散，移交给档案室进行统一保管的意识不强。

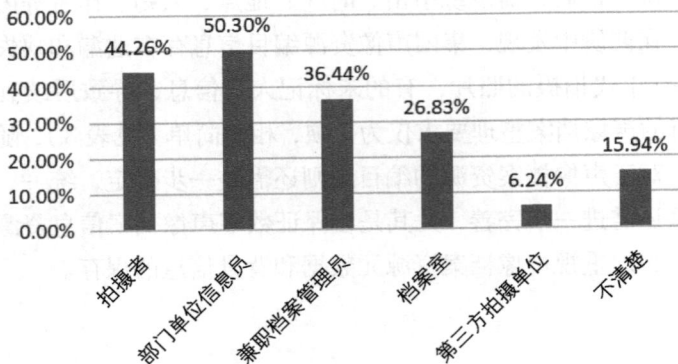

图 5　声像档案保存主体问卷调查结果

2.5 利用效果有待提升

一是查询途径不便。在查询声像档案资源时，利用者一般会询问档案室和资料形成部门或单位。首先，目前已有的室藏声像档案的保存数量有限，利用者可查范围较小。其次，在声像资源可能的生产部门或单位进行查询，即使确定了相关形成部门或单位，但由于人员变动、管理缺乏连续性也无法获取相关声像资源，还需继续寻找保管方。甚至有时会因线索中断、无法追溯而被迫停止查询。

二是利用效果不佳。目前集团室藏声像档案大多数是脱机保存在磁带、录音带、光盘等存储介质上，在利用时需确认库存载体和原播放软件，或其与新设备的兼容性，即声像资源的安全读取问题。此外，这种人工读取传统存储介质的声像资源的方式费时费力，并且随着声像资源的反复使用，容易造成介质损耗，导致后续利用的难度增大。

3 声像档案资源一体化管理实践探索

3.1 前端控制，完善声像档案资源收集方式

前端控制管理理念，是指档案管理工作提前介入电子文件的形成和归档管理[13]，根据文件生命周期理论和全程管理原则，对电子文件从生成到归档的整个过程进行统一规划和要求。

城投集团原有的《声像档案归档范围和保管期限表》有 5 个一级类目和 11 个二级类目，总体上概括性强，但二级类目细分不够，导致在实际执行过程中可操作性较弱，声像档案收集效果不理想。在调查、分析、鉴定等基础上，修订形成了全新的《声像档案归档范围和保管期限表》，共涉及 8 个一级类目和 27 个二级类目，收集范围更广，收集内容更为完备，实践指导性强，更便于声像档案的收集。

同时制定《声像档案资源收集管理操作指南》，主要从拍摄技术方面采取措施加强前端控制，确保声像档案资源真实性、规范性和可用性。以照片档案收集为例，要求拍摄的照片尽可能多地准确反映活动内容、主题和人物信息。为控制照片档案的质量，以培训形式加强拍摄技术指导，制定拍摄技术要求（见表 4）。如领导调研活动中的全景照片拍摄应当体现会标、主要领导、参会人员等会议规模，中景画面为主席台领导，近景画面为主要领导发

言半身照。从源头上保证数码照片的拍摄质量，做到高质量拍摄、准确整理相关照片信息，确保后续数码照片归档完整。

表 4　照片档案收集拍摄技术效果要求（部分）

分类	细目	内容说明	关键词	拍摄技术要求	场景示例及说明
领导调研	会议调研	国家领导、省市级、厅局级领导调研活动	工作调研、领导姓名、工作职务、调研主题	全景画面应体现会标、主要领导、参会人员等会议规模；中景画面为主席台领导；近景画面为主要领导发言半身照	2021 年 7 月 16 日，副市长汤志平到集团调研，集团党政领导参加会议（全景）

3.2 统一著录，建立声像档案资源编目规范

声像档案资源元数据能够保证声像档案数字化信息的真实性、完整性、可用性及安全性，便于声像档案的管理、保存和利用。传统环境下，声像档案的著录内容较少，以人工著录为主。但在数字环境下，档案著录活动复杂化，扩展为元数据管理，通过元数据方案从不同角度对信息进行描述和揭示，帮助实现声像档案信息的管理、查询共享。

在元数据方案的制定上，参照录音录像档案管理规范、照片档案管理规范相关标准，结合城投集团保存的照片和音视频档案特点，同时借鉴音像资料管理部门的实践经验，制定了城投集团声像档案元数据表。以照片档案编目为例，参照《照片类电子档案元数据方案》(DA/T 54—2014) [14]，从元数据满足管理需求和利用目标的角度出发，声像档案管理部门与职能部门和直属单位之间进行多次沟通与协调，在减少元数据冗余、增强元数据之间的互操作性的基础上，结合城投集团照片档案的特点，共选取 45 个元数据项进行著录，从而避免了声像档案元数据过量采集与存储空间的浪费，减轻著录编目人员工作量，同时提升声像档案元数据集合的质量。

3.3 平台赋能，建立声像档案资源库

平台作为一个由多主体交互作用、数据与技术驱动的复杂适应性网络生态系统 [15]，利用供给与需求双侧之间的连接与反馈机制，将分散的资源、信

息、知识有效聚集起来。在机制与路径上，平台主要是通过多主体协同共生、结构深化、资源整合重构等来实现具体赋能。城投通过建设声像档案资源管理系统平台（图6），采用资源整合、协同管理方式来实现本部与下属10家直属企业的声像档案资源的统筹和开发。

在资源整合方面，对城投集团本部历史室藏声像档案进行数字化转存，具体包括对本部档案室存量视频录像带380盘，光盘371张（含照片和视频），纸质照片14册728张，视频逾2000条（总时长近500小时）、音频28条（容量1G）的数字化转存和著录标引。同时通过集团本部与下属单位的共同建库，"上下结合"，以下属二级单位为主体，收集整理本单位历年照片视频的工作，系统建设中专门设置二级单位的标签，全方位展现城投集团改革发展进程。实现"内外结合"，与项目建设单位SMG合作，收集集团外部新闻宣传报道音像资料，作为历史资料收录于系统，进行有益补充。

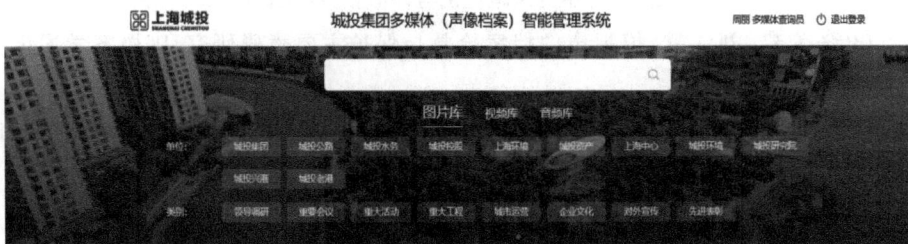

图6 "1+N"多媒体（声像档案）智能管理系统

在协同管理方面，充分发挥该平台的声像档案资源管控与统筹能力，将资源入库、资源审核、资源出库等流程整合到一个体系，推进集约化管理和信息共享水平。在系统前端提供一个横跨集团本部和所有直属企业的统一的声像档案资源检索利用平台，根据声像档案形成单位和内容进行分类，同时开发精准检索和全文检索功能，使用户能够通过题名、关键词、内容描述等要素进行图片、视频、音频档案的浏览和检索，从而快速查找到自己所需的信息，提升档案利用效率，充分满足用户的利用需求，实现声像档案资源共享。

4 结语

对城投集团声像档案资源和管理现状进行调研，在此基础上开展历史声像档案抢救保护，同时强化前端收集控制，探索声像档案编目规范，共建资源平台来加强对直属企业声像档案资源的统筹管理，过程中形成的一套具有城投集团特点、符合实际应用规律、值得复制推广的编目、管理、交付标准，在城投系统和档案行业领域具有普及和辐射意义。

注释及参考文献

[1] 张美芳 . 面向音视频档案保存与利用的分类编目研究 [J]. 档案学通讯 ,2018(1): 93–96.

[2] 李冰 . 声像档案长期保存中的风险识别与评估 [J]. 档案管理 ,2023(2):48–51.

[3] 张美芳 , 刘江霞 . 模拟声像档案抢救与保护主要障碍研究 [J]. 档案学通讯 , 2017(3):67–71.

[4] 李美芳 , 王彩虹 , 李顺发 . 声像档案资料管理模式创新与实践——以广州市国家档案馆为例 [J]. 中国档案 ,2022(1):40–41.

[5] 张美芳 . 面向数字人文的声像档案信息资源组织利用的研究 [J]. 档案学研究 , 2019(4):72–76.

[6] 吕元智 . 视频档案资源多层级语义标注框架构建研究 [J]. 数字图书馆论坛 , 2021(11):13–20.

[7] 吕元智 . 基于视频单元的视频档案资源多维语义关联聚合研究 [J]. 档案学研究 , 2023(1):66–74.

[8] 吕元智 . 基于用户交互的数字视频档案资源精准化服务模式构建研究 [J]. 档案学研究 ,2021(1):78–86.

[9]Muehling M , Korfhage N , Mueller E , et al. Deep learning for content–based video retrieval in film and television production[J].Multimedia Tools & Applications, 2017(21):1–26.

[10] 李小春 , 王勇 . 基于馆藏资源的企业档案文化价值开发研究 [J]. 档案学研究 , 2017(S2):15–17.

[11] 刘迎春 , 覃吉宣 . 高校校史声像档案利用探讨 [J]. 档案学研究 ,2017(S2):113–115.

[12] 刘江霞 . 模拟音视频档案数字化质量控制研究 [J]. 档案学研究 ,2018(1):101–106.

[13] 王英玮, 陈智为, 刘越男 . 档案管理学 [M]. 北京 : 中国人民大学出版社 ,2021:16–17.

[14]DA/T 54–2014, 照片类电子档案元数据方案 [S].

[15] 范如国 . 平台技术赋能、公共博弈与复杂适应性治理 [J]. 中国社会科学 ,2021(12):131–152.

数字人制作及其在档案文化传播中的应用

杨安荣　曹义敏

上海阿吉必信息技术有限公司

摘要：随着人工智能技术的不断发展和元宇宙概念的兴起，数字人在娱乐、教育、电子商务、客户服务、社交媒体和直播等领域已经得到广泛应用。本文旨在探讨数字人在档案文化传播中的创新应用，通过分析数字人制作过程及其在档案行业的潜在应用场景，展望数字技术如何为档案文化传播提供新的动力。

关键词：数字人；档案文化传播；虚拟主播

1 数字人技术简介

数字人技术是一种结合人工智能、计算机图形学和计算机仿真等先进技术，创造出具有人类外观和行为特征的虚拟人物的技术[1]。这些虚拟人物可以在数字空间中进行交互、表达和行动，为用户提供丰富的体验和互动。

从 2010 年至今，随着虚拟现实、增强现实、人工智能等技术的发展，数字人技术的应用范围不断扩展[2]。它不仅在游戏和虚拟现实领域用于创造游戏角色和虚拟形象，而且在人工智能领域也被用来开发虚拟助手和机器人。在教育领域，数字人可以作为虚拟教师，提供更加生动的教学体验[3]。在文娱领域，数字人已经作为虚拟偶像、虚拟主播等身份出现，吸引了大量粉丝。金融服务领域也开始利用数字人进行客户服务和产品推广，以提供更加智能化、个性化的服务体验。

在档案领域，数字人在档案馆的数字服务中扮演着用户与场馆之间数字交互的信息媒介角色。通过提供数字馆员 AI 咨询服务、数字档案解说、阅读推广以及针对特殊群体的个性化服务，虚拟数字人为读者带来了更加人性化、智能化和便捷的档案馆服务体验，极大地改善了档案馆的服务效率和质量[4]。

2 数字人制作过程

2.1 制作流程

数字人的制作是一个复杂且专业的过程，涉及多个步骤，主要包括绘制原型、建模、动画、合成等多个环节[5]。首先，设计师需要根据应用场景和用户需求，设计出符合主题的数字人形象，包括面容、发型、服装等细节。然后，通过 3D 建模软件将设计好的形象转化为三维模型，并进行材质贴图、骨骼绑定等处理，以及为数字人添加动作和表情，使其更加生动逼真。最后，通过驱动技术，将数字人的动作和表情与实时语音、文本等信息进行同步，实现数字人的交互和智能化。数字人制作全流程如图 1 所示：

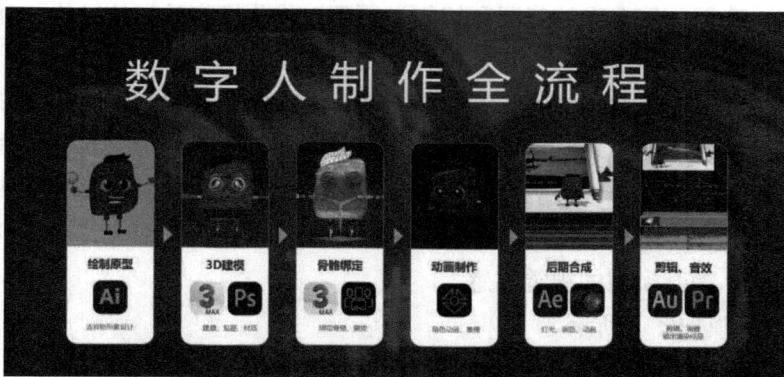

图 1　数字人制作全流程

2.2 绘制原型

绘制原型是数字人制作过程中至关重要的第一步，它为整个项目设定了基调和方向。这个阶段的目标是创造出一个既符合应用场景需求，又能传达特定理念的角色形象。

首先，要了解数字人将在何种场景中使用，例如教育、文化、客服、广告等。探讨角色所要传达的核心理念和价值观，这将影响角色的性格、行为和外观。然后，根据角色的应用场景和理念，开始构思角色的外观特征，包括风格（如现实主义、卡通风格）、服装、发型等；确定角色的基本属性，如年龄、性别、体形等，这些属性将影响角色的动作和语言风格；还可以设计角色的个性特征和常见的表情，这些将帮助角色在动画中展现出独特的性格和情感。最后，绘制角色的原型图，尝试不同的设计元素组合，形成初步的视觉概念，选择和搭配色彩方案，确保角色的视觉效果与其角色定位和应用场景相匹配。

2.3 3D 建模

建模是指通过 3D 建模软件将数字人的基本形状和结构创建出来的过程，而细节雕刻则是在基础模型之上添加更多的细节，即为角色添加材质贴图，包括皮肤、衣服、眼睛、皮肤纹理、肌肉线条等等，它们共同构建了角色的三维形态和外观特征。

（1）建模阶段。使用 3D 建模软件，从基本的几何体开始，逐步构建出角色的头部、身体、四肢等主要部分。根据角色设计思路，调整模型的比例和结构，确保其符合设计意图和解剖学原理。优化模型的拓扑结构，确保网格分布均匀，便于后续的动作捕捉和动画制作。

（2）细节雕刻阶段。在 3D 建模基础上，通过雕刻软件细化角色细节，如面部特征和肌肉线条。接着制作材质贴图，涵盖皮肤纹理、衣物和眼睛反光，增强模型的真实感。展开 3D 模型为二维 UV 贴图，确保贴图准确映射，细节精确。在 UV 贴图上绘制高质量纹理图像，包括皮肤细节、衣物纹理和头发层次，提升模型的视觉质感。

3D 建模如图 2 所示。

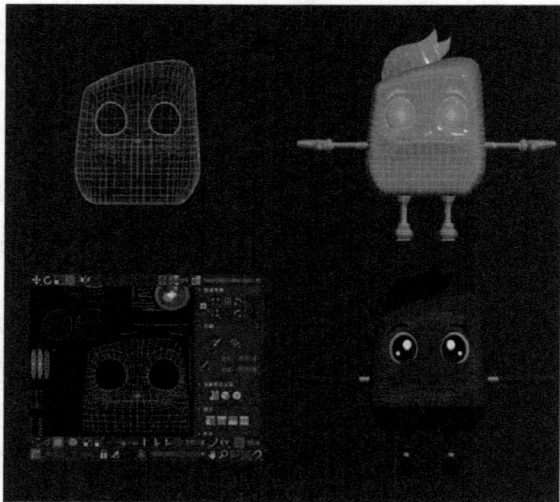

图 2　3D 建模

2.4 骨骼绑定

通过骨骼绑定技术，将数字人的骨骼与 3D 模型绑定，让数字人模型具有可移动的关节和自然的动作，使其具有活动性和表情。

在 3D 建模软件中，创建数字人模型的骨骼系统，包括骨骼、关节和控制器的设计，还需考虑角色动作范围。随后进行蒙皮，将模型网格与骨骼系统连接，使模型的顶点随骨骼移动变形，形成自然动作和表情。再为每个顶点分配权重，确保动作流畅自然。骨骼绑定制作如图 3 所示。

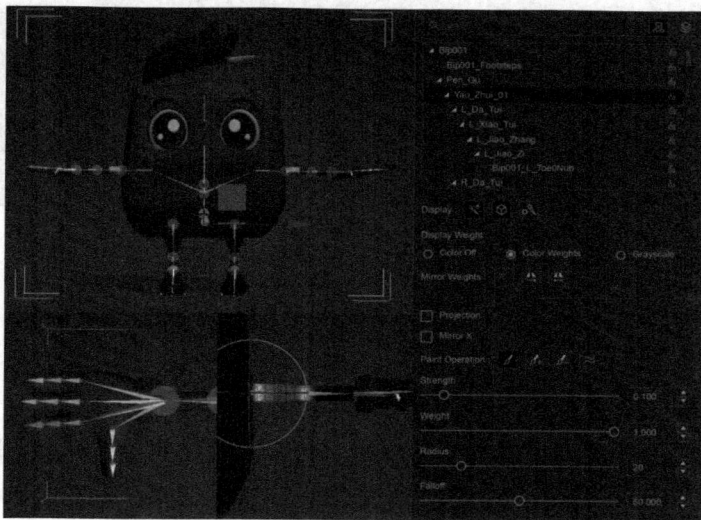

图 3　骨骼绑定

2.5 动画制作

动画制作涉及为数字人添加各种动作，它使得数字人在虚拟世界中的行为更加自然和真实。这个过程不仅需要动画师的创造力和技术能力，还需要对动作捕捉技术的理解和应用。

（1）动作设计。根据角色需求规划动作和表情，如行走、跳跃以及面部的喜怒哀乐。

（2）动作捕捉。通过动作捕捉技术记录真人的动作，使用光学、惯性、电磁或计算机视觉系统捕捉数据，并进行清理优化以确保动作的真实流畅。

（3）动画制作。在 3D 建模软件中，通过设置骨骼和绑定系统控制数字人的动作，利用关键帧精细调整动作和面部表情，实现自然流畅的动画效果。

动画制作界面如图 4 所示。

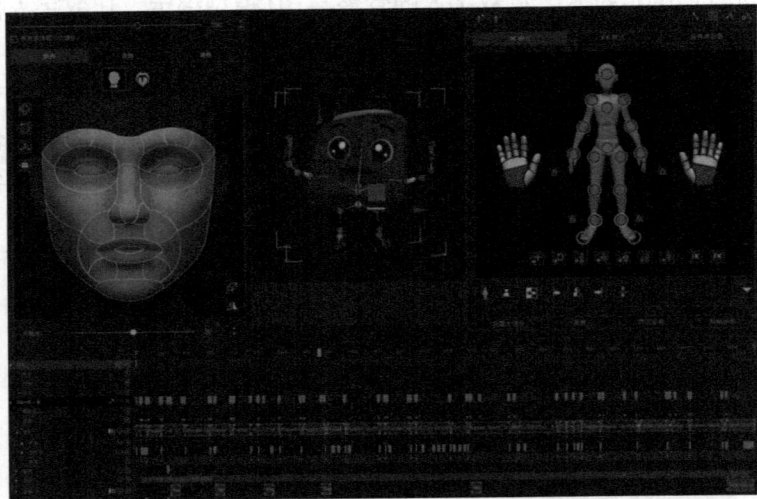

图 4　动画制作

2.6 后期合成

将数字人与背景视频进行合成并输出为 2D 动画是一个涉及多个技术环节的过程。这个过程不仅要求对数字人模型和背景视频进行精确地匹配，还需要对场景、灯光和其他视觉效果进行细致的处理。

图 5　后期合成

首先，在数字人模型的合成准备中，要确保模型完整并已优化，包含纹理、材质和动画等细节，并选择或制作高分辨率的匹配背景视频。接着，分析视频场景的光照、时间等元素，在合成软件中设置相应的光源，进行色彩校正，以实现视觉一致性。最后，利用合成工具将数字人无缝融入背景，添加阴影和反射效果提升真实感，并考虑输出参数进行高质量渲染，确保最终动画的清晰度和兼容性。

后期合成界面如图 5 所示。

2.7 剪辑和音效添加

剪辑和音效添加是提高数字人视觉质量和真实感的最后阶段，需要设计师和后期人员的紧密合作。

（1）细节调整：在合成后，对每一帧进行细致的检查和调整，修正任何不自然的边缘、光照不一致或其他视觉问题。

（2）特效添加：根据需要，添加额外的视觉效果，如粒子效果、动态模糊、镜头光晕等，以增强场景的动态感和视觉吸引力。

（3）声音设计：还可以为动画添加音效、背景音乐和对话，以提升观众的沉浸感。

剪辑和音效添加如图 6 所示。

图 6　剪辑和音效添加

数字人的制作是一个非常专业、费时费力的过程，其中凝聚着创意、美术、建模、动画设计师们的心血。而且在数字人的制作过程中，各个环节之间需要不断沟通和协调，以确保数字人的质量和效果达到最佳状态。

3 数字人在档案文化传播中的应用

2024 年 1 月发布的《中华人民共和国档案法实施条例》对档案文化传播提出了明确要求，其中第七条指出："县级以上人民政府及其有关部门，应当加强档案宣传教育工作，普及档案知识，传播档案文化，增强全社会档案意识。"第三十七条指出："国家档案馆应当根据工作需要和社会需求，开展馆藏档案的开发利用和公布，促进档案文献出版物、档案文化创意产品等的提供和传播。"

而数字人技术无疑是一种非常生动、有趣、酷炫、代入感极强的展现和交互手段，必将为档案文化传播带来全新的体验和全面的提升。数字人在档案文化传播中的典型应用场景包括但不限于数字人 IP 形象、数字人分身、虚拟主播等。

3.1 数字人 IP 形象

为档案馆（室）等机构定制化设计制作的专属数字人 IP 形象，是一种创新的文化传播方式。通过将档案文化元素融入数字人形象中，可以创造出独特的文化符号，增强档案文化的记忆点和辨识度。

例如，可以设计一系列以历史人物或重要档案为主题的数字人形象，通过这些形象讲述档案中的故事，传递档案文化的价值和意义。数字人也可以作为虚拟导游，为访客提供详细的档案信息及其背后的历史故事介绍，以教育公众。随着档案展览的更新和变化，数字人形象的讲解内容可以同步更新，以保持信息的时效性和关联性。

数字人导游如图 7 所示。

还可以将这些数字人形象设计成表情包。表情包因其简洁、直观、易于传播的特性，在社交媒体上广受欢迎。用户在使用这些表情包时，不仅能够表达自己的情感和态度，还能够在不知不觉中传播档案文化。对于档案文化机构来说，也能提升自身的曝光度，增加用户的参与感和互动性。

数字人表情包设计案例如图 8 所示。

图 7　数字人导游

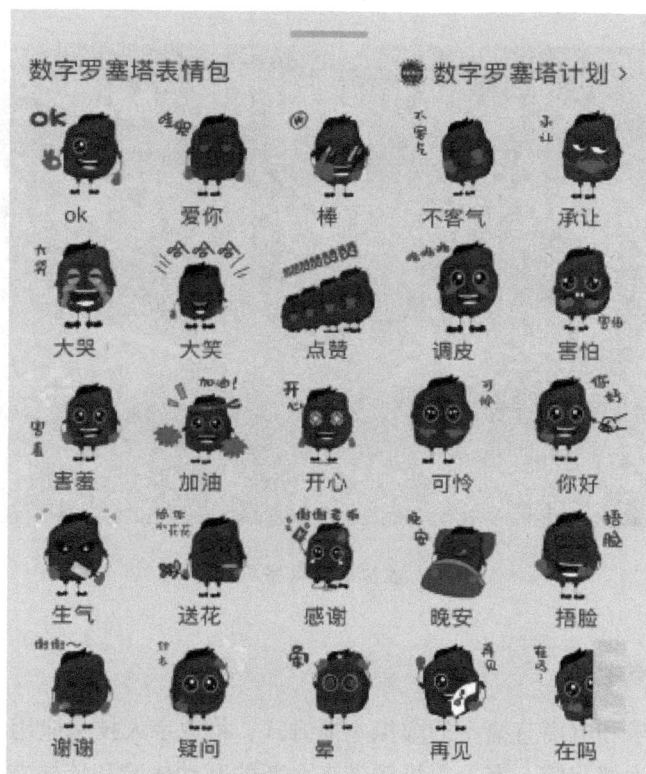

图 8　数字人表情包设计案例

3.2 数字人分身

交互式数字展厅通过 3D 模型、图文、语音、视频等多样化的展示手段，将多种形式的信息融合在一个互动空间内，使得文化传播变得更加直观和生动。用户在交互式数字展厅中可以创建并设置自己的虚拟角色，即"替身"。在浏览展览的过程中，用户可以根据个人喜好在第一人称视角和第三人称视角之间自由切换。第一人称视角提供了一种身临其境的沉浸体验，让用户仿佛亲身处于展览之中；而第三人称视角则为用户提供了一个更宽广的观察角度，不仅能够观察到周围环境，还能关注到自己的角色形象。

此外，交互式数字展厅还配备了聊天室功能，使得所有在线的用户能够实时交流，分享各自的感悟和见解。

数字人分身不仅增强了用户的参与感，也为文化交流提供了一个开放的平台，使得展览体验更加丰富和多元。

交互式虚拟展厅中的数字人分身如图 9 所示。

图 9　虚拟展厅数字人分身

3.3 虚拟主播

借鉴娱乐和电商直播中的虚拟主播方式，将数字人技术应用于档案社媒直播，可以为档案馆（室）等机构带来全新的互动体验和传播方式。

虚拟主播生成示意如图 10 所示。

图 10　虚拟主播制作界面

（1）虚实映射

利用 3D 建模和虚拟现实技术，创建与实体档案馆（室）相匹配的虚拟场景，使观众能够在直播中体验到仿佛身临其境的参观感。通过虚实映射技术，数字人可以在虚拟场景中展示实体档案的数字化版本，让观众能够近距离观察和了解珍贵的档案资料。

（2）人机互动

数字人可以实时响应观众的提问和反馈，提供即时的信息查询和讲解服务，增强直播的互动性和参与感。结合人工智能技术，数字人可以根据观众的兴趣和行为提供个性化的内容推荐和服务，满足不同观众的需求。

（3）直播内容创新

定期举办专题直播活动，如档案解密、历史事件回顾等，结合档案资料讲述历史故事，以生动有趣的方式传播档案文化，提供深度内容，增加观众的黏性。

4　结论

随着数字技术的不断发展和应用场景的不断拓展，数字人技术在档案文化传播中的应用将会更加广泛和深入。可以期待数字人技术能够更加精准地还原历史人物和事件，实现更加真实的历史再现；同时，数字人技术还可以与 VR 头显、AR 眼镜等穿戴设备结合，打造更加立体、沉浸式的档案文化传播场景。此外，随着人工智能技术的不断发展，数字人技术还将实现更为智能化的交互和响应，让观众在欣赏档案文化的同时，获得更加个性化和智能化的服务体验。

注释及参考文献

[1] 黄国荣 . 虚拟数字人在高职教育中的应用 [J]. 数字技术与应用 ,2024(2):36-38.

[2] 李晶晶 . 虚拟数字人艺术表现研究 [J]. 辽宁经济管理干部学院学报 ,2023(4):43-45.

[3] 覃祖军 , 杨静 . 元宇宙中国教育范式研究视角下虚拟数字人辅助的双师课堂教学范式实践探索 [J]. 中国现代教育装备 ,2023(2):1-5.

[4] 徐祥伍 .AIGC+ 虚拟数字人 : 人工智能时代档案馆数字服务新展望 [J]. 档案 ,2023(10):9-14.

[5] 孟君 . 科幻电影的技术进化和语言失灵——关于动力技术与悬置技术的再阐释 [J]. 学术论坛 ,2020(1):50-62.

二院电影胶片档案数字化工作研究

周辰旭　周平平　张菲菲

北京航天情报与信息研究所

摘要：二院电影胶片档案数字化工作是二院档案馆为开发利用航天电影胶片档案资源进行的创新性实践探索。本文调查了国内外有关电影胶片档案数字化的研究现状，总结了二院电影胶片档案数字化工作的实践过程，探讨了二院电影胶片档案的开发利用方式，并就全新的数字胶片技术在长期保存档案数字资源方面的应用进行了展望。

关键词：电影胶片档案；胶转数；档案数字化；数字修复

0 引言

历经60余年的艰苦奋斗，中国航天事业取得举世瞩目的成就，支撑国家国防力量日益壮大。一路走来，几代人赓续传承的航天精神历久弥新，积淀形成了宝贵的航天记忆。二院作为中国航天事业的"长子"，自1957年成立以来，产生和保存了航天事业筚路蓝缕、跨越发展背后的大量珍贵电影胶片档案，现保管于二院档案馆。电影胶片档案是二院发展过程中特定历史时期的有力佐证，是中国航天事业从无到有、从小到大、不断探索发展的宝贵记录，一经读取，尘封的航天记忆将显现出重要的历史价值和开发利用价值。

电影胶片档案记录了重要型号研制生产、重要试验、重大工程等珍贵画面。因技术设备的更新换代、人员的更迭，以及电影胶片处理方式的复杂性，这些电影胶片的内容一直难以被读取。随着保存年限的增长，加上胶片材质的特殊性，部分胶片出现了断裂、褪色、划痕、粘黏、霉斑等不同程度的损伤，亟待进行修复保护及数字化处理，以使宝贵的胶片档案能够被读取利用。

当前国内关于电影胶片档案的研究主要集中在修复技术方面，以影视领域为研究重点，军工领域十分少见。2010年前后，国内学者较为集中地提出了多种电影胶片档案损伤修复方法。如针对霉斑噪点等化学污变损伤提出了霉斑噪点检测、标定及霉斑填补的修复方案 [1]，针对划痕损伤研制出一种以水性氟材料为主的电影胶片划痕修复液 [2]。2016 年以来，国外学者更多聚焦在胶片扫描仪应用分析。国外早期曾使用 "telecine" 设备将电影胶片转移到录像带上，使胶片上的运动图像转化为视频信号。Giorgio Trumpy 认为加强光学设计探索将有助于改善电影胶片的数字化呈现效果 [3]。Lauren Tilton 则在修复技术层面倡导将电影胶片 "原样" 数字化，也要把胶片实体的保护放在首位。数字影像技术的更迭不断推动胶片档案数字化修复的发展进程，电影胶片的修复理念也引发了研究探讨。北美动态影像档案员联合会曾在 2010年提出，应尽可能在不改变原始材料的情况下修复和保存文物，谨慎记录修复保存过程中的决策，并需符合创作者的意图。而中国电影艺术研究中心李镇对比文物修复的 "修旧如旧" 概念提出了电影胶片修复的 "修旧如新" 概念。综上所述，国内外专家学者对电影胶片档案的修复技术及修复理念进行了广泛探讨，对胶片修复原则、保护措施等的研究也在持续深入。

二院档案馆在 2023 年、2024 年重点开展电影胶片档案数字化（简称 "胶转数"）工作，对馆藏电影胶片档案进行归类整理、清洁、胶转数、影像修复、数据存储等工作。二院采购了胶转数专用设备 Cintel Scanner 扫描仪，配备高性能计算机设备，引进 DaVinci Resolve 专业影像修复软件，同时建设了胶转数加工机房，为开展胶转数系列工作搭建软硬件基础、提供技术支持。在调研、学习国家或其他行业已有的经验做法、制度规范、行业标准的基础上开展工作实践，形成了具有借鉴价值的过程研究和经验总结，将为航天行业、军工领域开展相关工作提供有益参考。

1 胶转数工作概述

电影胶片由片基、感光乳剂层、保护层等组成，材质较为特殊，容易由于放映产生摩擦、空气杂质吸附或存储温湿度控制不当等原因发生物理损伤或化学污变，如霉变、划痕、抖动、闪烁等，这些损伤往往是随机发生，损伤特点不具有规律性，每一帧画面可能同时包含多种损伤，需要修复人员对胶片本身及影像效果进行修复鉴定，平衡把握修复的适度性。

通过对胶片影像的片型、数目和保存情况进行初步整理，并对胶片信息、物理状态进行鉴定，从声画素材中筛选保存质量较好的进行扫描采集，再利用数字修复手段，通过专业的修复软件进行修复，以最大化还原影片的原貌，并选用最优的保存方案对胶转数成果进行存储，即是电影胶片档案数字化修复的完整过程。由于电影胶片档案大多摄制于年份久远的年代，胶片本身可能存在极为复杂的问题，一旦在修复过程中遇到突发情况不能及时判断、解决，会对胶片的修复工作造成很大影响。这就要求胶转数操作人员有一定的经验积累，能够对突发问题进行理性判断与取舍。

2 二院胶转数工作实践

2.1 二院胶转数工作实施

2.1.1 胶片鉴定

进行数字化采集之前，操作人员需要对胶片素材的标识信息及外观进行鉴定，鉴定内容包括影片片名、原密级、摄制年代、片型、色别、语别、本数、长度等，以及有无划痕、霉斑、断裂、齿孔挑伤等损伤，对胶片的摄制背景及修复难度进行评估。

为最大化还原影片的历史面貌，对胶片外观进行鉴定后，需要尽量选出物理状态较好的胶片素材进行数字化采集。二院馆藏电影胶片出现的损伤情况大多以断裂损伤为主，若整盘胶片严重损伤如出现碎片化断裂、紧密粘黏等情况，操作人员则鉴定为不适合修复的胶片素材；如少量帧发生上述损伤，则将损伤帧进行裁切，然后手动将断裂的胶片粘贴拼接，即可鉴定为适合修复的胶片素材。鉴定为时长较短、不能构成完整画面的胶片则单独陈列，不再做统一归档。

2.1.2 声画采集

传统的电影胶片扫描仪一般采用逐格停顿的方式进行扫描，扫描速度较慢，而二院采购的 Cintel Scanner 扫描仪可以实时扫描、处理胶片影像，能够以较快的速度进行胶片数码转换。Cintel Scanner 扫描仪和 DaVinci Resolve 修复软件连接后即可进行胶片采集，采集片将实时导入 DaVinci Resolve 修复软件中，并生成 CRI 格式的序列帧文件，用以操作人员开展后续数字修复工作。

操作人员设定软件参数后，需进行装载胶片、穿片、拉紧胶片等工作并对胶片装载状态进行检查，在 DaVinci Resolve 修复软件中进行光源校准、稳定器设置及图像采集面板的设置调整，Cintel Scanner 扫描仪正常运行后即可在 HDMI 高清监视器中观看采集的胶片影像。图 1 为 Cintel Scanner 扫描仪的穿片指引示意图。

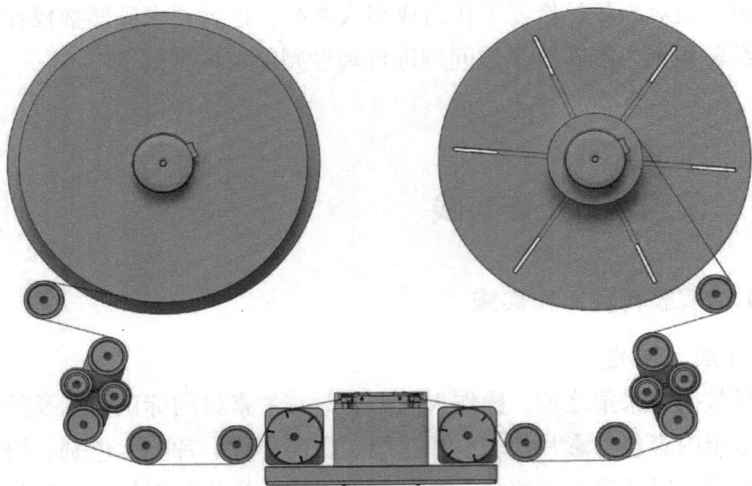

图 1　穿片指引示意图

采集工作是胶转数实施中的重要一环，操作人员需要对采集片的效果严格把控。为确保电影胶片档案采集著录的信息准确、完整，二院档案馆编制了《二院电影胶片数据采集表》，操作人员在进行采集的同时还需要完成相关信息著录，并对著录数据进行质量检查。

2.1.3 数字修复

采集片导入 DaVinci Resolve 修复软件后，操作人员即可在软件中进行降噪、去闪烁、调色等数字修复工作，以及剪辑、提取音频等处理。一般的修复软件可以同时提供自动修复和手动修复功能，一旦自动修复达不到要求的效果，还可以辅以手动修复。以下是二院档案馆开展的几项主要数字修复工作。

（1）污迹修复

主要是针对胶片本身存在的因细小颗粒、毛发吸附形成的脏点。操作人员通过对相邻帧进行检测，确定被移除的污迹大小阈值，以通过设置修补强度实现对不同大小污迹的自动化修复。污迹修复能够通过控制画面细节保持影像效果在结构上的一致性，但是处理垂直划痕或较大污迹的则效果较差，需要操作人员进行手动消除。

（2）闪烁修复

亮度闪烁是胶片影像中比较常见的失真现象，一般由胶片老化、化学衰变、翻拍等原因引起，表现为在一段影片中相邻帧影像亮度发生明显变化，一般出现在全帧或帧的局部位置。操作人员在闪烁菜单选择预设模式即可自动消除部分常规的闪烁问题，使用时域降噪控制可以手动处理运动画面中的闪烁情况。

（3）调色修复

年代久远的胶片影像容易出现褪色、偏色的情况。操作人员进行调色修复时使用示波器和曲线面板工具（见图 2），对影像片段的暗部、中灰和亮部进行优化，以平衡色彩，使整体保持一致。通过对 Camera Raw、色轮、曲线面板等调色工具进行设置，可以对画面中出现的具体对象进行精准的色彩调整，控制柔化程度，添加 Power Window 防止色彩溢出。

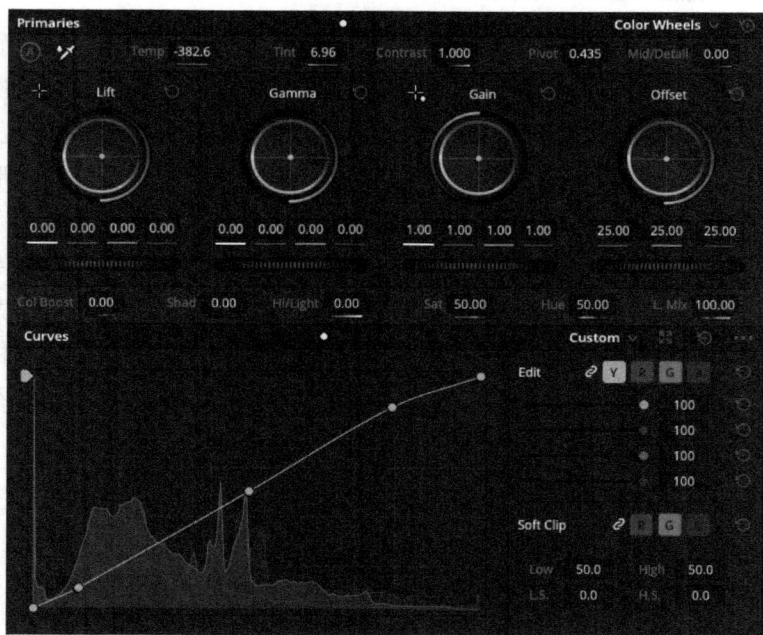

图 2　示波器和曲线面板工具

2.1.4 输出存储

在成片输出前，操作人员将胶片影像记录的领导慰问、型号研制、试验总结等珍贵片段进行单独截取，并在《二院电影胶片数据采集表》中注明每个片段在成片中的起止时间点，以及片段内容的关键词。

操作人员将采集的序列帧文件与修复后的成片、片段分别输出存储，并编辑档号分别对序列帧文件、成片、片段进行命名，确保唯一性。输出的音视频文件内存总量较大，当前二院档案馆通过胶转数工作输出的原片和成片均存储在磁盘阵列中，为了确保视频资料安全、长久地保存，将数字化后的序列帧文件、音视频文件采用多种方式实现多套备份。此外，为了满足档案用户查阅浏览及便捷下载的需求，二院档案馆与现用的档案系统服务商和将要部署的国产化档案系统服务商进行了技术咨询和求证，从播放环境、网络速度、易操作性、存储空间占用等方面进行了综合考虑，将采集的音频文件按照适宜的参数进行压缩和合成为 MP4、WAV 等格式的轻量化音视频文件，以方便后续利用。轻量化格式的音视频文件以光盘刻录的方式进行数据转入和备份，并在光盘上标明了作为第二载体的档号、密级、文件总大小。

2.2 二院胶转数工作成果

为了规范二院胶转数工作流程，总结归纳操作经验，二院档案馆研究编制了《二院电影胶片档案数字化操作规范》，该规范涵盖九个方面的操作要求、质量检查规范及参数等，为开展胶转数工作实践提供了指导和规范依据。

2023 年，二院档案馆完成了 210 盘电影胶片档案的数字化工作，形成采集修复片 210 个，数字化存储量总计 22TB。

通过此次胶转数工作实践，二院档案馆培养和建设了一支胶转数专业队伍，高质量完成了二院胶转数工作，取得了一定的工作成果。二院档案馆已经具备较为完善的胶转数软硬件基础、明确的流程规范、严格的质检标准，能够确保胶转数工作高质量交付，并已具备承担航天系统内乃至国防军工系统内胶转数工作的条件和能力。

3 二院电影胶片档案的开发利用

二院档案馆通过开展胶转数工作，为二院馆藏资料库提供了有益的补充，使几代航天工作者的智慧结晶与经验总结能够被传承、借鉴，并为后续的型号研制、经营管理、领导决策提供参考。随着国产化系统的发展推进，经过数字化处理的电影胶片档案得以实现在稳定安全的环境中的自主可控运用。在确保信息安全的前提下，二院档案馆进一步推动馆藏电影胶片的开发利用，二院档案馆将胶转数成片上传至二院档案系统，使数据信息能够安全使用。同时将记录有领导视察、重点试验、重大工程等的影像内容进行截取、细化归类，优化关键词的检索功能，实现快速、准确的信息检索。

航天电影胶片档案发挥着求真存实对历史负责、鉴往知来为现实服务的重要作用，电影胶片影像再现的历史原貌，使航天记忆、航天文化、航天精神得以传承。二院档案馆将继续深入探究电影胶片档案信息资源的开发利用方式和途径，以充分发掘其再呈现、再创作、再利用的价值。

4 思考与展望

2008 年，国际电影资料馆联合会（FIAF）提出一项宣言："Dont throw film away"，认为电影胶片不需要定期迁移数据、不需要频繁更新操作系统，具有很大的利用潜力，是最理想的档案保存介质，号召人们在数字化时代"不弃胶片"，并由此打开了人们对电影胶片社会功能及其保存含义的固化思维。中国电影资料馆研究员张锦认为，"不弃胶片"的宣言包含着电影胶片保存中"将胶片归档"和"用胶片归档"两个维度，如果从电影胶片作为档案材料这一目的出发，与数字化技术结合后，电影胶片的保存优势或将指向重要影像的长久乃至永久保存[4]。

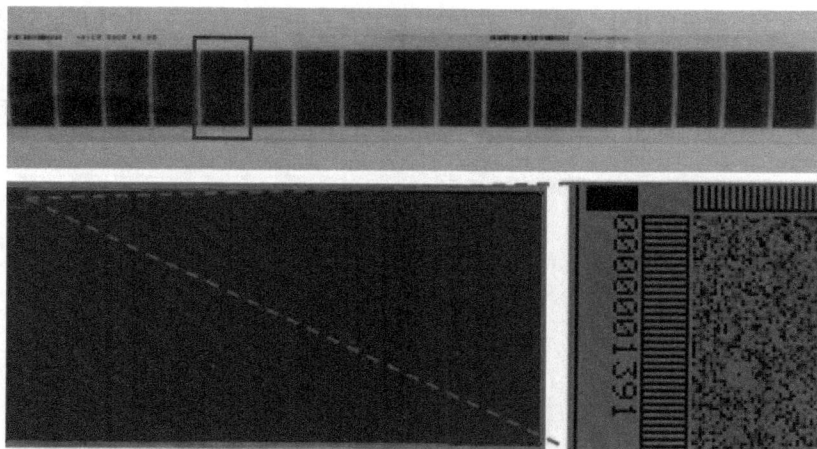

图 3　数字胶片示意图

　　数字胶片技术应运而生，这一技术是对电影胶片特性及其存储功能的创新应用。技术原理是采用"数→胶→数"的应用模式，将拟保存的档案数字资源经编码处理之后生成高密度二维码图像打印到胶片上（见图 3），通过光学仪器读取胶片上的编码图像进行解码处理后还原成原始数据，实现直接在胶片中保存数字信息[5]。为了推动国内数字胶片技术快速发展，2022 年，国家档案局启动"档案数字资源备份策略及数字胶片技术应用研究"（数字罗塞塔计划）重点科技项目。2023 年，数字罗塞塔计划第一代数字胶片全套国产化设备正式发布。数字胶片技术打开了档案部门关于档案数字资源保存利用的工作思路，而国产化数字胶片设备的诞生及应用则使胶片技术在数字时代焕发出新的生命力，或将为航天行业、军工领域重要数据的长期保存提供新的解决方案。

注释及参考文献

[1] 蒋雯丽，郑世宝．电影胶片中霉斑噪声的数字处理技术 [J]．中国图象图形学报，2007(10):1926-1930.

[2] 周亚军，李玉虎，马灯翠，等．电影胶片划痕修复研究 [J]．档案学研究,2010(6):55-58.

[3]Trumpy G，Flueckiger B．Chromatic callier effect and its repercussions on the digitization of early film colors[J]．Journal of Imaging Science and Technology, 2019(1):010506-1-010506-11.

[4] 张锦．电影胶片作为档案：数字时代胶片保存的含义与意义 [J]．现代电影技术，2021(5):37-41.

[5] 张建明，龙凌云，杨安荣．数字胶片技术及其在档案数字资源长期保存中的应用 [J]．中国档案,2023(2):64-66.

数字胶片技术在档案数字资源
备份工作中的应用研究

祝成　周敬宜　张禧琳

国家档案局档案科学技术研究所

摘要：数字胶片技术是计算机技术和缩微影像技术的综合创新应用。通过对数字胶片技术的核心原理、技术特点等梳理，提出数字胶片技术在档案数字资源备份工作中的应用流程，阐述数字胶片技术的国内外发展研究现状，比较分析数字胶片技术与现行 COM 技术及缩微胶片的应用异同，对数字胶片技术的未来发展提出建议，为档案行业应用开展档案数字资源备份工作提供新的思路。

关键词：数字胶片技术；档案数字资源；备份

0 引言

档案数字资源备份是深入推进我国档案安全体系建设，筑牢我国档案安全防线的基础性工作之一。近年来，国家档案局高度重视档案数字资源备份工作，在《"十四五"全国档案事业发展规划》中明确提出，扎实做好档案数字资源备份工作，积极探索备份新途径，切实保障档案数字资源安全。

当前，档案部门常用的主要存储载体有硬磁盘、LTO 磁带、蓝光光盘、缩微胶片。但上述存储载体在档案数字资源备份工作中均存在问题：硬磁盘易篡改，可靠寿命仅 3～5 年，需频繁迁移；LTO 磁带与配套设备升级迭代速度快、兼容性差，每 10 年需开展数据迁移，迁移成本高；蓝光光盘单盘容量小，盘片多管理难度大，部分主要生产厂商宣布停产，存在淘汰风险；缩微胶片仅存储静态图像文件，无法满足档案数字资源各类型格式的备份需求。[1]

数字胶片技术继承了胶片载体传承百年、不可篡改等优势，突破了缩微拍摄、COM 技术仅可保存静态图像信息的瓶颈，其出现为档案数字资源备份工作提供了新的解决方案。

1 技术概况及应用方式

1.1 技术原理

数字胶片技术是一种基于胶片载体且支持保存任意计算机格式文件的 WORM（Write Once Read Many）存储技术。其核心原理是利用编码技术将计算机文件对应二进制数据的二维码图像通过光学曝光等方式存储在胶片上，以达到存储数据的目标。

现该技术主要采用四色二维码图像记录二进制数据，将二进制数据中的"00""01""10""11"分别对应二维码图像中的白色、浅灰色、深灰色、黑色，再依托胶片曝光、冲洗后变黑程度即密度的不同，将二维码中的四色深浅不一的输出至胶片上，在 25mm×12.5mm 的胶片区域内形成包含 800 多万个四色像素的单个影像画幅，每个画幅约可存储 2MB 数据。800 倍数码显微镜下局部还原图如图 1 所示。

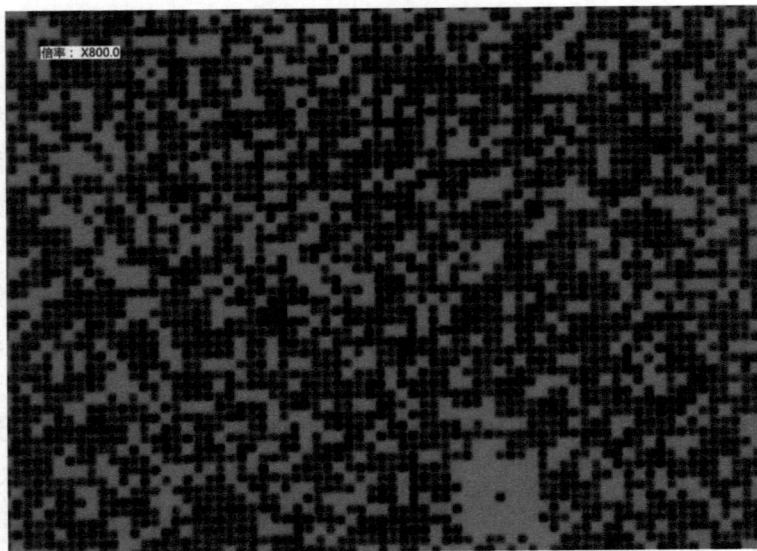

图 1　800 倍数码显微镜下局部还原图

同时，为保障数据的可用性，避免胶片在长期保存过程中因灰尘、划痕等问题出现数据丢失，在编码过程中应用了纠错和冗余技术，使单张二维码图像部分信息缺失，甚至在连续百张二维码图像中丢失任意一张图像等极端情况下，仍可准确还原数据。

1.2 技术特点

数字胶片技术是计算机技术和缩微影像技术的综合创新应用，它具备以下优势：一是同硬磁盘、LTO 磁带、蓝光光盘相比，数字胶片继承了胶片载体可保存数百年、不可篡改、长期放置无能耗消耗、避免网络攻击、不怕电磁干扰等优点；二是相较缩微胶片仅能保存静态影像的缺陷，数字胶片支持文本、图像、音视频等任意格式计算机文件的读写；三是相较黑白缩微胶片存储档案信息的方式，数字胶片可保留颜色等信息，既保持了档案内容的完整，又保留了档案形式的完整；四是与 COM 设备写入速度相比，数字胶片写入设备每秒可曝光 25 个画幅，数据写效率是 COM 设备的近百倍。

但同时，数字胶片技术也存在一定缺陷：一方面，同缩微胶片记录方式相比，信息无法直接通过肉眼或显微镜等简单工具读取，增加了对计算机技术的依赖性；另一方面，同硬磁盘、LTO 磁带、蓝光光盘相比，其数据读写仍不够便捷。

1.3 应用流程

数字胶片技术主要应用于档案数字资源备份工作，其流程是：数据备份时，先将文本、图像、音频、视频等各类档案数字资源对应的二进制数据生成二维码图像。再将二维码图像通过反射投影或其他光学曝光方式输出至胶片上，最后通过显影、定影、冲洗、烘干等工序，使二维码图像稳定地呈现在胶片之上。数据恢复时，利用高清 CCD 图像传感器配合光学放大等技术将胶片上的二维码图像扫描至计算机内，再通过解码软件对计算机内的二维码图像进行解码还原成原始的档案数字资源。数字胶片技术在档案数字资源备份工作中的应用流程如图 2 所示。

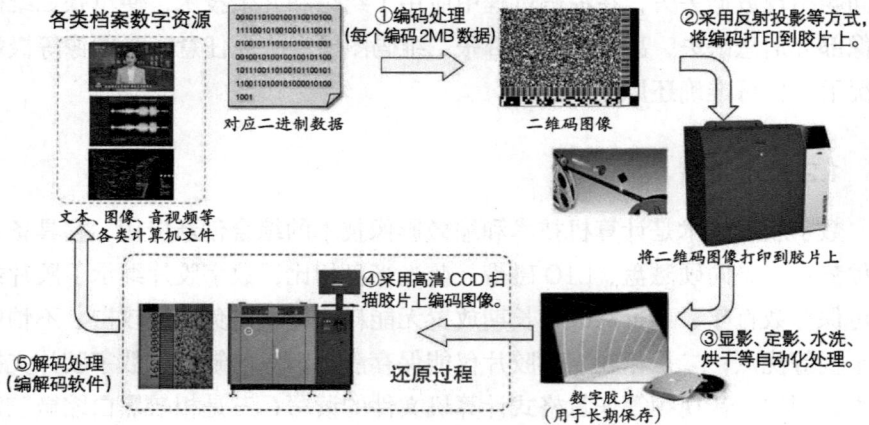

图 2　数字胶片技术在档案数字资源备份工作中的应用流程 [2]

2 国内外发展研究现状

2.1 国外发展历程

2007 年，因电影行业担忧缺乏长期存储技术而丢失数字作品，挪威 Piql 公司在欧盟和挪威政府的支持下，依托 2700 万欧元的研究项目，着手研发以胶片为载体的数字长期存储技术。2014 年 9 月，历时近 8 年时间，Piql 公司突破了传统胶片技术存储数据的局限性，研发出基于数字胶片技术的系列产品。[3]

目前，Piql 公司已推出了包含数字胶片载体及写入、冲洗、读取等设备的一整套数字胶片技术解决方案，相关产品已在全球范围内的文化、金融、传媒、档案等领域开展应用。比较有代表性的项目包括：梵蒂冈图书馆使用数字胶片技术保存其最古老、最有价值的 500 份手稿数字化副本，捷克广播电台采用数字胶片技术留存其珍贵的声音文件，西班牙 Navantia 造船厂应用数字胶片技术存储其纸质图纸数字化副本和部分电子图纸等。同时，该公司在斯瓦尔巴群岛建造了极地档案馆（Arctic World Archive），将上述胶片存放在北极永久冻土层深处，利用北极圈适于胶片保存的天然气候，实现胶片的绿色安全长期保管。[4]

2.2 国内研究现状

我国档案行业于 20 世纪 80 年代开始广泛应用缩微影像技术。发展至今技术成熟、体系完善，许多档案馆制作了大量的缩微胶片，在保护和抢救珍贵档案工作中发挥了重要作用。

2013 年，在大量应用和研究缩微影像技术的基础上，国家档案局档案科学技术研究所联合深圳市档案局等单位申报国家档案局科技项目《二维码在档案机读目录信息异质备份中的应用研究》。该项目主要研究采用二维码技术存储档案目录信息，其原理与数字胶片技术基本相同，将档案目录数据库中的目录信息转换为二维码图像，再采用 COM（Computer Output Microform）技术将二维码图像输出到缩微胶片上，以达到长期保存以及快速恢复利用的目的。[5] 该项目成果在多家单位得到应用，并获 2015 年国家档案局优秀科技成果二等奖。项目研究成果受限于当时的 COM 技术水平及缩微胶片解像力等因素，在 13.3mm×9.8mm 的缩微胶片区域内仅可存储约 8.6KB 档案目录数据，尚不具备存储档案数字资源的能力，但为胶片载体的创新应用提出了新的思路和方案，为后续开展数字胶片技术研究打下坚实的基础。

2022 年，在我国工业制造水平不断提升的背景之下，在前期研究积累的基础之上，国家档案局档案科学技术研究所联合上海鸿翼档案信息技术有限公司、中国人民大学档案学院、上海市高级人民法院、中国乐凯集团有限公司等单位申报 2022 年度国家档案局重点科技项目《档案数字资源备份策略及数字胶片技术应用研究》，项目主要研究内容之一是研发国产化数字胶片及配套设备，为档案行业开展档案数字资源备份工作提供新的解决方案。当前，项目已成功研发国产化数字胶片载体及配套的写入、冲洗、读取和保管等设备，并开展试点应用工作。

3 与现有 COM 技术比较

3.1 COM 技术应用现状

依据档案行业标准规定，COM 技术是利用计算机等设备将档案数字资源输出为缩微品的技术。[6] 档案部门主要运用该技术及相关产品将档案数字资源存储在 16 毫米和 35 毫米缩微胶片上。经对副省级以上综合档案馆调研，近 5 年约 14.3% 的档案馆采用了该技术开展档案数字资源备份工作。

近年来，随着国外数字胶片产品的应用增长和国内数字胶片技术的研究深入，部分档案研究机构和企业曾尝试采用现有 COM 设备和缩微胶片应用数字胶片技术存储档案数字资源，以达到减少设备投入、创新保存方式的目的。但截至目前，尚未有实用性的成果。

3.2 载体比较

现阶段，无论是国外成熟产品还是国内研究项目，均采用为数字胶片技术专门研发的胶片。以 Piql 公司产品使用的美国柯达 2448 型数字胶片（Data Recording Film）为例，该胶片是专为记录计算机数据研制的银盐低速黑白型负片。其感光颗粒极小，具有分辨率高、对比度大、感光度低等特点。数字胶片宽度为 35 毫米，单盘长度达 960 米，具有齿孔，外观与电影胶片相似。与国内 COM 技术主要使用的 EPM、富士等缩微胶片相比，两者涂层结构基本相同，涂层顺序略有不同，乳剂化学成分和片基类型相同。数字胶片感光颗粒大小仅为缩微胶片的 1/4，最大密度是其 1.5 倍，感色性范围更小。数字胶片和缩微胶片的详细比较如表 1 所示。

表 1　数字胶片和缩微胶片比较

胶片类型	数字胶片	缩微胶片
品牌型号	柯达 2448 型	EPM IMAGELINK HD 富士 HR-20
尺寸	950m×35mm	30.5m×35mm
色彩	黑白	黑白
极性	负片	负片
乳剂成分	卤化银晶体 明胶	卤化银晶体 明胶
片基类型	聚酯	聚酯
感光颗粒大小	40～50nm	180～200nm
最大密度	3.1	2.0
感色性范围	500～570nm	350～650nm

从性能角度分析，数字胶片和缩微胶片最重要的差异是感光颗粒大小。根据感光材料特性，感光颗粒越小其解像力越高，最高密度越大，感光度

越低。因此，理论上数字胶片比缩微胶片具有更高的解像力。经实测，数字胶片实际解像力可达到 1120 线对 / 毫米，而缩微胶片的实际解像力为 600～800 线对 / 毫米，在同等胶片面积下，数字胶片可记录分辨率更高的二维码图像。数字胶片比缩微胶片密度范围大，依托其更大的变黑程度，为将来使用更多灰阶颜色二维码图像以提高单位存储密度提供了更大的空间。

3.3 设备比较

因均为胶片载体，数字胶片配套设备与 COM 技术配套设备一样，包含写入、冲洗、读取、保管等设备，但因两种胶片的性能不同，两类技术的设备存在一定差异。

写入设备方面，因为数字胶片感光颗粒小，感光度低，形成影像所需曝光量约是缩微胶片所需曝光量的 2000 倍，所以现有的 COM 写入设备无法使数字胶片曝光形成影像。现数字胶片写入设备主要采用激光或 LED 光源结合 DLP（Digital Light Processing）投影技术将二维码图像输出至数字胶片上，除提供数字胶片所需的高曝光量外，曝光速度已达到 25 画幅 / 秒，即数据写入速度达到 50MB/s。

冲洗设备方面，数字胶片冲洗机的冲洗通道结构及温度、速度控制等模块功能需根据数字胶片冲洗要求定制设计与开发。此外，因数字胶片单盘长度达 960 米，与缩微胶片冲洗机相比，需增加显影液、定影液浓度测量及自动补充等装置，以保证冲洗后的影像质量均匀、清晰、稳定。

读取设备方面，数字胶片读取设备一般采用高清线性 CCD 采集胶片影像信息，与缩微胶片扫描仪等设备直接还原图像相比，数字胶片读取设备还需结合解码软件将二维码图像还原回原始数据。

保管设备方面，因为数字胶片中、长期保存温度为 4～21℃，且 24 小时内变化不大于 2℃；湿度为 20%～50%，且 24 小时内变化不大于 5%，所以数字胶片保管设备的温湿度控制要求基本与缩微胶片保管设备相同 [7]。但数字胶片单盘长度长、体积大，因此数字胶片保管设备在内部空间设计上与缩微胶片保管设备有较大区别。

3.4 实验验证

为进一步比较数字胶片技术与现行 COM 技术的差异，笔者组成实验组，开展 COM 设备输出数字胶片、缩微胶片实际存储容量、缩微胶片存储容量观测等系列实验。

COM 设备输出数字胶片实验使用 COM 写入设备向数字胶片输出影像。经实验，曝光后的数字胶片通过配套专用药液冲洗后，片基基本透明，但无任何影像显示，验证了数字胶片感光度低的特性，证实了现有 COM 写入设备不适用于数字胶片。

缩微胶片实际存储容量实验使用 35mm 缩微胶片存储一系列容量由小至大的真实文件生成的二维码图像，通过是否准确还原原始文件来判断缩微胶片实际存储容量。经实验，35mm 缩微胶片一个画幅（48.5mm×28mm）最大可还原回 63KB 的文件数据，基本无实用价值。但在实验过程中，实验组发现 COM 读取设备倍率不足、高倍率数码显微镜下出现灰阶过渡等问题可能是影响缩微胶片实际存储容量的干扰因素。

为规避干扰因素，探索缩微胶片的数据容量上限，实验组进一步开展了缩微胶片存储容量观测实验。实验设计了从 819×512 像素至 10991×6869 像素的二色、四色系列观察模板，通过肉眼观测及图像软件对比方式，以边缘清晰、颜色可区分为标准，进行实验。经实验，35mm 缩微胶片一个画幅（48.5mm×28mm）内可观测到的符合标准的最大分辨率图像为 2591×1619 像素的二色观察模板，根据换算约为 0.5MB 数据。在肉眼观测及软件对比的理论条件下，数字胶片单位存储密度仍是缩微胶片的 17 倍之多，即数字胶片解像力远高于缩微胶片。

400 倍数码显微镜下，25mm×12.5mm 数字胶片画幅内记录的分辨率为 4096×2160 四色二维码局部还原图像与 48.5mm×28mm 缩微胶片画幅内记录的分辨率为 3277×2048 四色二维码局部还原图像比较如图 3 所示。

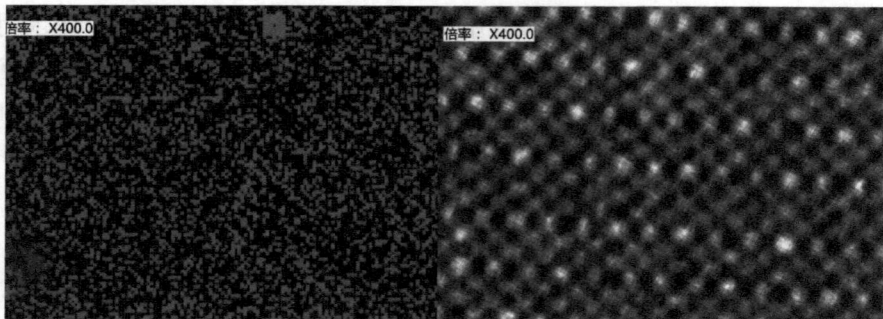

图 3　400 倍数码显微镜下数字胶片（左）与缩微胶片（右）局部还原图像对比

4 未来发展建议

4.1 加强理论研究

目前，该技术在国内正处在研究试用阶段，在档案学术界存在该技术是"数字"还是"模拟"的概念争议、数字胶片技术和 COM 技术的应用关系等诸多问题，因此需进一步加强对数字胶片技术的研究与实践，持续完善技术的基本概念、应用价值、适用场景等基础理论，以便更好地指导该技术在档案行业的广泛应用，推动该技术高质量快速发展。

4.2 建立检测体系

从档案行业应用缩微胶片等存储载体经验来看，完善标准检测体系可使存储载体更加科学地承载档案数字资源，使档案数字资源更加安全地长期保存。因此数字胶片也应加紧制定解像力、密度等系列检测标准，制作配套的测试图，使操作人员通过检测测试图，对标检测标准，即可判断整盘数字胶片的内容是否满足数字档案资源长期保存需要，使档案行业更加科学、规范地应用数字胶片技术。

4.3 持续技术创新

现阶段国内对数字胶片技术的研究主要是对标国外技术指标。未来，应在现有技术积累的基础上，一方面考虑更换胶片运动方式以取消齿孔和取消画幅概念连续写入数据等方式增大数字胶片上数据存储区域的面积，提高单盘数据存储容量。另一方面持续改进写入设备光源、曝光方式等，提高工作效率，使数字胶片技术向着存储容量更大、写入速度更快、可靠性更强等目标持续创新。

注释及参考文献

[1] 李安涛 . 将中国的档案数字资源牢牢掌握在自己手中——访国家档案局档案科学技术研究所副所长王善柏 [N]. 中国档案报 ,2024-02-19(4).

[2] 张建明 ,龙凌云 ,杨安荣 .数字胶片技术及其在档案数字资源长期保存中的应用 [J]. 中国档案 ,2023(2):64-66.

[3] 袁嘉新 ,杨安荣 .数字胶片技术及其在档案信息资源长久保存中的应用研究 [C]// 中

华人民共和国国家档案局 . 新时代档案工作者的使命 : 融合与创新——2018 年全国档案工作者年会论文集 . 上海 : 上海中信信息发展股份有限公司 ,2018:6.

[4]Arctic World Archive.10 Reasons to Store Your Data in the Permafrost[EB/OL].[2024-05-31].https://arcticworldarchive.org/blog/10-reasons-to-store-your-data-in-the-permafrost/.

[5] 程春雨 . 利用二维码技术实现档案机读目录信息异质备份 [J]. 中国档案 ,2016(3):65-67.

[6]DA/T53, 数字档案 COM 和 COLD 技术规范 [S].

[7]GB/T18444-2001, 已加工安全照相胶片贮存标准 [S].

照片档案数字化的关键问题

黄静涛

国家档案局档案科学技术研究所

摘要：在照片档案数字化工作实践中，照片和底片的安全管理以及数字化成果的质量控制等方面存在一些问题亟须解决。本文介绍了照片档案数字化的工作现状，分析了照片档案数字化工作中存在的问题，提出了规范开展该项工作的几点建议。

关键词：照片；底片；档案数字化

0 引言

照片档案是国家机构、社会组织或个人在社会活动中直接形成的以静止摄影影像为主要反映方式的有保存价值的历史记录。《中华人民共和国档案法》第三十八条明确要求："国家鼓励和支持档案馆和机关、团体、企业事业单位以及其他组织推进传统载体档案数字化。"照片档案数字化是将照片或底片上的档案信息采集转化为存储在磁盘、磁带、光盘等载体上的数字图像文件，并按照档案的内在联系，将数字图像文件与档案目录数据建立关联关系的处理过程。照片档案数字化在抢救保护珍贵档案、促进档案开放利用等方面发挥了重要作用。在照片档案数字化工作实践中存在一些关键问题，需要进一步研究和解决。

1 照片档案数字化工作现状

1.1 照片档案数字化工作持续开展

截至 2022 年底，全国各级综合档案馆馆藏照片档案 2737.7 万张。2022 年度全国各级综合档案馆共接收照片档案 148.8 万张。[1]很多档案馆每年都会接收大量传统载体照片档案，其原因是按照规定：属于中央级和省级、设区的市级国家档案馆接收范围的档案，移交单位应当自档案形成之日起满二十年即向有关的国家档案馆移交；属于县级国家档案馆接收范围的档案，移交单位应当自档案形成之日起满十年即向有关的县级国家档案馆移交。

传统载体档案由于利用不方便等方面的原因，立档单位希望档案保留在本单位的时间长一些，传统载体档案移交时间与档案形成时间相比有较长延迟。与文书档案相比，照片档案移交工作进展较慢，导致档案馆每年都会接收传统载体照片档案。档案馆的数字化工作不仅要继续做好"存量数字化"，还要做好"增量数字化"。

1.2 照片档案数字化工作发展不平衡

中西部档案馆、县级档案馆、机关、团体、企业事业单位的照片档案数字化工作相对较弱。《"十四五"全国档案事业发展规划》提出："通过政策保障、定点帮扶、专业指导等方式，助力中西部档案馆开展档案信息化基础设施建设和传统载体档案数字化工作。"[2]

仅有底片而无照片的照片档案数字化率较低。针对底片进行高质量的信息采集，需要使用专业的底片扫描仪或数码翻拍设备，速度慢、成本高。

与照片档案相比，馆藏照片资料的数字化率较低。档案保管部门通常根据照片档案的珍贵程度、保管状况、开放状态、利用率、数字化资金情况等因素，统筹规划、有序开展照片档案数字化工作。优先针对馆藏档案进行数字化，当馆藏档案全部进行数字化后才针对馆藏资料进行数字化，导致照片资料的数字化率较低。

2 照片档案数字化工作存在的问题

照片档案与文书档案相比，尺寸较小且细节丰富，载体形式特殊（包括照片、底片），数字化工作的管理和技术要求存在差异。照片档案数字化工作中存在以下关键问题。

2.1 档案载体修复应遵循哪些要求

因为保存环境不合适等原因，有些照片、底片出现了泛银、霉变、污渍、卷曲、变形、褶皱、粘连、受潮等情况，玻璃底片断裂、破碎等情况也时有发生。在档案数字化过程中，如果不能采取相应的技术手段进行载体修复，不仅影响数字化成果质量，而且不利于档案的长期保存。

2.2 怎样确保档案实体安全

由于照片、底片的特殊性，应提出明确的操作要求，加强对档案载体的保护。例如，有些大幅面的照片以卷曲的形态进行保存，如果在进行数字化时直接压平照片，会使照片的感光面出现断裂；底片册、照片册水平放置会使底片、照片受压后粘连；玻璃底片水平放置会容易破裂；等等。在档案数字化过程中应采取有效的管理和技术手段，加强照片档案数字化各环节的安全管理，确保档案实体在数字化过程中的安全。

2.3 数字化对象应使用照片还是底片

档案部门保存了大量的照片和底片（包括玻璃底片），通常使用照片作为数字化对象，但是，有些单位在使用照片档案数字化成果进行档案展览、编研、出版、文创等档案开发利用时，发现有些图像存在细节不清晰等问题，使用底片重新进行数字化获得更好的数字化成果质量以满足利用需求。

《照片档案管理规范》（GB/T 11821-2002）明确指出："照片档案一般包括底片、照片和说明三部分。"第4.2.4条要求"底片、照片、说明应齐全"。底片是照片在形成过程中最初产生的，是照片档案的最原始材料。照片是通过底片冲印而成的。[3]胶片底片与银盐感光材料制作的照片相比，感光颗粒更小、分辨率更大、化学稳定性更高、耐久性更长，底片比照片的清晰度更高、细节更丰富、色彩更真实。使用底片进行数字化可以获得更好的数字化成果质量，但是档案部门通常采用照片进行数字化而不是采用底片，其考虑的主要因素是两个：时间成本与经济成本。采用照片进行数字化扫描，速度快，设备成本低；而采用底片进行信息采集，无论是采用专业的底片扫描仪或数码翻拍设备，速度都比较慢，并且设备成本较高。目前，随着科学技术的快速发展，底片数字化设备的价格不断降低、工作效率不断提高，应综合考虑数字化成果质量和所需成本，以确定采用照片还是底片作为数字化对象。

2.4 信息采集应采用怎样的技术参数

对照片、底片采用扫描或翻拍的方式进行信息采集时，选择合适的技术参数非常重要。例如，对于以文字为主的纸质档案进行数字化，扫描分辨率设置为200dpi或300dpi是合适的，分辨率的过分增大不会明显改善文字的清晰程度，但是却会增大扫描采集的图像的文件容量，在保存时占据更大的存储空间和利用时耗费更长的传输时间。但是，由于照片档案的图像细节比文字更丰富，数字化时分辨率设置为 200dpi 或 300dpi 则有些偏低，不能采集尺寸较小的照片档案的微小细节，在利用照片档案数字化成果进行档案展览、出版、文创等档案开发利用时，需要使用高质量的图像才能满足人民日益增长的多元化的利用需求。

3 照片档案数字化工作的几点建议

3.1 制订规范的工作流程

针对档案馆（室）、数字化外包服务机构的照片档案数字化工作，基于综合调研、实验验证，制订规范的照片档案数字化工作流程，提出管理、技术要求，以指导该工作科学、规范开展。

照片档案数字化工作流程主要包括档案出库、档案检查、数据库建立、确定数字化对象、载体修复、图像采集、图像处理、数据挂接、自动标注、成果验收、成果移交、档案入库等，如图 1 所示。

3.2 加强安全管理

加强照片档案数字化的安全管理，及时进行载体修复，严格遵守操作要求，确保档案实体的安全。

3.2.1 及时进行载体修复

胶片底片出现下列情况可采取相应的技术手段进行清洁和修复：出现泛银、霉变、污渍，可使用超声波清洁机或水洗清洁机进行清洁；出现卷曲、变形、褶皱，可使用湿润箱进行湿润后进行压平处理；出现粘连，可使用湿润箱进行湿润后进行揭粘处理；出现受潮，可使用干燥的方式进行除湿处理。

玻璃底片出现下列情况可采取相应的技术手段进行清洁和修复：出现灰尘，可使用可控风力的专用吸尘器对底片表面进行清洁；非药膜面出现霉变、污渍，可用棉签蘸 75% 的医用酒精进行处理；出现断裂、破碎，可将玻璃底片夹于上下两层透明玻璃之间进行固定。

照片出现霉变、污染、粘连、褶皱等影响图像采集的情况，可采取相应的技术手段进行修复，相关操作应遵循 GB/Z 42468.4—2023 的要求。

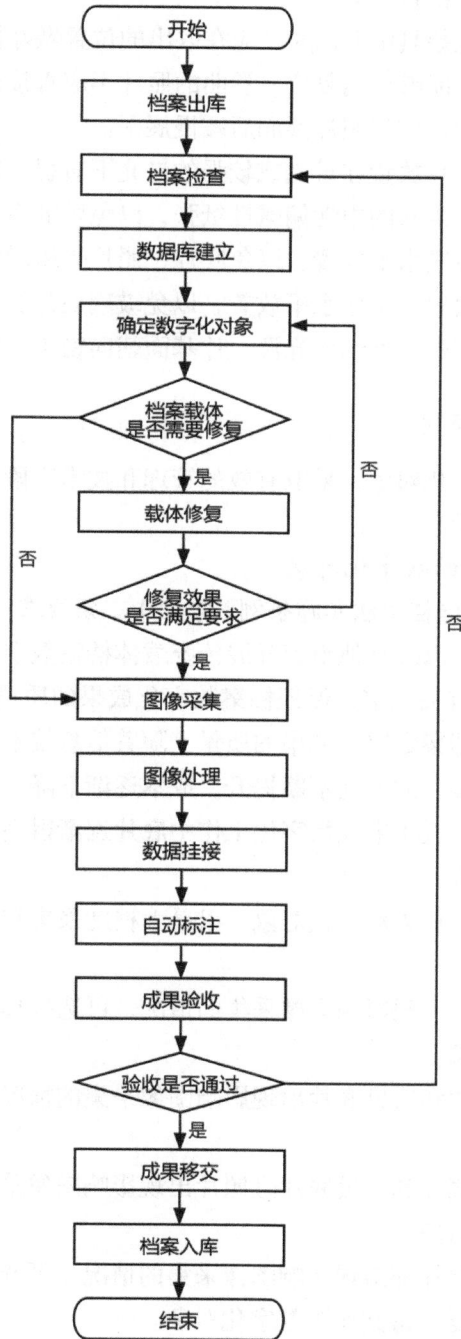

图 1　照片档案数字化工作流程

3.2.2 严格遵守操作要求

将底片或照片从装具中取出时，应在取出的位置做好标识或拍照记录，确保载体放回装具时能够正确复位。卷曲的照片不应直接进行压平，以免照片的感光面出现断裂，应将照片湿润后缓慢展平。

避免将底片或照片放置在日光或较强的灯光下直射。底片或照片不应直接相互接触，可垫衬柔软的中性偏碱性纸张，以免乳剂面划伤。底片册、照片册应竖立放置，不应水平放置，以免底片、照片受压后粘连。玻璃底片应以长边做依托竖立放置，不应水平放置，以免玻璃底片受压后破裂。

底片采集时应使药膜面朝向光源、片基面朝向镜头，以确保图像质量。

3.3 加强质量控制

选择合适的数字化对象，采取有效的管理和技术手段，加强质量控制，确保数字化成果质量。

3.3.1 选择合适的数字化对象

《中华人民共和国档案法实施条例》第四十二条要求："档案馆和机关、团体、企业事业单位以及其他组织开展传统载体档案数字化工作，应当符合国家档案主管部门有关规定，保证档案数字化成果的质量和安全。"明确提出应保证传统载体档案数字化成果的质量。随着信息技术的不断发展，底片扫描仪和数码翻拍设备的速度不断提升，成本逐渐下降。为了确保照片档案数字化成果的质量，近年来在数字化工作中底片逐渐得到重视。可按照以下规则确定数字化对象：

（1）将原始底片作为数字化对象，以最大程度采集和还原影像细节和色彩信息。

（2）若原始底片出现影响图像采集的情况，可选择具有最佳品质的拷贝底片作为数字化对象。

（3）若原始底片和拷贝底片出现影响图像采集的情况，可将照片作为数字化对象。

（4）若无原始底片和拷贝底片且照片出现影响图像采集的情况，可将翻拍底片作为数字化对象。

（5）若底片、照片都出现影响图像采集的情况，可选择修复难度小、效果好的载体进行修复，将其作为数字化对象。

3.3.2 设置合理的技术参数

应根据实际情况综合考虑，设置合理的数字化技术参数。例如，关于分辨率的设置，可以根据底片与照片的尺寸大小进行设置。

底片尺寸不大于 36mm×24mm（135 底片尺寸）时，分辨率应不小于 1200dpi；底片大于 36mm×24mm 时，分辨率应不小于 600dpi。

照片尺寸不大于 127mm×89mm（5 英寸照片尺寸）时，分辨率应不小于 1200dpi；照片尺寸大于 127mm×89mm 且不大于 254mm×203mm（10 英寸照片尺寸）时，分辨率应不小于 600dpi；照片尺寸大于 254mm×203mm 时，分辨率应不小于 300dpi。

注释及参考文献

[1] 国家档案局 .2022 年度全国档案主管部门和档案馆基本情况摘要（二）[EB/OL].[2023–08–29].https://www.saac.gov.cn/daj/zhdt/202308/0396ea569aa648f1befd5c49bac87e6f.shtml.

[2] 中共中央办公厅，国务院办公厅 . 中办国办印发《"十四五"全国档案事业发展规划》[EB/OL].[2021–06–09].https:// www.saac.gov.cn/daj/toutiao/202106/ecca2de5bce44a0eb555c890762868683.shtml.

[3] 陈智为，邓绍兴，刘越男 . 档案管理学（第三版）[M]. 北京 : 中国人民大学出版社，2008:488.

声像档案编研之"信达雅"

王付生

中联超清（北京）科技有限公司

摘要：声像档案作为一种特殊的历史文献载体，其编研工作对于保护和阐释历史文化具有重要意义。本文作者结合多年档案标准工作于超高清视频工作经验，从"信达雅"的视角，探讨了声像档案编研的核心要求及具体技法。首先，编研工作必须"信"于原始资料，忠实还原档案内容和事实真相；其次，要在"达"到深入挖掘档案背后的内在逻辑和规律的基础上，运用各种影视手法，通过"雅"的方式，讲述出引人入胜的故事情节，实现档案价值的最大化传播。总的来说，声像档案编研应当做到信实、深入、出众，在充分尊重历史事实的前提下，创造性地展现其独特魅力，让广大受众感受到其内在蕴含的丰富内涵。

关键词：声像档案；信达雅；编研技法

0 引言

声像档案作为一种特殊的历史文献载体，其内容涵盖了政治、经济、文化、社会等诸多领域。相比于纸质档案，声像档案能更直观生动地反映历史事件的本真面貌，为研究者提供宝贵的第一手资料。然而，这些珍贵的历史记录如何才能被有效保护和传承，并为更广泛的受众群体所了解和认知，成为亟待解决的问题。

本文作者多年来长期从事声像档案的保护和利用，以及超高清视频在档案领域的研究应用工作，在与全国各地许多档案馆室进行业务和技术合作过程中，深切感受到各地各层级档案管理机构对声像档案管理和再利用的理念和认识差异很大，限于各机构的资金、应用和技术条件，各地对声像档案的再利用水平差异很大。随着视音频技术的发展，目前4K、8K超高清视频，环绕声、三维声音频在广播影视、文教娱乐等领域的研究与应用深入开展，全国已有多家省级电视台开通 4K 超高清频道，央视、北京电视台还开通了 8K 超高清试验频道；结合 2019 年国庆阅兵、2020 年全国两会、2022 年北京冬奥会等重大时政历史事件，国内多家单位通力合作，开展了多次面向社会公众的 8K 超高清转播直播示范应用活动，社会公众对超高清视频有了直观的认识和真切体验，超高清视频在声像档案领域应用的技术手段已经全面具备。在此情况下，全国各地的档案机构与兄弟单位合作也开展了程度不一的声像档案收集整理与再利用工作：一些国内重大工程建设项目进行了声像素材有计划有组织地收集整理[1]，重大国事活动高清影像记录成为常态，重特大事件口述历史项目开始尝试使用超高清 4K 摄像机进行声像档案留存方式的创新[2]，一些企业档案馆室在超高清声像档案的收集整理和再利用方面也做出了突出成绩，为企业发展起到了有力促进和保障。但是，由于各级各类档案管理机构的技术条件不同，理念认识不一，声像档案的整理、入库、归档、编研、再利用还存在一系列亟待解决的问题，突出表现在声像档案的收集整理归档标准、管理制度及技术设施尚存在一定欠缺，资金、人才不到位，声像档案编研再利用程度不高等。

作为档案编研工作的重要组成部分，如何在保证资料真实性的前提下，通过创新性的手法让声像档案发挥最大化的价值，一直是业内学者和从业者关注的焦点。本文将从信达雅的角度出发，探讨声像档案编研的核心要求和具体技法，以现代数字化技术和创新方法，为声像档案的信息资源开发利用提供有价值的思路和方法。

1 声像档案编研之"信"——忠实于原始资料

作为档案编研的首要前提，声像档案的编研工作必须做到"信"于原始资料，忠实于历史事实的记录。这意味着编研人员在整理和呈现这些珍贵的历史影像资料时，要严格遵循原始内容，不得有任何违背或篡改[3]。忠实历史事实，不仅仅是采用原始影像或者当事人原始表述这么简单，而往往要求从全局深刻把握历史事件的前因后果，站在历史的高度去审视事件走向的直接脉络，从而得出公正全面的符合社会主义核心价值观的结论和态度。以严谨的治学态度进行声像档案编研，只有做到这一点，才能确保编研成果的真实性和权威性，为后续的深入研究奠定坚实的基础。

1.1 准确把握原始资料内容

声像档案往往集合了文字、视觉、声音等多种载体，内容丰富且复杂多样。编研人员首先要精准把握每一件原始资料的具体内涵，包括涉及的人物、事件、时间、地点等基本要素，以及它们之间的内在逻辑关系。只有深入理解每一件档案的本来面目，才能在后续的编研工作中忠实呈现，避免出现内容偏差或缺失的情况。

1.2 严格遵循原始资料表述

在整理声像档案内容时，编研人员要严格遵循原始资料的表述方式，不得擅自更改。这包括保留原有的用词措辞、语句结构、叙述角度等，确保编研成果与原始档案内容一一对应，没有任何割裂或脱离。特别需要注意的是，对一些有争议有歧义的历史事件进行评述时，一定要注意避免以偏概全。同时，在呈现历史人物的言行举止时，也要忠实刻画，避免主观臆断或美化渲染。只有做到如实再现，才能确保编研成果的可靠性和公信力。

1.3 尊重原始资料的时代背景

声像档案记录的往往是某一特定历史时期的真实面貌，反映了当时的社会环境、价值取向、文化氛围等。编研人员在梳理和呈现这些资料时，要充分考虑其时代背景，避免用现代视角进行简单化的解读和评判。只有深入理解当时的历史语境，才能真正把握档案内容的本来面目和事件背后的逻辑关联关系，准确阐释其深层内涵。

声像档案编研的"信"字，就是要求编研人员忠实于原始资料，坚持事实导向，确保编研成果与历史真相完全吻合，不得有任何主观臆断或倾向性渲染。这是确保编研质量和公信力的根本保证。

2 声像档案编研之"达"——深挖内在逻辑

在充分尊重原始资料的基础上，声像档案编研的"达"字，则要求编研人员进一步深入挖掘档案背后的内在逻辑和规律，站在历史时刻当事人的视野去观照历史事件，才能了解事物的发展变化机理。这不仅能让编研成果更具价值和深度，也为后续的学术研究奠定坚实的基础。

2.1 探究事件的因果关系

声像档案往往记录了一系列历史事件的发展脉络。编研人员要在充分理解每个事件本身的基础上，进一步探究它们之间的内在联系和因果关系。比如通过梳理不同卷宗、不同时期的资料，发现这些事件背后潜藏的深层逻辑，分析其前因后果、源流变迁，从而为读者勾勒出一幅完整、连贯的历史画卷。

2.2 发现人物的性格特征

历史事件的发展离不开各路人物的参与和影响。编研人员要通过深入分析声像档案中人物的言行举止、思想观念等，发掘他们独特的性格特征和内心动机。这不仅有助于还原历史人物的立体形象，也为理解事件的发展脉络提供重要线索。比如通过对某位关键人物在不同场合的表现进行对比分析，勾勒出其复杂的性格画像，揭示其在事件中的关键作用。

2.3 把握时空变迁的规律

声像档案往往跨越不同的历史时期，记录了某一事物或事件在时间和空间维度上的演变历程。编研人员要在梳理这些资料的基础上，发现其中蕴含的一般性规律。比如通过比较分析不同时期的影像资料，发现某一事件在不同背景下的共性演变趋势，或者某一地域间的差异变迁模式。这不仅有利于全面把握事物发展的规律性，也为理解当下提供重要的历史借鉴。

综上所述，声像档案编研之"达"，就是要求编研人员在准确把握原始资料内容的基础上，进一步探究其背后的内在逻辑。通过发现事件的因果关系、人物的性格特征、时空变迁的规律，编研成果不仅能反映历史的真实面貌，更能彰显其内在的规律性和发展脉络，为读者呈现一幅生动立体的历史画卷。

3 声像档案编研之"雅"——创意呈现

在确保"信"和"达"的基础上，声像档案编研的"雅"字则要求编研人员采取创意性的视觉语言，让这些珍贵的历史影像资料以更加出色的方式展现出来。这不仅能增强作品的感染力和吸引力，也有助于提升声像档案在大众心目中的地位。

3.1 运用影视手法营造戏剧冲突

在呈现声像档案内容时，编研人员可以充分借鉴影视作品的创作技巧，设置悬念、埋伏线索，营造出引人入胜的戏剧冲突。比如通过对比分析不同人物、事件的交织演绎，设置起伏跌宕的情节走向；或者巧妙地设置伏笔、埋下线索，引发读者的好奇心，增强作品的吸引力。这种运用影视手法的编研方式，不仅能充分呈现出声像档案内容的丰富性，更能让读者身临其境，感受到历史的动人魅力。

3.2 发挥视听语言的表现力

声像档案本身就是一种多媒体载体，编研人员可以最大限度地发挥其视听语言的表达潜力。比如在配音、配乐等方面下功夫，通过恰当的音频处理，营造出富有感染力的氛围效果；或者在影像编辑上下功夫，运用适当的镜头调度、剪辑节奏等手法，让视觉呈现更加生动优雅。这种多感官体验不仅能增强读者的代入感，也有助于提升作品的艺术性和美感。

3.3 突出重点凸显主题

在呈现声像档案内容时，编研人员还要善于运用各种技法，突出重点和主题。比如可以通过配音解说、文字标注等方式，引导读者注意关键信息；或者利用镜头特写、场景转换等手法，引导读者的视线聚焦于某些关键细节。同时，编研人员还要力求在整体布局上做到条理清晰、主次分明，使作品的主题诉求更加集中突出，增强其感染力和说服力。

3.4 注重视觉美感营造

声像档案编研的"雅"字，还要求编研人员在追求内容精准的基础上，注重作品的视觉美感。这可以通过把控画面构图、色彩搭配等手法来实现。比如在选择画面角度时力求优雅大气，在配色设计上追求和谐协调，在排版布局上追求整洁有序。总之要在满足内容表达需求的前提下，最大限度地提升作品的审美水准，让读者在获取知识的同时，也能领略到独特的艺术魅力。

综上所述，声像档案编研之"雅"，就是要求编研人员运用各种创意手段，赋予作品独特的视听语言魅力。无论是运用影视手法营造戏剧冲突，还是最大限度地发挥视听语言的表现力，抑或是精心设计突出主题的视觉呈现，编研人员都要力求在忠实于历史事实的基础上，创造出引人入胜、赏心悦目的作品。

4 结语

总的来说，声像档案编研工作要遵循"信达雅"的核心原则。首先要忠实于原始资料，确保内容的真实性和权威性；其次要深入挖掘档案背后的内在逻辑和规律，为读者呈现一幅生动立体的历史画卷；最后要运用创意性的视听语言手法，让这些珍贵的历史影像资料以更加出色的方式呈现出来，增强作品的感染力和吸引力。

只有做到"信达雅"三者兼顾，声像档案编研工作才能真正发挥应有的价值。一方面为广大读者提供可靠、生动的历史记录，另一方面也为学术研究奠定坚实基础。本文通过对"信""达""雅"三个核心要素的深入探讨，希望能够为声像档案编研工作提出一些通用的基本原则和具体技法。

在"信"的层面上，编研人员必须忠实于原始资料，准确把握内容，严格遵循表述，尊重时代背景，确保编研成果的真实性和可靠性。在"达"的层面上，则要求挖掘事件的因果关系、人物的性格特征、时空变迁的规律，以丰富和深化档案内涵。最后在"雅"的层面上，编研人员要运用创意性的视听语言手法，通过设置戏剧冲突、发挥媒体表现力、突出重点主题等方式，让这些珍贵的历史影像资料呈现出引人入胜的魅力。

声像档案编研工作需要兼顾这三大要素，在坚持真实性的基础上，创造性地展现其独特价值。相信通过这样的方式，我们一定能让更多人了解和认知这些宝贵的历史记录，让声像档案焕发出持久的社会影响力。

注释及参考文献

[1] 赵毅,廖英华,薛辉.整合声像技术资源 提高城建档案编研工作水平 [J]. 兰台世界,2014(S6):64.

[2] 陈健.重特大事件声像档案资源建设实施路径与创新策略 [N]. 中国档案报,2024-05-30.

[3] 贺真.对声像档案编研工作的几点认识 [J]. 北京档案,1992(1):30-31.

人工智能赋能口述档案工作的
实现路径、现实困境与优化策略

彭莎利

广州市档案发展中心（广州市音像资料馆）

摘要：近年来，人工智能技术赋能档案工作的实践应用迎来快速增长期，然而其在口述档案领域的实践应用尚处于相对空白的状态。基于此，本文旨在探讨人工智能技术在视频采访类口述档案工作中的实现路径，剖析其在口述档案领域面临的现实困境，并提出相应的优化策略，探究如何借助科技手段推动口述档案事业高质量发展，为档案事业现代化建设注入新活力。

关键词：口述档案；人工智能；视频采访

1 人工智能概述及其在国内档案领域的实践应用

1.1 人工智能概述

1956 年，以麦卡赛、明斯基、罗切斯特等一代年轻科学家首次提出了"人工智能"这一术语，标志着该新兴学科的诞生。68 年来，该学科逐渐发展成为跨领域的交叉前沿学科。人工智能（Artificial Intelligence，简称 AI）旨在研究、开发用于模拟、延伸和扩展人的智能的理论、方法、技术及应用系统[1]，是研究如何使计算机像人类一样思考、学习、决策和解决问题的科学，其核心技术包括机器学习、深度学习、自然语言处理、计算机视觉等。

1.2 人工智能在国内档案领域的实践应用

以"人工智能＋档案"在中国知网数据库、国家档案局官网中进行检索，梳理出以下人工智能在国内档案领域的主要实践应用：

一是档案鉴定方面，1993 年，郑子建等人以 Turbo Prolog 人工智能程序设计语言编写开发了一种鉴定档案保存价值的专家系统。[2] 二是档案收集方面，2021年，浙江省档案馆与科大讯飞公司合作，运用AI识别、转写等技术实现对音频档案的采集和著录。三是档案管理方面，2020年，安徽省档案馆"档案智能划控系统"正式发布；2022年，江苏省昆山市档案馆"数据资源人工智能校对系统"上线应用；2023年，山东省济南市档案馆"人工智能档案数字化合规性审查系统"一期测试完成。四是档案利用方面，2021年底，内蒙古自治区档案馆推出"基于语义工程的档案智能查询系统"。2023年，由上海市档案馆设计研发的"跟着档案观上海"数字人文平台上线。

以"人工智能＋口述"进行检索，有谢志菊、范飞在2021年首次提出将新技术应用于口述史的实践，主要用于记录、保存以及分享呈现等方面。[3]此外，尚未发现更多关于人工智能在口述工作方面的研究及应用成果。

人工智能在1993年首次涉足档案行业，其间一直停留在理论层面的探讨，直到2020年，AI在档案领域的实践应用才真正迎来了快速增长期，近年来，福建省、河北省、重庆市等省市档案馆相继运用人工智能等前沿技术，全面提高档案信息化水平，进一步推动数字档案馆建设进程。由此可见，人工智能技术在我国档案领域具有广阔的应用前景，其功能已全面覆盖档案收集、保管、利用的各个环节，AI的广泛应用将为档案工作的高质量发展注入强劲动力。

2 人工智能赋能口述档案工作的实现路径

2022年，广州市档案发展中心（广州市音像资料馆）启动《光荣在党50年》口述档案采访项目，截至目前，已通过视频采访手段，成功收录了25名党员的口述资料。项目开展过程中，面临着提纲拟写效率低下、口述内容表面浅显、剪辑转录耗时费力等问题。鉴于当前人工智能技术快速崛起的态势，通过积极引入应用，将显著提升口述档案工作的效率和质量。人工智能赋能口述档案工作的实现路径有助力提纲拟写、推动正式录制、支撑后期剪辑和协助视频转录等方面。

2.1 自然语言生成助力提纲拟写

自然语言生成技术是通过对关键信息进行规划和表达，使计算机能够像人一样生成高质量的自然语言文本。[4]技术的核心在于利用算法和模型自动提取关键词、主题和逻辑关系，从而实现对文本的自动化组织和生成。

如采访首批筑路天山的南粤老兵前，在利用爬虫抓取技术从互联网提取到大量资料的基础上，在 AI 软件中输入"撰写采访提纲"指令，并结合"在党 50 年""天山""背景""故事"等关键词，在短时间内能够生成含 18 个问题的采访提纲，采访者初步拟写的采访提纲与 AI 撰写的采访提纲对比如表 1 所示：

表 1　采访者拟写的采访提纲与 AI 撰写的采访提纲对比

采访者拟写的采访提纲	人工智能拟写的采访提纲
一、入党动机及过程 1. 您 16 岁参军，18 岁入党，回顾当年，现在还记得当时入党宣誓的情形吗？ 2. 还记得您的入党过程吗？有没有遇到困难？ 3. 成为党员之后您在思想上有怎样的变化？ 4. 请您为我们介绍一下您的参军历程。	一、老兵个人信息与经历 1. 询问老兵姓名、籍贯、年龄等基本信息 2. 了解老兵入伍时间、兵种、军衔等军事背景 3. 询问老兵参与筑路天山的具体时间、地点、任务
二、筑路背景与过程 5. 您是首批筑路天山的南粤老兵，这项任务在怎样的背景下开展？修路工作从哪一年开始？为什么从广东远赴新疆修路？当时新疆的交通状况如何？ 6. 您在新疆待了多久？习惯当地的气候条件吗？您是怎么克服的？ 7. 请您为我们讲讲和战友当时的生活状态和精神面貌。	二、采访背景与目标 4. 简述筑路天山的历史背景及意义 5. 介绍南粤老兵参与筑路天山的基本情况 6. 明确采访目标：了解老兵们的经历、感受、收获与反思
三、筑路天山过程中的挑战与困难 8. 在前往新疆独库公路修建之前，有预料过这项任务的难度吗？真正到达施工现场后，您的预期和现实情况有差距吗？ 9. 有人说"独库公路的筑路兵是从死人堆里爬出来的"，为什么会有这种说法？ 10. 您在筑路期间有碰到过人员伤亡的情况吗？当时是什么心情？您如何做好自己的心理建设？	三、筑路天山过程中的挑战与困难 7. 询问老兵在筑路过程中遇到的主要挑战与困难 8. 探讨当时的气候、地理、物资条件对筑路工作的影响 9. 了解老兵们如何克服这些困难，完成筑路任务
四、公路修建的意义与个人收获 11. 独库公路的修建对新疆有哪些意义？ 12. 您在这次筑路任务中有哪些收获？	四、老兵们的感受与收获 10. 询问老兵在筑路天山过程中的心理感受 11. 探讨老兵们对于这段经历的看法和评价 12. 了解老兵们通过这段经历所获得的成长和收获

采访者拟写的采访提纲	人工智能拟写的采访提纲
五、筑路天山后的工作及作为党员的先进表现 13.1978 年您转业到广州市市政总公司机械公司工作，还适应吗？九年的参军经历对您后来的工作带来了怎样的影响？ 14. 您如何在岗位上发挥共产党员的先锋模范作用？ 15. 新冠疫情暴发以来，三年来您多次参与社区志愿活动，社区服务的工作强度会不会超出您的承受范围？是什么信念促使您坚持参与志愿活动？	五、对于国家与个人价值的认识 13. 询问老兵们对于国家与个人价值的认识 14. 探讨筑路天山对国家建设与个人成长的意义 15. 了解老兵们如何将这段经历融入自己的生活与工作中
六、对党的认识和对后辈的期许 16. 从 1921 年到现在，中国共产党已经走过101 个春秋，"没有共产党就没有新中国"，您怎样理解这句话？ 17. 回顾在党的 51 年，您的收获有哪些？ 18. 作为一名光荣在党 50 多年的老党员，您对新一代党员有什么期许？	六、对于后辈的寄语与期望 16. 询问老兵对于后辈的寄语与期望 17. 探讨老兵们希望后辈们继承和发扬哪些精神品质 18. 了解老兵们对于国家和民族未来的展望

比对分析可见，人工智能与人类的思考存在显著差异。在思考方式上，人类的思考基于个人经验和文化背景，人工智能则源于数据和算法，快速、高效且全面；在思考过程上，人类的思考充满情感和创造力，能够跨领域、跨情境地进行分析，而人工智能具有局限性，它在未训练过的领域无法给出合理的建议。综上，应充分发挥人工智能的高效优势，同时保持自身的独立思考和判断，对人工智能生成的采访提纲进行加工补充，使之更具逻辑性、针对性和深度，从而解放采访者投入更高要求的脑力劳动中去，提高工作效率。

2.2 自然语言理解推动正式录制

作为采访者，根据实践与经验，口述采访的时间跨度从一小时到八小时不等，时间的长短取决于采访内容的深度与广度，以及与口述者的交流互动情况。当持续采访超过两小时，口述者的注意力难免下降，或因年代久远记忆逐渐模糊，导致口述者在叙述时陷入时空混淆，甚至张冠李戴的情况。AI在此时介入，可以凭借其强大的数据处理和分析能力，协助口述者梳理信息，精确填补具体的年份、地点、人物、事件，从而确保采访内容的准确性和完整性。

此外，在传统的对话采访形式中，采访者容易忽略口述者的感受和需求，导致其真实想法和感受无法得到充分表达，甚至可能对口述者带来压力。除了采访者本身需要进行及时的调整，自然语言处理技术能够帮助系统理解口述者的问题，并识别其中的语义和意图，有助于更好地理解口述者的观点和立场[5]，由此提高采访中双向交流的质量与效率。

2.3 智能推荐算法支撑后期剪辑

口述采访完成后，为确保这些珍贵的口述资料得到妥善保存与高效利用，需进行严谨的视频后期剪辑。在保证口述内容原貌性的原则上，剪辑通常遵循叙事时间顺序，不运用复杂的剪辑技巧，严禁加入任何主观创作。然而，单调的叙述削弱了口述档案的观赏价值，于是，加入相关事件的音视频资料成为提高观赏性的重要一环。面对互联网所提供的庞大信息资源，资料搜集成为剪辑中最耗时耗力的环节。人工智能可以自动分析提取关键词，在内部数据库或者互联网中搜索相关事件与人物的背景资料。[6] 例如在剪辑首批筑路天山的南粤老兵采访时，通过对口述内容的识别，AI 能够快速、自动、准确地抓取天山筑路前后的对比情况、当时的新闻照片、相关的影视作品，由此丰富口述档案的视频画面，提升观赏价值。此外，AI 还可以为视频内容自动添加字幕，有效减少手动添加字幕的时间成本，从而提升后期剪辑的整体效率。

2.4 自动语音识别协助视频转录

口述档案已应用于各项编研成果中，如 2020 年出版的《广东省非物质文化遗产传承人口述档案集萃》（ISBN 978-7-5623-6489-4）和即将出版的《南粤追梦人口述档案整理与研究》。以小时计的口述内容繁杂，以往采用最原始的"听同期"方式，要求人工逐段聆听并逐字逐句进行文字转录，耗时费力，对比原始内容的时长，此项工作要耗费三倍甚至更多的时间。

人工智能的应用能够有效提升口述档案的利用效率，首先，语音识别技术已经实现在短时间内自动将音视频内容转为文字，且在转录过程中不需要人工辅助，显著减少了"听同期"的时间投入。其次，AI 可以对口述内容进行智能分析，提取关键信息，形成不同的专题目录，为后续的档案利用和研究提供有力支持。

3 人工智能赋能口述档案工作的现实困境

然而，人工智能的发展还存在技术瓶颈，导致其与口述档案工作的融合受限，存在着一系列不可避免的现实困境，具体表现为以下几点：

3.1 人类语言的复杂性

《世界的语言》（Ethnologue: Languages of the World）在 2024 年进行了第 27 次版本更新，统计显示，全球范围内现存并仍在被人类使用的语言共计 7164 种。[7] 根据《中国的语言》记载，我国有 130 余种语言，有约 30 种文字。[8]

语言是人区别于动物最重要的标志，也是人工智能发展面临的最大挑战之一。

俗话说"十里不同音"，仅以我国为例，各地的方言差异显著，少数民族的语言更具特色，均拥有独特的语音、丰富的词汇和别样的语法结构。在与口述者交流的过程中，可以观察到由于地域背景的差异，他们各自拥有独特的口音特征和语言表达方式，此外，甚至会出现声带受损而无法完整表达的口述者，这就对语音识别系统提出了更高的要求。

3.2 情感识别的准确性

口述采访的专业性不仅要求采访者具备出色的信息获取能力，以精准捕捉被采访者的观点与思想，更需展现卓越的情感社交能力，以构建良好的采访氛围，确保采访的顺利进行。而机器在演绎方面的能力还有所欠缺，尤其是想象力、情感思维能力方面，还与人存在很大的差距，现在的技术跟不上在情感方面的需求。[9] 一是人类在情感表达上有多种多样的方式，具体到口述采访中来说，语气、语调、语速等因素都会影响情感的传递和识别。二是情感本身具有主观性和模糊性，不同的人对同一情感有截然不同的理解深度和表达方式。三是人工智能在特定任务上表现出色，但往往缺乏常识和情境理解能力，这意味着 AI 在理解和应对复杂的现实世界问题时无法像人类一样得心应手。

3.3 敏感内容的安全性

口述档案通常涉及个人隐私和敏感内容，如身份信息、家庭背景、生平经历、信仰观念、政治见解等。人工智能拥有强大的网络信息检索能力，可以依据特定的线索,在互联网上深入挖掘出丰富多样的信息,并且能够在不同类别、来源、性质以及意义的信息之间构建起紧密的关联。但在 AI 依赖大量数据来进行训练和优化的过程中,极有可能挖掘出具有较高价值的个人秘密、商业秘密甚至是国家秘密。同时,人工智能系统面临着网络攻击带来的潜在危险,进而导致敏感信息的泄露和安全风险的增加。

4 人工智能赋能口述档案工作的优化策略

4.1 制定相关工作规范

2018 年 1 月正式施行的《口述史料采集与管理规范》(DA/T59—2017)中,明确了采集流程、内容、整理等方面细则,其中提及"进行文字记录整理时,对口述者以方言方音讲述中涉及的重要地名、人名、风俗等,应采用国际音标注音法标注"。[10] 为进一步规范人工智能技术在口述档案工作中的运用及实施,可在此基础上增加针对 AI 应用的专项工作标准。如采纳智能语音识别技术参与口述档案整理工作,前提是确保智能语音识别技术对广州话、潮汕话、客家话等方言体系进行充分的学习和训练,提升其对方言的识别能力,准确度须达 98% 以上。方言版智能语音识别技术作为工具支持,可自动将方言转为国际音标标注,由此减少对方言翻译专业人才的需求,节约整理成本,提高整理效率。

4.2 提高人才专业素养

传统视频类口述采访依赖文案、编导、主持、摄像等专业技能人才,在 AI 的应用背景下,对于人才的需求悄然变革,逐步转向具备自然语言、语音识别、图像处理等技术背景的新型人才。首先,积极构建适应 AI 技术发展的人才培养模式,使其掌握最新技术和设备系统的操作方法,实现技术与人力的优势互补。其次,采集者作为口述档案工作的核心参与者,应持续培养其增进人文经济、历史地理等方面的专业知识储备,以精准捕捉受访者的情感表达,充分理解叙述内容的深刻含义,双向并举推动口述档案工作的转型升级与持续发展。

4.3 实施严格管理措施

为确保敏感信息的安全，实施严格的管理并贯穿正式访问、资料入库到档案利用的全流程。一是在正式访问开始前，要求在场人员关闭通讯设备，确保口述内容保存在离线的存储设备中。二是在资料入库环节，根据档案密级对口述内容分门别类，对敏感内容进行加密处理，使用强加密算法，确保即使数据遭到非法获取，也无法被轻易破解。三是对访问人员进行控制，通过身份验证、密码策略、权限管理和角色分配等措施，严格限制对敏感内容的访问权限。由此确保口述的敏感内容控制在内部系统中，杜绝在网络上传播，从而有效防范信息泄露所带来的安全风险。

5 结语

人工智能在处理庞大数据和复杂任务方面展现出了显著的高效性，但人类的情感表达、创造思维和判断决策等方面的优势是机器无法替代的。展望未来，人工智能将与人类生活进一步深度融合，同时，全息投影、增强现实等技术的迅猛发展也将为人类社会带来前所未有的变革，这既是机遇，也伴随着诸多挑战。对于口述档案工作者来说，如何克服重重困难，将人工智能技术恰如其分地融入口述档案工作的各个环节中，使人机携手创造出更有深度、高价值的口述内容，是一项值得深入研究和不断探索的重要课题。

注释及参考文献

[1] 涂序彦. 何谓"人工智能"？概念、对象、内容及方法 [J]. 软件世界,1999(1):34-36.

[2] 郑子建,黄燕芳,郑玮. 计算机辅助档案价值鉴定专家系统 [J]. 档案学研究,1993(S1):49.

[3] 谢治菊,范飞. 新技术对口述史研究的影响 [J]. 当代中国史研究,2021(5):144.

[4] 李栋,刘人杰. 自然语言生成技术在消防安全管理中的应用 [J]. 中国人民警察大学学报,2023(12):45-52.

[5] 王晓雪. 人工智能和语音识别技术在新闻采访和访谈中的应用 [J]. 电视技术,2023(12):192-194.

[6] 邢旭东 . 新闻行业运用人工智能面临的挑战及应对策略 [J]. 传媒论坛 ,2023(19): 89—91.

[7]Gary Simons.Welcome to the 27th edition[EB/OL].[2024—02—21].https://www.ethnologue. com/ethnoblog/welcome-27th-edition/.

[8] 孙宏开 , 胡增益 , 黄行 . 中国的语言 [M]. 北京 : 商务印书馆 ,2007.

[9][10] 宁夏回族自治区档案局 . 口述史料采集与管理规范 (DA/T 59—2017)[S].2017.

影像档案记录中国式现代化历程：
以港珠澳大桥为例

徐小萍

港珠澳大桥管理局

摘要：本文通过对港珠澳大桥影像档案的实践、成效、价值和作用进行分析，探讨可供参考学习的管理经验，阐述港珠澳大桥影像档案在记录、传承和展示中国现代化成就方面的独特价值。

关键词：港珠澳大桥；影像档案；中国式现代化；经验探索

0 引言

港珠澳大桥全长 55 公里，是"一国两制"框架下粤港澳三地首次合作共建的超大型跨海交通工程，其建设克服了复杂海洋环境、生态保护、技术难题等多重挑战，不仅展现了中国工程师的智慧与勇气和中国在交通基础设施建设方面取得的巨大成就，也体现了中国式现代化的独特历程。本文以港珠澳大桥影像档案为研究对象，探讨其在记录中国式现代化历程中的作用、意义和经验。

1 港珠澳大桥影像档案留存做法

港珠澳大桥是目前世界最长跨海大桥，总跨度最长、钢结构桥体最长、海底沉管隧道最长，公路建设史上技术最复杂、施工难度最大的桥梁。在影像档案控制管理方面，主要有以下做法：

1.1 领导重视，制度规范

作为世人瞩目的世纪工程，港珠澳大桥高度重视声像档案的收集积累，项目档案遵循"应收尽收，应归尽归"的原则，注重影像资料同步积累。为规范档案管理，港珠澳大桥管理局档案中心建立和完善了档案管理制度，为保存这些珍贵的影像资料奠定了基础。图像资料涵盖了工程从规划、设计、施工到竣工的全过程，是港珠澳大桥工程档案管理的重要组成部分。

1.2 专业机构持续跟踪拍摄

港珠澳大桥常年邀请专业机构持续开展跟踪拍摄，每年将此项工作列入预算，确保工作高质量开展。历年的跟踪拍摄合同对具体工作内容、要求进行明确规定，符合拍摄质量要求的单位，方可中选。合同期内，对提供的拍摄成果实时审核把关，对不满足要求或需要提升的问题，直接沟通或函件通告合同单位，督促及时改进提升，确保档案质量。另外，主流媒体及地方媒体长期关注，主动进场拍摄，历年来各重大工程节点、重要事项、重要事件均有留存大量的录像带和音视频数据，从多层面、多角度，全面展现国家工程、国之重器的建设过程。

1.3 参建单位过程配合

建设单位加强对参建单位的影像资料拍摄、提交、制作管理，要求配备符合标准的专业音像录制设备，拍摄和制作人员具备相应的专业技能。监理单位声像档案侧重从质量监理角度方面进行拍摄归档，施工单位声像档案侧重从施工过程（施工工艺、隐蔽工程、关键工序、结构物重点部位等）进行拍摄整理归档，其他单位按职责分工各有侧重地拍摄归档。重要事件的影像档案应反映事件的全貌和过程，可从全景、主要事件、人物合影、成果实物、不同阶段的现场等多个场景选取。

1.4 业主统筹管理

港珠澳大桥管理局作为项目业主，档案中心与宣传组属同一部门业务板块，领导高度重视大桥声像档案工作。除统筹做好影像资料收集，还承担日常拍摄，以及协调、指导工作，督促各单位记录好、留存好大桥声像档案。历年积累了大量照片、视频资料，这些影像素材不仅记录了大桥建设的点点滴滴，更承载着建设者的宝贵回忆和纪念，并且得到及时整理移交至档案中心。

1.5 重视归档整理

各参建单位按照声像档案管理细则要求，按要求报送档案。档案部门依据合同要求、行业标准对移交归档材料进行审核，达到标准要求方可办理移交。过程中，注重档案业务指导，指导整理单位参照规范和提供参考的样板，手把手指导整理归档，及时提醒整理注意事项，加强检查修改，注意不同载体数据移交方式，确保档案影像数据安全和日后查找便利。

2 港珠澳大桥影像档案成效显著

港珠澳大桥是国家工程、国之重器，从筹建到通车历经 15 年，产生了丰富的影像资料。这些档案资料多角度、多层面，全面记录了这一艰苦建设过程，由此创作产生了《港珠澳大桥》纪录电影等大量优秀声像成果，是我国综合国力和创新能力的集中体现。

2.1 编研开发影像档案成果丰硕

港珠澳大桥历经六年前期筹备，九年建设，数万名建设者逢山开路、遇水架桥，留存了大量的图片、视频数据，经系统整理形成声像档案，素材提供制作诞生了港珠澳大桥前期工作纪实《东方之虹》、电视纪录片《超级工程》《港珠澳大桥》、纪录电影《港珠澳大桥》、国家科技支撑计划纪录片《港珠澳大桥的科研挑战》、摄影画册《建设中的港珠澳大桥》《港珠澳大桥书画作品集》、交响乐《梦桥》等一大批文化成果精品，成为讲述中国故事，展示大国实力的文化传播载体。

2.2 影像入选央视纪录片《超级工程》

纪录片第一集就是港珠澳大桥。建设者们克服了在世界上最繁忙水道与航道施工的挑战与困难，展现了现代中国的实力和创造力。大桥建设期同步积累的声像素材，为纪录片、纪录电影的成功制作提供了珍贵的影像资料。其中，纪录片《超级工程》国际发行超过 180 个国家，创下央视纪录片国际发行纪录，影响深远。《超级工程》第 I、II 季通过港珠澳大桥为代表的中国桥展现了中国改革建设成就，也体现了中国基建能力质的飞跃。港珠澳大桥成为对外展示国家基础设施建设能力和实力的一张"国家新名片"。该片入选了第五届中国出版政府奖获奖名单。

2.3 大型纪录片《港珠澳大桥》传播广泛，影响深远

《港珠澳大桥》纪录片共 2 集、100 分钟，在香港回归 20 周年和港珠澳大桥贯通的节点播出，创新性地以国际视角关注大桥建设经过，使用国际化视角、国际化表述，客观解读大桥"连通世界"的深远意义以及"中国制造"的发展对世界的影响，获评为优秀国际传播类纪录片。该片全媒体、多渠道分发传播，在东南亚多个国家和地区播出。这正是港珠澳大桥影像档案有效传播中国故事的有力印证。[1]

2.4 纪录电影《港珠澳大桥》获中宣部"五个一工程"奖

该影片时长 70 分钟，历时 9 年跟踪拍摄，生动地呈现珠澳大桥的建造过程，记录了施工难点和技术成就。据导演介绍，港珠澳大桥展现的是"超级工程""中国制造"背后的国魂匠心，是改革开放 40 年来国家发展繁荣的缩影，是中国精神、中国智慧和中国力量的绝佳诠释和生动呈现，是"中国故事、国际表达"的最好范例素材。电影在刻画一个个鲜活人物的同时，借助文献档案的力量，搜集了大量珍贵的影像资料，加入了对中国桥梁史的分析，使影片内容更具科学性。这些影像资料承载着向世界展示中国智慧、中国方案的重任，对于理解中国式现代化路径具有重要意义。[2]

2.5 助力《中华白海豚》纪录片传播生态文明理念

在大桥建设期间，参建各方联合培养了数千名"观豚员"，通过持续观测和使用中华白海豚观测站及验潮站等智能设备，对大桥主体工程及附近区域的水、气、声环境和中华白海豚进行持续有效监控，累积了相关档案。纪录片采用国际化的视觉语言，鲜活生动的中华白海豚故事，展示了中国现代化进程中兼顾经济发展与环境保护的平衡之道，讲好粤港澳大湾区人与自然和谐共生的故事。该片在 CGTN 英、法、俄、西、阿五个语种电视频道及多语种网页和客户端播出，向全球推送传播人与自然和谐共生的生态文明理念，贡献中国智慧、中国方案。[3]

2.6《人民画报》专刊被赠送至全国人大代表和全国政协委员手中

2018 年 2 月，《人民画报》团队赴珠海采访拍摄，多角度、多层次、图文并茂地展现综合国力、自主创新能力。建设单位配合提供的图片写实且彰

显艺术性，版式舒朗，封面彰显大桥气质，从档案中选取了多幅反映大桥形态、风采的精美摄影作品。作为全国两会上会刊物，2018 年第 3 期《人民画报》港珠澳大桥专刊被赠送至全国人大代表和全国政协委员手中，受到了高度评价，认为报道有深度，有强烈的视觉冲击力，是历史的见证，非常具有典藏价值。[4]

3 港珠澳大桥影像档案的作用和价值

港珠澳大桥影像档案作为记录中国式现代化历程的重要见证，具有极高的历史价值、传承价值和宣教作用。我们应重视港珠澳大桥影像档案的收集、整理和保护，让这些档案成为传承和展示中国现代化建设成果的重要载体。

3.1 历史价值：直观展示交通建设成就

港珠澳大桥影像档案通过照片、视频等形式，直观展示了新时代交通建设的巨大成就。影像档案记录了大桥建设过程的每个重要时刻，包括开工仪式、关键节点施工、竣工通车等，公众能够直观感受到交通建设的壮丽景象和巨大成就。同时也体现了中国人民的智慧和勇气，凸显了中国在现代化进程中取得的伟大进步，进一步激发人们的爱国热情，提高公众的民族认同感和自豪感。

3.2 传承价值：传承交通建设经验

大桥档案真实记录了工程建设管理全过程工作，对于提高工程标准化建设、创造品质工程，积累公路建设管理经验发挥着积极的凭证和参考作用。在建设过程中积累形成了数百项发明专利和一系列科技成果，构建了跨海集群工程建设关键技术体系，这些宝贵经验和财富正在逐步转化为行业标准和规范，档案资料为这些行业及国家标准的编制提供了基础材料。同时，影像档案也是传承历史和文化的重要途径。它记录和保存了港珠澳大桥建设过程中的故事和经验，记录了建设者攻坚克难、拼搏创新的精神，展示了中国人民团结奋斗、勇往直前的精神风貌。这些精神风貌是中国式现代化的重要组成部分，也是留给后人的宝贵历史财富。

3.3 宣教作用：作为教育科普资源使用

港珠澳大桥已成功入选 2021-2025 第一批全国科普教育基地名单，先后获批"全国爱国主义教育示范基地""国家交通运输科普基地""全国公路科普教育基地""广东省爱国主义教育基地""广东省科普教育基地"。大桥丰富的档案资源，既是向社会展示交通建设成就的窗口，也是生动的教材。尤其是利用影像档案制作的宣传品和展览，让公众更直观地了解交通建设的成果和意义。港珠澳大桥影像档案广泛用于各类宣传展览，作为教育资源出现，帮助学生了解中国式现代化的辉煌成就和意义，激励广大人民群众积极投身现代化建设事业。

4 经验互鉴

4.1 重视同步积累，守护历史

科学管理是推动影像档案高质量发展的基础。着力丰富和优化现存资源，坚持"应归尽归，应收尽收"原则，夯实影像档案资源建设根基[5]。一是建立完善的影像采集与归档管理制度，明确的影像档案采集标准和流程，确保所有重要活动、项目或事件均有专人负责拍摄记录，从源头上保证影像资料的生成与初始质量。二是明确严格的归档时限，一定期限内必须完成影像资料的提交与整理，确保资料的时效性与完整性。

4.2 强化质量管控，提高可用价值

档案管理过程中，要注重做好归档材料的质量把关。优质的影像档案是保证开发利用和服务的前提。[5]对数据质量进行审核验收，对目录、文本数据、音视频和图片格式、元数据加工要素、存储结构等进行把控。一旦发现质量问题，及时指出要求改正，确保声像档案质量归档准确、完整、可靠。在编研、加工过程中，同样将质量审核把关贯穿全程，避免影响声像档案的利用。

4.3 完善服务，多元发展，推动影像档案高质量发展，讲好大桥故事

通过积极提高服务能力，主动"破圈"。一是提高服务利用效率，优化影像档案资源和服务内容。二是继续打造精品，加强编研传播相结合，打造

声像档案品牌效应。配合宣传策划，认真审查和把控方向，深入开展档案资源的活化挖掘，依托多种媒体形式，畅通多种传播渠道，挖掘和传播大桥档案文化价值。

4.4 重视安全保护，落实防护措施

要充分认识任何安全事故都会造成音像档案的实物损坏或数据丢失，档案部门要通过增强安全风险意识，防范安全风险，采取多种防范措施。一是提高声像档案防范安全风险的意识，完善实物声像档案保护、防灾、保密审查等相关机制，全程控制，严格遵守档案安全底线高质量发展。二是在影像档案数据传输、传输、备份等方面建立安全屏障。隔断外部网络环境入侵，加大档案系统安全防护的投入，构筑好声像档案安全防护壁垒。

4.5 发挥大桥影响力，用档案服务好交通强国建设

影像档案具有直观、生动的特点，能够很好地吸引公众的注意力。交通建设项目可以通过制作宣传片、纪录片等影像作品向公众传达建设成果和项目建设意义。港珠澳大桥的形象广泛运用于各种宣传，提高了公众对交通强国战略的认识，更好地传承弘扬中国式现代化精神。

5 结语

影像档案作为记录历史、传承文化的重要载体，在助力中国式现代化交通强国建设中发挥着重要作用。[6] 未来，我们应该进一步加强对影像档案的收集、整理和保护工作，充分发挥其在交通强国建设中的积极作用，为用好用活大桥档案，为国家重点研发计划研究，建设智能化、数字化大桥提供档案支持，为粤港澳大湾区建设和发展，为加快建设交通强国，提供重要的档案支撑。

注释及参考文献

[1] 人民网.大型纪录片《港珠澳大桥》：连通世界传递"中国梦"[EB/OL].[2018-08-08].http://media.people.com.cn/n1/2018/0808/c14677-30216937.html.

[2] 央视网 . 纪录电影《港珠澳大桥》"五一国际劳动节"起全国上映 [EB/OL].[2019-04-02].http://tv.cctv.com/2019/04/02/ARTI4O1nPB1w8CGOT8kfpsZe190402.shtml?spm=C96370.PsikHJQ1ICOX.E1uZcp8XJ8JM.2.

[3] 央广网 . 人与自然和谐共生大型生态纪录片《中华白海豚》将于国际生物多样性日播出 [EB/OL].[2024-05-21].https://news.cnr.cn/native/gd/20240521/t20240521_526713214.shtml.

[4] 徐欣 .《人民画报》：重大主题影像报道的实践与探索 [J]. 中国期刊年鉴 ,2022:232-234.

[5] 陈健惠 , 李顺发 . 高质量发展语境下声像档案管理体系构建的实践与探索——以广州市档案馆声像档案管理工作为例 [J]. 中国档案 ,2024(3):34-35.

[6] 中国交通新闻网 . 奋力加快建设交通强国 努力当好中国式现代化的开路先锋——全国交通运输工作会议经验交流集萃 [EB/OL].[2023-12-22].https://www.mot.gov.cn/zhuanti/2024jiaotongyunshugongzuo_HY/xinwenbd/202312/t20231222_3973115.html.

实物档案仿真复制技术浅谈

——以《京张路工摄影》复制为例

彭程　马涛

北京市档案馆

摘要：本文旨在探讨实物档案仿真复制技术的运用与实践，以北京市档案馆藏的《京张路工摄影》的仿真复制工作为例，详细分析了实物档案仿真复制过程中的技术应用、材料选择、制作流程以及遇到的挑战与解决方案。通过这一案例，本文旨在为实物档案的仿真复制工作提供参考与借鉴。

关键词：照片册；实物档案；仿真复制

0 引言

实物档案是历史文化遗产的重要组成部分，其保存与传承对于研究历史、文化、科技等领域具有重要意义。然而，由于历史原因，许多实物档案存在破损、老化等问题，不利于长期保存和展示利用。例如，北京市档案馆藏的成册有100余年历史的《京张路工摄影》（以下简称《摄影》），已经出现了污渍、老化和破损等问题。采用仿真复制技术对这些实物档案进行复制，成为一种有效的保护手段。

2002年，《摄影》作为48件珍贵档案文献之一入选"中国档案文献遗产工程"，并被载入首批《中国档案文献遗产名录》。2012年被定级为国家一级文物，规格尺寸如图1所示。《摄影》作为记录京张铁路建设历程的重要照片册，对其开展仿真复制工作具有重要意义。本文将以该复制工作为例，探讨照片册实物档案结合现代数字复制技术的运用与实践。

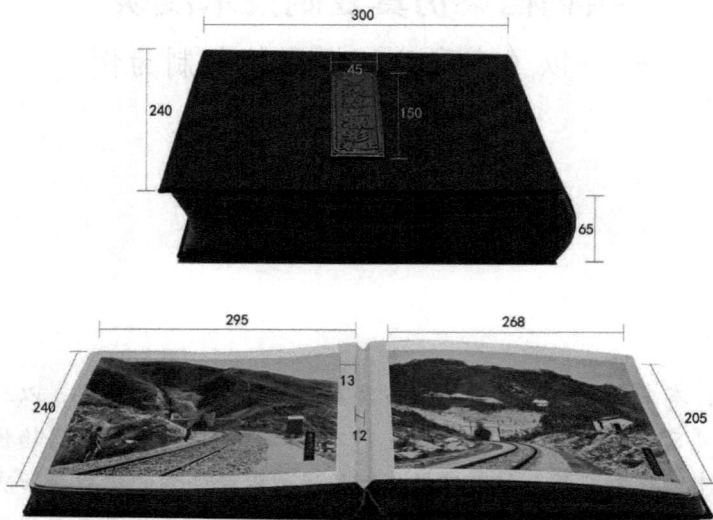

图 1　《摄影》规格尺寸图（单位：毫米）

1《摄影》现状

　　《摄影》的整体状况呈现为轻度破损，具体表现为污染、磨损、酸化和撕裂等现象。该档案分为上下两册，上册收录照片 88 张，下册收录照片 90 张，总计 178 张。经过其他藏本对比，发现上册中第 35、36 页以及第 39、40 页原缺，下册的最后一页原缺，确认两册共原缺 5 张照片。

1.1 封面规格与材质

　　尺寸：长 30 厘米，宽 24 厘米，高 6.5 厘米；

　　材质：暗红绒布；

　　嵌件：铜牌，尺寸为长 4.5 厘米，宽 15 厘米；

　　铜牌内容：刻有"京张路工摄影上卷"和"京张路工摄影下卷"字样。

1.2 内页规格与材质

　　材质：600 克白卡，分为两段组成；

　　长段卡纸尺寸：长 29.5 厘米，宽 23.5 厘米；

短段卡纸尺寸：长 1.2 厘米，宽 23.5 厘米；

连接方式：两页之间用宽 5.5 厘米的棉布片连接。

1.3 照片规格与布局

照片尺寸：长 26.8 厘米，宽 20.5 厘米；

布局：贴于卡纸上。

1.4 扉页

扉页设计：以红蓝为主色的孔雀翎波浪图案；

上卷封二内容：居中贴有 5.5 厘米 ×5 厘米 "同生照相号"标签一枚，右上角贴有 2 厘米 ×3.5 厘米 "公兴印制馆"标签一枚；

上卷扉页内容：右下角有一枚手写英文签名。

2 技术手段与制作流程

在《撮影》的复制过程中，我们采用了三维扫描、高精度数字化扫描、3D 打印、艺术微喷打印等多种技术手段。在材料选择上，我们注重材料的质感和耐久性。封面采用暗红复古细绒布，中间镶嵌铜牌，采用 3D 打印技术复制；内页采用 600 克白卡，卡纸上贴有高精度打印的照片；连接内页的棉布条采用 5.5 厘米宽，涂上档案专用白乳胶进行粘贴。这些材料的选择不仅保证了复制品的美观度，也提高了其耐久性。

2.1 铜牌复制

《撮影》铜牌的复制从图像采集、三维数据采集、三维数据处理及修复切片、3D 打印、后期处理、仿真上色等方面进行了梳理。

2.1.1 图像采集

图像采集工作采用数字扫描或数码拍摄方式，首先需设置合理的技术参数。在采集过程中，需按照色彩管理的要求，加载扫描仪或数码相机的特性文件，以确保色彩准确性和一致性。接着，根据复制的不同精度要求，如普通复制、仿真复制、高精度仿真复制等，选择相应的采集参数进行数字采集。这些参数应确保对档案原件进行高精度、全真色彩的数字化采集，将模拟影像信息准确无误地转换成数字图像，以满足后续使用的需求，如图 2 所示。

图 2　采集的数字图像

2.1.2 三维数据采集

我们采用高精度的三维扫描设备 ZGScan 313 对铜牌进行高精度 3D 扫描。扫描设备通过发射激光或利用光学相机等技术，捕捉铜牌表面的每一个细节和纹理。扫描设备能够生成大量密集的点云数据，这些数据准确地记录了铜牌的三维形状、尺寸和表面特征。通过 3D 扫描后可以对实物档案建立一份 3D 数据文档，为档案修复提供十分齐全的资料。三维扫描仪是非接触提取数据，是一种高精度档案数字化的采集方法，不会对档案造成破坏和影响。

2.1.3 三维数据处理及修复切片

用三维扫描设备适配的软件将三维点坐标数据合成完整三维模型后，使用 3ds Max、Maya、blender 等建模软件修复模型基本问题，如破面、缺面、重叠顶点、确保能正常实现软件之间的数据互通，以及调整并确认模型实际形状和大小，如图 3 所示。

图 3   3ds Max 修复界面

　　3D 扫描的模型会因实物本身细节的深浅与明暗光线的影响而导致细节的丢失，因此需要使用 3D 雕刻软件复原并加深细节。将模型基本问题修复完成后导出，例如：OBJ、FBX、STL 等模型格式，并导入三维雕刻软件 ZBrush 中，修复纹理以及细节，如图 4 所示。

图 4   在 ZBrush 中细节显示

　　在雕刻软件中，首先进行线段增加以确保足够支撑细节刻画，然后会去除多余的模型边角，通过对照实物的高清图片与扫描模型对比使用雕刻软件中的各种笔刷开始进行细节修复，如图 5 所示。

图 5　在 ZBrush 中与高清采集图片进行细节对比

经过上述步骤的处理后，得到的是一个经过纹理加强与修整的三维模型。再利用 3D 打印切片软件 magics 导入模型文件进行诊断和修复，根据实物档案特征进行零件位置摆放，添加 Z 轴补偿，利用 E-stage 插件生成支撑并检查支撑，最后对模型进行切片处理。

2.1.4 3D 打印

我们采用的是中瑞光固化 SLA 3D 打印机 iSLA660，其精细程度达 0.05mm，最大工作空间为 60cm×60cm×40cm。将生成好的模型文件加载到软件中进行打印。该设备可确保精确且高质量地打印模型。

2.1.5 后期处理

在 3D 打印完成后，模型需要经过一系列的后处理步骤以达到最终效果。首先，模型需要进行清洗和打磨，去除打印过程中的支撑和表面附着树脂。接着，需要进行光固化处理，在 SLA 中，即使打印完成后，固化仍在继续。为了获得最佳的机械性能，SLA 模型必须进行后固化，在进行二次固化之前，使用气枪或吹风机吹干表面的酒精及树脂，确保 3D 模型上没有未固化的树脂以及大面积的酒精堆积。最后，再将其置于强光下的固化箱中。这大大提高了模型的硬度和耐温性。

2.1.6 仿真上色

根据原始档案铜牌的颜色，对照图像采集信息通过喷涂和手绘的方式为模型上色，使其呈现出预期的视觉效果，如图 6 所示。

图 6　仿制铜牌上色做旧效果

综上所述，利用三维扫描设备和三维雕刻软件对铜牌进行纹理加强与修整的过程是一个高精度、高效率的工作流程。通过这一流程，可以轻松地获取并优化铜牌的三维数据，为后续的制造、加工或展示提供可靠的支持。

2.2 照片复制

2.2.1 数字信息采集

采用 PhaseOneXF 100MP 数码后背的赛数 DSC 成册档案采集系统以 dpi600 的分辨率对《摄影》照片进行数据采集。

扫描内容包括封面、扉页、卡纸、照片等能完整呈现档案整体的数字图像，格式保存为 TIF。在每一个页面旁放置标准摄影色卡同框扫描，为后期调校颜色提供参考依据。同一相册内的所有页面使用同样的参数设置，避免不同设置使数字图像出现格式、色彩、尺寸等方面的不一致。检查扫描的数字图像文件，确保数据准确、完整，无漏扫、重复和错误的问题，进入后期修整。

2.2.2 数字图像修整

使用校准的显示器查看和修整数字图像，对比原始档案对扫描的数字图像进行校色，使数字图像的颜色最大程度地接近原始档案颜色。

裁切除照片以外的区域，根据原始档案信息，统一规范尺寸，确保每张照片的尺寸一致。照片表面的划痕、破损等物理痕迹很难通过打印输出复制，需要对受损情况进行修整，后期可根据实际需要做旧恢复痕迹。非档案信息内容如反光、局部后期色污等应修复去除。修复和调整过程中，应考虑相册照片的整体协调，避免某一张照片因修整而出现特别突出的问题。

2.2.3 照片输出

为确保照片输出精度和质量，输出照片选择高精度艺术微喷打印机，短边小于 430 毫米选择中幅专业打印机爱普生 P5080 打印输出。

根据打印机的精度和要求，针对性地对修整完成的数字照片进行调整，以符合打印机要求。打印测试样稿，对比输出照片的清晰度、颜色。如精度差异明显，可适当锐化增加清晰度。对比原始档案，对颜色进行调整校色，再次打印对比，输出画面的各部分颜色都达到要求时记录调整参数并应用到其他照片。

《撮影》照片尺寸为 26.8 厘米 ×20.5 厘米，根据现有相纸的尺寸可以单张打印或多张拼版批量打印。按尺寸裁切多余白边，完成照片复制。

2.3 后期装帧

2.3.1 前期准备

需要准备以下材料和工具：

材料主要包括暗红复古细绒布、2 毫米灰卡、4.5 厘米 ×15 厘米铜牌、高白 600 克本白卡、260 克 RC 高光相纸、5.5 厘米宽棉布条、书脊堵头布、书脊网布、档案专用白乳胶、聚氨酯树脂胶、焦糖等。

工具主要包括砂纸、刷子、喷枪、尺子、美工刀、裁纸机、压砣、固定模板等。

2.3.2 裁切卡纸

使用 600 克高白卡纸，长段卡纸预留 2 厘米的裁切空间，按长 32 厘米，宽 26 厘米裁切，短段不需预留，按长 1.2 厘米，宽 23.5 厘米裁切。

2.3.3 内页制作

卡纸粘接。内页采用了两段式蝴蝶装，中间以 5.5 厘米宽棉布片连接，由于卡纸为两段，长段为 29.5 厘米，短段仅 1.2 厘米，连接缝隙为 0.2 厘米，在粘贴棉布连接的时候容易歪斜变形，为了段和页之间的连接整齐，根据各页重复性的特点制作粘贴用的模板。具体操作为：在模板两端放置 29.5 厘米 ×23.5 厘米的长段卡纸，中间放两段 1.2 厘米 ×23.5 厘米短卡纸，各段间缝隙为2毫米，取5.5厘米×23.5厘米棉布条均匀地涂上档案专用白乳胶，再贴到卡纸上，以使各段卡纸粘贴连接在一起，形成两个内页面，以此循环，粘贴出所需要的内页面，再把各个页面用棉布条粘贴连接，在内页前后粘贴扉页、标签，完成内页的粘贴制作，使用重物压平定型，并等待白乳胶干燥。

粘贴照片。平整干燥后根据尺寸对内页进行裁边处理。使用聚氨酯树脂胶均匀喷涂在照片背面并粘贴到卡纸上。使用重物压在相册上，使其更加平整，等待胶干固定。

拱脊定型。先对脊涂一层白乳胶加固，待胶干后把脊揉出弧度，也可用平锤轻拍，使脊的弧度更圆润，在揉好的脊上再次涂上白乳胶，贴上网布加固，再粘上一层背纸，增强书脊的强度，等待胶干。

2.3.4 封面制作

组装封皮。将两层灰板按尺寸裁切后叠加粘贴在一起，作为封面的支撑，在上层灰板中间开4.5厘米×15厘米长方形孔，为铜牌粘接留出位置。用复古暗红细绒布粘贴在灰卡上，留出包边的余量，与相册扉页粘贴连接。

镶嵌铜牌。在预留的位置粘贴制作好的铜牌，完成相册主体制作。

2.3.5 后期做旧

根据原始档案的磨损程度对复制件的页角和页边进行打磨，将焦糖稀释到呈现出与原档接近的颜色，使用小型喷枪对需要处理的地方进行染色，达到陈旧的效果，完成相册的复制工作。

3 问题分析与解决措施

《撮影》的复制工作分为铜牌复制、照片复制和后期装帧三个主要步骤。铜牌为异质复制方式，采用光敏树脂材料，利用3D打印技术，无须外协加工，实现了全过程的精准操控，实现了复制工作的完全内部可控。在照片复制过程中，我们遇到了照片尺寸不一、色彩失真等问题。通过调整扫描参数和后期修整技术，我们成功解决了这些问题。在后期装帧过程中，由于卡纸为两段式蝴蝶装结构，连接棉布条时容易出现歪斜变形的问题。为此，我们制作了粘贴用的模板，确保各段卡纸粘贴连接整齐。

此外，为了恢复这一珍贵资料的完整性，本次的仿真复制工作，成功补全了原缺的5张照片。补全后，上册照片数量增至92张，下册照片数量增至91张，两册共计照片183张，成功复现了原始两册的完整状态。

4 结论与展望

通过对《京张路工撮影》的仿真复制工作的探讨与实践，我们深刻认识到仿真复制技术在实物档案保护领域的重要作用。未来，我们将继续深入研究仿真复制技术，优化制作流程与材料选择，提高复制品的质量与耐久性。同时，我们也期待更多的档案工作者和研究者加入这一领域中来，共同推动实物档案保护事业的发展。

档案数字资源长期保存的基础保障

—— OFD/A

陈吉

国家档案局档案科学技术研究所

摘要：本文从文件结构、内容存储和签名签章3个方面解析了 GB/T 42133—2022《信息技术 OFD 档案应用指南》涉及的主要技术要求，介绍了 OFD/A 文件的主要生成方式，最后提出了加大标准宣贯力度、打造开源软件、开展标准符合性检测的 OFD/A 标准推广应用举措。

关键词：OFD/A；档案；数字资源；长期保存

0 引言

OFD（Open Fixed-layout Document）是我国自主研发的版式文档存储与交换格式，在应用便捷性和安全控制上呈现出明显优势，近年来得到了快速发展。随着国家档案局、工信部等相关部门的大力推广，OFD 格式已经在档案行业得到一定范围应用。国家标准 GB/T 42133—2022《信息技术 OFD 档案应用指南》（以下简称"OFD/A 标准"）是我国自主研发的，专为档案数字资源长期保存而设计的版式文档格式规范[1]。该标准详细阐述了在采用 OFD 格式进行电子文件归档及档案数字资源长期保存过程中应遵循的技术规范和软件应用指南，旨在为档案数字资源的长期保存提供坚实的基础支撑。

截至 2022 年底，我国各级综合档案馆馆藏的除数字录音、数字录像外的电子档案达 1332.9 TB，馆藏档案数字化成果达 28069.0 TB[2]，针对如此庞大的馆藏量，OFD/A 的应用远未达到广泛普及的程度。可以预见，随着档案信息化建设的深入推进，机关电子公文系列标准（GB/T 33476—33483）、电子档案系列标准（GB/T 36901—36906）等国家标准的应用，在业务端产生了大量的待归档电子文件，运用 OFD/A 进行档案数字资源长期保存的需求将呈现井喷式增长。

1 OFD/A 标准主要技术解析

目前，国内外在 PDF 文档格式应用和转换领域已有较为丰富的研究基础和成果，但针对 OFD 和 OFD/A 这一新兴文档格式的研究尚显不足。2018 年，OFD/A 标准立项，2022 年 12 月正式发布。档案行业标准 DA/T 47—2009《版式电子文件长期保存格式需求》规定了用于电子文件长期保存的格式需满足格式开放、不绑定软硬件、文件自包含、格式自描述、显示一致性、持续可解释、稳健、可转换、利于存储、支持技术认证机制、易于利用等要求[3]。OFD/A 标准就是按照上述要求，对 OFD 主标准在文件结构、内容存储、签名签章、长期可读等方面做出更严格的限制，目标就是对标 PDF/A 标准。

1.1 文件结构

OFD/A 标准是 OFD 主标准的子集，其在文件结构上对 OFD 主标准做了一定调整，其文件主要结构如图 1 所示。OFD/A 标准对文件结构做出了严格的限制，其规定文件包内要去除任何与主入口引出及递归延伸引出无关的文件，也就是说，遍历检查文件包内的所有文件，如果有文件未在任意 XML 文件中引出，或者引出其的 XML 文件未能逐级溯源自 OFD.xml 的，就认为该文件或该系列文件为"夹带文件"。这种"夹带文件"一方面会无端增加整个 OFD 文件的大小，另一方面还会带来信息安全上的隐患。因此，在 OFD/A 标准中是明确禁止的。

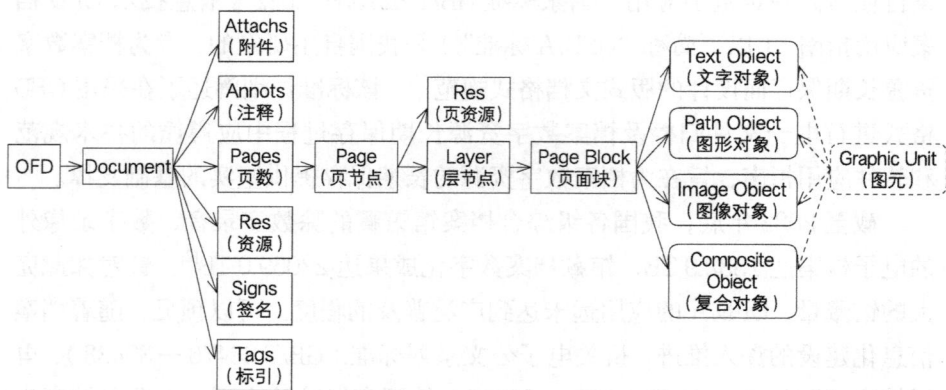

图 1　OFD/A 文件结构

为满足文件自包含要求，OFD/A标准规定禁止使用多文档机制，保留文档中包含的多版本信息，仅保留跳转类型是文档内跳转（Goto）的文档动作。为保证显示一致性，防止在不同OFD阅读软件中出现不同的显示效果，OFD/A标准还规定文档中的权限声明、视图首选项等均不保留。

1.2 内容存储

OFD/A标准规定文档的元数据以自定义元数据方式存储，并可以包内独立文件的方式保存元数据。对于OFD/A标准中图形、图像、文字、附件、注释和扩展信息的要求，陈亚军、张程等[4]已对其进行了详细的解读。下文主要对字体、颜色空间进行解析。

OFD/A标准强调将字体、颜色空间在公共资源文件中定义，图像、绘制参数等在文档资源中定义，资源只用定义一次，需要复用时直接引用即可，能显著减少文档中资源的冗余，保证文件的最佳大小。

针对字体，OFD/A标准做出了和PDF/A标准相似的规定，要求文件必须嵌入页面中所使用的字体，以满足文件自包含、格式自描述的要求，由于中文字体的字体文件一般比较大，例如：方正仿宋GBK的字体文件就有12MB，而在文件内容中通常不会使用到字体文件中的全部字形，因此嵌入字体时，要求采用嵌入字体子集的方式，这样既保证了字体的使用，又能保证不过多增加整个OFD文件的大小。

此外，OFD/A标准还对字符集做出了要求，规定字符集尽量与GB 18030一致，并与GB/T 13000建立映射关系，这样就能兼容GBK、Unicode字符编码，避免从文件中复制出来的文字再粘贴时出现乱码的问题。这是根据实际应用PDF和PDF/A的经验，针对中文做出的专门的优化，因为PDF和PDF/A标准都没有中文字符编码的要求，也就导致经常会遇到从PDF文件中复制文字粘贴使用时出现乱码的问题。

针对颜色空间，相较于PDF/A要求使用设备无关的颜色空间，OFD/A标准规定OFD文件中使用的颜色空间仅限于灰度值（Gray/GRAY）、RGB、CMYK三种，RGB、CMYK均是设备有关颜色空间，因此推荐在使用的颜色空间中附带颜色配置文件，以保证在不同设备上的显示效果一致。

1.3 签名签章

OFD/A标准没有一刀切要求签名和签章"去技术化"，允许有条件地保留签名和签章，只要签名和签章数据符合相关国家标准，公钥证书由有资质的 CA 机构颁发且证书状态持续可查，就可保留签名和签章。这是根据可控环境下电子文件带签名签章归档的实践经验，针对性地做出的调整，例如一些企业档案馆和专业档案馆，电子文件生成、归档和电子档案移交过程都处于可控环境中，就没有必要对签名和签章"去技术化"。

2 OFD/A 文件的主要生成方式

2.1 流式文档转换

针对前端生成的 doc、docx、wps 等流式文档，可采用文件解析技术通过对源文档进行深度解析，提取出文档的结构和内容，再根据 OFD/A 的要求进行转换。这种方式是电子文件归档时采取的主要转换方式。

2.2 影像转换

针对档案数字化成果，可将一件纸质档案扫描形成的多个图像文件或多页图像文件合成为一个 OFD/A 文件，同时支持将图像放在背景层，OCR 识别形成的文字放在正文层，形成更便于利用的"双层 OFD"。

2.3 PDF 转换

针对当前采用 PDF 格式的海量馆藏档案数字资源，可在 PDF 文件深度解析的基础上，转换为 OFD/A 文件，并将文件中文字、图形、图像、书签、动作和注释等内容元素全部保留。

2.4 虚拟打印

虚拟打印是按照通用成熟环境中打印驱动开发规范，开发 OFD/A 虚拟打印机，通过使用源文件对应的软件来解析文档，再将解析的数据传入打印机驱动，由虚拟打印机将这些数据转换为 OFD/A 文件。这种方式是生成 OFD/A 文件最简单的方式，但是只能保留源文件的显示效果，源文件的动作、注释等均无法保留。

3 OFD/A 标准推广应用

3.1 加大标准宣贯力度

档案行业要加强对 OFD/A 标准的宣传和解读，推动标准进一步落地应用。现阶段很多社会公众和档案工作者提到版式文档只知 PDF，不知 OFD，更不知 OFD/A。要通过政策指引、媒体宣传、学术交流等方式进行宣贯，同时倡导档案部门在文件收集、保管、利用中应用 OFD/A 标准，由点到面地推动该标准在档案行业和其他行业的落地应用。

3.2 打造开源软件，丰富软件生态

目前市场上有 8 家主流厂商推出了支持 OFD 的软件产品，但都以商业软件形式存在，需要用户付费购买使用且价格高昂，根据调研，主流厂商的 OFD 专业阅读器价格均在 400 元 / 套左右，OFD 格式转换服务价格在 300000 元 / 套左右，且代码作为 OFD 厂商的核心资产通常不开源。若档案行业全面采用 OFD/A，将面临巨大的经济成本。显然，这样的结果一定程度上背离了制定标准的初衷，也导致了档案行业日益增长的应用需求与工具市场的供给不足之间的巨大矛盾。亟需研制规范且高效的开源 OFD 软件和版式文档格式转换工具，为公众和档案工作者使用 OFD/A 提供更多的选择，保障 OFD/A 标准在档案行业落地应用。同时，加强 OFD 软件与主流操作系统和移动端的适配，以及与其他应用软件的联动，共同打造和丰富国产版式文档软件生态。

3.3 积极开展标准符合性检测

标准在实施过程中难免会存在理解误差、特殊偏离等情况，使得无论制定多么完善的标准都不可能完全保证其准确实施，标准符合性检测是依据标准中的规定对标准的某个具体实现进行检测，判别实现结果与所对应的标准规定是否一致、是否存在偏离，目的就是为了利用检测手段验证产品及服务是否符合标准中的各项规定，保障标准实现准确性与有效性，支撑标准的实施和监督。为了更好地落地应用 OFD/A 标准，保证其得以正确使用，同时确保相关应用软件和档案部门长期保存的 OFD 文件符合 OFD/A 标准，需利用好标准符合性检测这一保障标准实施的兜底性方法，积极开展相关检测。

4 结语

OFD/A 标准在档案行业的应用正处于起步阶段，在技术上还有一定的改进和完善空间，但其在档案数字资源长期保存的道路上迈出了坚实的一步，相信随着标准的发展完善和广泛应用，档案数字资源的长期保存将会得到更加有力的保障。

注释及参考文献

[1] 聂曼影, 陈吉. 面向档案数字资源的电子文件标准化研究 [J]. 信息技术与标准化, 2023(6): 8–10.

[2] 国家档案局. 2022 年度全国档案主管部门和档案馆基本情况摘要（二）[EB/OL]. [2024–06–07].https://www.saac.gov.cn/daj/zhdt/202308/0396ea569aa648f1befd5c49bac87e6f. shtml.

[3] 国家档案局. 版式电子文件长期保存格式需求 [EB/OL]. [2024–06–07].https://www. saac.gov.cn/daj/hybz/dabz_list_3.shtml.

[4] 陈亚军, 张程, 吕艳静.《信息技术 OFD 档案应用指南》国家标准解读 [J]. 信息技术与标准化, 2023(6): 11–15.